民事程序法论丛

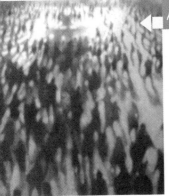

An Investigative Study on Civil Procuratorial Power

民事检察权研究

韩静茹 ／著

北京大学出版社
PEKING UNIVERSITY PRESS

图书在版编目(CIP)数据

民事检察权研究/韩静茹著.—北京:北京大学出版社,2018.5
(民事程序法论丛)
ISBN 978-7-301-29429-1

Ⅰ.①民… Ⅱ.①韩… Ⅲ.①民事诉讼—检察—研究—中国 Ⅳ.①D926.3

中国版本图书馆 CIP 数据核字(2018)第 064439 号

书　　　名	民事检察权研究 MINSHI JIANCHAQUAN YANJIU
著作责任者	韩静茹　著
责任编辑	李　铎
标准书号	ISBN 978-7-301-29429-1
出版发行	北京大学出版社
地　　址	北京市海淀区成府路 205 号　100871
网　　址	http://www.pup.cn
电子信箱	law@pup.pku.edu.cn
新浪微博	@北京大学出版社　@北大出版社法律图书
电　　话	邮购部 62752015　发行部 62750672　编辑部 62752027
印　刷　者	河北滦县鑫华书刊印刷厂
经　销　者	新华书店
	965 毫米×1300 毫米　16 开本　29.25 印张　450 千字 2018 年 5 月第 1 版　2018 年 5 月第 1 次印刷
定　　价	69.00 元

未经许可,不得以任何方式复制或抄袭本书之部分或全部内容。
版权所有,侵权必究
举报电话: 010-62752024　电子信箱: fd@pup.pku.edu.cn
图书如有印装质量问题,请与出版部联系,电话: 010-62756370

目 录

引论 …………………………………………………………………（1）
  一、研究时机的特殊性及其价值 …………………………………（1）
  二、研究对象概览：以问题意识为指引 …………………………（6）
  三、位于何处：研究现状的综合评估 ……………………………（8）
  四、将向何处：研究进路与创新之处 ……………………………（22）

第一章 民事检察权的基本原理 ……………………………………（30）
  第一节 民事检察制度的起源和演进 ………………………………（32）
    一、域外国家民事检察制度的起源和演进 ………………………（32）
    二、中国民事检察制度的起源和演进 ……………………………（43）
    三、比较法视野下民事检察制度的起源模式和内在成因 ………（51）
  第二节 民事检察权的性质和权能 …………………………………（56）
    一、域外国家民事检察权的性质和权能 …………………………（57）
    二、中国民事检察权的性质和权能 ………………………………（74）
    三、检察机关在民事领域的角色类型及组合模式 ………………（87）
  第三节 民事检察权的基本规律和正当性基础 ……………………（99）
    一、民事检察权性质定位和权能配置的基本原理 ………………（99）
    二、域外国家民事检察权的发展规律及其正当性基础 …………（106）
    三、中国民事检察权的发展规律及其正当性基础 ………………（114）

第二章 民事检察权的运行实况 …………………………………… (122)
第一节 公权制约型民事检察权的实现方式 ………………… (123)
一、民事审判检察监督 ……………………………………… (124)
二、民事执行检察监督 ……………………………………… (145)
第二节 社会治理型民事检察权的法定实现方式 …………… (155)
一、民事支持起诉 …………………………………………… (156)
二、民事公益诉讼 …………………………………………… (163)
第三节 社会治理型民事检察权的"自发性"实践 ………… (173)
一、督促起诉 ………………………………………………… (173)
二、"检调对接" …………………………………………… (182)
三、民事执行检察协助 ……………………………………… (190)

第三章 公权制约型民事检察权 ………………………………… (194)
第一节 公权制约型民事检察权的生发原因 ………………… (194)
一、民事审判检察监督权的生发原因探究 ………………… (194)
二、民事执行检察监督权的生发原因探究 ………………… (204)
第二节 公权制约型民事检察权的运行空间 ………………… (210)
一、民事审判检察监督权的运行空间 ……………………… (210)
二、民事执行检察监督权的运行空间 ……………………… (225)
第三节 公权制约型民事检察权的基本准则 ………………… (235)
一、检察权的共通性基本原则 ……………………………… (236)
二、自组织原理与穷尽程序内部制约原则 ………………… (238)
三、谦抑性原理与有限适度监督原则 ……………………… (242)
四、比例原则 ………………………………………………… (245)

第四章 社会治理型民事检察权 ………………………………… (248)
第一节 社会治理型民事检察权的生发原因 ………………… (248)
一、检察机关支持起诉的生发原因探究 …………………… (248)
二、民事督促起诉的生发原因探究 ………………………… (253)

三、检察机关提起民事公益诉讼的原因探究 …………………… (256)
　　四、民事检调对接的生发原因探究 ……………………………… (260)
　　五、民事执行检察协助的生发原因探究 ………………………… (262)
　第二节　社会治理型民事检察权的运行空间 ……………………… (264)
　　一、检察机关支持起诉的运行空间 ……………………………… (265)
　　二、民事督促起诉的运行空间 …………………………………… (270)
　　三、民事公诉的运行空间 ………………………………………… (275)
　　四、民事检调对接的运行空间与正当性质疑 …………………… (282)
　　五、民事执行检察协助的运行空间 ……………………………… (288)
　第三节　社会治理型民事检察权行使的基本准则 ………………… (290)
　　一、客观合法原则 ………………………………………………… (291)
　　二、辅助性理论与有限适度干预原则 …………………………… (293)
　　三、民事公诉的基本原理别论 …………………………………… (297)

第五章　民事检察权的二元化构造 …………………………………… (299)
　第一节　民事检察权的问题成因与优化方案 ……………………… (299)
　　一、公权制约型民事检察权的问题成因与优化方案 …………… (300)
　　二、社会治理型民事检察权的问题成因与优化方案 …………… (304)
　第二节　系统论视野下民事检察权的内外部关系研究 …………… (308)
　　一、民事检察权各类权能的内部关系研究 ……………………… (309)
　　二、公权制约型民事检察权与社会治理型民事检察权的
　　　　关系研究 ……………………………………………………… (321)
　　三、民事检察权的外部关系 ……………………………………… (331)
　第三节　民事检察权的滥用与防范 ………………………………… (343)
　　一、民事检察权制约机制体系化建构的总体思路 ……………… (344)
　　二、民事检察权内部制约机制的具体建构 ……………………… (350)
　　三、民事检察权外部制约机制的具体建构 ……………………… (355)
　第四节　我国民事检察权体系化更新的总体构想 ………………… (360)
　　一、民事检察权的角色重整与理念更新 ………………………… (360)

二、民事检察权体系化革新的总体路径 …………………… (364)

结语　我国民事检察权的未来走向展望 ………………………… (369)

图表目录 …………………………………………………………… (372)
　　附录一　美国州检察总长办公室的常规组织结构图 ………… (374)
　　附录二　民事审判检察监督案例列表 ………………………… (375)
　　附录三　检察机关支持起诉的民事案件列表 ………………… (411)
　　附录四　民事公益诉讼案例列表 ……………………………… (427)
　　附录五　各地检察机关民事督促起诉案例列表 ……………… (440)

参考文献 …………………………………………………………… (447)

引论

民事检察权作为一项极具中国特色且历史相对较短的权力,在我国民事程序立法乃至整个民事司法的演进过程中扮演着不容忽视的角色。回顾立法的时间线索,从1982年《民事诉讼法(试行)》将民事检察监督确立为基本原则之一,到1991年正式法典新设民事抗诉制度,再到2007年局部修法时对法定抗诉事由的扩张、2012年全面修法时对民事检察制度的全方位革新以及2017年对检察机关民事公益诉权的认可,在这三十余年的演进历程中,民事检察权一直在理论争议、实务创新、司法政策以及立法修正的相互碰撞下交错发展。然而遗憾的是,由于一直未能形成契合权力属性和制度原理且具有共识性的理论体系,致使作为三次修法"交集"的民事检察权在不同时期、不同背景下仍旧面临着程度不同、内容各异的争论和质疑:在宏观层面,对于民事检察权的内涵外延、本质属性、权能类型以及适用对象等核心问题长期缺乏清晰的认识;在微观层面,对于各类民事检察权能的行使条件、程序配置、具体规则、法律效果以及救济机制等基本问题长期处于粗疏和混乱的状态。在此背景下,对民事检察权进行理论与实践相结合、原理与规范相链接的系统研究,便具有了相当的必要性和积极功能。

一、研究时机的特殊性及其价值

(一)立法规范背景:法典修订与制度更新

在2012年全面修订《民事诉讼法》的过程中,民事检察权及其相关制度再次成为了重点内容之一,相较于2007年局部修法时为解决"申诉难"问题而对抗诉事由的扩张性修正,2012年分别从基本原则、主要制度、具体规则以及配套措施等多个层面对检察权在民事程序领域的角色和功能进行了全方位革新。在基本原则方面,用"民事诉讼"取代了原先"民事审判活动"的称呼方法;在权能范围方面,将损害国家利益和社会公共利益的调解书、审判人员的违法行为以及民事执行活动纳入了检察权的规制范围;在监督路径方面,新增了民事检察建议并与原先的抗诉制度一起构成了监督机制的多元化格局;在适用顺位方面,将当事人申请法院再审作为申诉的前置程序;在配套措施方面,规定了检察机关对当事人和案外人的调查核实权。而2017年全国人民代表大会常务委员会专门修订《民事诉讼法》,认可了检察机关提起民事公益诉讼或支持公益诉讼的权能。

上述一系列的制度更新,在体现实践与立法间互动关系的同时,也标志着检察权在民事司法领域的新契机,加之相关司法政策等外部环境的推动,使得本论题具有了相当的前沿性和回应性。但是,受立法理念、立法技术以及客观能力等多方面因素的限制,法典中的最新规范仍旧存在着内容粗疏、体系凌乱、内涵模糊、功能错杂等缺陷,未能有效消解理论和实践中的诸多争论及困惑,亦未能完成对民事检察制度的体系化建构。例如,民事诉讼检察监督原则的内涵外延有待明晰;部分民事抗诉事由的设置不符合检察权的应然属性;民事检察建议的适用条件、具体种类、法律效力及其与提请抗诉、抗诉的关系等问题未予规定;对审判人员的违法行为进行监督的具体情形、监督时间和效力等语焉不详;检察机关调查核实权的性质、适用条件、法律效力等要素缺位;民事执行检察监督的"宪法式"授权导致其缺乏基本的可操作性;检察机关在公益诉讼中的地位以及运行细则仍旧处于未决状态;等等。在立法工作已经基本完成的当下,面对以上的诸多困惑和缺陷,急需将研究视角和研究方法从立法论领域转向解释论领域,借助以权力属性和制度原理为支撑的法解释学工具来弥补相关规范的抽象性和粗疏性,从而帮助新设制度和原有制度能够在契合民事司法程序之本质特性和基本原理的前提下,以适当的方式发挥其预设功能。

(二)理论研究背景:基础缺失与认识偏误

理论研究是法律规范发展和完善的助推器,并发挥着连接立法与实践的承上启下作用。然而,在检察权的理论研究领域,长期以来的"重刑轻民"倾向以及照搬刑事检察理论解决民事检察问题的偏误做法,不仅导致民事检察权的基本理论体系长期处于欠发达状态,更是阻碍了理论对立法完善和实务运行应有的支撑和促进功能。

首先,在理论建构的基础铺垫方面,由于未能有效链接宪政法理和程序法理,导致学界针对民事检察权的性质、正当性基础、权能类型、运行原理和基本规律等核心问题长期陷于认识模糊、观点不一的困境;在需要运用民事检察权的基础理论来分析或回应现实问题时,多以社会需求或对策论作为研究的出发点,导致相关讨论常常流于表面、自说自话而缺乏理论支撑。其次,在理论研究的独立性方面,民事检察与刑事检察在研究水平上的过分失衡、对民事检察权自身特性和相对独立性的长期忽视,致使经常出现套用刑事检察权的基本原理来构建民事检察权理论体系的错位做法;对我国民事检察权在生成背景和运行环境等方面的特殊性的忽视、对比较法学研究方法的错误运用,致使经常出现凭借域外经验来否定或改造我国民事检察制度的盲目做法。最后,在理论研究的发展动态方面,由于未能明晰民事检察权的性质和权能,导致长期无法厘清法律监督、诉讼监督、检察监督等最基本概念的内涵外延及其相互关系,在研究过程中常常混用民事检察权与诉讼检察监督权、民事检察监督与民事抗诉等不同位阶的概念,这不仅导致相关研究和讨论由于无法在同一平台展开而误解、争议不断,还进一步阻碍了民事检察权理论体系的生发。更为严重的是,理论研究的弱势现状加剧了其对立法需求和实践困惑的供给不足,形成恶性循环并使民事检察权的正当性问题长期处于不定状态。

(三)司法实践背景:自生自发与长期困惑

实践是验证立法质量的主战场,实务运行的效果直接决定着规范的预设目标能否实现以及在多大程度上实现;与此同时,实践的良性运作又离不开理论的辅助和推动。我国的民事检察实践呈现出两方面的特征:一是具有极强的自生自发动力,实务做法多样且各地操作方式不一;二是部门本位主义凸显,法院与检察院在民事检察实践过程中长期处于程度不同的对立状态。

首先,相较于法典的单一、有限规定,近年来民事检察实务中出现了很多规范外的新制度,例如督促起诉、民事公益诉讼、支持起诉、"检察和解"、民事执行检察协助等等,许多地方的检察机关都在不同程度上开展了相关的试点工作且收益较佳。但由于缺乏法律位阶的统一规定,不同省份、不同区域的检察机关在运用这些实验性制度时采用了各不相同的操作模式,其中的一些做法突破了传统民事检察权的运行轨道和制度功能。这些经验事实的长期、普遍存在,为研究民事检察权提供了新视角和新素材,使得对这些"自发式"制度的本质成因、内在属性、正当性依据、运行原理等问题进行系统研究,具有了相当的积极意义。其次,在民事检察工作的开展过程中经常牵涉法院可能的违法行为或违法裁判,因而需要介入审判权的界域并依赖于法院的积极配合。但受制于部门利益和职务利益等因素,法检两家针对民事检察权的行使范围、行使条件、行使方式、法律效力等问题长期存有分歧,加之相关规范的粗疏或缺位,使得实践过程中面临着诸多困惑甚至冲突,而有待予以系统回应。

正是基于立法规范、理论研究、实践运行三个维度的上述背景,以及笔者自身对相关问题的长期关注和研究兴趣,促使本人选择将"民事检察权"这一涉及面广、争议颇多、具有前沿性的课题作为研究主题,试图在全面掌握研究现状、努力汲取已有研究成果的基础上,以经验事实和中国问题为指引,从基本原理和实务运行层面对民事检察权及其相关制度进行系统化、多层次、创新性的深入研究,以期为之后的规范完善和细化、基础理论的构建以及司法实践的优化提供一些有益的启示和思路。

(四)多元化的研究价值

1. 提炼理论与矫正偏误

鉴于民事检察权理论研究的贫瘠现状,本书力求透过经验事实来挖掘其中所蕴含的原理,以扭转目前基础理论缺失的局面并矫正现存的诸多偏误认识。具体来说,将以傅郁林教授所提出的民事检察权的权能二分法①为研究起点,以民事检察权的本质属性和自身特性为核心,在厘清法律监督、诉讼监督、制约与监督等基本概念的基础上,尝试提炼出我国民事检察权两类权能各自的正当性根基、运行空间和基本原理。之后以

---

① 傅郁林教授将宪法上的法律监督权划分为源于社会治理职能的守法监督权和源于公权力制约职能的执法监督权两大分支,依此将民事检察权的权能划分为公权制约型权能和社会治理型权能两大类,该种权能二元化的理论模型是本书的思路启蒙和研究起点,其核心内容和基本框架以及在本书中的根基地位,将在后文中详细说明。有关该理论的具体阐释和论证请参见傅郁林:《我国民事检察权的权能与程序配置》,载《法律科学》2012 年第 6 期;傅郁林:《民事执行权制约体系中的检察权》,载《国家检察官学院学报》2012 年第 3 期。

这些基础理论为指引,来明晰各类权能内部各种具体制度自身的优化方案及其与其他制度的关系,并通过比对两类民事检察权能在运行空间、运行原理和基本准则等方面的异同,来厘清两类权能相互间的关系。在此基础上,从系统论的视角勾勒出民事检察权的总体结构和制度体系,进而探究民事检察权与民事司法整体的关系,反思民事检察权与社会自治、公民自治的关系。

2. 面向实务与回应困惑

司法实践中存在的形态多样的自生自发型民事检察制度,在丰富研究对象、激活研究兴趣的同时,也给实践带来了诸多困惑,本书希望通过对民事检察实务运行状况的全面了解,来发现其中所存在的主要问题并挖掘其深层成因,从而为切实回应实践中的争议和困惑提供"对症下药"的方案或思路。具体来说,将从规范和实践两个方面对各种民事检察制度的客观运行状况进行综合考察,评估其运行实效并揭示其中所存在的问题和困惑,并以这些来源于经验事实的"真问题"作为文章之后研究的核心对象和主要线索,借助相应的运行原理和基本准则来解析问题的本质成因,进而在架通理论与实践之间关系的基础上,回应实务中所面临的困惑、矫正和消解实践中的异化现象或偏误做法。

3. 理性解释与规范优化

2012年《民事诉讼法》修正案、2015年最高人民法院《关于适用〈中华人民共和国民事诉讼法〉的解释》(以下简称"2015年《民诉解释》")以及2017年全国人民代表大会常务委员会《关于修改〈中华人民共和国民事诉讼法〉的决定》,虽然在相当程度上发展和完善了民事检察制度,但立法理念的局限性、理论基础的薄弱性以及实践经验的有限性,使得现有规范仍旧面临着诸多问题和不足。在立法工作已经告一段落的客观背景下,本书希望借助相关基础理论来提供契合权力属性、制度原理以及立法初衷的解释思路,弥补现行规范的粗疏、抽象弊端;通过对民事检察权基本理论的提炼与完善,来推动法解释学对现有规范的理性解释,以使制度的运行实效最大限度地贴近立法的预设目标。与此同时,在全面把握实务运行状况的前提下,总结其中的成熟经验、明晰现存的主要问题及其本质成因,从而为最新司法解释的有效施行以及今后的制度和规则优化提供明确的方向和思路。

二、研究对象概览:以问题意识为指引

问题意识指引着研究的方向和进路,问题意识的质量决定着研究的实质价值。面向民事检察实务、以中国问题为指引,本书将对以下四个方面的论题进行分析和研究:

(一)民事检察权的理论基础与制度原理

民事检察权的理论基础和制度原理是研究各种具体民事检察制度及其程序、规则配置的先决问题,目前在此领域尚存诸多困惑:如何准确解读我国检察制度的基本内涵?我国检察制度的生成背景、预设初衷、发展历程等因素对其性质和权能有何影响?相较于域外国家,我国检察机关在宪政地位、法律属性、功能定位等方面有何特殊性?相较于刑事检察权和行政检察权,民事检察权是否具备某些独有特性以及相对独立性?如何理性定位我国民事检察权的性质和权能?以比较法资源为参照,民事检察权在体系结构、功能配置、运行界域等方面呈现出哪些特性?形成这些特性的深层原因是什么?

为了有效回应以上问题,本书将在关照本土语境的前提下对域外国家检察制度的生发历程、基本内涵、权力性质和权能类型等问题进行比较研究,通过提炼其中的共性与个性来发现影响检察权性质和权能配置的核心要素及一般原理;在此基础上链接宪政法理与程序法理,分别从根本法、组织法和程序法三个维度来探究我国检察权的性质和正当性基础。之后将对民事检察权进行专门考察,首先厘清我国民事检察制度的生发脉络,并以检察权整体的性质和权能来源为依据,明晰民事检察权的性质和权能类型;进而在提炼我国民事检察权独有特性的基础上,论证其相较于刑事检察权和行政检察权的独立性,反思套用和照搬刑事检察权的基本理论和制度解决民事检察问题、将民事检察权与行政检察权长期视为一体等偏误做法,扭转民事检察权在基础理论方面的贫乏局面。

(二)公权制约型民事检察权及相关制度

在搭建起民事检察权的基本理论体系之后,本书将借鉴傅郁林教授的权能分类和职权配置理论,分别对民事检察权的两类权能进行系统研究。在以执法监督职能为正当性依据、以审判权和执行权为规制对象的公权制约型民事检察权领域,有待明晰的主要问题包括:公权制约型民事

检察权的实现方式有哪些？这些具体制度的规范和实践现状如何？该类民事检察权的本质成因和正当性基础是什么？其运行空间和运行原理如何？依循公权制约型民事检察权的应然属性和功能定位，其在行使过程中应当遵循哪些基本原则？为了回应这些问题，本书将对公权制约型民事检察权的两种实现路径即审判检察监督和执行检察监督的实践现状进行综合考评，透过规范现状和运行实效等经验事实来揭示目前所存在的问题和困惑。在此基础上，对公权制约型检察权及其相应制度的生发历程和深层成因进行探究，明晰其正当性基础、预设功能和可能的弊端与局限；进而对各种公权制约型民事检察制度的运行空间进行探析，提炼出与其权能属性相适应的运行原理和基本准则。

（三）社会治理型民事检察权及相关制度

社会治理型民事检察权以守法监督职能为正当性来源，以规制某些特殊的民事违法行为、维护国家利益和社会公共利益为主要目标。作为以实践先行为主要特征的权能类型，该领域存在不少的研究空白和困惑：社会治理型民事检察权的实现方式有哪些？相较于法律明确规定的民事检察制度，实践中普遍存在的多样化的社会治理型民事检察制度的生发原因究竟是什么？各种具体制度在实践中的运行状况和客观收效究竟如何？该类权能是否符合检察权的本质属性、是否具备充分的正当性依据？如何理性认识相关制度的运行空间和基本原理？如何科学划定社会治理型民事检察权的行使界域和作用限度？为了回应这些问题，本书将分别对支持起诉、民事公诉这两种法定性制度和督促起诉、检调对接、执行协助这三种自发性制度的规范和实践现状进行考察，在明晰各种制度的运行方式和实践收效的基础上，揭示其中所存在的问题和面临的困惑。在此基础上，探究社会治理型检察权及其相应制度的生发历程和本质成因，对各种制度的性质、功能及正当性进行评估；进而探析该类民事检察权的运行空间，并尝试提炼出相应的运行原理和基本准则，揭示现存问题的本质成因。

（四）民事检察权的内外部关系与体系化建构

在对公权制约型民事检察权和社会治理型民事检察权分别进行系统研究之后，将采用系统论的视角对民事检察权进行整体化的审视和剖析，此时存在着以下困惑：各类民事检察权能内部具体制度之间的关系如何？

公权制约与社会治理两类权能之间是否存在冲突以及如何协调二者的关系？实践前沿领域是否开始出现某种突破二元化权能结构的新型、混合型权能？民事检察权与刑事检察权、行政检察权乃至民事司法程序整体等外部要素或外部环境之间的关系究竟如何？如何平衡民事检察权与社会自治、公民自治之间的关系？作为公权力的一种，如何解决"谁来监督监督者"的难题以避免民事检察权自身的滥用？如何依循民事检察权的本质属性和各类权能的运行原理及基本原则，来实现民事检察权的体系化、科学化发展？为了回应这些问题，本书将首先对民事检察权系统的内部优化问题进行研究，即分别探究各种具体民事检察制度的微观优化方案、各类权能内部诸种制度之间的协调方案以及两类权能相互间的关系优化路径。其次，对民事检察权的外部关系协调问题进行研究，探索民事检察权与刑事检察权、行政检察权的衔接方式，明晰检察权在维护民事司法公正领域的应然角色和作用界限，反思民事检察权与社会自治、公民自治的关系。再次，将研究民事检察权滥用的防范和规制机制，分别从内部监督制约和外部监督制约两个方面来探寻确保民事检察权依法、适度、有效行使的方案。最后，将整合和利用之前的研究成果，尝试提出民事检察权体系化建构和科学化革新的可能方案，并预测其未来的发展趋势和应然方向。

三、位于何处：研究现状的综合评估

在选定论题并明确研究目的和研究对象之后，需要首先全面把握该论题的相关研究状况，在提炼已有研究成果、发现现存缺陷和不足的基础上，来准确界定本书的研究起点和基本方向，以期在吸取有益成果的同时，最大限度的发挥"补白"和拓展功能。

（一）现有研究内容综述

从研究成果的类型来看，主要包括学术专著、教材、学术论文（学位论文和期刊论文）和调研报告等形式；从研究成果的数量来看，与检察权相关的论文已达6000余篇、专著几十部；从研究人员的知识背景来看，除了学者之外，许多法检系统的实务人士也对检察权的相关问题进行了研究，前者侧重于对理论性、宏观性问题的分析，后者则常常以实务经验和工作困惑为出发点，在观点上呈现出"部门本位"的倾向。在简要了解现有研

究的载体形式、成果数量和研究主体之后,本部分将把重点置于对研究内容的综述。依据研究领域和客体的不同,可以将目前有关检察权的研究分为刑事检察权研究、民事检察权研究和行政检察权研究三大类,其中围绕刑事检察权所展开的研究占据了现有研究成果的绝大部分,而有关民事检察权的系统化、高质量研究十分罕见,行政检察权的研究情况则更为不济。依据研究所涉具体内容的不同,可以将现有研究分为本体论研究、职能论研究、运行论研究和组织论研究四类,以下将依此分类对各部分的研究情况进行评估。

首先,在检察权本体论领域,现有研究主要围绕我国检察制度的沿革历程[①]、检察机关的法律地位、检察权的性质和正当性、检察制度的价值和功能等问题展开,其中长期处于争论状态的焦点问题是我国检察权的性质和检察制度的正当性。针对我国检察权的性质问题,形成了"行政权说"[②]"司法权说"[③]"双重属性说"[④]"法律监督权说"[⑤]和"多元属

[①] 有关我国检察制度生发与沿革历程的研究请参见王桂五主编:《中华人民共和国检察制度研究》,中国检察出版社2008年版;孙谦主编:《人民检察制度的历史变迁》,中国检察出版社2009年版;朱孝清、张智辉主编:《检察学》,中国检察出版社2010年版;石少侠、郭立新:《列宁的法律监督思想与中国检察制度》,载《法制与社会发展》2003年第6期;王玄玮:《中国检察权转型问题研究》,法律出版社2013年版;刘方:《新中国检察制度史概略》,法律出版社2013年版;刘清生:《中国近代检察权制度研究》,湘潭大学出版社2010年版;姜伟:《中国检察制度》,北京大学出版社2009年版;谢如程:《清末检察制度及其实践》,上海人民出版社2008年版。

[②] 将我国检察权的性质界定为行政权的代表性文献,请参见夏邦:《中国检察体制应予取消》,载《法学》1999年第7期;郝银钟:《检察机关的角色定位与诉讼职能的重构》,载《刑事法评论》1999年第4期;郝银钟:《检察权质疑》,载《中国人民大学学报》1999年第3期;陈卫东:《我国检察权的反思与重构——以公诉权为核心的分析》,载《法学研究》2002年第2期;洪浩:《检察权论》,武汉大学出版社2001年版;刘远、赵玮:《行政执法与刑事执法衔接机制改革初探——以检察权的性质为理论基点》,载《法学论坛》2006年第1期。

[③] 将我国检察权的性质界定为司法权的代表性文献,请参见龙宗智:《论检察权的性质与检察机关的改革》,载《法学》1999年第10期;陈永生:《论检察机关的性质》,载《国家检察官学院学报》2001年第2期;徐益初:《析检察权性质及其运用》,载《人民检察》1999年第4期;万毅:《检察权若干基本理论问题研究——返回检察理论研究的始点》,载《政法论坛》2008年第3期;朱秋卫:《我国检察权的定位及职权配置研究》,中国政法大学出版社2012年版;陈兴良:《从"法官之上的法官"到"法官之前的法官"》,载《中外法学》2000年第6期。

[④] 将我国检察权的性质界定为兼具司法权和行政权双重属性的相关文献,请参见万毅、毛建平:《一体与独立:现代检察权运行的双重机制》,载《河北大学学报(哲学社会科学版)》2004年第2期;林钰雄:《检察官论》,学林出版社1999年版;龙双喜、冯仁强:《宪政视角下的中国检察权——兼议法律监督与公诉权的关系》,载《法学》2004年第11期;蒋德海:《控权型检察制度研究》,人民出版社2012年版;等等。

[⑤] 将我国检察权的性质界定为法律监督权的代表性文献,请参见樊崇义主编:(转下页)

性说"①等观点;针对检察制度的正当性问题,形成了"废除论"②"改良论"③"限制论"和"强化论"④等观点。但这些研究大多从刑事的视角出发,以刑事检察权作为分析和讨论的对象,而以民事检察权为专门对象并对其本质属性、理论依据、制度价值和基本原理等问题所展开的系统研究则极为有限。相较于日趋成熟的刑事检察权基础理论体系,有关民事检察权本体论的高质量研究很少,即使是为数不多的专著⑤或博士论文⑥,亦

(接上页)《检察制度原理》,法律出版社 2009 年版;孙谦:《检察:理念、制度与改革》,法律出版社 2004 年版;张智辉:《法律监督三辨析》,载《中国法学》2003 年第 5 期;韩大元:《宪法文本与检察机关的宪法地位》,载《法学》2007 年第 9 期;王玄玮:《中国检察权转型问题研究》,法律出版社 2013 年版;王戬:《不同权力结构模式下的检察权研究》,法律出版社 2011 年版;石少侠:《论我国检察权的性质——定位于法律监督权的检察权》,载《法制与社会发展》2005 年第 3 期;谢鹏程:《论检察权的性质》,载《法学》2000 年第 2 期;等等。

① 参见谢佑平、燕星宇:《我国检察权性质的复合式解读》,载《人民检察》2012 年第 9 期;吴崎滨:《论检察权的性质及其优化设置》,载《福州大学学报(哲学社会科学版)》2002 年第 4 期。

② 持"废除论"的主要文献,请参见郝银钟:《检察权质疑》,载《中国人民大学学报》1999 年第 5 期;郝银钟:《评检察机关法律监督合理论》,载《环球法律评论》2004 年第 4 期;黄松有:《检察监督与审判独立》,载《法学研究》2000 年第 4 期;夏邦:《中国检察院体制应予取消》,载《法学》1999 年第 7 期。

③ 持"改良论"的主要文献,请参见崔敏:《为什么检察制度屡受质疑——对一篇重要文章中某些观点的商榷》,载《法学》2007 年第 7 期;徐美君:《司法监督与司法独立的衡平》,载《中国法学》2003 年第 1 期;龙宗智:《相对合理主义视角下的检察机关审判监督问题》,载《四川大学学报(哲学社会科学版)》2004 年第 2 期;陈卫东:《我国检察权的反思与重构——以公诉权为核心的分析》,载《法学研究》2002 年第 2 期;等等。

④ 持"强化论"的主要文献,请参见张智辉:《检察改革宏观问题研究》,载《人民检察》2005 年第 7 期;石少侠:《论司法改革中的检察权》,载《吉林大学社会科学学报》2004 年第 5 期;吕涛:《检察权的宪政意义》,载《山东社会科学》2010 年第 6 期;曹呈宏:《法律监督何以必要》,载《人民检察》2003 年第 9 期。

⑤ 有关民事检察权的专著,请参见张文志等:《民事诉讼检察监督论》,法律出版社 2007 年版;张显伟、杜承秀、王丽芳:《民事行政诉讼检察监督制度研究》,中国法制出版社 2011 年版;王莉:《民事诉讼与检察监督》,中国检察出版社 2012 年版;崔伟、李强:《检察机关民事行政公诉论》,中国检察出版社 2010 年版;孙加瑞:《民事检察制度新论》,中国检察出版社 2013 年版;王鸿翼:《规范和探索感性与理性——民事行政检察的回眸与展望》,中国检察出版社 2013 年版;王煜等:《民事诉讼检察学》,天津社会科学出版社 2013 年版;王学成:《民事检察制度研究》,法律出版社 2012 年版;蔡福华:《民事抗诉问题研究》,中国检察出版社 2011 年版。

⑥ 目前以民事检察权为论题的博士论文共有四篇,其中一篇由法理学专业的博士生撰写。这些研究虽然在不同程度上提供了有益的思路,但均存在两方面的局限性:一是研究路径和研究深度方面的局限性,这四篇论文均未能依循民事检察权的性质进行权能分类,导致对诉讼检察监督职能与其他民事检察职能的研究混杂在一起,将民事审判检察监督权等同于民事检察权,亦未能对各类权能的基本原理进行提炼;二是研究的前沿性和新颖度方面的局限性,这四篇论文中有两篇成文于 2007 年《民事诉讼法》局部修订之前,另两篇成文于 2012 年《民事诉讼法》全面修订之前,这就使得相关研究与立法动态不相契合,加之均以规范层面的制度作为(转下页)

未能完成对该领域的"补白"任务。目前有关民事检察本体论的研究主要集中在我国民事检察制度的发展历程①、民事检察监督的性质和正当性②、民事检察监督的原则和规律③等方面,但尚未形成完整的、深层次的基本理论系统。值得关注的是,最高人民检察院法律政策研究室在 2013 年发表的一篇题为《我国民事检察权的功能定位和权力边界》④的论文,结合全面修订后的《民事诉讼法》对我国民事检察权的基本理论问题进行了初步的体系化探讨,其中有关我国民事检察之制度前提、理论基点、沿革历程、基本特征、基本原则、功能定位和权力边界等问题的研究,具有相当的进步意义。

其次,在检察权职能论领域,现有研究主要围绕刑事公诉权、审判检察监督权、自侦权、检察机关的诉讼地位、域外国家检察机关的职权、检察改革、法律修订与检察职能的发展等问题展开。与本体论的研究状况相类似,有关检察权职能的现有文献也多集中在刑事领域,针对刑事检察权

(接上页)研究对象,因此未能对实践中广泛存在的自生自发型民事检察制度予以充分、系统的关注。这四篇博士论文的具体内容请参见:王学成:《民事检察制度研究》,西南政法大学 2004 年博士学位论文;潘度文:《我国民事诉讼中检察机关角色研究》,中国政法大学 2005 年博士学位论文;张学武:《民事诉讼检察监督制度研究》,山东大学 2009 年博士学位论文(法理专业);印仕柏:《民事诉讼中检察权配置研究》,湘潭大学 2010 年博士学位论文。

① 例如,王鸿翼:《规范和探索感性与理性——民事行政检察的回眸与展望》,中国检察出版社 2013 年版。

② 有关我国民事检察制度之性质和正当性的主要研究,请参见陈桂明:《民事检察监督之存废、定位与方式》,载《法学家》2006 年第 4 期;邹建章:《论民事诉讼监督法律关系》,载《中国法学》1997 年第 6 期;周本祥、马济林:《民事行政检察的困惑与出路》,载《法学》1994 年第 6 期;杨立新:《民事行政诉讼检察监督与司法公正》,载《法学研究》2000 年第 4 期;荣晓红:《论我国民事检察权的合理配置》,载《湘潭大学学报(哲学社会科学版)》2007 年第 1 期;翁晓斌、方文晖:《论民事检察监督制度的现实合理性》,载《人民检察》2001 年第 4 期;蔡福华:《民事检察理论若干问题辨析》,载《人民检察》2001 年第 2 期;韩成军:《公平审判权与民事诉讼检察监督》,载《河南社会科学》2011 年第 1 期;汤维建:《论诉中监督的菱形结构》,载《政治与法律》2009 年第 6 期;等等。

③ 有关我国民事检察监督的原则和规律的主要研究,请参见李茂勋:《民事检察活动的原则》,载《政治与法律》1987 年第 5 期;邵世星:《民事检察规律的比较研究与启示》,载《人民检察》2012 年第 9 期;潘度文:《民事检察在民事诉讼中的空间及路径探讨》,载《法学家》2010 年第 3 期;汤维建:《论中国民事行政检察监督制度的发展规律》,载《政治与法律》2010 年第 4 期;汤维建:《民行检察监督基本原则研究》,载《法治研究》2012 年第 8 期;蒋银伟:《中国民事诉讼检察监督制度的完善——兼论民事诉讼检察监督制度的基本原则》,载《学习与探索》2011 年第 6 期;等等。

④ 全文请参见《中国法学》2013 年第 4 期。

的职能种类①、公诉职能与检察监督职能的角色冲突②、检察机关侦查权的界限、刑事执行检察监督等问题展开了较为深入的讨论;而在民事检察领域,本体论研究成果的供给不足致使民事检察权的权能体系长期缺位。从研究的时间线索来看,在20世纪八九十年代即1991年《民事诉讼法》正式颁行前,有关民事检察职能的研究主要围绕应否赋予检察机关提起和参与民事诉讼的职权等问题展开③,之后随着抗诉制度的正式确立以及民事检察实务工作的真正开展,理论界和实务界人士开始关注民事诉讼领域检察机关的地位和职权④、民事检察监督改革⑤、《民事诉讼法》修改

---

① 有关刑事检察权职能的主要文献,请参见陈光中:《刑事诉讼中检察权的合理配置》,载《人民检察》2005年第13期;陈卫东、陆而启:《检察官的角色——从组织法和诉讼法角度分析》,载《法学论坛》2005年第4期;谢鹏程:《论检察权的结构》,载《人民检察》1999年第5期;韩成军:《检察权配置基本问题研究》,载《河北法学》2011年第12期;石少侠:《我国检察机关的法律监督一元论——对检察权权能的法律监督权解析》,载《法制与社会发展》2006年第5期;等等。

② 有关刑事公诉职能与检察监督职能之间关系的主要研究,请参见徐军:《检察监督与公诉职能关系论》,中国人民公安大学出版社2010年版;樊崇义:《法律监督职能哲理论纲》,载《人民检察》2010年第1期;汪建成:《论诉讼监督与诉讼规律》,载《河南社会科学》2010年第6期;陈瑞华:《诉讼监督制度改革的若干思路》,载《国家检察官学院学报》2009年第3期;陈永生:《论检察官的客观义务》,载《人民检察》2001年第9期;邓继好:《从检察监督的两重性看诉讼职权与监督职权的分离》,载《政治与法律》2012年第2期;朱孝清:《检察机关集追诉与监督于一身的利弊选择》,载《人民检察》2011年第3期;吴如巧、谢锦添:《论中国法律监督的主体混同与独立》,载《重庆大学学报(社会科学版)》2012年第2期;等等。

③ 该时期围绕民事检察机关能否提起和参与民事诉讼的讨论,请参见王德成:《人民检察院参加民事诉讼初探》,载《河北法学》1987年第6期;陈桂明:《检察机关参与民事诉讼浅探》,载《西北政法学院学报》1987年第2期;王显生:《民事诉讼初探》,载《政治与法律》1987年第1期;王冬青、陈继东:《人民检察院参与民事诉讼管见》,载《现代法学》1987年第2期;金俊银、李传敢:《检察机关参与民事诉讼刍议》,载《中国法学》1987年第5期;曹康:《关于检察机关参加民事诉讼之管见》,载《政法论坛》1988年第1期;王洪俊:《我国检察机关参与民事诉讼的范围和地位》,载《现代法学》1988年第1期;等等。

④ 有关检察机关在民事诉讼中的地位和职能的主要研究,请参见江伟、谢俊:《论民事检察监督的方式和地位——基于宪法和民事诉讼法的分析》,载《法治研究》2009年第4期;王桂五:《试论检察机关在民事诉讼中的法律地位》,载《政法论坛》1989年第3期;汤维建、温军:《检察机关在民事诉讼中的职权配置研究》,载《法学家》2010年第3期;扈纪华:《关于民事诉讼中的检察监督问题》,载《河南社会科学》2011年第1期;王鸿翼:《论民事行政检察权的配置》,载《河南社会科学》2009年第2期;王祺国:《兼论民事行政检察的二元结构》,载《人民检察》2002年第3期;蔡彦敏:《从规范到运作——论民事诉讼中的检察监督》,载《法学评论》2000年第3期;周小平:《民事诉讼检察监督》,载《政治与法律》1991年第2期;安斌:《检察监督:一个游离于民事法律边缘的话题——对民事检察权若干问题的思考》,载《河南社会科学》2012年第10期;李浩:《民事诉讼检察监督若干问题研究》,载《中国法学》1999年第3期;丁慕英、袁其国:《检察机关实行民事诉讼监督几个问题的探讨》,载《中国法学》1988年第5期;江伟、李浩:《民事诉讼检察监督若干问题探讨》,载《人民检察》1995年第6期;等等。

⑤ 有关民事检察监督改革的主要文献,请参见张翠松:《我国民行检察监督法律(转下页)

与民事检察职能的发展①等问题。虽然形成了一些有益成果，但许多文献常常将民事审判检察监督权与民事检察权相混同、将审判监督职能与抗诉相等同，这一方面导致民事检察职能研究的片面化和割裂化，另一方面，对功能相异、原理不同的权能进行一体化、混杂式的研究，进一步恶化了民事检察职能领域的偏误认识和观点分歧，并直接影响到之后的程序配置和制度安排。在 2012 年全面修订《民事诉讼法》的过程中，一些学者开始关注该问题并提出了具有开拓性意义的理论模型，其中较为典型的是傅郁林教授在《我国民事检察权的权能与程序配置》②一文中首次提出的民事检察权能类型理论，其以宪政法理和程序法理为基础对我国检察权的正当性进行了论证，并将之划分为以宪法上的执法监督职能为依据的公权制约型民事检察权与以宪法上的守法监督职能为依据的社会治理型民事检察权，主张遵循这两类权能在性质、功能和正当性等方面的重大差异，配以相对应的适用客体、启动条件、运行程序和救济方式。傅郁林教授的权能二元化理论模型，不仅一针见血地指出了现有研究的主要缺陷，也为化解理论和实践中的诸多争议和困惑提供了基本原理方面的依据，这也是本书借鉴该种权能分类模式并将之作为研究起点和讨论线索的关键原因。

再次，在检察权运行论领域，现有研究涵盖了运行主体和客体、运行目的、运行程序、运行手段等多方面内容。除了对自侦、批捕、审查起诉、非法证据排除、刑事抗诉、量刑建议等刑事检察程序和制度的研究外，近年来有关民事检察运行机制的研究也呈现出多样化、丰富化、开

（接上页）制度的发展与完善》，载《法学杂志》2012 年第 11 期；汤维建：《论民事检察监督制度的现代化改造》，载《法学家》2006 年第 4 期；江伟、张慧敏、段厚省：《民事行政检察监督改革论纲》，载《人民检察》2004 年第 3 期；田平安、李浩：《中国民事检察制度的改革与完善》，载《现代法学》2004 年第 1 期；胡亚球、张永泉：《民事诉讼中检察监督权的完善》，载《现代法学》1999 年第 5 期；马登科：《论我国民事检察监督的改革走向——以世界司法改革浪潮为视野》，载《云南行政学院学报》2006 年第 3 期；韩静茹：《民事检察制度的体系化革新》，载《国家检察官学院学报》2013 年第 3 期。

① 有关《民事诉讼法》修订与民事检察职能发展的主要文献，请参见张卫平：《民事诉讼检察监督实施策略研究》，载《政法论坛》2015 年第 1 期；韩成军：《新〈民事诉讼法〉对民事诉讼检察监督的拓展与规制》，载《河南社会科学》2012 年第 12 期；汤维建：《民事诉讼法的全面修改与检察监督》，载《中国法学》2011 年第 3 期；蔡虹：《民事诉讼法修改与民事检察监督》，载《山东警察学院学报》2008 年第 1 期；段厚省、郭宗才、王延祥：《〈民事诉讼法〉修订与民事检察监督之回应》，载《政治与法律》2008 年第 12 期；冀永生：《民事诉讼法的修改与民事检察监督的完善》，载《人民检察》2009 年第 2 期；汤维建：《论〈民事诉讼法〉全面修改的主要议题》，载《法学》2011 年第 8 期；宫鸣、姜伟、孙祥壮：《民事诉讼检察监督制度的改革和发展》，载《法律适用》2013 年第 4 期；等等。

② 全文请见《法律科学》2012 年第 6 期。

放性的趋势。不同于之前以民事抗诉①为主要甚至唯一研究对象的孤立局面,随着实务领域诸多实验性做法的出现以及2007年和2012年两次修法活动的进行,许多论者开始将研究视域置于民事检察建议②、检察机关支持起诉③、督促起诉④、提起民事公益诉讼⑤、刑事附带民事诉

---

① 有关民事抗诉的主要研究,请参见潘剑锋:《程序系统视角下对民事再审制度的思考》,载《清华法学》2013年第4期;何兵、潘剑锋:《司法之根本:最后的审判抑或最好的审判?——对我国再审制度的再审视》,载《比较法研究》2000年第4期;傅郁林:《我国审判监督模式评析与重构》,载《人大研究》2004年第4期;李浩:《民事再审程序的修订:问题与探索——兼评〈修正案(草案)〉对再审程序的修订》,载《法律科学》2007年第6期;张卫平:《民事再审:基础置换与制度重建》,载《中国法学》2003年第1期;常怡、唐力:《民事再审制度的理性分析》,载《河北法学》2002年第5期;王亚新:《民事审判监督制度整体的程序设计——以〈民事诉讼法修正案〉为出发点》,载《中国法学》2007年第5期;刘本荣:《基于诉权的再审与基于检察监督权的再审》,载《法治研究》2013年第7期;汤维建、季桥龙:《民事再审程序启动机制研究——以检察机关一元化审理申请再审案件模式为中心》,载《山东社会科学》2009年第9期;段厚省、郭宗才:《既判力与民事抗诉机制的冲突与协调》,载《人民检察》2006年第7期;宋小海:《民事抗诉制度的程序法定位——基于修改后民事诉讼法的分析》,载《中外法学》2010年第4期;等等。

② 有关民事检察建议的主要研究,请参见姜伟、杨隽:《检察建议法制化的历史、现实和比较》,载《政治与法律》2010年第10期;刘铁流:《检察机关检察建议实施情况调研》,载《人民检察》2011年第2期;孙加瑞:《再审检察建议的司法适用》,载《中国检察官》2013年第18期;秦勤:《论民事再审检察建议的价值、困境与制度完善》,载《河南社会科学》2013年第10期;邹云翔:《检察建议工作理论研讨会观点综述》,载《人民检察》2013年第10期;韩静茹:《民事检察建议的分类重构与原理探寻》,载《大连理工大学学报(社会科学版)》2015年第1期;韩静茹:《民事检察建议刍议——以与抗诉的关系协调为视角》,载《西南政法大学学报》2013年第1期;等等。

③ 有关检察机关支持民事起诉的主要文献,请参见段厚省:《论检察机关支持起诉》,载《政治与法律》2004年第6期;蒋集跃、梁玉超:《存在未必合理——支持起诉原则的反思》,载《政治与法律》2004年第5期;李方:《检察机关以支持起诉方式参与环境污染诉讼应予完善》,载《人民检察》2011年第10期;曹国华、陶伯进:《农民工劳资纠纷司法救济的困境与破解——检察机关支持起诉的视角》,载《河北法学》2012年第6期;徐清、徐德高:《检察机关支持起诉面临的困境分析》,载《人民检察》2007年第20期;何文燕:《调解和支持起诉两项民诉法基本原则应否定》,载《法学》1997年第4期;陈彬、覃东明:《关于建立我国支持起诉制度的构想》,载《政法学刊》1986年第3期;韩静茹:《社会治理型民事检察制度初探:实践、规范、理论的交错视角》,载《当代法学》2014年第5期;等等。

④ 有关检察机关督促起诉的主要研究,请参见刘荣军:《督促起诉的公共性基础》,载《人民检察》2010年第14期;刘加良:《解释论视野中的民事督促起诉》,载《法学评论》2013年第4期;叶珍华:《民事督促起诉若干问题研究》,载《河北法学》2010年第3期;张步洪:《构建民事督促起诉制度的基本问题》,载《人民检察》2010年第14期;傅强云:《论民事督促起诉——对国家利益、公共利益监管权的监督》,载《浙江大学学报(人文社会科学版)》2008年第1期;傅云:《民事督促起诉职能的实践与发展》,载《人民检察》2010年第14期;徐志鹏等:《民事督促起诉制度探析》,载《海峡法学》2011年第1期;等等。

⑤ 针对检察机关应否有权提起民事公益诉讼的问题,形成了"支持论"和"反对论"两派观点。"支持论"的主要文献,请参见张卫平:《民事公益诉讼原则的制度化及实施研究》,载《清华法学》2013年第4期;江伟、段厚省:《论检察机关提起民事诉讼》,载《现代法学》2000年(转下页)

讼①、民事执行检察监督②、"检调对接"③、执行检察协助等"新增型"或"自发型"的民事检察运行机制,并对民事检察权行使的保障性手段和配套措施④

(接上页)第12期;李浩:《关于民事公诉的若干思考》,载《法学家》2006年第4期;齐树洁:《环境公益诉讼原告资格的扩张》,载《法学论坛》2007年第3期;廖中洪:《检察机关提起民事诉讼若干问题研究》,载《现代法学》2003年第3期;陈桂明:《检察机关应当介入公益诉讼案件》,载《人民检察》2005年第13期;熊跃敏、赵宁:《检察机关提起民事诉讼:法理、价值及其程序建构》,载《河北法学》2005年第1期;蔡彦敏:《中国环境民事公益诉讼的检察担当》,载《中外法学》2011年第1期;韩波:《公益诉讼制度的力量组合》,载《当代法学》2013年第1期;民事公诉课题组:《检察机关参与民事公诉立法问题研究》,载《华东政法大学学报》2007年第6期;浙江省湖州市人民检察院课题组、黄生林:《检察机关提起公益诉讼的价值、挑战及应对》,载《河南社会科学》2012年第11期;洪浩、邓晓静:《公益诉讼中检察权的配置》,载《法学》2013年第7期;等等。"反对论"的主要文献,请参见杨秀清:《我国检察机关提起公益诉讼的正当性质疑》,载《南京师大学报(社会科学版)》2006年第6期;王福华:《我国检察机关介入民事诉讼之角色困顿》,载《政治与法律》2003年第5期;敖双红:《公益诉讼的反思与重构》,载《中南民族大学学报(人文社会科学版)》2007年第2期;吕忠梅:《环境公益诉讼辨析》,载《法商研究》2008年第6期;章礼明:《检察机关不宜作为环境公益诉讼的原告》,载《法学》2011年第6期;陈兴生、梁远、宋波:《检察机关民事起诉制度质疑》,载《政治与法律》2001年第3期;等等。

① 有关检察机关提起刑事附带民事诉讼的研究,请参见陈磊:《浅谈检察机关提起刑事附带民事诉讼的几个问题》,载《中国法学》1990年第2期;许建丽:《检察机关刑事附带民事诉讼权存废之争》,载《政治与法律》2007年第4期;柳忠卫、黄士元:《检察机关代表被害人提起民事诉讼的正当性研究——以侵害国家或社会利益犯罪为范例的考察》,载《法学论坛》2007年第6期;曾镒筠、韩支平、谢强:《检察机关提起刑事附带民事诉讼法律问题研究》,载《人民检察》2004年第4期;等等。

② 有关民事执行检察监督的主要研究,请参见傅郁林:《民事执行权制约体系中的检察权》,载《国家检察官学院学报》2012年第3期;肖建国:《民事执行中的检法关系问题——民事执行检察监督法理基础的另一种视角》,载《法学》2009年第3期;肖建国:《民事强制执行与检察监督》,载《国家检察官学院学报》2013年第1期;王亚新:《执行检察监督问题与执行救济制度构建》,载《中外法学》2009年第1期;宋朝武:《民事执行检察监督:理念、路径与规范》,载《河南社会科学》2009年第2期;杨荣馨:《略论强制执行的检察监督》,载《人民检察》2007年第13期;常怡:《民事行政裁判执行的检察监督》,载《法学家》2006年第4期;黎蜀宁:《论检察机关对民事执行活动的法律监督》,载《现代法学》2003年第6期;李浩:《目的论视域中的民事执行检察监督对象解读》,载《法商研究》2011年第2期;国家检察官学院课题组:《新〈民事诉讼法〉视野下民事执行检察监督制度研究》,载《中国司法》2013年第8期;等等。

③ 有关"检调对接"的主要研究,请参见汤维建、徐全兵:《检调对接机制研究——以民事诉讼为视角》,载《河南社会科学》2012年第3期;韩启军:《"检调对接":实践中的理性思考——以泰州市两级检察机关工作为例》,载《改革与开放》2013年第1期;陈桂明、周冬冬:《检察和解的若干思考》,载《法学杂志》2010年第4期;连宏星、陈慧芳:《检察环节民事和解的现状与期待》,载《法学杂志》2012年第12期;傅国云:《民事检察调解——法律监督中的替代性纠纷解决方法》,载《浙江大学学报(人文社会科学版)》2012年第4期;傅国云、胡卫丽:《民事检察和解的适用与程序设计》,载《人民检察》2013年第7期;北京市门头沟区人民检察院课题组:《民事申诉案件检察和解相关理论难题的解析及规则构建设想》,载《法学杂志》2010年第2期;孙建昌:《促成执行和解在民事检察中的运用》,载《人民检察》2000年第6期;等等。

④ 有关民事检察权保障机制的研究主要围绕检察机关的调查核实权、调阅案卷权、列席审委会会议制度等展开,主要文献请参见张步洪:《民行抗诉程序中检察机关的调查取证权》,(转下页)

等更为微观的问题进行了初步讨论。然而遗憾的是,在缺乏较为成熟的本体论和职能论研究成果的大背景下,目前对各类民事检察制度和运行机制的研究,大多停留在对经验事实的表层描述或是对某一具体制度的对策性研究,而未能链接相关理论进行深层次的现象分析和原理提炼,自然无法回应理论和实践中的诸多争议及困惑。

在检察权组织论领域,现有研究主要针对检察机关的领导体制、组织结构、机构设置①、管理模式②、检察院组织法的修改③等问题。此外,近年来还出现了以检察学④、检察文化、检察政策⑤等为对象的研究,以及有关

(接上页)载《人民检察》1999 年第 8 期;《检察院可以邀请法院院长列席检察委员会会议吗》,载《人民检察》2009 年第 2 期;邓晓静、蔡虹:《论检察机关的证据调查权——以民事抗诉为中心》,载《政治与法律》2010 年第 4 期;顾建华、李涛涛、李炜:《民事检察监督程序中检察机关调查取证研究》,载《政治与法律》2009 年第 12 期;王洪礼:《民事检察调查取证权探究》,载《人民检察》2009 年第 7 期;张志平、郭宗才:《民事行政检察部门侦查权的行使》,载《法学》2005 年第 10 期;颜卉:《增强检察机关调查核实权的可操作性》,载《人民检察》2013 年第 10 期;等等。

① 有关检察机关机构设置和改革的主要文献,请参见汪建成、王一鸣:《检察职能与检察机关内设机构改革》,载《国家检察官学院学报》2015 年第 1 期;向泽选:《检察机关的机构设置与检察权配置》,载《河南社会科学》2012 年第 5 期;谢鹏程:《论检察机关内部机构的设置》,载《人民检察》2003 年第 3 期;甄贞:《检察机关内部机构设置改革研究》,载《河南社会科学》2013 年第 1 期;湖北省人民检察院检察发展研究中心:《实行"两个适当分离"优化检察职权配置——湖北省检察机关在法律制度框架内的实践探索》,载《人民检察》2010 年第 24 期;徐鹤喃:《检察改革的一个视角——我国检察机关组织机构改革论略》,载《当代法学》2005 年第 6 期;等等。

② 检察组织论中有关管理模式的研究主要围绕人员分类管理、案件管理、检察业务考评制度等展开,相关文献请参见检察权配置管理研究课题组:《我国检察权配置和管理体制的理性审视与完善构想》,载《华东政法大学学报》2008 年第 6 期;吴建雄:《检察业务考评制度的反思与重构——以检察官客观公正义务为视角》,载《法学杂志》2007 年第 6 期;乔汉荣:《检察机关考核考评制度的基本原理》,载《人民检察》2012 年第 15 期;顾建华:《检察机关民行抗诉案件质量标准之重构》,载《政治与法律》2010 年第 8 期;胡勇、胡涛:《检察机关案件管理类型化研究》,载《中国检察官》2013 年第 3 期;等等。

③ 有关检察院组织法修改的研究,请参见万春:《人民检察院组织法修改的基本原则》,载《人民检察》2007 年第 2 期;陈健民:《简论检察院组织法的修改完善》,载《检察理论研究》1993 年第 2 期;汤维建、杨子强:《人民检察院组织法修改与民事检察监督》,载《山东警察学院学报》2013 年第 1 期;卞建林、田心则:《论我国检察院组织法结构体系的立法完善》,载《人民检察》2007 年第 2 期;徐益初:《修订人民检察院组织法的若干理论思考》,载《人民检察》2004 年第 12 期;《检察院组织法修改应坚持的原则》,载《国家检察官学院学报》2011 年第 6 期;等等。

④ 有关检察学的主要研究,请参见王顺义:《检察学论集》,法律出版社 2013 年版;王桂五:《关于建立检察学的方法论》,载《检察理论研究》1992 年第 2 期;石少侠:《检察学·学科构建的必要与可能——兼谈检察学与其他法学学科的关系》,载《人民检察》2007 年第 15 期;龙宗智:《检察学研究的对象、范畴与方法》,载《人民检察》2007 年第 15 期;张智辉、李哲:《检察学的学科使命与理论体系》,载《人民检察》2007 年第 15 期;万毅:《检察学研究要在争鸣中寻求共识》,载《法学》2007 年第 9 期;张建伟:《检察学的主要范畴与基本方法》,载《人民检察》2013 年第 9 期;徐鹤喃:《检察学研究的范式及实践参与》,载《人民检察》2013 年第 9 期;等等。

⑤ 有关检察文化和检察政策的主要研究,请参见徐汉明等:《当代中国检察文化(接下页)

检察理论研讨会的综述性文章①。

而从研究视域的角度来看,除了上述以中国制度和中国问题为主要对象的研究外,有关域外检察权和检察制度的比较法文献②也日益增多,主要涉及大陆法系国家③、英美法系国家④以及苏联⑤检察机关的宪政地

(接上页)研究(修订版)》,知识产权出版社2013年版;孙光骏:《检察文化概论》,法律出版社2012年版;刘荣九、刘正:《检察文化的塑造及其途径》,载《政治与法律》2007年第1期;谢鹏程:《论检察政策》,载《人民检察》2011年第3期;谢鹏程:《检察文化的概念重构》,载《国家检察官学院学报》2013年第3期;等等。

① 有关检察理论研讨会的综述性文献,请参见张智辉:《中国特色检察制度的理论探索——检察基础理论研究30年评述》,载《中国法学》2009年第3期;韩成军:《检察权基本理论研究综述》,载《河南社会科学》2010年第2期;张智辉:《2000年检察理论研究综述》,载《人民检察》2001年第1期;葛琳:《两大诉讼法修改与检察制度的完善研讨会综述》,载《国家检察官学院学报》2013年第1期;朱孝清:《检察理论研究30年的回顾和展望》,载《人民检察》2008年第16期;李娜:《深入认识司法规律科学配置检察权——第九届全国检察理论研究年会述要》,载《人民检察》2008年第11期;倪爱静、于新民、王赞:《民事行政检察:公权与私权关系如何协调——第三届直辖市民事行政检察理论研讨会述要》,载《人民检察》2011年第12期;王志国:《诉讼监督的理论与实践——"2010诉讼监督论坛"综述》,载《法学杂志》2010年第11期;金国园:《深入研究两大诉讼法修改不断推进检察制度发展完善——第十四届全国检察理论研究年会观点述要》,载《人民检察》2013年第11期;等等。

② 有关检察权的综合性比较法研究成果,请参见樊崇义、吴宏耀、种松志主编:《域外检察制度研究》,公安大学出版社2008年版;黎敏:《西方检察制度史研究——历史缘起与类型化差异》,清华大学出版社2010年版;甄贞等:《检察制度比较研究》,法律出版社2010年版;张文山、李莉:《东盟国家检察制度研究》,人民出版社2011年版;何勤华、王思杰:《西方检察权发展简论》,载《人民检察》2012年第11期;韩红兴:《世界检察制度产生和发展的理论评析》,载《政治与法律》2006年第1期;等等。

③ 有关大陆法系国家和地区检察制度的比较法研究,请参见裘索:《日本国检察制度》,商务印书馆2011年版;许尉:《日本检察制度概述》,中国政法大学出版社2011年版;王伟华:《澳门检察制度》,中国民主法制出版社2009年版;林钰雄:《检察官论》,法律出版社2008年版;〔俄〕Ю.E.维诺库罗夫:《检察监督(第7版)》,刘何文译,中国检察出版社2010年版;万毅:《台湾地区检察制度》,中国检察出版社2011年版;施鹏鹏:《法国检察监督制度研究——兼与中国的比较》,载《暨南学报(哲学社会科学版)》2010年第5期;何超明:《澳门检察制度的建立与检察机关职能的性质》,载《人民检察》2007年第4期;甄贞、宋沙:《法国检察机关的职能与最新发展》,载《人民检察》2012年第1期;孙谦:《〈检察监督〉评介——中俄检察之比较》,载《人民检察》2010年第1期;刘向文、王圭宇:《俄罗斯联邦检察制度及其对我国的启示》,载《中国刑事法杂志》2010年9月;刘向文、王圭宇:《俄罗斯联邦检察机关的"一般监督"职能及其对我国的启示》,载《行政法学研究》2012年第1期;韩成军:《俄罗斯检察制度变迁对我国检察制度改革的启示》,载《中州学刊》2011年第2期;等等。

④ 有关英美法系国家和地区检察制度的比较法研究,请参见季美君:《中澳检察制度比较研究》,北京大学出版社2013年版;〔美〕安吉娜·J.戴维斯:《专横的正义——美国检察官的权力》,李昌林、陈川陵译,中国法制出版社2012年版;张鸿巍:《美国检察制度研究(第2版)》,人民出版社2011年版;何家弘:《论美国检察制度的特色》,载《外国法译评》1995年第4期;何家弘:《美国检察制度研析》,载《法学家》1994年第4期;王俊:《普通法系国家检察权的缘起与对后世的宪政影响》,载《太平洋学报》2009年第6期;李洪朗:《英国检察制度评介》,载《法学评论》2000年第1期;等等。

⑤ 有关原苏联及东欧社会主义国家检察制度的比较法研究,请参见王桂五:《列宁(转下页)

位、检察权的性质、检察权的职能以及具体检察制度等主题。受制于中国民事检察制度自身的特殊性,检察权及其制度的比较法资源绝大多数集中在刑事领域,而有关检察机关在民事司法领域之功能和角色的域外资源①则十分有限。

（二）相关研究方法梳理

"工欲善其事,必先利其器",因此在明晰了现有研究的主要内容和领域分布之后,需要关注相关文献所采用的研究方法,从而为本书研究手段的选择提供指引。总体来看,目前的研究主要运用了比较法学、法解释学、实证分析法学以及对策主义法学的研究方法。

首先,在比较法学研究方法的适用方面,主要有两种进路:一种是将域外国家检察权的性质、检察机关的职能、检察制度的规范和实践等内容作为参照系,与我国检察权领域的相关内容进行对比,从而发现共性与个性并依此得出改良我国检察制度的方案;另一种则是对域外检察制度的介绍性、描述性研究,即对某一法系或某些国家检察制度的最新发展情况或独具特色的制度进行翻译性介绍,从而提供较为前沿的域外信息。其次,在法解释学研究方法的适用方面,主要分为合宪解释、目的解释和历史解释三种进路,其中合宪解释方法主要用于论证我国检察机关的宪政根基以及检察权的正当性基础等问题;目的解释常常用于论证我国检察机关的权能范围和职权类型;而历史解释则主要用于阐释我国检察制度

（接上页）法律监督理论研究》,载《检察理论研究》1993年第2期;谭淼、李桃:《苏联及东欧各国检察制度简介》,载《政法学刊》1986年第2期;许源远:《苏联的检察机关》,载《今日苏联东欧》1987年第2期;孙谦:《检察制度的比较研究》,载《吉林大学社会科学学报》1989年第2期;王建国:《列宁一般监督理论的制度实践与借鉴价值》,载《法学评论》2013年第2期;王建国:《列宁检察权思想的中国化及其当代价值研究》,载《河北法学》2013年第10期;王建国《列宁检察垂直领导理论及其实践价值》,载《法律科学（西北政法大学学报）》2013年第3期;等等。

① 有关民事检察制度的比较法研究,请参见李昕编:《俄罗斯民事检察制度研究》,中国检察出版社2012年版;肖建国:《民事公益诉讼的基本模式研究——以中、美、德三国为中心的比较法考察》,载《中国法学》2007年第5期;宋朝武、黄海涛:《外国民事检察制度初探》,载《人民检察》2001年第11期;赵许明:《美国民事检察诉讼制度及其价值分析》,载《人民检察》2002年第4期;李挚萍:《环境公益保护视野下的巴西检察机构之环境司法》,载《法学评论》2010年;刘学在:《巴西检察机关提起民事公益诉讼制度初探》,载《人民检察》2010年第21期;肖建华、杨恩乾:《巴西检察机关在公益诉讼中的角色简评》,载《人民检察》2010年第11期;张卫平:《绝对职权主义的理性认知——原苏联民事诉讼基本模式评析》,载《现代法学》1999年第4期;张清、武艳:《新〈民事诉讼法〉图景下我国民事检察制度研究——以中美民事检察类型化分析为切入点》,载《西南政法大学学报》2013年第3期。

的特色成因以及发展规律。再次,实证分析法学的研究方法在检察权、尤其是民事检察权研究领域的运用并不广泛,大多数冠以实证分析的文献实际上仅是在局部引入了一些案例或司法实务数据,尚未出现规范意义上具有系统性和代表性的民事检察实证研究。这一方面源于我国司法数据统计机制本身的缺陷,例如对民事检察与行政检察的数据进行合并统计,对再审案件数量的统计未能与启动原因相挂钩,不同省份和地区检察机关的统计方法、统计名目、统计标准不一致等等。另一方面,也与民事检察实务中存在诸多自发型制度的客观现状相关联,对各地冠以相同名称但具体操作方式不一的创新性制度进行实证分析,显然存在相当的困难。此外,在民诉法典的制定和修正阶段,一些研究反映出了明显的对策主义法学倾向,有的与比较法学的研究方法相结合,在论证域外制度之良好功效的基础上主张我国进行借鉴和移植;有的则是针对实践中长期存在的问题,在缺乏对本质成因进行深入分析的前提下,提出了一些理想主义的改革方案。

(三)现有研究的总体评估

文献综述的价值和目的在于明晰现在位于何处、未来将向何处。藉此,在对现有文献进行系统梳理和研读的基础上,需要提炼出其中的有益成果和成熟经验、揭示现存的空白区域和弱势区域,进而在有效利用已有成果的基础上理性判定之后的研究起点、研究范围以及总体方向,避免研究的重复性和盲目性。

1. 研究成果提炼

首先,针对检察机关的法律地位、检察权的性质和正当性依据等本体论方面的研究已经初成体系,虽然相关研究大多以刑事检察权为立论基础,但民事检察权与刑事检察权在总体属性上的一致性,使得目前有关检察权性质和检察机关法律地位的研究成果,能够在一定程度上为民事检察权的特性揭示和功能定位奠定基础。例如,将检察权的属性界定为法律监督权的主流观点,能够为判定民事检察权的性质提供思路;将检察权的正当性依据与宪法规范相链接,能够为划定民事检察权的作用界域提供标准;刑事检察领域有关公诉职能与诉讼监督职能之间角色冲突的讨论,可以为化解民事检察领域的类似困惑提供参照;对法律监督权所具有法定性、程序性、事后性、国家性等特征的揭示和归纳,同样适用于民事检察权的相关研究;等等。

其次,针对检察机关在刑事司法领域的权力结构和权能类型等职能论方面的研究已经较为成熟,虽然刑事检察权与民事检察权存在着诸多本质差异,但刑事检察权能的相关研究思路和分析方法,对民事检察权能的研究无疑具有启发作用。加之近来一些学者开始对民事检察权、程序法意义上的民事检察监督权、其他民事检察权等概念进行系统划分和梳理,有助于矫正对检察机关在民事领域之职权的混乱和错位认识,从而为探寻并搭建民事检察权的权能系统提供助益,且有利于逐步培育相对独立的、契合民事检察权自身特性的理论体系,以摆脱目前民事检察刑事化、民行检察不分家的局面。

再次,针对民事检察制度的发展规律和运行原理的研究开始出现,虽然在完整性和深入性方面有所欠缺,但无疑为之后的研究提供了有益视角。例如一些文献通过对我国民事检察制度的生发历程进行阶段化研究,归纳出了不同历史时期检察工作的重点和特点,为探寻民事检察发展规律和影响因素等问题提供了支撑;一些文献结合法律监督权的特性和检察机关在国家权力结构中的地位,提出了检察权行使的有限性、谦抑性、合法性等基本原则,为更新民事检察立法和执法理念提供了坐标。

此外,近几年来出现了一些针对民事检察实践中普遍存在的"自生自发型"制度的研究,其中以实务界人士为主,研究对象主要包括民事督促起诉、检察机关提起民事公益诉讼、"检调对接"和民事执行检察监督等。对这些经验事实的关注有助于全面、客观的把握检察机关在民事领域的实然角色,有助于发现"真问题"并确保研究的实际价值,但现有研究尚停留在对具体做法和制度功效的描述方面,缺乏对相关制度的生发原因、正当性程度、运行原理等深层问题的探讨,因而为之后的研究留下了极大的空间。

2. 现有研究的缺陷与不足

在肯定现有研究的贡献、甄别和提炼成果精华的同时,需要理性认识并承认的是:目前有关民事检察权的研究尚处于初级阶段,从宏观到微观、理论到规范、制度到实践均存在诸多空白或模糊区域而有待进一步的澄清和探究。总的来说,检察制度基础理论的现有研究明显偏向刑事领域,对于民事检察权的性质、权能、运行原理、基本准则等核心问题缺乏系统深入的思考。很多研究都仅限于对某一微观制度或某种现象的表层研究，要么完全割裂相关问题与民事检察权基础理论之间的关系，要么直接照搬刑事检察理论抑或域外国家的理论进行论证，这必然导致研究的形式主义和对策主义并诱发了许多错误认识，使得我国民事检察制度在理论和实践层面存在着诸多悬而未决的争议。

首先，是研究深度和研究理念上的局限性。目前有关民事检察制度的理论研究受研究方法和理念的限制，大多针对某些枝节问题而较少触及深层次的原理和规律。对于民事检察权的性质和权能这一核心论题，始终没有链接宪政法理与程序法理，二者的脱节加上比较法资源的匮乏，致使多年来一直未能厘清法律监督权的具体形态，长期将民事审判检察监督与其他民事检察职能作为一个整体不加区分的研究。其最为突出的后果就是，理论界和实务界长期运用相同的原理和标准对民事检察权的公权制约职能与社会治理职能进行合一研究，进而出现了一些违反权力属性和制度规律的观点或做法。

其次，是研究基础和研究方法上的局限性。在"唯刑事论""重刑轻民"等传统理念的影响下，加上民事检察权生发晚、起步迟的客观情况，目前有关检察权的系统性研究多集中在刑事检察领域，相较于刑事领域较为成熟的理论模型和分析方法，针对民事检察权的研究呈现出零散化、表面化和依附性等特点。具体来说，第一，缺乏对民事检察权的正当性根据、权力性质和权能、运行原理和规律等基础理论的研究，对"检察权""法律监督权""检察监督权""审判监督权"等最基本要素和概念的内涵外延长期缺乏清晰的认识，致使相关讨论自说自话、视角错杂，无法为民事检察权提供体系化的理论模型。第二，研究方法上的欠妥当性，一方面，一些所谓的比较法研究完全忽视了我国在宪政结构、制度生成背景、社会客观需求等方面的特殊性，在不考虑域外国家权力架构、政体结构、检察机关性质和定位等要素的前提下，进行符号式、表层化的比较法资源引介，并在此基础上以部门利益为导向主张取消或改良我国的民事检察制度，这不仅无助于解决当下的问题和困惑，反而进一步加深了认识的混乱和视角的偏颇。另一方面，对策主义法学的倾向严重，相当一部分研究仅仅是对法律规范或局部实践样态进行描述，之后便迅速投入制度设计和改造的理想之中，并且极为缺乏对民事检察权的特殊性和独立性的关注。

再次,是研究对象和研究进路上的局限性。在研究对象上呈现出相当的趋同性,大多围绕民事审判检察监督、民事抗诉制度、法律新修内容等展开,但由于缺乏基础理论的支撑,这些微观层面或制度建构层面的讨论出现了平台不一、视角割裂、缺乏论证等问题。虽然近年来一些实务界的人士开始关注民事检察的实践运行,但多是对最新尝试、亮点工作、操作方法等表层事实的描述,而缺乏与基础理论、一般原理的链接,尤其是对于实践中自生自发、长期存在且取得了一定社会功利性收效的民事检察制度,缺乏从生发原因、制度性质和功能、正当性程度等角度的深入解读。此外,在理论体系尚未成熟的背景下,自然也无法从系统论的视角对民事检察权的总体框架、内外部关系、运行机理、矫正方案等问题进行考虑。

"制度要改革,理论须先行,理论要深化,原理为中心。"[1]为了扭转民事检察在研究深度和研究理念、研究基础和研究方法、研究对象和研究进路等方面的消极局面,必须回归民事检察研究的起点,借助宪政法理和程序法理对民事检察权的性质、权能来源、权能类型等根基性问题予以明晰;在此基础上,对民事检察权在规范和实践两个维度的所有实现方式进行全面考察和评估,透过经验事实来发现真正的中国问题,进而以这些问题和困惑为指引,对各类民事检察权能及其相关制度的深层成因、运行空间和基本原理进行系统研究,从而为分析现存问题的本质成因、发现可能的解决思路乃至逐步构建和培育体系化、科学化、协调化的民事检察制度体系,提供坚实的理论基础和"对症下药"的改良工具。

四、将向何处:研究进路与创新之处

对民事检察权领域各类研究成果的整体评估以及对现存主要缺陷的揭示,有助于正确划定本书的研究起点、指示之后的研究方向并充分汲取现有成果的精华,在此基础上对民事检察权的基本理论和制度框架予以发展和深化。在展开正式的研究之前,需要以研究对象的本质特性为依据,选定最为适宜的研究方法,并从总体框架上厘清整个论题的研究进路,以期最大限度的弥补现存缺陷、填补空白区域并推进理论创新。

---

[1] 樊崇义主编:《检察制度原理》,法律出版社2009年版,第7页。

(一)研究方法

"问题和方法是任何一项研究的两个基本元素,没有真问题便没有文章,没有适合一定问题的科学方法便没有好文章。"①"法学研究方法很大程度上标志并决定着法学研究的水平,并直接影响到研究结论"②;而研究方法的选择和确定首先取决于研究对象自身的一些属性③。民事检察权具有自身的特点:第一,民事检察权具有中国特色,并与民事司法的发展路径、民事诉讼的结构模式、市民社会的成熟程度乃至整个社会民事领域的运行理念等密切相关,这就决定了对该论题进行研究时难以获得充足的比较法资源,且需要与民事司法规律、诉讼法理、民事实体法原则等内容相关照。第二,除了抗诉这一最为传统的民事检察制度外,民事检察权的许多实现方式都具有实践先行、理论和规范相对滞后的特点,自生自发的产生方式决定了其将是一项常青的实践性命题,生发于司法实践中的各种经验事实为民事检察权的理论研究和思路创新提供了丰富的素材;与此同时,民事检察制度在生发路径方面的特点,使得不同的社会背景、经济条件、法治水平、司法政策环境等因素,都可能对该制度的发展、完善和改良产生相应的影响。第三,民事检察权在权力性质和权能类型方面的特点,使得其在不同场域、针对不同情形,需要发挥不同的功能并遵循不同的运行原理。其既可能体现为一种制度,又可能是一种程序形态;既可能以审判权和执行权等公权主体为规制对象,又可能在某些特殊情形下介入社会的民事活动领域,因此,民事检察权的运行空间牵涉诸多领域的民事司法制度、诸多类型的权利(权力)主体以及诸多深层次的理论问题。第四,民事检察权是一项具有前沿性和发展性的论题,作为2007年《民事诉讼法》局部修订和2012年全面修订时的"交集",其在执法理念、基本原则、基本制度、程序配置以及具体手段等方面均存在很多的研究空白,有待拓展理论深度、研究范式和研究维度。上述这些特点决定了若要对民事检察权进行深入研究,应当合理运用以下几类研究方法:

---

① 白建军:《少一点我认为,多一点我发现》,载《北京大学学报(哲学社会科学版)》2008年第1期。
② 傅郁林:《追求价值、功能与技术逻辑自洽的比较民事诉讼法学》,载《法学研究》2012年第5期。
③ 参见甘培忠:《公司控制权的正当行使》,法律出版社2006年版,第12页。

第一,理论与实践相结合的研究方法。

作为中国特色法律制度的典例之一,对民事检察权的研究必须以中国问题为指引、以实务运行状况等经验事实为基础,从而确保问题意识的客观性和研究价值的实质性,这恰与从经验到理论的研究方法之内在逻辑相吻合。该种研究方法倡导面向实务的理论研究,即以本土问题为指向、关注制度的实然运行状况,并借助模式化的分析和因果关系研究,来实现经验向理论的跳跃和升华。① 依此进路,本书将分别对民事审判检察监督、民事执行检察监督、支持起诉等法定型民事检察制度以及督促起诉、民事公诉、检调对接、执行检察协助等自发型民事检察制度的实务样态进行系统考察。通过对法定型实现方式的运行状况进行实证考察,来明晰制度实效与预设功能之间的差距程度和存在的主要问题;通过对自发型实现方式的运行样态和制度实效进行实证考察,来揭示其中所存在的问题和困惑。在整合这些来源于经验事实的问题的基础上,借助发生学和制度史等本土语境,探究各种民事检察制度所面临的实践困境的深层成因,并尝试提炼出其中的因果关系,以期推动民事检察权运行原理和基本规律等理论研究的发展。

第二,批判与规范分析相结合的研究方法。

在民事诉讼法典的全面修订已经完成、修订的法典及司法解释正处施行初期和摸索期的客观背景下,相较于对策论、立法论等形而上的研究方法,规范性法解释学的研究方法具有相当的必要性和有益性,其中具体包括了合目的性解释、合宪性解释、功能主义解释等具体方式。鉴于此,在把握实务样态并明晰中国问题的前提下,本书将充分运用法律注释的方法,分别从根本法、组织法、程序法三个维度来解读我国检察权的本质属性,厘清我国民事检察权的权力体系结构和权能类型,以期在有效链接宪政法理与程序法理的基础上对修订的《民事诉讼法》的相关规范进行解释和填补,为每一类民事检察权能及其相应制度提供契合其正当性来源的解释原则、程序配置和运行原理。需要特别说明的是,鉴于我国民事检察权及其制度在理念、规范和实践层面所存在的程度不同的缺陷现状,加

---

① 参见陈瑞华:《论法学研究方法》,北京大学出版社 2009 年版;陈瑞华:《从经验到理论的法学方法》,载《法学研究》2011 年第 6 期。

之长期以来持续不断的各种争议,本书将在深入批判的基础上运用法律解释的研究方法,即从批判到解释、从批判到规范、从揭示问题到分析成因,进而依据宪政法理和程序法理对相关问题进行规范性解释,探索其中各自的规律,并利用理论来支撑和解释相应的原理和规律,以期实现批判与规范建构的有机融合。

第三,本土理论与域外成果相结合的研究方法。

"它山之石,可以攻玉",为了尽可能拓展研究的理论深度和视域广度,有必要运用比较法学的研究方法,但考虑到中国检察机关在宪政地位、机关属性、权力性质等方面的特性,尤其是民事检察权所具有的极强的中国特色和制度个性,本书将采用本土理论与域外成果相结合的研究方法也即"立足中国问题的比较研究"①,以避免符号化、表象化、盲目化甚至移植主义倾向的比较法研究。首先,不同于西方国家所采用的三权分立的政体模式,在我国"议行合一"、一元多立的宪政体制下,检察机关是与法院、行政机关相平行的独立的法律监督机关,这使得其在权力性质和权能配置方面与西方国家隶属于行政权分支的检察机关存在质的差异,因而在比较研究的过程中需要首先明晰相关国家检察机关所承载的核心使命和制度功能。其次,不同于早已完成国家权力与公民权利的划分、以私权自治和个人自由为核心理念的西方发达国家,我国民事主体和审判主体在客观能力和综合素质方面的局限现状、公民自治和社会自治能力的弱势,决定了有关民事检察制度的域外资源大多并不构成我国民事检察权的比较法渊源,因而在研读域外理论和制度的过程中,需要始终注意不偏离中国民事检察制度乃至民事司法程序整体的机制目标和相应功能,充分关注外国法方案与中国问题的契合性,以确保对症下药、有的放矢。

此外,从具体研究方法的选择来看,将主要采用实证分析、规范性法解释学、法社会学以及比较法学的研究方法,并在各种研究方法之间力求协调、主次分明。与此同时,在研究过程中将利用各种关系图示和数据表格来进行梳理和对比,以期使研究更具直观性和说服力。总而言之,希望

---

① 傅郁林:《追求价值、功能与技术逻辑自洽的比较民事诉讼法学》,载《法学研究》2012年第5期。

借助理论与实践相结合、批判与规范分析相结合、本土理论与域外成果相结合的研究方法,来追求"将民事诉讼法的价值目标和功能预设铸入缜密、精巧的程序技术设计之中,实现制度的目标、功能与技术之间的逻辑自洽,努力超越那种或者停留于宏观的、抽象的、空洞的价值层面,或者脱离制度语境、不明价值目标、背离功能原理、在技术层面上断章取义的研究状况"①。

(二)总体研究思路

除界定本书讨论对象及研究路径的引论部分和总结研究成果的结论部分外,本书在结构上由五部分组成。

第一部分讨论民事检察权的基本原理。通过对域外国家及我国民事检察制度的起源和演进历程进行比较研究,提炼出民事检察制度的主要起源模式及其深层成因。之后分别从理论分歧、法律规范和实践状况三个维度对域外国家及中国民事检察权的性质和权能进行系统研究,进而借鉴傅郁林教授的权能二分法,将我国民事检察权划分为由"公权制约型民事检察权"与"社会治理型民事检察权"所构成的二元化权能体系,并对世界各国检察机关在民事领域的角色予以类型化梳理。在此基础上,尝试揭示出民事检察权的配置原理,并透过外国和中国民事检察权的发展规律及各自特色,挖掘民事检察权的正当性基础,以期从整体上明晰民事检察权的一般原理和基本规律。

第二部分讨论民事检察权的运行实况。遵循前述的权能二分法,将实践中客观存在的民事检察权的七种实现方式划分为两大类:一类是由民事审判检察监督和民事执行检察监督所构成的公权制约型民事检察权的实现方式;另一类是由支持起诉、民事公诉两种法定性制度和督促起诉、检调对接、执行协助三种自发性制度所构成的社会治理型民事检察权的实现方式。依循该种类型化的进路,分别对这两类七种民事检察权实现方式的最新规范、运行现状等经验事实进行全面考察,从而发现并揭示各种实现方式所存在的问题、争议和困惑,进而为之后的研究提供问题意识和主攻方向。

---

① 傅郁林:《追求价值、功能与技术逻辑自洽的比较民事诉讼法学》,载《法学研究》2012年第5期。

第三部分对公权制约型民事检察权进行系统研究。首先,对民事审判检察监督和民事执行检察监督各自的沿革历程和深层成因进行剖析;其次,通过研究诉权与检察权、审判权与检察权、检察权与民事审判程序内部制约机制之间的关系,来把握民事审判检察监督权的运行空间并提炼出相应的运行准则;最后,通过研究执行权与检察权、执行救济权与检察权、检察权与民事执行程序内部制约机制之间的关系,来把握民事执行检察监督权的运行空间并提炼出相应的运行机理。在此基础上,利用所提炼出的公权制约型民事检察权的运行原理和基本准则,来剖析实践问题和困惑的本质成因,为下一步探寻可能的解决方案提供线索。

第四部分对社会治理型民事检察权进行系统研究。与第三部分的研究范式和研究进路相一致,分别对支持起诉、督促起诉、民事公诉、检调对接和执行检察协助五种实现方式的生发原因、正当性程度、运行空间和基本原理进行探究,其中将讨论检察机关支持起诉与其他支持主体之间的关系、督促起诉与诉权自治之间的关系、检察机关与其他享有民事公益诉权的主体以及私诉权主体之间的关系、检调对接与检察机关职能之间的关系、执行检察协助与其他执行协助主体以及执行检察监督之间的关系等问题;之后借助所提炼出的运行原理和基本准则,来剖析社会治理型民事检察制度在实践中所存在问题和困惑的本质成因。

第五部分讨论民事检察权体系化革新的总体方案。首先,讨论民事检察权的内部关系优化问题,即依循之前提炼的各类民事检察权能的运行原理和基本准则,分别对公权制约型民事检察权和社会治理型民事检察权的具体实现方式进行微观革新,并探寻各类权能内部以及两类权能相互之间的关系协调路径。其次,讨论民事检察权的外部关系优化问题,即对民事检察权与刑事检察权、民事检察权与行政检察权、民事检察权与民事司法公正维护、民事检察权与社会自治和公民自治的关系等问题进行思考。再次,采用内部制约与外部制约相结合、横向制约与纵向制约相结合、对人监督与对事监督相结合、条件控制与过程控制相结合以及预防、救济和惩罚三位一体的路径,来探讨民事检察权滥用的防范和规制机制。最后,依循权限分界、权能分类、程序分层、案件分流的理路,尝试提出民事检察权体系性优化的总体方案。

（三）可能的创新点

相较于现有的研究，本书试图在以下方面有所突破或创新：

第一，研究对象和研究时机的前沿性。

研究对象的前沿性体现在两个方面：一是相较于以刑事检察权为论题的研究，将民事检察权作为专门对象进行系统性讨论的文献并不多见；二是研究内容自身的前沿性，这主要是源于立法的最新动态。2012年对《民事诉讼法》的全面修订、2015年《民诉解释》的出台实施以及2017年对《民事诉讼法》的单款修正，为研究民事检察权提供了最佳时机，修正案和适用解释分别从基本原则、基本制度、具体措施等方面对检察权在民事程序中的角色进行了更新：在权力的适用范围方面，将两类调解书和民事执行均纳入了民事检察权的规制范围；在权力的实现路径方面，新增检察建议从而与抗诉构成了多元化的民事检察监督机制格局；在适用顺位方面，新增了当事人申请再审的前置程序，从而初步厘清了外部监督与程序内部制约的应然关系；在具体措施上，确立了检察机关的调查核实权。这些新增型或修正型制度的确立，不仅使得民事检察实践面临着诸多新挑战，更是为该领域的理论研究提供了更大的空间和更丰富的内容。

第二，研究方法和素材来源的新颖性。

不同于纯粹的法解释学或对策主义法学等规范性研究方式，也不同于对实务现状的局部性、表面化描述，本书将采用从经验到理论、从批判到规范的研究方法，以民事检察的实务现状为出发点和素材来源，尝试将蕴含问题意识的经验事实与民事检察权的正当性基础和功能相链接，来厘清民事检察权各类权能的运行空间和基本原理，从而为深入剖析现存问题的本质成因、探寻有针对性的化解方案提供方向和基准。而在研究素材的选择上，不同于以民事审判检察监督为主要研究对象的现有文献，本书将对民事执行检察监督、支持起诉、督促起诉、民事公诉、检调对接、执行和解等实践中自生自发的非传统型民事检察制度进行系统研究，通过收集、整合并分析各地检察机关的最新做法、实务数据等信息，借助各地检察机关的官方网站、裁判文书、最高法公报、新闻报道、检察机关的工作报告、实务界人士的论文等媒介，尽可能广泛地了解各地检察机关民事检察制度的运行特点和问题，尤其是对那些新设型或自发式制度的不同操作模式，以期在充分接近实务的基础上实现对民事检察领域的补白性研究。

第三,理论基点和行文线索的创新性。

为了弥补现有研究将民事检察权与民事审判检察监督权相等同、将执法监督职能与守法监督职能合一讨论的重大缺陷,本书将借鉴傅郁林教授关于民事检察权能二元化的理论,以宪政法理和程序法理为根基,将之划分为公权制约型民事检察权和社会治理型民事检察权两类,依循其各自的权能来源、正当性基础和运行空间,提炼出相对应的基本原理和运行规律,以期为化解目前的困惑、平息现有分歧提供有益的思路或具有普适性的理论模型。与此同时,采用系统论的视角,对民事检察权的内外部关系、民事检察权滥用的防范和规制机制等问题进行研究,并在此基础上从更为深层的视角来评估民事检察权在民事司法系统整体乃至公民社会领域的应然角色和未来发展趋势。

第一章
民事检察权的基本原理

　　基本原理是指具有普遍意义并且可以作为其他规律之基础的规律[①]，作为理论体系的灵魂，其以适用范围上的普遍性和内容上的基础性为主要特征[②]，能否深入全面地把握基本原理，将直接影响对相关制度和规则的认识水平及分析深度。同理，基本原理不仅是系统研究民事检察权时的本源问题，亦是拓展相关理论、完善现有规范、优化实践效果的根本出发点和最终指引。因此，在对中国民事检察权的实现方式、运行现状、制度规则以及问题成因等一系列问题进行研究之前，必须首先明晰该种公权力的一般规律和基本原理[③]，从而为之后的理论辨析、实效评估、问题揭示、成因分析乃至矫正方案的探寻，提供最根本的依据和原理性指引。然而遗憾的是，有关民事检察权基本原理的现有研究，由于未能考虑到不同国家在法系、历史文化传统、政治和经济体制模式、社会客观背景以及诉讼模式和诉讼观等诸多方面的差异，而在相当程度上减损了研究成果的实际价值，加剧了比较研究的"边陲化"[④]倾向；更为严重的是，各类文献在缺乏基本共识的前提下对"民事""检察权""检察机关""公共利益"等概念符号的任意翻译和不加区分的交替使用或对比，酿成了一些片

[①] 参见《古今汉语词典》，商务印书馆2000年版，第1803页。
[②] 参见樊崇义主编：《检察制度原理》，法律出版社2009年版，"序言"第1页。
[③] 目前我国针对检察制度基本原理的研究并不鲜见，但现有成果大多以刑事检察权为主要分析对象来进行原理提炼，而专门针对民事检察权之基本原理的系统研究十分匮乏。例如有学者将以中国检察制度的特色为出发点，概括出了检察制度的七大原理：权力模式原理、权力制衡原理、公平正义原理、公共利益原理、人权保障原理、法制统一原理、正当程序原理。参见同上。
[④] 参见叶启政：《社会理论的本土化构建》，北京大学出版社2006年版，第35页。

面性、形式化甚至错误的比较结论,进而恶化了理论研究的认识偏误和观点分歧并加剧了实践中的困惑和异化现象。

为了尽可能扭转民事检察权在基本原理方面的上述困境,有必要对以下问题进行深入思考:不同国家的民事检察制度在起源背景、最初形态、功能初衷等方面是否具有某些共性或特性?不同法系、不同政体的国家中,被冠以"检察机关"名号的公权机构在民事领域的性质定位和权能配置有何异同?允许公权主体干预民事主体的行为活动、允许法院之外的公权机关介入民事司法,究竟是否为中国所独有?被归于"民事检察权"这一泛化符号下的各种角色类型和和功能组合模式,究竟是"形似质同"抑或"形同质异"?能否通过梳理各种角色类型在本质属性、发展规律、运行原理和正当性基础等方面的异同点,来探寻民事检察权的角色定位与政体模式、检察机关性质、社会客观背景等要素之间的内在关联?随着社会主体交往模式和民事法律关系类型的日益复杂化和多样化,各国公权力机关在民事领域的治理策略和干预理念是否有所变化?以这些深层关联和一般规律等比较研究成果为评估基准,我国检察机关在民事领域的角色定位和功能配置是否正当合理、是否与本土语境及共通性趋势相契合?以上述问题为出发点,依循"纵向时间线索与横向国别线索相交错、权力性质分析与权力功能定位相区分、静态制度现状与动态发展趋势相结合"的逻辑线索,并借助历史分析、比较法学、法解释学和实证分析等研究工具,以下将首先对各国民事检察制度的演进脉络进行比较式梳理,从中提炼出不同国家在制度起源模式上的异同之处并尝试分析民事检察制度的深层成因;之后分别从法律规范、实践状况和理论发展三个维度,对现代检察制度的发源地法国、民事公益诉讼的"先锋"美国、曾为我国效仿对象的前苏联、司法改革后的俄罗斯联邦以及具有"第四权"特征的巴西等五个国家的"民事检察权"进行系统考察,进而运用类型化和概念化的方法,将检察机关在民事领域的角色划分为五种类型并明晰各国的角色组合模式;在此基础上,透过不同法系、不同国家的民事检察权在起源模式、本质属性、功能类型等方面的共性与个性,尝试提炼出民事领域检察机关角色配置的基本原理、民事检察权的权能发展规律及其相应的正当性基础,以期在明晰民事检察制度之历史沿革、制度现状和发展趋势的过程中,挖掘表层现象和具体制度背后所蕴含的深层原理及一般规律。

第一节 民事检察制度的起源和演进

对某一制度的深入理论分析应当以制度的起源作为出发点,进行回归原点式的分析探讨,对历史渊源的把握有助于了解制度的本源、最初动因和功能预设;对沿革历程的梳理,有助于了解民事检察制度从何处来,从而明确现在位于何处以及将向何处去。制度起源时的最初存在形式、客观背景、主观目标,为深入认识民事检察权的性质和权能提供了历史资源;对不同国家民事检察制度的起源模式进行比较研究,为提炼民事检察权的发展规律奠定了基础;而结合历史背景对民事检察制度的最初成因进行剖析,为阐释民事检察权的权能变革及其正当性基础提供了依据。依此逻辑线索,本节将首先采用域外与本国相比较的方法,对民事检察制度的演进历程进行简要梳理,并提炼出不同的制度起源模式及其内在成因;在此基础上,对民事检察权的性质和权能进行重新辨析,依托类型化的方法提炼出不同国家检察机关在民事领域的角色类型及组合模式,从而为之后提炼民事检察权的配置原理、发展规律以及正当性基础等核心理论提供依据。

一、域外国家民事检察制度的起源和演进

检察制度的历史演变经历了萌芽、雏形、形成和完善等多个阶段,在这一承继、存续、演变的过程中,多种制度相互融合、补充修缮、完善变迁,因此不能单凭已经成熟的现代型检察制度来衡量不同发展阶段的某项制度是否构成检察制度,而是应当回到制度生发时的历史环境,"从检察制度在政治制度、司法制度、诉讼程序演变过程中的变化情况,从检察权的出现、检察机构的设置、控审分离以及检察制度的建立等多个方面,缕析出历史上检察制度起源的渊薮。"[①]目前有关检察制度起源的研究,大多将重点置于刑事检察制度,认为判断其起源的标准在于是否形成了代表

---

① 甄贞等:《检察制度比较研究》,检察出版社 2010 年版,第 502 页。

国家统一行使犯罪追诉权并且能够阻却个人起诉权的国家机构①,而极少关注民事检察制度的历史渊源及其在不同国家的最初存在形式。这不仅是因为民事检察制度本身在萌发时间上的后顺位、在整个检察制度体系中的较小份额以及在世界范围内的"非主流",也与检察权研究长期的"重刑轻民"倾向、忽视民事检察的相对独立性等因素有关。诚然,大多数国家的检察制度都起源于刑事领域,并且该种一般性的本源确定了各国检察权发展和变革的历史基调,但仍有必要在此基础上对民事检察制度在不同法域、不同国家的萌发和确立过程进行专门考察,从而有助于全面把握民事检察制度的演进历程和发展规律、深入理解各国检察机关在民事领域的功能异同及其本质成因,并从历史维度为民事检察权的生发提供正当性注解。

（一）大陆法系国家民事检察制度的起源和演进

1. 法国民事检察制度的起源和演进

法国是现代检察制度的发源地②,从演进历程和角色发展的层面来看,法国检察制度萌芽于十二世纪初,当时国王与封建割据的地方势力之间的复杂关系,促使国王开始委派代理人出席或向领地法院告发。③ 到了十三世纪中期,国王的权力不断加强、纠问式诉讼取代了控辩式诉讼的主导地位,出现了以保护国王财产或权益为职责并由"国王律师"协助工作的"国王代理人",这两类"国王的人"在15世纪构成了王室司法的组成部分,其中国王代理人作为刑事检察制度的前身,负责以国王的名义进行刑事公诉;而国王律师作为民事检察制度的前身,负责在涉及国王的民事案件中出庭应诉。④ 17世纪中叶,法王路易十四将国王代理人定名为总检察官,同时在各级法院下设检察官;1667年的国王赦令详细规定了代

---

① 参见陈国庆、石献智:《检察制度起源辨析——兼论检察机关的职能定位》,载《人民检察》2005年5月(上),第19页。

② 参见甄贞等著:《检察制度比较研究》,法律出版社2010年版,第3页;魏武:《法德检察制度》,中国检察出版社2008年版,第3页;樊崇义、吴宏耀、种松志主编:《域外检察制度研究》,中国人民公安大学出版社2008年版,第120页。

③ 参见宋英辉、陈永生:《英美法系与大陆法系国家检察机关之比较》,载《国家检察官学院学报》1988年第3期。

④ 参见樊崇义、吴宏耀、种松志主编:《域外检察制度研究》,中国人民公安大学出版社2008年版,第122页;甄贞等著:《检察制度比较研究》,法律出版社2010年版,第6页。

理人总检察长和律师总检察长的职责,前者负责追诉刑事案件、监督司法警察及制定刑事政策,后者负责代表国王的利益参与并监督民事诉讼活动、惩戒律师。该种代表国王利益行使诉权的职能后来逐渐发展为代表公共利益提起诉讼的权能;而产生于王权较弱、领主权力较强等特殊时代背景下的民事诉讼监督权能,则是为了满足国王统一法制的迫切需求。

1789年法国资产阶级革命胜利后,确立了包括民事公诉制度在内的近现代意义上的法国检察制度。1790年6月16日召开的"国民议会"通过了关于"检察官是行政派在各级法院的代理人"的法令,使得检察权从民族国家统一过程中中央王权对付封建司法专权的手段演变为三权分立原则下资产阶级政权内部权力制衡的工具。① 有关民事检察制度的最早规定可回溯至1790年8月16—24日的法律第八篇第2条"在民事领域,国王特派员对于将提交法院审理的案件,不通过诉讼途径履行职务,而是通过附带请求的方式履行职务",但有关检察院参与民事诉讼的规定在二十年之后才出现,并在当时引发了激烈争论。1806年《法国民事诉讼法典》赋予检察官维护国家经济利益和民事公共秩序的职能,其中第二卷第四章第83条规定了法院应当报告检察官的案件类型;1810年4月20日的《司法组织法》第46条规定:"在民事领域,检察院依职权参与法律特别规定的案件。它监督法律、命令和判决的执行,并依职权对涉及公共秩序的执行予以追诉。"此后直至1975年12月5日《法国新民事诉讼法典》颁布,法国才逐渐接受检察机关可以作为主当事人、为了维护公共秩序而参与法定类型的民事案件②,依据《新民事诉讼法典》第13编"检察院"的相关规定,检察机关在法定情形下可以作为主当事人或从当事人参与民事诉讼,该法第17编和第20编中还规定了检察机关在国际民事司法协助中的职责。

简言之,伴随着政治体制、诉讼模式、社会客观背景等因素在不同历史阶段的发展变化,民事检察制度在法国最先萌芽并最终成型,其在奠定现代民事检察制度根基的同时,对欧洲大多数国家产生了重要影响。从

---

① 参见洪浩:《检察权论》,武汉大学出版社2001年版,第62页。
② 参见甄贞等著:《检察制度比较研究》,法律出版社2010年版,第45页。

5世纪时的税务司法官、到14世纪的国王代理人和国王律师、到大革命时期二元制的行政特派员和公共控诉人、再到拿破仑帝国时期和19世纪的检察官,法国检察机关在相当程度上扮演着强化封建专制统治、捍卫国王和王室权益的工具角色;而随着国体、政体和经济基础的变革,该种以维护封建王权、抗衡地方领主割据势力为最初动因的制度,逐渐发展为维护国家利益和社会公共秩序、保护个人自由①的现代民事检察制度。

2. 德国民事检察制度的起源和演进

德国经历了从封建王国到议会制国家的漫长发展过程,其检察制度发展史与政治发展史交织在一起。从16世纪以司库为雏形的"国王耳目"②、到普鲁士时期行政干预司法的工具、到纳粹时期的"行政加长之手臂"再到第二次世界大战后民主德国与联邦德国的二元化体系直至1991年两德统一,检察制度伴随着政体模式及社会客观需求的阶段性变化而逐渐生发。德意志联邦共和国的法律制度起源于日耳曼部族法时期,当时以民众大会作为解纷机构并采行"无原告就无法官"的诉讼原则;法兰克王国时期逐步形成了纠问式诉讼模式,但仍旧坚持自诉原则;公元9世纪起德意志王国的形成,使得德国进入了政治四分五裂、法律制度分散且发展缓慢的封建统治时期,直到19世纪初才形成了公诉制度。18世纪末法国大革命对德国产生了深远影响,在反抗封建君主专制、追求资产阶级民主等理念的促动下,德国从19世纪中叶起开始效仿法国模式,但为了提升检察官的客观性,将其附设于法院而不隶属于行政机关,检察官被定位为"法律守护者""非审判官的司法官"。

1870年德意志帝国成立前,德国处于诸多封建小国割据状态,直到德意志帝国成立后才开始制定统一的宪法和各种法律。德国有关民事检察制度的最早规定出现在1850年汉诺威和1864年巴登等邦公布的《民事诉讼法》、1877年德意志帝国公布的《民事诉讼法》和《法院组织法》中。③ 1877年《民事诉讼法典》借鉴法国模式首次规定了检察官在民事诉

---

① 《法国宪法》第66条规定:"司法机关是个人自由的保护人,它负责按照法律的规定保证这个原则得以遵守。"
② 参见黄东熊:《中外检察制度之比较》,台湾文物供应社1986年版,第11页。
③ 参见宋冰:《美国与德国的司法制度及司法程序》,中国政法大学出版社1999年版,第76页。

讼中的职权,依据第569条的规定,检察官有权参与婚姻事件。该法典随着社会发展情况、立法政策和立法理念的变化而多次修改,其中1899年、1938年和1950年修法时均保留了检察官全面参与婚姻事件的制度,但1976年修改后取消了全面参与模式,检察官的参与权限于婚姻无效和确认婚姻关系存在与否的诉讼。① 两德统一前,民主德国的宪法和三部检察院法赋予了检察机关参与民事、亲属、劳动以及其他法院程序的广泛权限,并一直维持到1990年7月5日修宪。1991年两德统一后,西德的法律适用于整个德国,依据1992年《照管法》的规定,检察官不再参与禁治产之诉②;1998年《婚姻法》被废除,相关规定并入《民法典》,1998年对《民事诉讼法》第631条和第632条进行了修改,完全取消了检察官参与婚姻诉讼的制度,改由行政管理机关的公益代表人参与。此外,《失踪法》第16条规定,检察官有权请求死亡宣告公示催告程序,若失踪人在宣告死亡后仍活着,检察官可申请废止死亡宣告,但死亡宣告属于非讼程序,不适用《德国民事诉讼法》,因此德国学者大多认为检察官完全不再参与民事诉讼③,但有限地参与民事非讼事务。

通过以上的简要梳理可以发现,德国检察机关在民事领域的角色经历了从最初的国王财政利益维护者到政府利益代表者④、到社会控制机关⑤再到法律守护人和社会公益维护者的演进过程,其曾经参与婚姻事件、禁治产宣告,如今仍旧有权参与特种职业的纪律惩戒程序以及在非讼程序中进行死亡宣告。

3. 巴西民事检察制度的起源和演进

巴西检察制度受到了中世纪欧洲法律制度的影响并以葡萄牙模式为主要范本,在独裁统治时期,有关巴西检察机关(public prosecutor's office)的法律规范直到19世纪才出现。1832年《皇家刑事诉讼法典》

---

① 参见谢怀栻:《德意志联邦共和国民事诉讼法典》,法律出版社1984年版,第183页。
② 参见〔德〕罗森贝克、施瓦克、哥特瓦尔德:《德国民事诉讼法》,李大雪译,中国法制出版社2007年版,第162页。
③ 参见同上;〔德〕尧厄尼希:《民事诉讼法》,周翠译,法律出版社2003年版,第77页。
④ 参见魏武:《法德检察制度》,中国检察出版社2008年版,第155页。
⑤ 参见〔德〕英戈·穆勒:《恐怖的法官——纳粹时期的司法》,王勇译,中国政法大学出版社2000年版,第76页。

(Crown's CCP)首次将之规定为维护社会的手段;1891年巴西宪法在司法权一章中提到了公共检察官(public prosecutor)但没有提及检察机构;1934年宪法第一次界定了检察机构,在此基础上,1946年宪法专章规定了检察机关的功能和组织结构。① 在巴西独裁统治的最后时期也即军政府统治期间,宪法赋予检察机关的所有权能均被撤销并沦为行政权的扩展;但随着1988年宪法的颁行,检察机关被重塑为统一、不可分割、功能独立的机构,其脱离了行政控制而成为独立的"第四部门"。②

与世界各国检察机关的权能配置相同,巴西检察机关的最初职能是代表国家追诉刑事犯罪,其在民事领域的传统职能限于在弱势群体、缺乏行为能力的主体、无法确定的主体等权益受到损害时介入诉讼,向法官提交法律意见。1964年至1985年期间,军政府在消除了左派威胁之后开始实施"有控制的民主开放"和"有计划的民主化过渡"③,但刚从军事独裁体制中苏醒的特殊政治背景,使得社会公众对政府、尤其是独裁统治时期压制立法和司法的行政权分支普遍缺乏信任和信心,议会和公众均期待建立起一个置身于政治之外并能够有效保障社会民主和民权的中立机构。巴西检察机关尽管是政府的组成部分之一,但在再次民主化(re-democratization)的进程中,其积极主动地将自身与社会公共利益链接在一起,努力与行政权割裂并全力塑造自身作为监视国家的社会代理人(agent of society)形象,从而与后独裁时期特殊的政治气候以及公众的迫切需求相契合,为巴西检察机关在民事领域的权限扩张和角色更新提供了空间。除了原先旨在保护弱势群体民事权益的意见提出权外,1988年宪法、民事程序法以及诸多民事实体法赋予了检察机关为维护民权和社会公共利益而提起民事公益诉讼、进行民事调查等职权。

质言之,巴西检察机关在国家结束独裁统治、转向民主化社会的进程中,采用自发性变革与立法推动相结合的路径并依托社会政治环境等外部助力,在国家权力体系中获得了独立地位及新的社会角色,进而推动了

---

① Azul America Agular Aguilar, Institutional Changes in the Public Prosecutor's Office: The Case of Mexico, Chile and Brazil, *Mexican Law Review*, vol. Ⅳ, No. 2, p. 262.

② Sadek, Maria Tereza et alli, *The New Brazilian Public Prosecution*, In: *Democratic Accountability in Latin America*, Oxford: Oxford University Press, 2003. pp. 201—227.

③ 马小军:《巴西1988年宪法的出台及其特征》,载《拉丁美洲研究》2003年第3期。

民事检察制度从独裁利益维护者、到弱势群体救助者再到社会公共利益维护者的转型。

(二) 英美法系国家民事检察制度的起源和演进

1. 英国民事检察制度的起源和演进

英国由英格兰、威尔士、苏格兰和北爱尔兰四个部分组成,受历史文化和宗教传统等因素的影响,英国的法律制度具有差异性、地区性和多元性等特征,因此其检察制度分为三种模式:第一种是英美法系特征的英格兰威尔士模式;第二种是大陆法系特征的苏格兰模式;第三种是类似英美法系的北爱尔兰模式。其中后两种模式是英国特殊国情的产物,但考虑到二者在人口数量和地理面积方面的情况,本部分将集中讨论英格兰和威尔士的民事检察制度。① 英国检察制度的生发与其控诉模式的演变紧密相连,从个人独享控诉权的一元模式到个人和警察同享控诉权的二元模式,再到个人、警察机关及政府其他部门分享控诉权的三元模式,这一变革历程深刻地揭示了英国检察制度的生发线索。

在光荣革命以前,英国属于封建割据的有限专制国家,英国皇家检察官一直以国家首席法律代表的身份参加诉讼、出庭履行职责。早在十三世纪中期,英国国王为了有效维护王室利益,开始委托国王代理人进行诉讼事务,当时该种国王代理人在民事领域的主要任务是提起收回租金和收回地产的诉讼、维护国王做礼拜的权利以及其他王室权利。② 1278 年,国王从精英辩护人中选任国王高级律师,负责参加巡回法庭法官听审的责问令状诉讼;1315 年,国王任命并委派国王代理人负责在高等法院民事法庭处理王室案件;1399 年 9 月,亨利四世创设了单独的国王代理人,其有权在所有的皇家法庭出庭并发言。1461 年,"国王代理人"首次被称为"英格兰总检察长"同年,国王开始任命国王初级律师,负责所有涉及英格兰王国的案件及王国内部纷争;1515 年,授予国王初级律师副总检察

---

① 有关苏格兰检察机关的性质和职权,请参见 Robin M. White, Investigators and Prosecutors, Desperately Seeking Scotland: Reformulation of the 'Philips Principle', March 2006, Modern Law Review, Vol. 69, p. 143;甄贞等著:《检察制度比较研究》,法律出版社 2010 年 3 月版;樊崇义等主编:《域外检察制度研究》,中国人民公安大学出版社 2008 年版。

② 参见〔英〕里约翰·爱德华兹著:《皇家检察官》,周美德等译,中国检察出版社 1991 年版,第 14—25 页。

长的头衔。16世纪,英国总检察长和副总检察长逐渐取代了国王高级律师而成为了首席皇家检察官,英国检察制度由此正式确立。此后英国虽然经历了资产阶级革命,但并未引发检察制度的重大变化。① 1893年设立了作为行政权分支机构的皇家检察署,其核心职能是处理政府法律事务和参与诉讼事务,皇家检察官的主要角色开始由出庭应诉的国王首席法律顾问转向为国王和政府部门提供立法性意见的咨询者,英国总检察长的角色也随之从国王在皇家法院的首席代表逐渐演变为英国政治与公共权利的代表、政府部门的首脑。② 在三权分立的政治制度下,英国检察机关参与民事诉讼的权限范围极小,不仅小于大陆法系国家,也小于同属英美法系的美国,检察机关在民事领域的主要职能是作为一方当事人参加民事诉讼案件的审理或其他程序,而无权进行民事诉讼监督,亦无权干预法院审判。

综上可知,英国民事检察制度的最初形态同样是国王代理人,随着时代的发展变迁,民事检察权不再局限于维护国王利益而是扩张至社会公共利益的维护。从1247年作为国王代理人负责诉讼事务,到1278年国王选任国王高级律师,再到1316年国王正式任命国王代理人乃至1461年在任命特许状中首次采用英格兰总检察长的称谓,民事检察制度在英国逐渐生发并且经历了从国王法律顾问、君主法律代表到公益维护者再到政府首席执法官员(chief law enforcement officer)、政府部门首脑的演进历程。③

2. 美国民事检察制度的起源和演进

美国检察制度的起源与北美殖民地时期的客观社会背景密切相关,虽然在不同程度上受到了英国检察总长制度、荷兰地方公诉官制度以及法国检察官制度的影响④,但其目前"首脑兼任、三级双轨、相互独立"的特有模式,当属美国社会历史发展的特殊产物。美国地方检察系统形成

---

① 参见程汉大主编:《英国法制史》,齐鲁书社2001年版,第466页。
② 参见〔英〕里约翰·爱德华兹著:《皇家检察官》,周美德等译,中国检察出版社1991年版,第44—45页。
③ Jason Lynch, Federalism, Separation of Powers, and the Role of State Attorneys General in Multistate Litigation, *Columbia Law Review*, Vol. 101, No. 8 (Dec., 2001), pp. 198—203.
④ 樊崇义等:《域外检察制度研究》,中国人民公安大学出版社2008年版,第38页。

于殖民地时期,而联邦系统则在美国独立之后才逐步成型。① 美国革命后,大多数州都效仿法国模式并设立了公务员身份的地区律师(District Attorney)或州律师(State Attorney),直至 19 世纪初,美国的地方检察官一直被视为法院中的低级官员或法官的副手,由州长、州检察长或地方法官任命。

在美利坚合众国成立初期,联邦总统需要一位能够帮助其处理各类法律事务的专业顾问,因此 1789 年美国国会第一次会议通过了《司法法案》(the Judiciary Act of 1789),授权总统任命一名联邦总检察长,负责在联邦最高法院提起刑事公诉、参与联邦政府可能成为一方当事人的民事诉讼、应联邦总统或各部首长的要求提供法律性咨询意见等。② 起初联邦总检察长只是非专职的政府法律顾问,1870 年 6 月 22 日美国国会通过的法案(the Act of 1870)决定成立司法部(Department of Justice),作为联邦政府的行政部门之一负责处理联邦法律事务,由联邦总检察长兼任司法部长,这使得其同时承载着联邦政府首席法律顾问和联邦司法系统行政长官的角色。1870 年法案授权司法部处理所有涉及美国联邦利益的民事和刑事诉讼,其中的民事、刑事、民权、反垄断等司局有权行使检察权能,其在各自主管的范围内有权代表合众国、政府各部及其独立机构、以公职身份履行职责的国会议员、内阁成员、其他联邦官员提起的民事诉讼,有权在控诉政府各部、各机构首脑和其他政府官员的民事案件中进行辩论、提出上诉并在上诉审中进行辩论等。在"双轨制"模式下,美国各州的检察机关在职能配置、部门设立、规模大小以及专业分工等方面呈现出多样性、分散性和非统一性等特点③,通常由州检察总长和州检察官组成。目前除了新泽西、特拉华、康涅狄格、罗德岛四个州的检察总长采任命制外,其他各州的检察总长均为本州公民选举产生。

简言之,美国民事检察制度的产生源于社会经济发展的客观需要,自由资本主义时期所奉行的个人自由最大化和政府干预最小化等理念,引

---

① 参见何家弘:《论美国检察制度的特色》,载《外国法译评》1995 年第 4 期。
② 同上。
③ 为了尽可能深入地了解美国州检察系统的结构,笔者将在美国哥伦比亚大学联合培养期间旁听课程的笔记整理成了图表,以期尽可能直观地展示美国州检察总长办公室的常规组织结构。请参见"附录一:美国州检察总长办公室的常规组织结构图"。

发了社会秩序混乱、贫富分化、阻碍自由竞争等诸多问题,产生了依托检察机关来维护社会秩序、强化政府干预等客观需求,进而推动了检察机关在反垄断、环境保护、民权维护等民事领域的权能新设或扩张。美国检察官作为联邦政府和州政府的代表,以维护政府利益和公共利益为使命,其在非刑事领域的权能广泛且具体方式多样,有权以政府代理人、政府辩护人、公益维护者等身份介入民事案件,但并不享有监督法院的公权制约职能。

(三)俄罗斯民事检察制度的起源和演进

不同于大陆法系和英美法系民事检察制度的预设功能和演进历程,俄罗斯历史上有三种类型的民事检察制度,即沙俄模式、前苏联模式和俄联邦模式。对这三种模式的起源背景、发展历程以及承继关系进行历史沿革视角的考察,有助于深入诠释民事检察权与国家历史传统、法律文化、政治模式、社会经济条件等因素的内在关联。

沙俄检察制度始于彼得一世时期,在叶卡得琳娜二世时得到完善和扩展、在保罗一世时被削弱、在亚历山大一世时获得恢复并在亚历山大二世时被强化。彼得一世在18世纪创设了以公开监督法律执行情况为职责的总检察长①;1863年司法改革和1864年《司法条例》正式规定了检察长在民事诉讼和刑事诉讼中的职责及相应程序,赋予检察机关以上诉形式对法院判决提出抗诉的权力,此阶段检察机关不再承担监督地方政权的任务,检察官从行政职能中解放出来并获得了国家公诉人的地位。②当时认为,"诉讼是建立在辩论原则和处分原则上,所以法官不能加以干涉,既然法官不能干涉诉讼,因而就责成检察官在某些特殊情况下必须维护民事法律"③。沙俄时期检察机关在民事领域的职权主要包括:对涉及国库利益的案件、未成年人案件、裁判管辖问题、婚姻无效案件等向法院提出判断意见;对其认为不适宜公开审判的民事案件,请求法院进行秘密

---

① 参见张寿民:《俄罗斯法律发达史》,法律出版社2000年版,第77—79页。
② 杨心宇、〔俄〕谢尔盖·沙赫赖等:《变动社会中的法与宪法》,上海三联书店2006年版,第245页。
③ 〔苏联〕A.克列曼:《苏维埃民事诉讼》,王之相、王增润译,法律出版社1957年版,第155页。

审理;对关涉国库利益的案件和婚姻无效案件提出异议。① 由此可见,沙俄民事检察制度的核心功能是确保法院依法行使审判权,通过监督审判权依法行使的方式来维护国家利益和公序良俗、履行检察机关的护法职责,但并未赋予检察机关独立提起民事诉讼的权能。

1917年"十月革命"摧毁了沙俄政权,同年11月24日"关于法院的第一号法令"废除了包括检察制度在内的全部沙俄司法制度,但苏联检察机关在苏维埃政权建立后并未立即确立,直至1922年5月28日《检察长监督条例》出台,才正式成立了世界上第一个社会主义检察机关,而苏联集中且独立的检察体系形成于20世纪30年代中期。不同于沙俄时期民事检察制度的功能预设,在地方政权尚不稳固、官僚主义盛行、法律实施缺乏实效性和一致性等社会背景下,苏联民事检察制度以国家主义、公共利益优位、否认私权自治等理念为价值指引,以列宁的法律监督理论为总体导向、以确保民事法律正确统一实施为核心目标,检察机关在民事领域的权能既包括对民事守法主体的一般监督又包括对法院的司法监督,具有国家全面干预、普遍干预等特色。② 换言之,在苏联制度模式下,检察机关对于是否准确且一致地遵守法律享有最高监督权,因此其在民事领域的规制对象既包括民事私权主体也包括作为公权力机关的法院,检察长有权代替当事人提起民事诉讼、在诉讼的任何阶段介入诉讼、对法院的生效及未生效裁判提出抗诉。

1991年苏联解体后进入了新的俄罗斯联邦时代,1991年10月24日通过的《俄罗斯司法改革构想》以法律形式确定了司法改革的总体方向,其中如何定位检察机关、如何配置其职权、如何对待苏联的检察制度模式是改革过程中的核心争点。此阶段政治转型、经济改革和司法改革对包括民事检察制度在内的法律制度产生了重要影响:从政体和政治理念方面来看,1993年《俄罗斯联邦宪法》明确规定俄罗斯是共和制的民主、联邦和法治国家,标志着从苏联时期的议行合一政体转型为三权分立政体,司法权只能由法院独立行使,同时在立法过程中尽量消除社会主义政

---

① 参见〔苏联〕高尔谢宁:《苏联的检察制度》,陈汉章译、王之相校,新华书店1949年版,第21—22页。

② 参见〔苏联〕阿布拉莫夫:《苏维埃民事诉讼》,中国人民大学审判法教研室译,法律出版社1956年版。

治的痕迹、强化人权保障的理念。从经济改革方面来看,新自由主义为理论基础、"可控制的市场经济"为基本方针的经济转型①,促动了俄罗斯联邦全面的司法改革。具体到民事司法领域,2002 年 11 月 14 日俄联邦总统签署的《俄罗斯联邦民事诉讼法典》通过提升当事人的主体地位、优化诉讼干预权与诉讼领导权的关系、变革民事检察监督制度等方式,践行了弱化国家干预、维护司法独立等新理念。在新民事诉讼法典的起草过程中,"确定检察长在民事诉讼中的地位"即是十大重点议题之一②,为了与司法独立的宪法原则相一致,新法典取消了 1964 年苏俄民事诉讼法典第一章规定的检察监督原则;为了与处分原则的基本精神相契合,新法典将检察长干预私权改造为检察长参与民事诉讼的制度。

二、中国民事检察制度的起源和演进

"一个成功的自由社会,在很大程度上,将永远是一个与传统紧密相连的并受传统制约的社会"③。因此,在揭示我国民事检察权的特有属性和权能类型、提炼我国民事检察制度的独有特色之前,有必要从历史的角度对我国民事检察制度的生发脉络进行简要梳理。以民事检察规范的制定时序、民事检察实践的开展状况以及社会发展的不同阶段为标准,笔者将我国民事检察权的沿革脉络划分为新中国成立初创期、重建试点期、发展矛盾期和改革完善期四个阶段,以下将对这四个阶段分别予以回顾。

(一)中国民事检察的新中国成立初设与实践状况(1949—1957)

从 1949 年中华人民共和国正式成立到 1957 年"反右"斗争之前,属于我国民事检察制度的初创阶段。从立法规范层面来看,1949 年 12 月《中央人民政府最高人民检察署试行组织条例》第 3 条规定了最高人民检察署及其领导下的各级检察署"对各级司法机关之违法判决提起抗诉"、代表国家公益参与"对于全国社会与劳动人民利益有关之民事案件及一切行政诉讼"的权力,并在第 10 条将"关于全国社会与劳动人民利益有关

---

① 参见张建华:《俄国史》,人民出版社 2004 年版,第 398 页。
② 参见刘鹏:《论俄罗斯民事诉讼法的变革》,中国政法大学 2006 年博士学位论文,第 38 页。
③ 〔英〕哈耶克:《自由秩序原理》(上),邓正来译,生活·读书·新知三联书店 1997 年版,第 76 页。

之民事案件参与事项"纳入最高人民检察署第三处的职能范围。1950年1月29日,最高人民检察署作出四项规定,其中第二项规定检察机关有权代表国家参与"对于社会劳动人民利益有关之民事案件及行政诉讼";第四项则指出:"检察机关是新机关新工作,需要经过摸索过程。在起初只能先从刑民案件作起,以期稳扎稳打、逐步推进。"① 相较于前述的概括规定或工作方针,1950年《中华人民共和国诉讼程序试行通则(草案)》对检察院民事行政诉讼职责进行了细化规定,其中第36条是关于检察署参加民事案件的规定;第56条第2款规定了检察署对于其起诉或参加的案件享有抗诉权,同时明确了抗诉期间、抗诉方法以及抗诉案件的审理程序等细则;"监督审判"部分的第77条规定了法院将案卷交送审查的义务、检察署的调卷审查权以及审查结束后的处理方式等问题,并在第80条规定了最高人民检察署对最高人民法院确有重大错误的确定判决提起抗诉的权力。1951年《中央人民政府最高人民检察署暂行组织条例》第3条对检察署民事检察职权的规定基本上重申了1949年试行条例的内容;而全国人大在1954年通过的《检察院组织法》则第一次以法律的形式明确规定了检察院的职权内容,依据其中第4条的规定,检察机关有权对法院的审判活动是否合法进行监督,有权对有关国家和人民利益的重要民事案件提起或参加诉讼。与此相呼应,最高人民法院1957年9月制定的《民事案件审判程序(草稿)》第1条规定了人民检察院对有关国家和人民利益的重要民事案件提起诉讼的权能,第50条和第55条分别规定了检察机关在上诉程序中的抗诉权和按照审判监督程序提出抗诉的权力。由此可知,该阶段的法律规范赋予了检察机关最广泛的民事检察权能,其涵盖了对重大民事案件的起诉权、参与民事诉讼权、上诉程序的抗议权和审判监督程序的抗议权四项内容。

从该阶段民事检察工作的实践状况来看,社会和法制发展水平等因素使得实务运行状况与立法规范情况之间的差距较大,宽泛的职权授予并没有普遍转化为司法实践。从当时的一些数据来看,1954年,辽宁、安徽、江西、山东、河南、山西、陕西、甘肃和北京9个省市的检察机关通过提

---

① 杨立新:《民事行政诉讼检察监督与司法公正》,载《法学研究》2000年第4期。

起诉讼或参与诉讼的方式共办理民事案件 2352 件①；1956 年，黑龙江省检察机关提起民事诉讼 55 件、参与民事诉讼 25 件，这 80 件案件中诉讼当事人一方为国家、集体单位的 51 件，双方当事人均为公民个人的 29 件，其中 3 件当年未审结，其余的经法院调解结案 5 件、驳回 1 件、双方和解 9 件、原告胜诉 34 件、被告败诉 7 件②；1956 年 5 月至 11 月，江苏省南京市检察院共受理民事案件 23 件，其中涉及国家和公共利益的 14 件（占 61%），公民个人之间纠纷 9 件（占 39%），截至当年 11 月 15 日，处理完毕 17 件，其中提起诉讼 3 件、参与诉讼 11 件、驳回申诉 3 件，处理案件时检察院出席民事法庭 14 次。③ 1957 年 2 月 8 日，最高人民检察院《关于江苏省南京市人民检察院参与民事诉讼总结的通报》，要求各级人民检察院对参与民事诉讼活动的范围和方法加以总结，取得经验。④ 此外，最高人民检察院《1956 年至 1957 年检察工作规划》中明确指出，要"有计划地开展并在两年内基本上建立对重要的民事案件的审判监督工作。计划在 1956 年选择有关国家和人民利益的重要案件 3 万件，参与或提起诉讼并进行审判监督工作取得经验，……预计在 1957 年参与和提起重要民事案件 10 万件。"⑤ 而从该阶段法院与检察院之间的关系来看，人民法院对检察机关民事检察工作的开展持充分支持的态度，认为，检察机关参与民事诉讼案件可以帮助法庭正确认定案件事实、提高对判决的把握度，因而欢迎检察机关参与民事诉讼并希望这种参与能够成为经常性的业务制度。由此可见，在民事检察制度的初创阶段，检察机关参与民事诉讼时所扮演的并非监督者角色，而实际上属于帮助法院认定事实和适用法律的审判辅助者。

---

① 参见王桂五主编：《中华人民共和国检察制度研究》，中国检察出版社 2008 年 6 月版，第 146 页；杨立新：《新中国民事行政检察发展前瞻》，载《河南省政法管理干部学院学报》1999 年第 2 期。

② 参见柯汉民主编：《民事行政检察概论》，中国检察出版社 1993 年版，第 34 页；杨立新：《新中国民事行政检察发展前瞻》，载《河南省政法管理干部学院学报》1999 年第 2 期。

③ 参见王桂五主编：《中华人民共和国检察制度研究》，中国检察出版社 2008 年版，第 146 页。

④ 参见孙谦主编：《人民检察制度的历史变迁》，中国检察出版社 2009 年版，附录部分"人民检察大事记（1931—2008）"。

⑤ 转引自杨立新：《新中国民事行政检察发展前瞻》，载《河南省政法管理干部学院学报》1999 年第 2 期。

（二）中国民事检察的恢复重建与试点起步（1978—1994）

虽然制定了较为详细的工作规划，但 1957 年"反右"斗争的开始以及之后的"文化大革命"（简称"文革"），使得民事行政检察工作遭受了毁灭性的打击，至 50 年代后期，各地检察机关基本停止了民事检察工作；依据 1975 年《宪法》的规定，检察机关的职权由公安机关行使。"文革"结束后，我国于 1978 年开始恢复重建检察机关，1979 年 2 月 2 日《人民法院审判民事案件程序制度的规定（试行）》中规定了检察机关提起诉讼和参与诉讼的民事案件的审理程序，并对检察院提起民事诉讼时的派员出庭、上诉程序中的抗议权、审判监督程序中的抗议权、抗议案件的审判组织形式和审理程序等问题进行了规定，这是"文革"后首次以司法解释的形式规定了检察机关参与民事诉讼的职能。① 与此相反，1979 年《检察院组织法》却彻底废止了民事行政检察制度，其中有关检察机关职权的规定均限于刑事检察领域。相较之下，1982 年《民事诉讼法（试行）》在一定程度上改变了组织法的规定，其中第 12 条将民事检察监督确立为民事诉讼的基本原则之一，然而遗憾的是，试行法典并未在分则中配置任何与该原则相对应的具体制度或程序。从当时的立法背景来看，试行法典在制定过程中共经历七稿，其中第六稿十分完整的规定了检察机关提起民事诉讼、监督民事审判活动、参加民事诉讼、对一审裁判提出抗诉、按照审判监督程序提出抗诉等职能，并规定了检察人员起诉或参诉时的具体规则，但由于检察机关内部出现分歧，主导意见认为检察机关人力不足且缺乏民事检察的实践经验，因而最终删除了所有具体内容，仅保留了一项基本原则。

在组织法层面的规定完全缺位、程序法层面的规定极为抽象的情况下，最高人民检察院和一些地方的检察机关从 1986 下半年开始着手对检察机关参与民事行政诉讼活动和实行民事行政诉讼法律监督进行调研，并选择了一些基层检察院作为试点，在两年多的时间里，全国共有 29 个省、自治区、直辖市检察机关在 262 个基层检察院进行了试点，共办理民

---

① 参见杨立新：《新中国民事行政检察发展前瞻》，载《河南省政法管理干部学院学报》1999 年第 2 期。

事行政案件 400 余件,其中 90% 以上是民事诉讼案件。① 1988 年 4 月,最高人民检察院决定设立民事、行政诉讼监督研究小组,于同年 6 月向各省发出了《关于开展民事性质诉讼监督调查研究和试点工作的通知》并在 9 月设立了民事行政检察厅。1990 年 9 月,最高人民法院、最高人民检察院(简称"两高")联合发出《关于开展民事经济行政诉讼法律监督试点工作的通知》,选定了四川、河南、天津、吉林、广东和湖北六个试点省份;"1991 年,全国有 29 个省级检察院成立了民事行政检察处,72% 的分、州、市院和 26% 的县(市)、区院成立了民事行政检察科,拥有了近 2000 人的民事行政检察干部队伍。"② 1988 年到 1991 年,全国共有 26 个省、市、自治区的检察机关在法院的配合下不同程度地开展了对民事诉讼活动的试点监督工作。③ 与实务领域的探索性尝试相一致,1989 年《行政诉讼法》第 10 条规定了行政诉讼检察监督基本原则;而 1991 年《民事诉讼法》则在原有基本原则的基础上,在"审判监督程序"部分正式确立了民事抗诉制度,其中第 185 条至第 188 条分别规定了检察机关提出民事抗诉的事由、抗诉的法律效果、抗诉文书以及抗诉出庭等内容。在此基础上,1991 年分别出现了全国第一起民事抗诉案件和行政抗诉案件。④ 1992 年 6 月 4 日,最高人民检察院印发《关于民事审判监督程序抗诉工作暂行规定》;截至 1994 年年底,全国各级检察机关共向法院提出民行抗诉案件 1031 件。⑤ 由此可见,在检察机关恢复重建的最初阶段,民事检察工作仍旧处于停滞状态,在未获组织法肯定且试行法典缺乏可操作性的情况下,民事检察实务主要依托试点先行的方式逐步展开,并随着民事抗诉制度的法典化确立而逐渐步入正式的运行轨道。

---

① 参见王桂五主编:《中华人民共和国检察制度研究》,中国检察出版社 2008 年版,第 148 页。
② 王鸿翼:《民事行政检察工作的发展历程与展望》,载《人民检察》2011 年第 12 期。
③ 参见周小平:《民事诉讼检察监督》,载《政治与法律》1991 年第 2 期。
④ 第一起行政抗诉案件是 1991 年浙江省检察院就富阳公安局申诉一案向浙江省高级法院提出行政抗诉案;第一起民事抗诉案件是 1991 年新疆伊犁哈萨克自治州检察分院就伊犁地区伊精联营建筑三队申诉案件向新疆高级法院伊犁哈萨克自治州分院提出民事抗诉案。1991 年新疆伊犁市哈萨克自治州人民检察院提出的"张某与苟某购销合同纠抗诉案"和浙江省人民检察院提出的"富阳村民夏某诉公安局治安行政处罚抗诉案"获得改判,相继成为全国首例民事、行政抗诉改判案例。
⑤ 参见王鸿翼:《民事行政检察工作的发展历程》,载《人民检察》2008 年第 20 期。

(三)中国民事检察的快速发展与矛盾激化(1995—2001)

在试点工作积累了一定的经验、民事抗诉制度正式确立的背景下,民事检察工作在1995年至1999年进入了快速发展时期。从该阶段的工作方针和指导理念来看,1996年5月在安徽省黄山市召开的全国民事行政检察工作座谈会上提出了"敢抗、会抗、抗准"的办案原则;1997年3月在黑龙江省佳木斯召开的部分省级民事行政检察处长座谈会上提出了"以办理抗诉案件为重心,抓好办案效率、办案质量和办案效果三个基本环节"的工作要求。从该阶段民事检察工作的实践情况来看,1998年,全国31个省级院和全部分、州、市院以及90%以上的基层院设立了民行检察机构,专职民行检察干部达到8000人。① 1991年至1999年全国检察机关共受理民政案件283521件,提出抗诉34778件②,再审改变率达82.27%。从民事检察工作的实际收效来看,其对于维护司法公正和市场经济秩序发挥了相当的积极作用,查处了诸多裁判不公背后所隐藏的司法人员腐败问题。据统计,从1991年民事抗诉制度正式确立至1998年,检察机关共立案查处民行审判人员贪污受贿、徇私舞弊、枉法裁判案件800余件;此外,1997年12月3日我国第一起由检察机关作为原告提起的旨在维护国家利益的民事诉讼获得了法院的支持。③ 然而,不同于新中国成立初期人民法院对"辅助式"民事检察工作的支持和欢迎态度,"监督式"民事检察工作在快速发展时期面临着一些实务中的障碍,例如:"调卷难",大部分法院只允许检察机关到法院指定的地点查阅案卷而不允许借阅;抗诉案件的审级问题不明晰,仍有法院拒绝受理检察机关提出的抗诉;"审限长",法院在审理抗诉案件的过程中不遵守审限、久拖不决,使得很多抗诉案件历经数年仍无定论。④

以抗诉为中心的民事检察工作的快速发展⑤,在发挥其自身积极功能的同时,也因为突破了既判力原则的基本要求、挑战了审判独立和处分

---

① 参见王鸿翼:《民事行政检察工作的发展历程与展望》,载《人民检察》2011年第12期。
② 参见杨立新:《民事行政诉讼检察监督与司法公正》,载《法学研究》2000年第4期。
③ 该案被称为我国民事公益诉讼第一案,具体案情请参见河南省方城县人民法院民事判决书(1997)方民初字第192号。
④ 参见杨立新:《新中国民事行政检察发展前瞻》,载《河南省政法管理干部学院学报》1999年第2期。
⑤ 参见王鸿翼:《民事行政检察工作的发展历程与展望》,载《人民检察》2011年第12期。

原则而逐步陷入争议与质疑之中,尤其是其所具有的公权制约属性和重启程序的强制效力,致使法、检之间的对立不断加深。① 在 1999 年至 2001 年间,理论界与实务界围绕民事行政检察制度的正当性问题和存废问题展开了激烈的争论,在实务领域,法院和检察院的工作人员分别从本部门的利益出发,表达了各自对民行检察制度截然相反的态度和看法;在学术领域,学者们针对民事行政检察制度的实际收效、负面效应、与民事诉讼基本原则的关系等问题,提出了"废除论"②、"改良论"和"强化论"③等不同观点。与此同时,最高人民法院在 1995 年至 2000 年期间通过数个批复的形式单方面限制了民事检察监督权的行使范围,规定不予受理检察院提出的对执行领域的裁定、先予执行裁定、保全裁定、诉讼费用负担裁定、破产还债程序裁定、撤销仲裁裁决的裁定、民事调解书的抗诉;同时以法律无明文规定为由,拒绝抗诉以外的其他监督形式。④ 在法、检冲突加深、理论争议升级、缺乏基本共识的情况下,民事检察工作在该阶段进入了缓慢发展时期,2000 年和 2001 年全国检察机关分别提出民行抗诉 16944 件和 16488 件。

(四) 中国民事检察的改革完善与全面发展(2001 年至今)

为了破解民事检察权的实践和理论僵局,2001 年 8 月召开了全国检察机关第一民事行政检察工作会议,在总结十年来工作经验的基础上提出了"维护司法公正、维护司法权威"的指导方针,要求确立居中监督、平

---

① 参见蔡彦敏:《从规范到运作——论民事诉讼中的检察监督》,载《法学评论》2000 年第 3 期。

② 持"废除论"的文献,例如:方加初:《民事抗诉权质疑和民事检察工作的基本思路》,载《法治论丛》1996 年第 2 期;刘荣军:《民事诉讼法律关系理论的再构筑》,载《民商法论丛(第九卷)》,法律出版社 1997 年版,第 275 页;景汉朝等:《审判方式改革实论》,人民法院出版社 1997 年版,第 58 页。

③ 持"强化论"的文献,例如:章剑生:《论影响实现行政诉讼价值目标的法律机制及其对策》,载《法律科学》1996 年第 2 期;邹建章:《论民事诉讼监督法律关系》,载《中国法学》1997 年第 6 期;胡亚球、张永泉:《民事诉讼中检察监督权的完善》,载《现代法学》1999 年第 5 期。

④ 该时期最高人民法院单方限制民事检察权行使范围的司法解释主要包括:《关于检察机关对先予执行的民事裁定提出抗诉人民法院应当如何审理的批复》《关于对企业法人破产还债程序终结的裁定应否受理问题的批复》《关于人民法院发现本院做出的诉前财产保全裁定和执行程序中做出的裁定确有错误以及人民法院应当如何处理的批复》《关于人民法院不予受理人民检察院单独就诉讼负担裁定提出抗诉问题的批复》《关于人民检察院对民事调解书提出抗诉人民法院应否受理问题的批复》《关于人民检察院对撤销仲裁裁决的民事裁定提出抗诉人民法院应如何处理问题的批复》。

等监督的执法理念,以期弱化法院对检察监督的抵触情绪,纠正检察工作中的一些错误认识。与此相配套,2001 年最高人民检察院通过了《人民检察院民事行政抗诉案件办案规则》,并于 2002 年开始在全国范围内推广再审检察建议的运用,希望发展同级监督、弱化法检对抗;2005 年 1 月最高人民检察院印发《关于加强民事行政抗诉工作说理工作的意见》,要求完善民事抗诉的说理质量。① 通过这一系列的理念矫正和规范完善,民事检察工作逐步恢复了积极发展态势,2002 年至 2007 年,全国检察机关向法院提出民事行政抗诉案件 76864 件;2003 年至 2007 年,全国检察机关向法院提出再审检察建议 24782 件,法院采纳 13780 件,采纳率为 55.6%。此外,山东、安徽、浙江、河南、四川等地的检察机关自 2003 年开始尝试支持起诉、督促起诉、民事公诉、息诉罢访等工作机制,以契合经济转型和国企改制的特殊背景下对维护国家和社会公共利益的需求。

随着"质疑论"和"废除论"的逐渐平息、民事检察多样化工作机制的不断开展,我国民事检察权进入了新的发展阶段,并在 2007 年局部修法和 2012 年全面修订《民事诉讼法》的过程中获得了相当的重视和发展。为解决"申诉难"问题,2007 年修订《民事诉讼法》时对检察机关民事抗诉的法定事由进行了扩张,并将之与当事人申请法院再审的法定事由相统一;2010 年检法两家签订了《关于对民事审判活动与行政诉讼实行法律监督的若干意见(试行)》,同年"两高三部"会签了《关于对司法工作人员在诉讼活动中的渎职行为加强法律监督的若干规定》。2012 年全面修订《民事诉讼法》时,分别从基本原则、具体制度、配套措施、程序顺位等多个方面更新了民事检察制度,其中的主要亮点是对实践中长期存在的检察建议给予了法典化认可、确立了民事执行检察监督制度、明晰了当事人申请再审与申诉的顺序关系、赋予了检察机关调查核实权等。为了确保这些新增制度和规则能够在民事检察实践中获得最大限度地落实,一方面,

---

① 在此阶段,最高人民检察院制定的其他相关规范主要包括:2001 年最高人民检察院民行厅印发的《关于规范省级人民检察院办理民事行政提请抗诉案件的意见》;2003 年民事行政检察厅印发的《关于对提请抗诉案件作出不抗诉决定后有关工作的通知》和《关于人民检察院办理民事行政案件撤回抗诉的若干意见》;2004 年 7 月最高人民检察院检委会通过的《关于最高人民检察院检察委员会审议民事行政抗诉案件范围的规定》。

最高人民检察院在2013年9月23日通过了《人民检察院民事诉讼监督规则(试行)》，按照一般规定与专门规定相结合、审判监督与执行监督相并行、对文书监督与对人监督相协作的方式，对检察机关履行民事检察职责的方式和程序进行了初步细化；另一方面，2015年《民诉解释》对检察机关审判监督权与当事人处分权的关系、抗诉的适用范围、检察机关提出抗诉或再审检察建议的条件和程序、法院对调解书的抗诉的处理方式、再审检察建议对法院的拘束力、检察机关调查核实权的法律效力等问题，进行了充实和完善。此外，2017年修正后的《民事诉讼法》对检察机关公益诉讼职能的明确认可，以及相关司法解释和司法政策性文件对检察机关支持起诉、督促起诉、"检调对接"等实验性尝试的肯定和鼓励，将我国民事检察工作推向了界域更广、挑战更多、内容更开放的发展新纪元。

三、比较法视野下民事检察制度的起源模式和内在成因

在运用历史分析方法对法国、德国、巴西、英国、美国、俄罗斯等域外国家以及中国民事检察制度的起源和演进历程进行系统梳理后，需要从这些纷繁复杂的沿革脉络中提炼出具有规律性或类型化的信息，从而深化对民事检察制度生发历程的认识水平，并为之后准确把握民事检察权的性质和权能、探寻各国民事检察制度的发展规律及其正当性基础做好准备。以上述历史资源为出发点，本部分将首先对不同国家民事检察制度的起源模式予以类型化，在此基础上尝试揭示各国民事检察制度的深层次成因。

(一)民事检察制度的起源模式比较

不同国家在历史背景、社会发展阶段、文化传统、法律理念以及政治体制模式等方面的差异，决定了民事检察制度在萌芽时间、预设功能、最初载体以及运行方式等方面的区别性和多样性，但其中所蕴含的某些共通性或相似性，则恰是比较研究的宗旨所在。以不同的分类基准为依据，可以从不同视角对民事检察制度的起源模式进行类型化建构，例如：以是否是民事检察制度的本源为标准，可以将之划分为本源模式与借鉴创设模式；以民事检察制度的起源路径为标准，可以将之划分为自下而上模式与自上而下模式、积极主动模式与相对被动模式；以民事检察制度的起源时间为标准,可以将之划分为刑民二元同步生发模式与先刑后民模式;以民事检察最初的制度载体为标准,可以将之划分为国王代理人模式、公益维护者模式和法律监督机关模式;而以法系和国家为标准,可以划分为大陆法系起源模式、英美法系起源模式和社会主义法系起源模式。为了尽可能克服类型化方法在完整性和重叠性等方面的固有不足,并与之后的类型化研究保持内在一致,本部分将以民事检察制度起源时的预设功能为主要分类标准,同时结合起源顺位和制度载体等要素,尝试提炼出民事检察制度在起源模式上的普适性规律。①

1. 起源模式一:以维护封建王权和王室利益为目的的强化集权模式

检察制度在"起源阶段的权力制约是政治领域中王权与封建领主权的斗争在司法领域的反映"②,西方国家在文艺复兴前尚未形成民族国家的集权政体,在封建割据背景下,地方利益优先于国家利益和王室利益,分散化的领地占据着主导地位并引发了王权与地方领主权力之间的持续性博弈及斗争。为了确保国王法令在全国获得切实有效的统一贯彻、避免国王和王室的权益受到来自各方的可能侵害并最终结束政权分散的错综局面,亟须强化中央王权的集权力量并限制封建领主的各项权力,从而塑成了以维护国王和王室利益、强化封建集权为预设功能的民事检察制度模式。该种起源模式的典型代表是法国、英国以及沙皇俄国。

如前所述,法国的民事检察制度产生于封建割据时期并以国王律师为最初载体,其设立民事检察制度的本质初衷是维护王室利益、捍卫国王在各封建领地的合法民事权益、约束封建领主的权力。当国王或王室的财政利益或其他民事权益遭受损害时,国王律师以国王的名义向领地法院告发并出席法庭进行辩护,其在当时的实质角色是国王利益代言人和王室民事权益的捍卫者。虽然存在法系上的本质差异,但同处封建割据君主制的英国,在民事检察制度的起源模式上与法国具有相似性:二者均

---

① 有学者以检察制度初创时的预设功能为标准,将刑事检察制度的起源分为以国家干预犯罪为目的的侦查型、以实施犯罪公诉为目的的公诉型和以实行法律监督为目的的控权型三种模式。参见甄贞等:《检察制度比较研究》,法律出版社 2010 年版,第 495—502 页。但民事检察制度与刑事检察制度在最初动因和预设功能等方面的本质差异,决定了其无法直接套用有关刑事检察权起源模式的研究成果,而必须以民事检察制度的生发背景和最初目的为出发点,进行专门的探析。

② 甄贞等:《检察制度比较研究》,法律出版社 2010 年版,第 507 页。

以国王代理人性质的主体作为检察官的前身;检察机关在民事领域的最初功能均为帮助国王处理有关其自身的民事法律事务,通过起诉和应诉等方式维护国王和王室的民事权益;法国检察制度具有刑民二元并进的起源特色,英国检察制度具有"四地区、三元化"的起源特色。此外,沙皇俄国的民事检察制度在起源模式上也属于强化集权型,彼得一世创设的总检察长实际上是沙皇的眼睛、国家案件的诉讼代理人,其介入民事领域的预设功能是维护沙皇的权益、确保地方政权机关切实遵守沙皇所制定的民事法律规范。

2. 起源模式二:以维护国家和政府利益为目的的政府律师模式

与西欧封建国家的制度起源模式不同,民事检察制度在美国的生发具有双轨并行、自下而上、由地方到联邦、先刑后民、分散发展等特点,其预设功能就是以美国或州政府或地区检察官的名义提起和参与民事诉讼,以政府律师的身份履行维护联邦和州政府利益的职责。因此,应当将民事检察制度在美国的起源模式归为以维护国家和政府利益为目的的政府律师型,在该种模式中,检察机关隶属于行政部门,检察官既是政府利益的捍卫者,又是政府政策的执行者和维护者。

民事检察制度生发时美国正处自由资本主义时期,奉行政府干预最小化的理念,因此检察官在民事领域的核心职能是为政府提供法律咨询等法律服务,当联邦政府、州政府、政府部门及其官员等牵涉民事诉讼时,代表其参与诉讼;当联邦或州政府的利益受到损害时,代表其提起诉讼。随着垄断资本主义的出现、政府干预力度的强化以及社会公益问题的日益突出,美国联邦检察总长和州检察总长在民事领域的权能开始从代表和维护政府利益向代表州公民和社会公共利益拓展,但其在起源时的政府利益取向,致使其面临着角色冲突且中立性不足、以政府利益侵吞社会公益等质疑。

3. 起源模式三:以维护社会公共利益和民权为目的的公益保障模式

随着现代民事检察制度的不断发展完善,维护社会公共利益已经成为了西方国家民事检察权的共通性职能,但相较于许多后发型国家,结束军事独裁统治后的巴西民事检察制度在创设之初即以保护社会公共利益和民权作为预设功能,因此当属"公益保障模式"的典型代表。在独裁统治时期,巴西检察机关的主要职能是在刑事案件中维护国家利益,其在民事领域的作用仅限于救济弱势群体,例如介入涉及未成年人、失踪人或其他不具有法律能力的私主体的利益保护,对涉及财产记录、破产、未成年人利益的案件向法院提交建议性法律意见(legal advisory opinions)。

在结束军事专制统治、开启民主化改革的初期,巴西社会正处于质疑和抵触政府权力的时期,对民主的狂热加之环境污染等社会问题的日益恶化,使得社会公众期望有一个中立的、对外的、具有足够自治权来保护和引领社会的权力主体。在此背景下,检察机关相较于其他行政分支和机构所具有的优势、检察机关自身的意识形态和追求独立自治的长期理念以及自发性的立法游说,最终使得检察机关在政治上独立于行政权并承担起维护民主法律秩序和社会权益的宪法使命。1988年《宪法》对巴西检察机关在民事领域的角色更新,使巴西成为了世界上有关检察机关新功能的改革先驱,巴西检察机关作为最有资格保护社会利益、分散性和集合性利益的机构,在环境权益保护、消费者权利保护、儿童权利保护、房屋和城市化问题以及反腐败等诸多牵涉公益维护的领域,发挥着积极且重要的作用。

4. 起源模式四:以监督法律正确统一实施为目的的控权模式

相较于以国王律师、国王代理人、政府律师、政府首席法律官员、社会公共利益维护者等为最初载体的西方民事检察制度,前苏联和中国对民事检察制度的功能预设具有明显的特殊性,虽然在具体的权能配置和制度设计等方面有所不同,但二者在制度起源时均以监督民事法律在全国获得统一、正确的有效施行为核心目标,因此应当归入以监督法律正确统一实施为目的的控权模式。制度生发背景和功能初衷的不同,决定了民事检察制度在民事社会生活以及民事法律关系中的权限范围,不同于两大法系以民事守法主体为对象的权能配置,苏联和中国的民事检察权兼具规制民事守法主体和法院审判行为的双重功能。

如前所述,十月革命胜利后,沙俄时期的法律制度被全部废除,苏维埃政权在列宁法律监督思想的指引下创设了社会主义特色的检察制度,除了各国共有的刑事追诉职能外,苏联检察机关还具有对民事守法主体进行一般监督、对法院民事审判活动及其结果进行司法监督的职能。其中对民事审判权的外部单向监督,深刻反映出了该种起源模式与前述三种模式的最核心差异。受苏联模式的影响,新中国在成立初期赋予了检察机关对民事守法和民事执法进行监督的广泛权限,虽然在之后颁行民事诉讼法典时取消了检察机关提起和参与民事诉讼的职权,但仍未改变其在制度起源模式上的控权特征。

(二)民事检察制度的深层成因比较

研究检察制度的产生原因需要考究建立的原初动因、发展变革的理念和承袭演进过程中的价值取向。因此,在对不同国家民事检察制度的演进历程和最初功能进行历史分析与比较研究相结合的梳理后,有必要透过其在沿革脉络、起源模式等方面的共性与个性,来探究民事检察制度的内在成因,以期为之后判定各国民事检察权的性质和权能、挖掘民事检察制度的正当性来源奠定基础。

首先,在封建割据的专制政体下,中央王权与地方领主权力之间不可避免的持续争斗以及由此引发的强化集权的客观需求,是西方国家民事检察制度得以萌芽的历史要素和政治动因。一方面,地方割据势力对行政权和司法权的掌控、王权对地方控制能力的客观局限,使得委派国王代理人维护国王和王室在封建领地的财政和经济利益成为了当然选择;另一方面,专制政体下王权至上的理念、国王在法律知识上的劣势,使得由国王律师代表国王和王室提起或参与民事诉讼,成为了维护王室民事权益并强化王权统治能力的较优路径。

其次,自由资本主义发展模式的固有局限、社会经济发展过程中公益受损等新问题的日益凸显,催生了强化政府干预、扩张行政机关对社会民事生活的治理权限等客观需求,而西方国家、尤其是英美法系国家检察机关的偏行政属性,自然会随着政府干预力度的提升而开始扩张权能,从最初单纯的政府利益维护者演变为社会公共利益的代表者和捍卫者。换言之,资本主义国家社会治理策略的变化、私权自治的相对化以及政府对民事领域干预力度的增强,推动了作为行政机关组成部分的检察机关的权能发展,这其中自然包含有民事检察权的份额。

最后,法治发展水平较低国家所面临的法律实施困境,是民事检察制度生发或功能扩张的深层原因之一,其主要表现为两种情形:一种是法律实施缺乏实效性,纸面上法的预设功能与实践中法的实际收效差距过大;另一种是法律实施缺乏统一性,即法律在同一国家的不同地区未能获得一致和相同的遵守,在损害法律权威和法制统一的同时,危及了国家权力的统一性和政权的稳固性。举例来说，20世纪八九十年代巴西环境法律的实施困境，为检察执法模式的生发以及检察机关民事公诉权的新设提供了契机；苏联成立之初对农村地区掌控力的不足、各加盟共和国对全联盟法律之把握能力的欠缺，为检察机关作为国家专门法律监督机关的特殊定位提供了必然性依据。

此外，对法律执行和法律遵守情况进行监督的客观必要以及不同国家确保法律统一正确实施的路径差异，是部分社会主义国家民事检察制度的核心成因之一。各国在历史文化、法律传统、政治体制、社会背景等方面不同程度的差异，决定了其可能选择不同的方式来实现法律正确有效实施、司法公正等目标：采行三权分立体制的国家，大多通过立法权、司法权、行政权相互间的分权制衡来确保公权力行使的合法性；而采行一元分立体制的国家，则倾向于创设专门机关来监督法律的正确统一实施。因此，议行合一体制下分权制衡装置的缺位、对司法独立原则的变相否定以及民事司法水平的客观缺陷，是中国等国家民事诉讼检察监督权的主要成因之一。从权力制约的必要性来看，公权力固有的强制性、易扩张性、侵害性等特点，使得一元多立国家的权力体系中同样需要权力制衡装置，这就为在传统三权之外创设专门的公权监督机关提供了空间；从权力制约的现实需求来看，法院民事审判水平较低、司法腐败问题频发以及诉权制约审判权能力的不足，使得检察权这一外部力量介入民事审判并监督法院的公权力行为，成为了较优的选择。

第二节 民事检察权的性质和权能

检察理论和检察制度构成了检察权研究的两大"主战场"。对检察理论的探究和提炼，为检察制度的建构和完善奠定了基础；同时，检察制度又是推动检察理论发展和优化的动力源。如前所述，不同法系、不同国家和地区的检察制度在起源模式、功能预设以及演进脉络等方面的个性，不仅诠释了民事检察的多样化内涵，也塑成了各国民事检察权在性质和功能方面不同程度的差异。因此，比较法研究的关注点并非"不同国家的法律制度的概念结构，而是其法律制度的功能"[①]；相较于机械的法条罗列

---

① 〔德〕茨威格特、克茨著：《比较法总论》，潘汉典等译，法律出版社2003年版，第46页。

和符号化的简单对比,比较研究的真正意义在于探寻法律规范背后的价值目标、预设功能及其实践状况①,在此基础上揭示出各类要素之间的内在关系并提炼出具有普适性的基本原理和一般规律,从而为回应本国问题提供技术性和原理性的支持。同理,在对民事检察权的性质和权能进行比较研究时,必须将上述功能主义比较方法的理念融入到考察对象、考察维度和比较目标的选择过程中,以确保比较的成果不仅能够为后文的类型化分析提供素材,更有助于明晰影响民事检察权功能定位和角色模式的根本因素,探寻超越于特定语境的普适性价值和一般基准。

依循上述方法和原理,本节将以法国、美国、原苏联、俄罗斯联邦和巴西作为比较考察的对象②,这些国家在法系、政体、检察制度起源模式、检察机关地位和职能、检察权性质乃至对"民事"的界定等诸多方面都与中国存在着不同程度的差异性或相似性,而这种"趋同"或"趋异"的比较恰能够保障比较研究的深入性和实质性。为了避免脱离特定语境、特定社会秩序和社会目的,除了对各国有关民事检察权性质和权能的法律规范进行梳理整合外,还将把实践效果、相关理论和发展趋势等内容纳入比较考察的范畴中;在此基础上,以经验事实为出发点、依托类型化的方法,将各国检察机关在民事领域的功能和角色划分为五种类型,并通过比较不同国家检察机关在角色选择和权能配置方面的共性与个性,为之后提炼民事检察权的基本配置原理、权能变革规律以及正当性基础等奠定基础。

一、域外国家民事检察权的性质和权能

(一)法国、美国的民事检察权考察

1. 法国检察机关在民事领域的角色和权能

如前所述,法国不仅是现代检察制度的发源地,并且在检察权的起源模式上呈现出"二元化"的特征,即分别以"国王代理人"和"国王律师"为

---

① 参见傅郁林:《追求价值、功能与技术逻辑自洽的比较民事诉讼法学》,载《法学研究》2012年第5期。

② 为了更加清晰地揭示各国民事检察制度模式的沿革历程、相互关联以及创新之处,本部分不以法系作为国别分组的唯一标准,而是将具有承继、效仿或改革关系的原苏联、俄罗斯联邦和中国归为一组;将现代检察制度的起源国法国与英美法系检察制度的代表国美国归为一组;将近年来发展变革最为显著且独具特色的巴西单独归为一组。

雏形逐步形成了刑事检察权和民事检察权两套并行系统。从法律规范来看，1810号法令以宪法性规范的方式，将法国检察机关（Ministère Public）这一全国范围内统一的科层制官僚机构界定为公共利益的守护者和维护者，在此基础上，法国《民法典》①、《法院组织法》和《民事诉讼法典》共同划定了法国民事检察权的运行范围和实现方式。② 首先，法国采行国家干预民事案件的立法原则，但干预范围主要限于公益事项，1804年《拿破仑法典》规定检察官可以为了社会公共利益提起或参与诉讼；法国《法院组织法》要求检察机关在民事诉讼领域监督法律和判决的执行情况，当涉及公共政策事项时，检察机关自动承担执行法律和判决的职责；检察机关参与民事诉讼程序时，可能作为主当事人或从当事人。其次，1807年1月生效的法国《民事诉讼法典》参照1667年国王赦令延续了民事检察制度，在民事实体法的配合下明晰了检察机关作为主当事人提起民事诉讼、作为从当事人参加诉讼以及代表他人提起民事诉讼的条件和具体情形。详言之，第一，依据1976年法国《新民事诉讼法》第422条和第423条的规定，检察机关在法律专门规定的案件以及公法秩序遭受侵害时，有权作为主要当事人提起民事诉讼，此时其享有当事人的权利。其中法定的案件类型主要包括婚姻无效案件、剥夺亲权案件、维护无民事行为能力人利益的案件等，由此可见，检察机关作为作为主当事人提起民事诉讼时既可以是为了维护社会公共利益，也可能是为了维护某些特殊的、特定的、需要国家提供特别保护的公民权益。第二，检察机关作为联合当事人即从当事人参与民事诉讼时，分为裁量性参与和法定强制性参与两类③，法国新《民事诉讼法》第425条详细列举了法院应当通知检察机关并由其作为联合当事人参加诉讼的案件类型。④ 除了法律规定必须出庭

---

① 请参见《法国民法典》第53条、第55条、第145条、第171条和第180条的规定。
② 据统计，法国民事程序法和民事实体法中分别有77个和59个条文与民事检察权相关。参见杨立新：《民事行政检察教程》，法律出版社2002年版，第22页。主要条文请参见《法国新民事诉讼法典》第427—429、684—688、691、734—737、744—746、1040—1044、1050、1051—1055、1168、1170条；《法国民法典》第29、83、99、112、184、190、291、373、374、378、446、447、1839、1844、2046条。
③ Vera Langer, Public Interest in Civil Law, Socialist Law, and Common Law Systems: The Role of the Public Prosecutor, *The American Journal of Comparative Law*, Vol. 36, No. 2 (Spring, 1988), pp. 279—305.
④ 参见汤维建：《论检察机关提起民事公益诉讼》，载《中国司法》2010年第1期。

的情形外,作为从当事人的检察机关可以自行决定是否出庭发表意见或向法院提交书面意见①,但无权上诉。第三,驻最高法院检察总长享有极为有限的审判监督权,需要特别说明的是,法国最高司法法院也即撤销法院是凌驾于司法机关之上的国会派出机构,其预设功能在于监视下级法院超越审判权而越位于法官造法,藉此,驻最高法院检察长作为国会在其派出机构中设立的配套机构,同样旨在监督下级法院违反法律的裁判。②但该种监督权限仅为最高检察总长专享,以弥补法院系统最顶层缺乏上级制约的不足,并且总检察长只能为了法律利益向最高法院提起上诉③,同时有权对法院侵犯立法权或执行权的行为向最高法院提出越权之诉。④简言之,法国驻最高法院检察长在隶属关系、预设功能、权限范围和行使条件等方面的上述特征,决定了其与中国语境下各级检察机关均普遍享有的审判检察监督权能具有本质差异,自然也就不存在所谓的比较法渊源关系。第四,法国新《民事诉讼法》第17编和第20编中规定了检察机关在国际民事司法协助中的职权。

从法国民事检察制度的实践状况来看,一方面,越来越多的法国公民将检察官看做是代表社会利益的司法官⑤,但随着社会客观背景和实际需求的变化、社会公共利益之内涵外延的动态发展,法国检察机关对家庭事务类案件的干预正在不断减少。⑥另一方面,与我国民事审判检察监督具有些许表层相似性的检察总长的特别上诉权,在实践中的适用频率

---

① 例如,2009年2月24日中国律师代表团在法国巴黎大审法院提起的要求中止法国佳士得公司拍卖中国圆明园兔首和鼠首铜像的紧急诉讼中,法国检察官参与诉讼并出庭发表了意见。参见《拍卖圆明园铜兽首案原告律师任晓红:这注定是一场失败的官司》,载《南方周末》2009年2月26日。

② 参见傅郁林:《我国民事检察权的权能与程序配置》,载《法律科学》2012年第6期。

③ Mauro Cappelletti, Governmental and Private Advocates for the Public Interest in Civil Litigation: A Comparative Study, *Michigan Law Review*, Vol. 73, No. 5 (Apr., 1975), pp. 793—884.

④ Chapter 3 France: organization of the prosecution service and its functions in the criminal process, in *Unity and Diversity of The Public Prosecution Services in Europe*, pp. 59—95. Also see Oscar G. Chase and Helen Hershkoff(eds.), *Civil Litigation in Comparative Context*, Thomson West(2007).

⑤ Jacqueline Hodgson, French Criminal Justice: A Comparative Account of the Investigation and Prosecution of Crime in France(2005), Hart Publishing, pp. 135—141.

⑥ Gerald. L. Kocx, The Machinery of Law Administration in France, *University of Pennsylvanla Law Review*(1960), Vol. 108.

极低、实际功能和重要性十分微弱。① 而从理论研究的层面来看,以下几项论题仍旧是法国国内及其他国家学者的争议焦点:法国检察权的性质界定和检察官的角色定位问题②;法国检察官是否能够成为新型社会公共利益的有效代表者和维护者③;法国民事检察制度模式与苏联模式以及中国模式的关系;等等。

2. 美国检察机关在民事领域的角色和权能

虽然并非英美法系检察制度的最初起源地,美国检察制度在起源模式、价值理念以及演进背景等方面的独有特色,使美国检察机关在民事领域的角色和功能具有较英国更为显著的研究价值。从法律规范层面来看,1789 年美国国会第一次会议通过的《司法法案》(the Judiciary Act of 1789)在最后一个部分规定了联邦检察总长办公室④,依此,总统华盛顿可以任命一名总检察长作为首席法律官员和顾问,协助总统处理相关的法律事项,总统还可同时任命若干名检察官⑤,在此阶段,联邦司法系统整体以及各州检察制度均处于较弱状态。⑥ 1870 年美国国会创设了司法部(Department of Justice),其部长和副部长分别兼任联邦总检察长和副总检察长,统领全联邦检察官系统。此后随着联邦和州司法体系的发展完善以及各州检察总长办公室的逐步壮大,美国检察制度呈现出"首脑兼任、三级双轨、相互独立"的特点。⑦ 作为行政权分支的组成部分,美国检察官是联邦政府和州政府的代表,《美国法典》第 28 卷第 547 条详细列举了检察机关参与民事诉讼的诸种情形,其中主要包括涉及联邦利益、税

---

① Mauro Cappelletti, Governmental and Private Advocates for the Public Interest in Civil Litigation: A Comparative Study, *Michigan Law Review*, Vol. 73, No. 5 (Apr., 1975), pp. 793—884.

② Jacqueline S. Hodgson, The French Prosecutor in Question, 67 WASH. & LEE L. REV. 1361 (2010).

③ Cappelletti, Governmental and Private Advocates for the Public Interest, 73 Mich. L. Rev. 808 (1975).

④ Judiciary Act of 1789, ch. 20, § 35, 1 Stat. 73, 92—93.

⑤ 参见洪浩:《检察权论》,武汉大学出版社 2001 年版,第 71 页。

⑥ Huston, History of the Office of the Attorney General, in L. Huston, A. Miller, S. Krislov & R. Dixon, *Roles of the Attorney General in the United States* 3 (1968).

⑦ 参见潘度文:《我国民事诉讼中检察机关角色研究》,中国政法大学 2005 年博士学位论文,第 29 页;印仕柏:《民事诉讼中检察权配置研究》,湘潭大学 2010 年博士学位论文,第 34 页。

收、土地确权及征用、骗取抚恤金或养老金、托拉斯行为等事项的案件。①此外,20世纪六七十年代的公平住宅法、民权法案、联邦贸易委员会法、克莱顿法、反欺骗政府法等禁止歧视、保护民事权利的法律,以及一系列有关环境保护的法律②,也赋予检察官提起诉讼或支持主管机关和私人提出诉请的权力。相较于联邦检察系统,各州在行政权结构模式、检察总长选任方式以及对习惯法所规定的检察权能的不同态度,使得对州检察权的比较研究面临着多样性和复杂性等困难,但通过对各州宪法、法律和法院判例的整理,可以提炼出各州检察总长所承载的主要的共有职能:为州长和其他州机构及公职官员提供法律意见(legal opinions);有时为立法机关提供非正式的法律意见(informal legal opinions);在诉讼中代表州、州机构和州官员;执行州的民事和刑事法律;在一些州享有监督地方检察官的职能。③ 具体到民事领域,美国检察有权以直接提起民事诉讼、代表美国或州政府或某些自然人提起或参加民事诉讼以及共同诉讼等方式,来实现维护社会公共利益和政府利益的预设功能,其在民事程序中享有取证权、优先审理权、和解权等广泛权限。该种隶属于行政权的职能配置模式④,加之美国语境下将"非刑事"等同于"民事"的概念外延,十分清晰地反映了美国检察制度与中国模式的本质差异。

从美国民事检察权的实践情况来看,首先,自20世纪七八十年代时起,州检察总长办公室的规模和职能开始扩张,逐渐在反垄断、儿童权益

---

① 参见邵世星:《民事诉讼检察监督的法理基础再论——兼论我国民事诉讼检察制度的完善》,载《国家检察官学院学报》2001年第2期。

② 例如:1969年《环境保护法》、1970年《防止空气污染条例》、1970年《防止水流污染条例》、1972年《防止港口和河流污染条例》、1972年《噪音控制条例》、1972年《危险货物运输条例》等。

③ Lynne M. Ross ed., National Association of Attorneys General, State Attorneys General Powers and Responsibilities 40(1990); Scott M. Matheson, Jr. n, Constitutional Status and Role of the State Attorney General, 6 *U. Fla. J. L. & Pub. Pol'y* 1(fall 1993); David W. Winder, The Powers of State Attorneys General: A Quantitative Assessment, 19 *Se. Pol. Rev.* pp. 67, 73—79 (1991).

④ Michael B. Holmes, The Constitutional Powers of the Governor and Attorney General: Which Officer Properly Controls Litigation Strategy When the Constitutionality of a State Law is Challenged?, *Louisiana Law Review*, Vol. 53 No. 1, September 1992.

保护、消费者保护、环境保护等领域扮演着重要的公益维护者角色。① 与此同时,一些州以习惯法(common law)中的政府监护原则(doctrine of parens patriae)为依据,尝试代理某些遭受侵害的无民事诉讼行为能力的公民提起诉讼。其次,为了提升州检察机关在反垄断、消费者权益保护等类型的民事诉讼中与对方当事人的对抗能力、实现检察资源的最大化利用,各州之间出现了一种以协作和诉讼资源共享为目的的多州诉讼(Multistate Litigation)模式,这不仅有助于解决各州检察总长办公室在时间、人员、精力和资源等方面的不足,克服原被告之间的实力差异,还有助于促使对方达成和解、提醒被告谨慎行事等功能。② 再次,美国州检察总长所享有的某些准司法性或准立法性的权能,使其在一定程度上具有了影响政策形成和推动法律发展等潜在功能。③ 州检察总长代表着政府众多机构和部门的多样化利益,在职权行使过程中可以调解其相互间的冲突,并尝试实现其各自州在诉讼中的协调一致。④ 而从理论研究的情况来看,美国理论界和实务界的争论焦点包括:行政权内部分化模式(divided executive power)中民选产生的州检察总长,在代表州政府和行政机构利益时与代表社会公共利益和州公众利益时的角色冲突问题⑤;多州诉讼的正当性、适用限度及其与联邦制和分权原则的兼容性问题。⑥ 此外,美国检察机关的性质和权能与中国模式的异同、州检察总长与法庭之友的关系、美国检察机关在维护公共利益方面的应然角色等问题,则构

---

① Thomas R. Morris, State Attorneys General as Interpreters of State Constitutions, 17 PUBLIUS pp. 133, 135 (1987); Henry S. Cohn, The Office of the Attorney General of the State of Connecticut and Its Evolution and Duties, 59 CONN. B. J. pp. 261, 267 (1985).

② Jason Lynch, Federalism, Separation of Powers, and the Role of State Attorneys General in Multistate Litigation, *Columbia Law Review*, Vol. 101, No. 8 (Dec., 2001), pp. 198—203.

③ Henry J. Abraham & Robert R. Benedetti, The State Attorney General: A Friend of the Court?, 117 U. Pa. L. Rev. 805 (1969); William N. Thompson et al., Conflicts of Interest and the State Attorneys General, 15 WASHBURN L. J. pp. 15—16 (1976).

④ Roger C. Cramton, On the Steadfastness and Courage of Government Lawyers, 23 John Marshall L. Rev. 165 (1990).

⑤ Scott M. Matheson, Jr. n, Constitutional Status and Role of the State Attorney General, 6 U. Fla. J. L. & Pub. Pol'y 1(fall 1993).

⑥ Jason Lynch, Federalism, Separation of Powers, and the Role of State Attorneys General in Multistate Litigation, *Columbia Law Review*, Vol. 101, No. 8 (Dec., 2001), pp. 198—203.

成了包括中国在内的域外国家的主要研究内容。

(二)原苏联、俄罗斯联邦的民事检察权考察

1. 原苏联检察机关在民事领域的角色和权能

通过之前的历史分析可以发现,苏联检察制度经历了从无到有到废除再到重建①、从帝国主义模式到社会主义模式、从审检合一到审检分立、从全联盟与各加盟共和国检察机关二元并行到建立全苏联范围内集中统一的检察系统的发展历程。② 在列宁法律监督理论的指引下,根本法、组织法和程序法共同塑成了以一般监督与专门监督(司法监督)为核心权能的检察权模式;而具体到民事领域,国家利益至上的立法理念③、国家全面介入的社会管控方式、对经济领域私法关系的否认④以及对民事法律关系之私法属性的否定⑤,使得苏联检察机关在民事执法和守法方面均享有全面且普遍的干预权⑥:一方面,有权对法院的审判结果提出异议并消除审判过程中的违法行为;另一方面,可以依职权提起民事诉讼、介入他人已经开始的诉讼、提出上诉或抗诉以及监督执行程序等。有学者认为,苏联检察机关参与和介入民事诉讼的强度和广度,最为深刻地反映了苏维埃民事诉讼的社会主义特色(quintessentiallly socialist features)。⑦

从法律规范层面来看,首先,依据宪法和组织法的规定,苏联检察机关(Prokuratura)是一个以独立性(independence)、统一性(uniformity)和中央集权性(centralization)为基本建构原则的科层式系统,是苏维埃法

---

① Gordon B. Smith, *The Soviet Procuracy and the Supervision of Administration*, The Netherlands: Sijthoff & Noordhoff, 1978, p. 6.

② 参见〔俄〕维诺库罗夫主编:《检察监督》(第 7 版),刘向文译,中国检察出版社 2009 年版,"译者前言"第 1—3 页。

③ Glenn G. Morgan, The Soviet Procuracy's 'General Supervision' Function, *Soviet Studies*, Vol. 11, No. 2 (Oct., 1959), pp. 143—144.

④ 参见《列宁全集》第 36 卷,人民出版社 1977 年版,第 578 页。

⑤ Hazard, The Role of the Ministere Public in Civil Proceedings, in J. Hazard & W. Wagner ed., *Law in the United States of America in Social and Technological Revolution*, pp. 209,226.

⑥ Christopher C. Osakwe, The Public Interest and the Role of the Procurator in Soviet Civil Litigation: A Critical Analysis,18 *Tex. Int'l L. J.* 37(1983), p. 88.

⑦ Morgan, The Protest of the Soviet Procuracy, 9 *AM. J. COMP. L.* 499 (1960).

律的守护者和社会主义法治的保卫者。① 苏联检察权的功能具有多面性且几乎蔓延至苏维埃社会生活的所有方面,包括刑事侦查、刑事追诉、司法监督(judicial ombudsman)、一般监督(general ombudsman)和执行监督(executive ombudsman)②,还有学者将法律宣传也列为检察权的功能之一。其次,在民事程序法领域,1923 年《俄罗斯苏维埃联邦社会主义共和国民事诉讼法典》第 2 条规定,检察长认为对保护国家利益、社会利益或公民权益有必要时,有权提起诉讼或在任何阶段参加诉讼;之后的 1964 年《苏联民事诉讼法典》第 41 条以及《苏联和各加盟共和国民事诉讼法纲要》第 14 条和第 29 条也进行了类似规定,这使得苏联检察机关享有了几乎不受限制的民事公诉权和参诉权。此外,1964 年《苏俄民事诉讼法典》第 12 条规定了苏联总检察长在民事领域的一般监督权,体现了苏联民事检察权兼具民事守法监督和民事执行监督之双重权能的独有特色。具体来说,第一,在法律有规定或检察长认为有必要时,其应当参加民事案件的审理,在法院审理有关选民名单错误的申诉案件、认定公民失踪或宣告失踪人死亡的案件、认定公民为无或限制民事行为能力人的案件、剥夺亲权的案件以及审判监督案件时,检察长必须参加并有权查阅案件材料、请求回避、提供证据、参加对证据的审查、提出申请、对审理过程中出现的问题以及整个案件的实质性问题作出结论等。③ 第二,依据 1979 年《苏联检察院组织法》第 32 条至第 34 条的规定,检察长有权按照上诉程序或审判监督程序提出抗诉,无论其是否参加了案件的第一审程序。④ 第三,检察长和副检察长对其准备提出抗诉的案件,有权中止原判决的执行。⑤

　　从原苏联民事检察制度的运行状况来看,一方面,宽泛且缺乏基本制

---

　　① Gordon B. Smith, *The Soviet Procuracy and the Supervision of Administration*, The Netherlands: Sijthoff & Noordhoff(1978), p. 14.
　　② Christopher Osakwe, The Theories and Realities of Modern Soviet Constitutional Law: An Analysis of the 1977 USSR Constitution, *University of Pennsylvania Law Review*, Vol. 127, No. 5 (1979), pp. 1350—1437.
　　③ 参见 1964 年《苏俄民事诉讼法典》第 41 条、第 234 条、第 255 条、第 261 条、第 328 条,《苏俄婚姻家庭法》第 59 条以及《苏联和各加盟共和国民事诉讼纲要》第 14 条、第 29 条的规定。
　　④ 参见〔苏联〕阿布拉莫夫:《苏维埃民事诉讼》,中国人民大学审判法教研室译,法律出版社 1956 年版,第 145 页。
　　⑤ 参见 1979 年《苏联检察院组织法》第 37 条。

约的起诉权、参诉权和抗诉权,导致民事检察权被滥用或误用等情形大量存在,一些地方将之异化为以权谋私、干预经济发展的工具①,而与监督审判权依法正确行使、确保民事法律获得正确统一遵守等预设目标背道而驰。另一方面,检察机关对民事司法程序的全面介入,不仅使其在相当程度上置于法院之上,还严重侵犯了民事主体的诉权自治和权利处分。②

而从理论研究方面来看,在苏联解体前,一些西方学者围绕苏联检察机关的性质和地位、检察权的实际功能及其正当性等问题进行了介绍性、比较性或批判式的研究;在苏联解体后,中国等苏联模式的借鉴者围绕本国的检察改革,对苏联检察制度的正当性、生发原因、组织结构、运行模式及其与本国方案的异同点等问题进行了讨论。但从现有研究成果来看,对一些基本问题仍旧缺乏明确共识,例如:苏联检察机关的性质和权能与中国是否有所不同;苏联检察监督是否是最高监督③;苏联检察权是否构成独立的权力分支即第四权④;苏联一般监督权的起源和特点;等等。

---

① 参见谢鹏程:《前苏联检察制度》,中国检察出版社 2008 年版,第 191 页。

② William Burnham, Gennadiĭ Mikhaĭlovich Danilenko, Peter B. Maggs, *Law and Legal System of the Russian Federation*, Juris Publishing, Inc. (2009), p. 143.

③ "肯定说"请参见 Gordon B. Smith, *The Soviet Procuracy and the Supervision of Administration*, The Netherlands: Sijthoff & Noordhoff(1978);谢鹏程:《苏联检察制度》,中国检察出版社 2008 年版;[苏联]M. IO. 拉金斯基:《检察长监督的形成与发展》,译自《苏联检察机关》,莫斯科法律书籍出版社 1997 年版,转引自[苏联]C. T. 诺维科夫:《苏联检察系统》,中国人民大学苏联东欧研究所译,群众出版社 1980 年版;曾宪义:《检察制度史略》,中国检察出版社 1992 年版。"否定说"认为苏联检察监督权在广度和深度上次于立法权,其并不独立于最高苏维埃及其委员会(presidium)也不独立于党,因此并非最高监督。参见 Mauro Cappelletti, Governmental and Private Advocates for the Public Interest in Civil Litigation: A Comparative Study, *Michigan Law Review*, Vol. 73, No. 5 (Apr., 1975), pp. 793—884;Christopher Osakwe, The Theories and Realities of Modern Soviet Constitutional Law: An Analysis of the 1977 USSR Constitution, *University of Pennsylvania Law Review*, Vol. 127, No. 5 (1979), pp. 1350—1437.

④ "第四权说"请参见王桂五:《列宁法律监督理论研究》,载《检察理论研究》1993 年第 4 期;Boim, "Procuracy", in Feldbrugge, 2 *Encyclopedia of Soviet Law* (1973), p. 545. 还有学者以原苏联 1977 年宪法为分析对象,认为苏联检察机关属于正在形成中的新兴第四权,参见 Christopher Osakwe, The Theories and Realities of Modern Soviet Constitutional Law: An Analysis of the 1977 USSR Constitution, *University of Pennsylvania Law Review*, Vol. 127, No. 5 (1979), pp. 1350—1437. "立法权说"认为原苏联检察机关是立法权的实现渠道、媒介和手段。参见 Christopher C. Osakwe, The Public Interest and the Role of the Procurator in Soviet Civil Litigation: A Critical Analysis, 18 *Tex. Int'l L. J.* 37(1983).

2. 俄罗斯联邦检察机关在民事领域的角色和权能

苏联解体后,俄罗斯联邦对国体、政体、治国原则以及经济体制等进行了较为全面的改革,在此过程中,构建何种性质的检察机关、如何对待前苏联的检察制度模式、如何设置检察长在民事诉讼中的地位等一直是争议的焦点。① 1992 年 1 月 17 日通过的《俄罗斯联邦检察机关法》②第 1 条规定,俄罗斯联邦检察机关是一个集中统一的联邦机构系统,其以联邦的名义对联邦宪法及法律的遵守和执行情况进行监督。检察机关行使职权的总体目标是保障法律至高无上、保障和加强法制统一、保护任何公民的权利与自由、维护国家和社会的合法利益。依照俄罗斯联邦诉讼立法的规定,检察长有权参加普通法院、仲裁法院案件的审理,对与法律相抵触的民事判决和刑事裁判提出抗诉。③ 该法第 35 条还赋予了检察长依法介入诉讼以维护公民权益和国家利益的权限。在此基础上,1993 年《俄罗斯联邦宪法》明确规定俄罗斯联邦是共和政体的、民主的联邦法治国家,采行三权分立的法国式半总统制,遵循司法独立原则;其中第七章"司法权"中仅规定了检察机关的组织原则,而对于检察机关的权限、组织和程序等问题则交由其他联邦法律进行规定。根本法所采用的这种回避争议的模糊性立法模式,致使检察机关在国家权力体系中的地位和权限配置等基本问题长期缺乏统一认识。

从检察权的整体权能来看,虽然俄罗斯联邦在成为独立国家的初期大幅废止了前苏联检察机关的一般监督权,但在 1998 年修正《俄罗斯联邦检察机关法》时部分扩大了检察机关的监督权能,即增加了检察机关对遵守宪法的监督权、对民事执行的监督权并恢复了检察机关对即将发生法律效力的违法行为发出警告和予以制止的权力。④ 具体到民事检察领域,首先,2003 年《俄罗斯联邦民事诉讼法典》取消了 1964 年《苏俄民事诉讼法典》第一章规定的民事诉讼检察监督基本原则,并限制了检察长的

---

① 参见〔俄〕维诺库罗夫主编:《检察监督》(第 7 版),刘向文译,中国检察出版社 2009 年版。
② 该法共 7 编、54 条,中文译本请参见〔俄〕维诺库罗夫主编:《检察监督(第 7 版)》,刘向文译,中国检察出版社 2009 年版,附录二。
③ 参见〔俄〕维诺库罗夫主编:《检察监督》(第 7 版),刘向文译,中国检察出版社 2009 年版,第 427—428 页。
④ 参见张寿民:《俄罗斯法律发达史》,法律出版社 2000 年版,第 339 页。

民事起诉权。不同于苏联以牺牲直接利害关系人的自治权和处分权为代价的强制干预模式,该法典规定俄联邦检察长为了公民权益和自由而提起民事诉讼仅限于公民因健康状况、年龄、无行为能力和其他正当原因不能亲自向法院提出请求的情形。① 其次,该法第45条第3款明确了检察长必须参加民事诉讼并提出结论的情形,主要包括:有关强制迁出、恢复工作、生命或健康损害赔偿等案件;民诉法典特别程序中规定的有关案件,即第273条规定的收养申请案件、第284条规定的认定公民限制或无民事行为能力案件、第288条规定的申请宣告未成年人具有完全民事行为能力的案件和第303条规定的将患有精神病的公民强制安置到精神病院或延长住院期限的案件;《家庭法典》(Family Code)第70条规定的剥夺亲权、恢复亲权或者限制亲权的案件。检察长应在证据审查后、法庭辩论前参加诉讼并提出结论,但检察长不及时到庭不妨碍法庭对案件的审理。② 再次,在相当程度上缩减了检察机关的民事上诉权和抗诉权③,体现了其对前苏联民事检察制度的又一改革。依据《俄罗斯民事诉讼法典》第320条、第337条和第376条的规定,检察长对一审判决提出上诉或对生效裁判提出抗诉,须以参加了庭审为条件。此外,《关于俄罗斯联邦总检察长向普通法院系统的法院、仲裁法院提出书面声明的准备程序和保障参加审议上述声明的程序》《关于检察长在仲裁诉讼程序中行使权限的命令》《关于保障检察长参加民事诉讼程序的命令》等由总统令批准的规范性文件,也对俄罗斯联邦民事检察权的行使范围和实现方式等进行了规定。

从实践情况来看,欧洲人权法院2003年有关俄联邦审判监督程序违背终局性原则(finality)和欧洲人权保障基本要求的判例,从规范和实践层面进一步限制了民事审判检察监督的适用范围和适用条件④,促使监督权限从前苏联时期的全面监督转变为有限监督,进而有助于衡平检察

---

① 参见李昕:《俄罗斯民事诉讼中的检察长》,载《昆明理工大学学报(社会科学版)》2007年第7期。
② 参见《俄罗斯民事诉讼法典》第189条的规定。
③ William Burnham, Gennadii Mikhailovich Danilenko, Peter B. Maggs, *Law and Legal System of the Russian Federation*, Juris Publishing, Inc. (2009) pp. 147—148.
④ Ibid., p. 64.

监督与提升司法独立水平之间的关系。从理论研究方面来看,俄罗斯联邦检察机关的性质和地位①、苏联检察模式与俄罗斯联邦三权分立政体的相容性②、俄罗斯现行民事检察制度模式与中国模式的异同、审判检察监督权的存废以及检察机关与法院的关系配置等问题,仍旧是近年来域内外讨论和争议的热点。

(三) 巴西的民事检察权考察

1. 巴西检察机关的性质及其法律依据

巴西的检察制度根植于欧洲尤其是法国中世纪的法律制度,该种模式在 17 世纪传播到了作为葡萄牙殖民地的巴西。③ 除了垄断刑事追诉权这一传统角色外,军事独裁统治结束后对民主制的狂热④、新的社会问题和客观需求的生发、法律执行的长期困境(non-enforcement problem)、民众对行政主体的极端不信任以及检察机关自身的积极革新和尝试等诸项内外部因素的综合作用,使得巴西检察机关逐渐活跃于消费者保护、环境保护、儿童权益和残疾人权益保护、工人健康和安全等涉及公共利益的民事案件领域⑤,从而开拓了法律执行的创新模式(prosecutorial enforcement)、更新了检察机关的角色定位并彰显了拉丁美洲政治司法化(judicialization of politics)⑥的趋势,同时也为观察民事检察权的性质定位和功能配置提供了新的视角。

从法律规范层面来看,巴西检察机关对立法过程的积极参与以及相适宜的政治背景(receptive political context)等外部环境,使得根本法、实

---

① 关于俄罗斯联邦检察机关性质的主要学说有"行政权说"和三权体系之外的"护法机关说"。参见〔俄〕维诺库罗夫主编:《检察监督》(第 7 版),刘向文译,中国检察出版社 2009 年版。

② William Burnham, Gennadiĭ Mikhaĭlovich Danilenko, Peter B. Maggs,*Law and Legal System of the Russian Federation*, Juris Publishing, Inc. (2009), p. 142.

③ Sadek, Maria Tereza et alli. The New Brazilian Public Prosecution. In: *Democratic Accountability in LatinAmerica*. Oxford University Press(2003), pp. 201—227.

④ 参见陈作彬:《80 年代巴西政治经济变革及其前景》,载《拉丁美洲研究》1988 年第 4 期。

⑤ Lesley K. McAllister, Making Law Matter:Environmental Protection and Legal Institutions in Brazil, *Stanford University Press* xii(2008), at 7; Antonio Gidi, Class Actions in Brazil—A model for Civil Law Countries, 51 *Am. J. Com. L*, at 363.

⑥ Rachel Sieder, Line Schjolden, and Alan Angell (eds.), The Judicialization of Politics in Latin America, New York: Palgrave MacMillan(2005), at p. 3. Druscilla L. Scribner, The Judicialization of Separation of Powers Politics: Lessons from Chile, in *Journal of Politics in Latin America* (2010),pp. 2—3, 71—97.

体法和程序法共同为巴西检察机关在民事领域的角色和权能更新提供了规范基础。1981年《国家环境政策法案》(the National Environmental Policy Act of 1981)作为巴西第一个全面、综合性的联邦环境保护法,在第四章第14条规定了联邦和州检察机关提起民事和刑事诉讼来追究环境损害责任的权力,第一次赋予了检察机关代表分散性利益的主体资格。1985年通过的《民事公诉法》(Public Civil Action Law)①则从程序法的角度丰富了巴西检察机关的民事检察权能,在角色定位方面,第5条赋予了检察机关作为当事人提起诉讼(main action)和预防性诉讼(preliminary action)的主体资格以及未作为一方当事人介入诉讼时的法律守护人(guardian of the law)地位;在权限范围方面,第1条将"环境、消费者、财产和美学、艺术、历史、旅游资源、自然风景以及其他任何分散性(diffuse interests)或集合性利益(collective interests)"均纳入了民事公诉法的适用范围,从而扩展了民事检察权的职能领域;在配套机制方面,将民事调查、要求相关主体提供证明和信息等作为检察机关行使民事公诉权的保障手段。之后1990年的《消费者保护法典》(Consumer Defense Code)②对1985年《民事公诉法》进行了修正,将所有的分散性、集合性以及共享性个人权益(shared individual interests)均纳入了司法保护的范围。在此基础上,1988年《巴西宪法》在第127条至第129条规定了检察机关的性质、功能、基本原则、组织结构和具体职能,为巴西检察机关(the Ministério Públic)在国家权力体系中的地位革新以及社会公共利益捍卫者的角色培育提供了根本法依据。具体来说,宪法将检察机关的性质界定为"对国家司法功能至关重要(essential to justice)的固定性机构(permanent institution)",以"维护法律秩序(legal order)、民主政权以及社会和个人的基本权益"为核心职责③;检察机关在功能、管理和财政方面均独立于三个传统的权力分支,且每一名检察官享有以终身任职为保障的

---

① Federal Law 7,347 of July 24, 1985.
② Federal Law 8,078 of September 11, 1990.
③ 参见1988年《巴西联邦宪法》第127条的规定。

功能自治,这种在机构和检察官个人两个维度的双重独立性①,使得巴西检察机关不再依附于行政权而常常被称为"政府的第四分支"(the fourth branch of government)或"第四权"②;检察机关有权通过"民事调查和提起民事公诉来保护公共和社会财产(public and social heritage)、环境以及其他分散性和集合性利益(diffuse and collective interests)",但这并不排除第三方当事人的权利。《宪法》第 225 条还规定了环境权条款,从而与第 129 条所规定的检察职权相呼应。此外,1989 年有关保障残疾人权利③和证券市场投资者权利④的联邦法律、1990 年通过的新的儿童权益保护法⑤、1992 年通过的关于规制政府腐败的法律⑥以及 1994 年的新反垄断法⑦等实体性法律规范,进一步扩张和细化了检察机关在维护分散性和集合性利益方面的角色,推动了巴西检察机关在保护环境权益、宪法权利、儿童权益、工人健康和安全、消费者权益、残疾人权利以及解决住房和城市化问题等方面的功能发挥。

2. 巴西民事检察权的实践状况及发展趋势

上述实体性和程序性法律规范对巴西民事检察权的发展和完善,加之根本法的明确授权和肯定,为巴西检察机关在民事领域开展检察执法/检察型法律实施(prosecutorial enforcement)⑧提供了四类主要手段。"手段一"是专属于检察机关的民事调查权(investigation),其功能在于核实是否存在损害环境的行为、确定损害的程度和严重性并明晰责任主体,

---

① Azul America Agular Aguilar, Institutional Changes in the Public Prosecutor's Office: The Case of Mexico, Chile and Brazil, *Mexican Law Review*(2011), Vol. IV, No. 2, at 283. 巴西检察机关的双重独立性主要体现在 1988 年《宪法》第 127 条至 129 条以及 225 条的规定中。

② Lesley K. McAllister, Making Law Matter:Environmental Protection and Legal Institutions in Brazil, Stanford University Press xii (2008), at 65; Crawford, Colin, Defending Public Prosecutors and Defining Brazil's Environmental 'Public Interest': A Review of Lesley Mcallister's Making Law Matter:Environmental Protection and Legal Institutions in Brazil, *The George Washington International Law Review* 40.3 (2008/2009), pp. 619—647.

③ Federal Law No. 7,853 of Oct. 24, 1989.
④ Federal Law No. 7,913 of Dec. 7, 1989.
⑤ Federal Law No. 8,069 of July 13, 1990.
⑥ Federal Law No. 8,429 of June 2, 1992.
⑦ Federal Law No. 8,884 of June 11, 1994.
⑧ Lesley K. McAllister, Chapter 9 Public Prosecutors and Environmental Protection in Brazil, in A. Romero and S. E. West (eds.), *Environmental Issues in Latin America and the Caribbean*, Springer(2005), pp. 207—229.

同时通过调查为可能提起的民事公诉积累证据、做好准备,但调查并非提起民事公诉的必须前提。① 依据具体目的的不同,检察机关的民事调查又分为常规性调查(regular civil investigation)和预备性调查(preparatory investigation)两种,后者用于判断和评估是否具备进行常规性调查的正当性和必要性。民事调查权可能因公众投诉、政府机构告知等外部信息启动,也可能因检察机关自行发现的线索启动,检察机关在进行民事调查时有权从私权主体和公共机构获取相关的信息、文件或技术报告等。"手段二"是民事公诉权,该类手段以1985年《民事公诉法》和1990年《消费者保护法典》为依据。对于已经造成的环境损害,检察机关可以向法院提起民事公诉并请求法院发出民事责任司法命令(judicial order),通常只有当损害不可补救(irreparable)时,检察官才可以要求责任主体承担金钱损害赔偿责任②;而若尚未酿成损害后果但存在破坏环境的潜在危险,检察官可以请求法院签发预备禁令(preliminary injunction),以防止损害的实际发生、发挥对公共利益的预防性保护功能。需要特别说明的是,该类民事公诉权并非检察机关所专属,其他政府或非政府机构也享有起诉主体资格。③ "手段三"是行为矫正协议或称整改协议(conduct adjustment agreement)④,是检察机关与损害相关利益的主体所达成的正式协议,属于检察机关的司法外和解机制(extra-judicially settlement)。该种协议的功能在于约定责任主体所必须采取的救济损害的行为措施以及违反该协议时所须承担的金钱惩罚责任,但检察机关无权对实体权利进行协商处分,因为相关实体权益为全社会所共有;该种协议具有执行力,在义务主体不自觉履行协议时,检察官可以通过司法手段来申请执行该协议。相较于前两类手段,行为矫正协议具有成本低、效率高、灵活且自愿等优势。"手段四"是介入他人已经开始的民事诉讼程序中并向法院提交书面的法律意见(legal advisory opinions),这属于巴西检察机关在民事领域的传统职能,通常仅适用于未成年人、无或限制民事行为能力人等特

---

① Article 30 of the National Organization Law of the Department of Public Prosecutions-Federal Law.
② Federal Law 7,347, Article 3 and Article 13.
③ Federal Law 7,347, Article 5.
④ Federal Law No. 7,347, art. 5, II, § 6.

殊主体的利益处于危险状态时,有学者认为检察机关在参与民事诉讼时的身份是法律检查者(inspector of the law)。①

从民事检察权的运行实效和发展趋势来看,在1988年《宪法》通过并颁行后,巴西联邦和州检察机关进行了组织重构,通过增加机构和人员、完善基础设施建设、提高专业化和协调化水平、扩大检察官参与环境执法的广泛性和履职效率等,努力使自身在"软件"和"硬件"方面均与代表和维护社会公共利益等新职责的要求相契合。② 与此同时,在一些具有较大社会影响的事件中③,检察机关大胆启用民事公诉权来维护各类公共利益,促进了自身的角色转型和社会公信力的培育,开拓了民事执法的新模式。相关调查显示,越来越多的检察官开始将工作重心移至环境保护、消费者保护以及老年人和残疾人保护等民事检察领域。而从制度的运行实效以及三类手段的适用状况④来看,首先,检察机关成为了巴西社会环境利益保护和环境执法的主力军。虽然《民事公诉法》赋予了环境行政机构和环境组织诉讼主体资格,但实践中超过90%的环境公诉都是由检察机关提起的,而行政机构和非政府组织则分别倾向于适用行政制裁措施⑤和向检察机关投诉,这无疑反映了巴西公益维护领域明显的公权力

---

① Nicholas A. Robinson, Why Environmental Legal Developments in Brazil & China Matter: Comparing Environmental Law in Two of Earth's Largest Nations, in ALI-ABA INT'L ENVTL. Law Course of Study, Printed Coursebook, pp. 313, 320 (Apr. 21,2006).

② Lesley K. McAllister, Making Law Matter: Environmental Protection and Legal Institutions in Brazil xi(2008).

③ 例如:(1)1983年10月圣保罗地区检察官针对石油管道泄露对红树林和附近海岸的损害实践,提起了第一例司法诉讼,要求相关主体承担漏油污染的民事责任。(2)1986年石油化工公司聚集地的大规模环境损害案件(Cubatão case),该案中检察机关与一个环境保护组织共同提起环境民事公诉,被告为24个国有或跨国公司,原告方要求被告承担80亿美金的环境损害赔偿责任。(3)1996年关于在环境敏感区域建设汽车装配厂的诉讼,在2000年检方获得了胜诉。(4)2006年10月的里约热内卢贫民窟案件。参见Bernardina de Pinho, Humberto Dalla, The Role of the Department of Public Prosecutions in Protecting the Environment Under Brazilian Law: The Case of 'Favelas' in the City of Rio De Janeiro, Georgia State University Law Review(2007), Vol. 24.

④ 以圣保罗州检察机关为例,2000年圣保罗州检察机关提起了超过1300个常规性民事调查和2500个预备性调查,提起环境民事公诉229件,签订环境整改协议1000余个。1991年至2000年间,平均每年提起240件民事公诉。在检察机关提起的民事公诉中,很多是以联邦、州、市政府作为被告。参见Lesley K. McAllister, Public Prosecutors and Environmental Protection in Brazil, Chapter 9 of A. Romero and S. E. West (eds.), Environmental Issues in Latin America and the Caribbean, Springer(2005), pp. 207—209.

⑤ 例如警告、罚款、关停设备等。

主导、公权力依附色彩。其次,相较于民事公诉,非诉性民事检察手段的适用频率更高。实践中,检察官的大多数民事调查活动都以和解告终,一旦检察官掌握了被调查行为的充分信息后,其通常会尝试对案件进行司法外处理。据统计,在与消费者权利、环境和社区等事项有关的案件中,检察官倾向于运用行为矫正协议、行政措施等替代性机制来进行处理,这使得90%的该类问题无须进入司法程序即可获得有效解决。

诚然,巴西在民事检察领域所进行的一系列创新和改革,为提升法律的执行和遵守水平、化解法律实施困境、完善对社会公共利益的有效保护以及便利公益事项接近司法(access to justice)等产生了诸多积极影响,并借助民事调查权和公诉权的行使,发挥着规制行政执法主体、威慑潜在行为主体等间接功能。但同时需要清楚认识的是,该种独具特色的巴西模式亦存在不同程度的缺陷并面临着一些理论争议和实践困境,具体来说,第一,巴西作为世界上经济发展最不平衡的国家之一,具有人口多、地域广、种族和民族多样、贫富差距极大等特点,这导致在不同州、同一州的不同城市中,民事检察权的适用领域、执法能力、执法力度和积极性、可用资源以及实际收效等缺乏起码的一致性、平衡性和平等性①,进而在相当程度上削弱了民事检察权的整体功能和该种权能的普适价值。第二,实践中出现了权力滥用、资源配置不合理、缺乏协调性和规范性等消极现象,例如:一些检察官为了提升自身知名度、获得媒体关注等私益目的,滥用民事公诉权,或是将一些不适宜通过司法机制解决的公益事项诉诸法院;缺乏必要的分流装置或裁量机制来对不同种类的民事检察工作进行优先性排序,不利于民事检察资源的优化配置和效益最大化;检察机关与环境机构等行政主体之间缺乏应有的协调装置(coordination),致使二者有时陷入相互削弱甚至对抗的局面,或是行政机构承载着超负荷的协助义务;地方检察官各自独立行使职权而缺乏基本的制度性规制,导致对相类似问题的处理方案和措施缺乏统一性和可预测性。第三,对一些较为

---

① Lesley K. McAllister, Making Law Matter: Environmental Protection and Legal Institutions in Brazil, Stanford University Press xii(2008), pp. 86—87; Rogério Bastos Arantes, Constitutionalism, the Expansion of Justice and the Judicialization of Politics in Brazil, in Rachel Sieder, Line Schjolden & Alan Angell eds., *The Judicialization of Politics in Latin America* (2005), at 231.

基本的理论问题尚未达成共识,例如:检察机关对民事公诉是否享有自由裁量权;相较于社会组织以及其他公权力机构,检察机关究竟是不是社会公共利益的最佳维护者[1];非民选产生的检察官究竟应否享有公共利益代表者和维护者的资格[2];检察官个人独立且缺乏等级结构的制约或问责机制,是否会导致检察权的制度化和规范化程度过低并异化为利益集团实现自身目的的工具[3];等等。这些困惑、分歧或偏误认识,在相当程度上阻碍了巴西民事检察制度和实践的进一步发展完善。

二、中国民事检察权的性质和权能

(一)理论层面的长期争议及分歧成因

检察权的性质和权能是检察权基本理论领域的两大支柱,我国理论界和实务界针对这两项先决论题,一直未能达成契合宪政法理与程序法理的共识。纵观近年来围绕检察权基本理论、检察制度和工作机制的诸多研究,可以发现,其中所形成的各类学说及主要争议,多源于对我国检察机关的性质和地位、检察权属性以及权能类型的认识分歧,究其原因,除了由于基本概念和要素方面缺乏统一认识所导致的研究平台不同一之外,在研究方法上的对策主义和研究内容上的局部主义也是重要的成因。与域外国家围绕检察权性质和检察官角色的长期争议相类似,我国理论界针对检察机关地位和检察权性质的争论同样体现出持久性、时代性和变动性等特点,目前主要形成了"行政权说""司法权说""双重属性说"和"法律监督权说"四种观点。持"行政权说"的学者多以检察机关的组织体制和职权行使方式作为论证依据,认为检察机关对外一体化、对内上命下从的组织关系,以及行使侦查权和追诉权时的积极主动性,均与行政权的

---

[1] David Trubek, Public Advocacy: Administrative Government and the Representation of Diffuse Interests, in *Access to Justice*, Vol. III, pp. 490—493; Mauro Cappelletti, Governmental and Private Advocates for the Public Interest in Civil Litigation: A Comparative Study, *Michigan Law Review*, Vol. 73, No. 5 (Apr., 1975), at 785.

[2] Nóbrega, Flavianne Fernanda Bitencourt, The New Institutional Design of the Procuracy in Brazil: Multiplicity of Veto Players and Institutional Vulnerability, Latin American and Caribbean Law and Economics Association (ALACDE) Annual Papers, Berkeley Program in Law and Economics, UC Berkeley, http://escholarship.org/uc/item/8fp6n37w.

[3] Sadek, Maria Theresa, The New Brazilian Public Prosecution, In: *Democratic Accountability in Latin America*, Oxford Press (2003), p. 208.

核心特征相一致,并有学者直接以域外国家检察机关对行政权的隶属关系作为判定我国检察权性质的依据。① 持"司法权说"的学者认为,检察权的独立性、检察官的客观公正义务与司法权所要求的独立性和中立性等特性相契合,并且我国检察官的任职条件和职业管理模式与法官没有本质区别。② 面对上述两种学说的争议和各自缺陷,有学者引入了作为欧陆国家通说的"双重属性说",认为我国检察权兼具司法权的特征和行政权的属性,因此难以完全将之归入司法权或行政权,而是一种具有双重属性的权力。③ 此外,还有学者以宪法依据和法理依据作为论证基础,提出了"法律监督权说",认为我国的检察权就是检察权,其性质就是宪法明确规定的法律监督权。④ 除了以上有关检察权性质的理论分歧外,目前围绕着检察权的基本概念、检察机关的权能类型、检察权行使方式等问题还存有诸多争议。

笔者认为,现有争议和分歧的主要成因有三:第一,不同主体在界定基本概念时所采用的标准和关系线索不同,有的以行为主体作为定义标准,有的以主体的具体行为作为定义标准,还有的采用主体与行为相混合

---

① "行政权说"的主要文献和具体论据,请参见洪浩:《检察权论》,武汉大学出版社2001年版,第16页;郝银钟:《检察权质疑》,载《中国人民大学学报》1999年第3期;谭世贵:《中国司法改革研究》,法律出版社2000年版;夏邦:《中国检察体制应予取消》,载《法学》1999年第7期;陈卫东:《我国检察权的反思与重构——以公诉权为核心的分析》,载《法学研究》2002年第2期;等等。

② "司法权说"的主要文献和具体论据,请参见陈兴良:《从"法官之上的法官"到"法官之前的法官"》,载《中外法学》2000年第6期;万毅:《检察权若干基本理论问题研究——返回检察理论研究的始点》,载《政法论坛》2008年第3期;倪培兴:《论司法权的概念与检察机关的定位——兼论侦检一体化模式》,载《人民检察》2002年第4期;刘立宪:《司法改革热点问题》,中国人民公安大学出版社2000年版;等等。

③ "双重属性说"的主要文献和具体论据请参见林钰雄:《检察官论》,学林出版社1999年版,第15—17页、第114页;万毅:《论检察权的定位——兼论我国家检察机构改革》,载《南京师大学报(社会科学版)》2004年第1期;龙宗智:《论检察权的性质与检察机关的改革》,载《法学》1999年第10期;等等。

④ "法律监督权说"的主要文献和具体论据请参见孙谦:《中国的检察改革》,载《法学研究》2003年第6期;叶建丰:《法律监督权:检察权的合理定位》,载《河北法学》2004年第3期;张智辉:《检察权研究》,中国检察出版社2007年版;樊崇义:《一元分立权力结构模式下的中国检察权》,载《人民检察》2009年第3期;石少侠:《论我国检察权的性质——定位于法律监督权的检察权》,载《法制与社会发展》2005年第3期;曹呈宏:《"监督"考》,载《华东政法大学学报》2008年第5期;蒋德海:《法律监督还是诉讼监督》,载《华东政法大学学报》2009年第3期;朱孝清:《中国检察制度的几个问题》,载《中国法学》2007年第2期;李征:《中国检察权研究——以宪政为视角的分析》,中国检察出版社2007年版。

的定义标准,这必然导致检察机关的性质、检察权的性质、检察权的权能、某类权能的属性、检察官的职责等不同位阶或不同指向的问题,被置于同一场域或同一平台进行含糊不清的讨论。在我国检察权理论研究的发展过程中,长期存在着"法律监督一元化"的主张。实际上,"权能二元化"与"法律监督一元化"之间并不存在矛盾或冲突,因为后者是从检察权的本质属性方面来强调一元化,即主张检察权的性质只能是法律监督;而前者则是在肯定检察权性质一元化的前提下对权能类型的二元化分类,并未否定或背离检察权的本质属性是法律监督权的一元化定位。目前所存在的一些争议主要是因为混淆了权力性质和权能类型两个概念,权力性质决定权能类型、权能类型体现权力性质,但权力性质可以通过多种权能来予以实现,因此权力性质的一元化并不必然要求权能类型的一元化。①第二,对比较法资源的误读或盲目套用,即脱离我国的宪政体制和客观国情,照搬三权分立国家的权力结构体系来界定我国检察权的性质。第三,长期未能厘清法律意义上的监督、日常用语中的监督、宪法意义上的法律监督、制约、管理等最基本概念的内涵外延及其相互关系。这一方面导致刑事检察权、民事检察权和行政检察权在实践中缺乏体系性的理论指引,而出现诸多缺乏正当性或规范性的操作模式,以及一些有违制度基本原理和一般规律的异化现象;另一方面,理论共识的缺位又迫使规范创设与制度修正过程中不得不采取搁置争议、避免细化、局部修补的立法方针。理论基础的薄弱和冲突、制度供给的滞后和不足以及由此引发的实务困境,迫使我们必须对检察权的性质和权能进行反思性探究。为了避免对策主义法学和符号式的比较研究所存在的缺陷,以下笔者将尝试以中国问题和本土语境为出发点,围绕现存分歧的本质成因并以中国特色的宪政模式为总体框架,分别从根本法、组织法和程序法三个维度对我国检察机关的地位、检察权的性质和具体职权进行宪政法理与程序法理相结合的系统解读,以期消解现存争议并为我国检察权的正当性问题提供注解。

---

① 有关"法律监督一元化"理论的相关文献,请参见王桂五:《中华人民共和国检察制度研究》,法律出版社1991年版;石少侠:《检察权要论》,中国检察出版社2006年版;石少侠:《我国检察机关的法律监督一元论——对检察权权能的法律监督权解析》,载《法制与社会发展》2006年第5期。

（二）法律规范层面的多维度系统解读

1. 根本法视角：检察机关性质定位的宪法依据

宪法作为一国的根本大法，是确立国体和政体、巩固和配置国家权力、维护和完善权力体系结构的最高依据。因此，检察机关作为权力体系中的重要分支之一，对其权力性质、机关地位和职能类型的准确判定，必须以厘清宪法的相关规定为基本前提。我国《宪法》第129条规定"检察院是国家的法律监督机关"；第131条同时规定检察机关依法独立行使检察权。这两个条文在明确我国检察机关性质和地位的同时，反映出了其相较于西方"三权分立"体制国家中附属于行政权分支或司法权分支的检察机关，所具有的独立性和特殊性：我国的检察权之所以无法纳入三权框架之中，是因为我国采行人民代表大会领导下的"一府两院"的国家权力配置模式，在该种一元多立的权力结构体系中，人大是国家的最高权力机关，包括检察机关在内的其他机关均由它产生并向它负责；人大在保留立法权的同时将其他的国家具体管理职能分别交付给政府、法院和检察院，由此实现国家权力在"议行合一"本质下的有分有合及民主集中。

然而，《宪法》虽然为检察机关的宪政地位提供了根本法层面的依据，但这一概括式授权却并未明晰检察机关的权力属性、职权类型和具体内容，这就导致在理论研究和实务运行过程中，围绕相关宪法条文的理解和适用产生了诸多分歧。首先，由于未能厘清检察机关的性质、检察权的性质、检察机关的权能等概念之间的关系，引发了对《宪法》第129条之立法主旨的争论：该条规定的究竟是检察机关的性质抑或检察权的职能？从表象上来看，该争议源于对宪法规范进行解读时所采用的不同解释方法，但分歧的本质成因实为对检察机关性质、检察权性质、检察机关职能三者之间关系的混乱认识。笔者认为，通过对《宪法》第129条进行文义解释并将该条文置于第三章"国家机构"中辅以体系解释，能够得出这是对我国检察机关性质的规定，而不是对检察机关具体职能的界定。一方面，检察机关的性质与检察权的性质是一体两面的关系，而检察机关的性质是对其进行职能配置时的核心依据，检察机关的各项职能均须与其机关定位也即权力总体属性相契合；另一方面，检察机关的性质与检察机关的职能又是两个处于不同位阶的概念，不得将二者简单等同，更不能把对机关性质的界定解读为对机关职能的完全表述。"职能说"的误区在于人为扭曲了条文本身应有的最基本语义,并在此基础上将权力机关的性质等同于权力的具体权能,将机关性质、权力性质、机关权能不加区分的归为同一位阶的概念,进而推出国家法律监督机关的具体职能就是法律监督这一偏误结论。其次,由于脱离了我国的政体模式和本土语境,引发了对检察权性质的诸多争论。笔者认为,对我国检察权性质的判定,应当以根本法为规范依据,以我国人民代表大会制度的政权组织形式为宪政依据,以检察权在我国社会中的实然功能为实证依据。我国《宪法》将检察机关的性质界定为法律监督,由此决定了其所依法享有的权力即检察权亦应为法律监督性质。"司法权"的说法并非我国根本法上的规范用语,其源于西方"三权分立"体制国家的权力划分模式①,因此不应背离我国的本土语境而"削足适履"地将检察权硬性归入司法权这一模糊范畴中。此外,从宪法对我国检察机关的地位界定来看,其作为与行政机关、审判机关相并列的独立的国家二级权力机关,享有独立行使权力而并不依附于行政机关或审判机关的专门地位。再次,由于缺乏对宪法相关条文的系统和深入解读,导致对《宪法》第129条中所称的"法律监督"的内涵与外延长期处于认识混乱状态。对这一分歧的化解,不仅关涉我国检察权之宪政法理的探寻,亦是之后准确揭示检察权的职能类型和具体内容的根本依据。笔者认为,对宪法中"法律监督"的内涵和外延予以科学解读,需要将之置于宪法的整体框架下,依循体系解释和目的解释的基本原理来进行分析。我国《宪法》在多处使用了"监督"这一概念,但从主体关系和文本结构来看,宪法意义上的监督具有主体多样、内容广泛等特点。具体来说,主要包括:人民监督(第3条第2款、27条第2款、第104条第1款);人大监督(第3条第3款、第62条第2项);国家对非公有制经济的监督和管理(第11条第2款);选举单位对人大代表的监督(第77条第1款、第102条第1款);审计监督(第91条);法院系统内的监督(第127条第2款);检察机关的法律监督(第129条)。由此可见,我国宪法意义上的监督并不限于人大监督、检察监督、法院内部监督等公权力主体之间的权力制约性监督,还将人民监督、国家对经济主体的监管等社会治理性质的制约、管理或监视关系也纳入了"监督"的范畴。依此,在理解中国检察

---

① 参见孙谦:《检察:理念、制度与改革》,法律出版社2004年版,第111页。

权的法律监督性质以及之后对其具体权能进行类型化梳理时,应当关照宪法上对"监督"的该种广义界定理念,即同时包括了以公权制约为目标的执法监督与以社会治理为目标的守法"监督"。① 概言之,我国检察机关是最高权力机关领导下的专门的法律监督机关,其并非最高监督机关而是属于与审判机关和行政机关相平行的国家机关;人民代表大会制度和一元分立结构决定了检察机关存在的必然性,其符合对立控制论的基本原理且与我国社会发展现状的客观需求相适应;检察权的本质属性是法律监督权,包含了狭义的法律监督即执法监督和以管理或制约为本质的守法监督两项职能。

2. 组织法视角:检察机关权能配置的基本法依据

《宪法》仅对我国检察机关的性质和检察权的本质属性进行了抽象规定,而并未明晰检察权所包含的具体权能。在对宪法意义上的"监督"之内涵和外延予以辨析的基础上,还需要将研究视角扩展到组织法领域,来剖析"法律监督权"所承载的功能、明晰守法监督和执法监督的具体内容,从而为检察机关具体权能的配置提供基本法层面的依据。

通过之前的比较法研究可以发现,英美法系在当事人主义理念的指引下将检察机关视为公诉机关;大陆法系将检察官视为"法律守护人"②;而俄罗斯的检察机关则在承继与改革前苏联全面法律监督思想的基础上,赋予检察机关侦查、公诉、抗诉、参与民事诉讼和行政诉讼的权力,甚至对政府机关、社会组织、公务人员和公民行为之合法性进行一般监督的职权。③ 上述不尽相同的规定,源于各国在社会背景、历史文化传统、政治体制及诉讼模式等方面的差异,但公诉权是各国检察权的共通性权能。反观我国的具体规范,《人民检察院组织法》(1983 年修订)在第 5 条对检察机关的职权进行了列举,具体包括:维护国家政策、法律、法令、政令统一实施的权力;职务犯罪的侦查权;批准逮捕权,审查起诉权,侦查活动监

---

① 参见傅郁林:《我国民事检察权的权能与程序配置》,载《法律科学(西北政法大学学报)》2012 年第 6 期。
② 参见晏向华:《检察职能研究》,中国人民公安大学出版社 2007 年版,第 1 页。
③ 参见李昕:《俄罗斯民事检察权权能演变及其启示》,载《广州大学学报(社会科学版)》2010 年第 1 期;《俄罗斯联邦检察院组织法(1999 年 2 月 10 日修订)》,周志放译,载《中国刑事法杂志》2002 年第 6 期;刘根菊、官欣:《俄罗斯联邦检察权的改革及借鉴》,载《华东政法政法学院学报》2004 年第 4 期。

督权;刑事公诉权;审判监督权;刑罚执行监督权。由此可以归纳出我国组织法在配置检察机关职能时的主要特点:首先,在立法背景和立法理念方面具有滞后性。我国《检察院组织法》和《法院组织法》自 1979 年正式颁行后,均在 1983 年进行了第一次修订,但此后 30 年的时间里,尽管社会政治和经济发展状况、国家法制发展水平等客观背景发生了极大变化,但却一直未对《检察院组织法》进行再次修订,这就导致其无法依循时代的客观需求和实践运行的最新趋势进行回应性更新。① 其次,作为职权配置的基本依据,组织法对检察权的法律监督属性采取了与宪法规范相一致的广义界定。从第 5 条中所列举的职权内容来看,我国检察机关的权能不限于狭义上的公权制约性质的侦查监督权、审判监督权和执行监督权,还包括以维护国家法制秩序与社会公共利益为目标的其他检察权能。简言之,与根本法层面的赋权理念相一致,组织法对检察机关权能的配置同时包括了执法监督与守法监督两大方面。再次,从检察机关职权的运行场域和具体内容来看,组织法的规定具有明显的局限性。受制于我国民事司法确立和发展的先天劣势,组织法中对检察机关职权的规定集中于对刑事诉讼的法律监督,而仅在其中第(四)项后半句的审判监督职权部分,语意不详地未将其明确限定在刑事领域。当然,这种将检察权等同于刑事检察权,将检察机关行使职权的场域完全限定在刑事领域的立法模式,主要是由立法当时的历史背景、"唯刑事论"的偏误理念和司法实践的客观状况所决定的,这再次凸显了对《检察院组织法》进行系统更新的正当性与必要性。

---

① 相较于《检察院组织法》修改的严重滞后,2006 年对《法院组织法》进行了第二次修订。从新近的情况来看,一方面,理论界和实务界人士正积极推动《检察院组织法》的系统修改,2014 年 6 月在福州市召开的"第十五届全国检察理论研究年会"将"检察院组织法修改与检察制度的完善"作为讨论主题之一。除了对修法必要性和急迫性的共识外,参会学者和实务界人士指出了现行组织法所存在的主要问题:对检察机关职务和任务的规定不全面,第 5 条仅规定了检察机关在刑事案件领域的职权,却未能明确检察机关对民事诉讼、行政诉讼等活动的监督职权;总体结构不合理,条文分散且过于粗疏,缺乏统一性和协调性,与宪法、刑诉法、民诉法等法律的规定存在不一致之处。另一方面,根据 2014 年 11 月 2 日表决通过的《全国人民代表大会内务司法委员会关于第十二届全国人民代表大会第二次会议主席团交付审议的代表提出的议案审议结果的报告》,全国人大内务司法委员会已经启动修改检察院组织法的准备工作,并将之列入十二届全国人大常委会立法规划第一类项目。参见庄永康、张仁平:《结合司法体制改革深入研究重大问题》,载《检察日报》2014 年 5 月 29 日第 01 版;郑赫南:《检察院组织法修改准备工作已启动》,载《检察日报》2014 年 11 月 2 日第 01 版。

值得注意的是,1995 年颁行并于 2001 年进行修正的《检察官法》通过对检察官职责与义务的列举式规定,在一定程度上弥补了组织法的某些缺陷。依据《检察官法》第 6 条的规定,检察官的职责包括法律监督、公诉、侦查以及法定的其他职责。与此同时,该法还在第 8 条对检察官的法定义务进行了明确,以契合权责相统一原则的要求。检察官作为检察机关各项具体职权的直接行使主体,对其法定职权和职责的剖析自然是观察和提炼检察权能的重要渠道之一。由此可以发现,《检察官法》对检察机关权能的理解同样没有局限于狭义的公权制约性法律监督,同时还包括了维护国家利益和社会秩序等社会治理功能的守法监督。概言之,我国《检察院组织法》和《检察官法》在遵循根本法规范的基础上,对检察机关的职权进行了不同程度的具体化,从而在体现审判监督等中国特色检察权能的同时,对检察机关以社会治理功能为目标的守法监督权能进行了规定,并且从侧面否定了将检察权等同于检察监督权、将执法监督界定为检察机关全部权能的观点。然而,立法的严重滞后、与社会客观需求的过分脱节以及对民行检察领域的长期漠视,导致我国的组织法尚无法为检察权之权能体系的科学化构建提供制度保障。

3. 程序法视角:检察机关权能施行的诉讼法依据

无论是组织法抑或程序法,其在制定、解释和适用的过程中均须以宪法为根本依据,而组织法和程序法也是将宪法中相关规定予以具体化、实效化的重要路径。在分别从根本法和组织法两个维度对检察机关的性质和权能进行探析之后,还需要对程序法中的相关原则、制度和规则进行系统观察,以厘清检察权在刑事、民事和行政领域中的制度载体和运行机制。

首先,从立法模式和结构体例来看,三大诉讼法均采用了"基本原则+具体制度"的方式来规定检察权在诉讼程序中的职能。具体来说,《刑事诉讼法》(2012 年修正)在总则部分规定了刑事诉讼检察监督这一基本原则,同时在立案、侦查、审查起诉、公诉、抗诉、执行等不同的程序环节对检察机关的具体权能进行了系统规定;2012 年全面修订后的《民事诉讼法》在修正民事检察监督基本原则的基础上,扩张了检察监督的范围、增设了检察权行使的路径并配备了调查核实权等辅助手段①;而《行政诉讼法》(2014年修正)则在第11条和第93条分别规定了行政诉讼检察监督基本原则和行政抗诉及行政检察建议制度。其次,从规范内容和制度功能来看,检察机关在三大诉讼法中所享有的具体权能存在着性质和范围上的诸多差异。在刑事诉讼领域,检察机关作为国家专门机关享有批准逮捕权、侦查监督权、审查起诉权、提起公诉权、审判监督权以及刑罚执行监督权等多种职权,其可能在各个阶段、以不同的方式和角色介入到诉讼进程中。在民事诉讼领域,检察机关作为诉讼主体之外的公权力机关,并非民事诉讼法律关系中的必然主体,但其在满足法定条件时,享有支持起诉权、审判监督权、执行监督权以及其他非法行为干预权等职能。而在行政诉讼领域,相较于刑事和民事领域的多样化规定,法典中原先仅规定了行政抗诉这一具体制度,2014年修改《行政诉讼法》时才效仿《民事诉讼法》的规定增加了检察建议制度,2017年修改《行政诉讼法》时概括性认可了检察机关提起行政公益诉讼的职权。

通过对三大诉讼法中有关检察权的相关原则和制度进行简要梳理,有助于从程序法视角来提炼检察权的权能类型。按照傅郁林教授所提出的分类理论,以权能配置的预期功能和权力行使的正当性来源作为类型化依据,同样可以将程序领域的检察权划分"公权制约型"检察权与"社会治理型"检察权,这也与宪法意义上的法律监督内涵相吻合。② 其中"公权制约型"检察权以检察机关的执法监督职能为正当性来源,在其项下可以进一步划分为对司法程序外的公权力主体之行为合法性进行监督的执法监督型检察权与对司法程序中公权力主体之行为合法性进行监督的执法监督型检察权,其中前者主要包括行政机关具体行政行为的合法性提出检察意见或纠正违法通知的权力等;后者则主要包括对侦查活动合法性的监督权、批准逮捕权、审查起诉权、各类审判监督权和执行监督权等。

---

① 为了契合民诉法典对民事检察制度的修正,最高人民检察院于2013年9月23日通过了《人民检察院民事诉讼监督规则(试行)》,其中对民事检察监督案件的管辖、回避、受理、审查及案件管理等问题进行了一般规定,同时分别专门规定了"对生效判决、裁定、调解书的监督"、"对审判程序中审判人员违法行为的监督"、"对执行活动的监督"等内容。该试行规则的全文请参见"中华人民共和国最高人民检察院"官网网站,网址:http://www.spp.gov.cn/flfg/201408/t20140821_78770.shtml;访问时间:2014年8月21日。

② 参见傅郁林:《我国民事检察权的权能与程序配置》,载《法律科学》2012年第6期。

而"社会治理型"检察权作为宪法意义上的监督(广义监督)的组成部分,以检察机关的守法"监督"职能为正当性来源,其主要包括刑事公诉权、支持起诉权、督促起诉权、民事公诉权、执行协助权以及其他一些干预非法行为、维护国家和社会公共利益的权能。

(三)中国民事检察权的性质与权能再定位

在法律规范层面的多视角解读,不仅能够阐释现存争议或误解的内在成因,更是为重新定位中国检察权的性质、科学界定检察权的权能类型提供了方法和路径。通过前述分析可以发现,在不同位阶、不同类型的法律中,"法律监督"的内涵和外延有所不同:宪法确定了我国检察机关的宪政地位和检察权的总体性质,组织法和程序法则具体规定了检察机关的职权内容和权能种类。藉此,为了凸显权力性质与权能类型之间的本质区别并兼顾表述的方便,本书将借用傅郁林教授有关检察权之权能类型的理论框架,将宪法上的法律监督权划分为源于社会治理职能的守法监督权和源于公权力制约职能的执法监督权两大分支[①],在此基础上对中国检察权的性质和权能进行再定位,并尝试搭建起民事检察权的二元化权能架构。

1. 中国检察权的总体属性与权能类型

从根本法的视角来看,如前所述,其仅仅采用宪法性授权的方式明确了我国检察机关的性质,而并未规定检察权的职能以及"法律监督"的具体内涵。但在厘清检察机关的性质、检察权的性质、检察权的职能三者间关系的基础上,能够矫正将检察机关的性质等同于机关职能的错位认识,并借助体系解释等方法划定宪法意义上"监督""法律监督"的内涵外延。从《检察院组织法》及《检察官法》的视角来看,相较于宪法中的抽象规定,其分别对检察机关的职权和检察官的职责进行了较为具体的列举。然而,组织法中部分具体职权与原则性规定的不相匹配[②]、制度规范的过分滞后以及长期以来对刑事检察权的过分偏重,导致其不仅难以为检察实务的客观需求提供制度层面的供给,更是导致我国的检察权研究长期局

---

① 参见傅郁林:《我国民事检察权的权能与程序配置》,载《法律科学》2012年第6期;傅郁林:《民事执行权制约体系中的检察权》,载《国家检察官学院学报》2012年第3期。

② 参见韩成军:《检察权基本理论研究综述》,载《河南社会科学》2010年第2期。

限于或依附于刑事领域。而从程序法的视角来看，2012 年对《刑事诉讼法》和《民事诉讼法》的全面修订，在不同程度上发展和革新了刑事检察权与民事检察权的职能体系，加之相关司法解释或司法政策性文件对检察实务中某些自发尝试的鼓励和肯定，使得我国刑事程序和民事程序领域的检察权能，均超越了以审判监督和执行监督为核心内容的公权制约型监督，而同时具备了某些以守法监督职能为正当性来源的社会治理型权能。相比之下，2014 年修订后的《行政诉讼法》虽然并未搭建起相对独立的行政检察监督权，但实践中广泛运用的违法行政行为检察监督、目前正在探索的行政公益诉讼等，为公权制约型权能注入了新内容，甚至正在超越二元化权能结构而形成兼具公权（行政权）制约和社会治理功能的第三类混合型检察权能。① 实际上，这既是中国特色检察权的应有之义，也是社会需求和司法实践对过分滞后的制度规范的能动性发展。

概言之，透过根本法、组织法和程序法的多重视角，能够揭示出我国检察权基本理论研究的主要问题及其本质成因。在检察权的性质定位方面，检察机关作为与行政机关、审判机关相并列的同级国家权力机关，其权力整体的本质属性是法律监督，而并不依附于行政权或审判权；在检察权的职能配置方面，对"监督"的广义界定和"法律监督"的宪法内涵，决定了其兼具公权制约和社会治理两大类权能；在检察权具体权能的实现方式方面，程序法中有关职务犯罪侦查和追诉、侦查监督、审判监督和执行监督等制度的设立，为检察权执法监督职能的落实提供了载体，而其中有

---

① 不同于解决私权纠纷的民事诉讼，行政诉讼以审查行政行为的合法性为核心功能，采用被告恒定的诉讼构造，因此在行政诉讼中存在着两支公权主体：一支是作为审判者的法院；另一支是作为被告的行政机关。这使得行政检察权领域的公权制约型权能不限于对法院的检察监督，还可能包括对行政机关行政行为的监督。换言之，不同于以法院为唯一监督对象的公权制约型民事检察权，公权制约型行政检察权的行使对象包括了法院和行政机关两类公权主体。此外，不同于检察机关提起民事公益诉讼时的社会治理功能，检察机关提起行政公益诉讼时以行政机关为被告，因此兼具社会治理和公权制约的双重职能，从而超越了民事检察权的二元化权能结构，呈现出权能三元化的新结构，即行政检察权的权能可分为三类：第一类是以法院和行政机关为监督对象的公权制约型权能；第二类是以行政违法行为为对象的社会治理型权能；第三类是兼具公权制约和社会治理双重功能的混合型权能。由于本书的研究对象限于民事检察权，因此对行政检察权的三元权能结构暂不深入讨论。值得关注的是，一些检察机关已经开始开展了提起行政公益诉讼的尝试，典型案例请参见"2014 年度十大法律监督案例"中的"九、贵州省金沙县检察院状告该县环保局案/贵州金沙检察院告环保局不作为"，载《检察日报》2015 年 3 月 7 日第 16 版。

关刑事公诉、民事公诉、支持起诉、执行协助等制度的规定,则为检察权守法监督职能的发挥提供了空间。

2. 中国民事检察权的最新框架:二元化权能结构

在厘清了检察权整体的本质属性和权能类型之后,需要依此对民事检察权的权能配置状况进行专门的系统梳理。以最新的法律规范文本为基础,结合司法实践中的最新动态,能够勾画出我国民事检察权的最新体系架构,从而为提炼我国民事检察制度的本质特性和发展规律奠定基础,并为之后微观层面的深度解构提供一个清晰的框架。

2012年《民事诉讼法》修正案的通过,标志着我国《民事诉讼法》自1991年正式颁布以来的第二次修正、同时也是第一次全面修正的完成。不同于2007年第一次修正时的"局部革新"模式,本次修正案以全面修订为出发点,分别从基本原则、基本制度、具体制度、各类诉讼程序乃至非讼程序等诸多方面进行了"修正型""新增型"或"删除型"的更新。纵览2012年修正案的成果,其在民事检察领域的修改和发展可谓特点显著:首先,从基本原则来看,对民事检察监督原则进行了扩张性修正,将监督范围由原来的"民事审判活动"延伸为"民事诉讼"。其次,从民事检察制度的类型来看,将原先以审判监督为核心的单一化制度结构拓展为由民事公诉、民事审判检察监督和执行检察监督所构成的多元化制度体系。再次,从民事检察权的实现方式来看,将原来以抗诉为唯一手段的"一元化"格局扩充为了由抗诉和检察建议所共同构成的多元化格局。而从更为微观的视角来看,在审判监督权的覆盖范围方面,纳入了损害国家利益、社会公共利益的调解书;在监督权行使的保障性制度方面,确立了人民检察院对当事人和案外人的调查核实权;在具体实施性规则方面,新增了当事人向检察机关申请抗诉或提出检察建议的前置程序和三类情形,并明确了对申请的审查期限和次数限制。而2017年对《民事诉讼法》的单款修正,首次在法典中明确了检察机关提起民事公益诉讼或支持公益诉讼的权能。以上诸多方面的修正,在回应社会客观需求、吸取实践中成功经验的同时,推动了我国民事检察制度的体系化发展。①

依循不同的类型化路径,可以从不同角度观察民事检察权的体系架

---

① 参见韩静茹:《民事检察制度的体系化革新》,载《国家检察官学院学报》2013年第3期。

构。具体来说，以民事检察权的权能为类型化基准，可以将之划分为以执法监督为职能的公权制约型民事检察权与以守法监督为职能的社会治理型民事检察权；以民事检察权的运行场域为类型化基准，可以将之划分为民事审判程序中的检察权与民事执行程序中的检察权。上述两种类型化进路分别体现了我国民事检察权在权能上的"二元化"结构和民事司法程序在场域上的"二元化"结构。依循权力、权能与制度三者间关系的一般原理，权力的性质决定权力的行使目标和权能类型，而各项权能的发挥需要依托相应的制度，制度的设计和运行则须以实现相应的权能为目标。鉴于此，笔者将以民事检察权的权能作为剖析其总体架构的核心基准，辅之以检察权的运行场域作为第二位阶的分类基准，并将该种"权能＋场域"的类型化模式作为之后研究的主导进路，以期矫正将民事检察权等同于民事审判检察监督权、将抗诉作为民事检察权唯一功能的片面认识。①具体来说，宪法将我国检察权的本质属性界定为"法律监督"，其可进一步区分为以执法监督职能为来源的公权制约性检察权和以守法监督职能为来源的社会治理性检察权。依此理路，结合民事检察实践的客观现状，可以大致勾勒出《民事诉讼法》全面修订后我国民事检察权的最新框架结构（见"图一"）：整个民事检察权系统由公权制约型民事检察权与社会治理型民事检察权两大分支组成，前者以宪法中的执法监督权以及民诉法中的民事检察监督基本原则为正当性基础，以民事审判检察监督和民事执行检察监督为实现路径；后者以宪法中的守法监督权为正当性基础，以支持起诉、督促起诉、民事公诉、"检调对接"以及执行检察协助为实现路径。对于这两类民事检察权能及其实现方式的具体内容、运行现状和主要问题等，将在之后的几章中予以深入分析，在此仅作宏观性和结构性的阐述。此外，需要说明的是，相较于审判检察监督、执行检察监督、支持起

---

① 对于民事检察权之权能的认识一直处于混淆状态，虽然在傅郁林教授提出公权制约型权能与社会治理型权能的划分之前，也有学者意识到了检察权项下权能性质的差异，认为在民事检察领域，检察机关既有权对法院的审判和诉讼参与人的民事诉讼活动进行监督，又有权对公民、法人或其他组织的民事实体活动进行一般监督。但该种分类方法由于没有关照宪法规范和权能的正当性来源，导致一方面未能对民事检察权的全部行使范围进行概括，另一方面混淆了程序法意义上民事检察监督权的适用对象和直接功能。该种不完全二分法请参见汤维建、温军：《检察机关在民事诉讼中法律地位研究》，载《武汉大学学报（哲学社会科学版）》2005年第2期。

诉、民事公诉等法定性制度,督促起诉、"检调对接"以及执行检察协助属于"自生自发型"的民事检察制度,尚无法典位阶的明确依据但在实践中普遍适用。对于这三种制度的本质属性、实现方式、正当性限度等问题,也将在后文进行专门探讨。

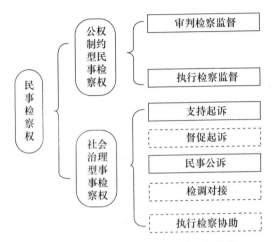

图一 中国民事检察权的最新框架概览

三、检察机关在民事领域的角色类型及组合模式

通过对不同法系、不同国家有关民事检察权能和制度的法律规范、实践效果以及理论发展等情况进行系统梳理后,可以发现,各国检察机关在民事领域的活动范围、履职方式和行为效力等方面呈现出明显的多样化特征,加之各国检察机关在权力体系中的不同定位、对"民事"范畴的不同界定以及对"公共利益"的不同理解,致使相关的比较研究极易被各种错综复杂的变量要素所困扰并陷入"形似而质不同"的泥潭之中。鉴于此,为了尽可能规避伪比较研究的风险,有必要拨开相同或类似的符号"外衣"来进行功能和原理层面的深入比较:一方面,以各国检察机关在民事执法和民事守法领域所发挥的实际功能作为类型化(typology)的基准,对检察机关在民事领域的角色进行平面性的梳理和剖析;另一方面,以类型化的成果也即角色模型为基础,对各国检察机关在民事领域的角色种类、功能搭配方式及其共性和个性进行体系化研究。依托该种以实际功能为导向、以类型化方法为工具、从特有权能到共有功能、从微观角色到

系统功能的进路,不仅有助于揭示影响民事检察权角色定位和功能配置的核心要素,还可以从更为深入的视角来反思权力与权利之间、权力与权力之间乃至国家、社会、公民相互间的应然关系和基本原理。

(一) 民事领域检察机关的四类角色:特征与载体

1. 角色类型一:公共利益的积极维护者

随着社会化大生产的出现、经济和科技水平的提升以及民商事主体交往方式的多样化和复杂化,环境污染、大规模消费者侵权、不正当竞争等超越纯私益范畴的新型民事纠纷日益频发。在此背景下,为了弥补传统民事私权诉讼的局限性、确保民事领域的公共利益获得有效维护,越来越多的国家开始放宽诉讼主体资格(standing)、突破传统的诉的利益理论,允许检察机关以国家和社会公共利益代表的身份介入民事领域,并借助民事公诉等诉讼或诉外渠道来履行保护公共利益的职责。依据之前的比较法考察结果,虽然前苏联、俄罗斯联邦、法国、美国和巴西的检察机关均在民事领域扮演着公共利益维护者的角色,但这些国家在"公共利益"概念界定、检察权性质定位以及国家、社会、公民三者间关系模式等方面的差异,决定了检察机关在扮演该类角色时的作用范围、具体方式以及法律效力等有所不同。

首先,各国对"公共利益"之内涵外延的不同界定,决定了检察机关公益维护者角色的适用范围。公共利益本身就是一个模糊性、动态性、情境性的概念,其可能与社会整体的普遍福利、国家安全、政府权能甚至某些个体权益相关,通常来说,在完成了国家与公民、权力与权利二元划分的国家,公共利益的内涵外延较为有限;反之则可能出现外延泛化以及社会公共利益、国家利益、经济利益、政府利益等概念交杂不清的现象。详言之,前苏联奉行国家利益至上原则、实行社会主义公有制且否定民事法律关系的私权属性,这使得其对公共利益概念的界定最为宽泛,进而为检察机关以公益维护者的角色介入民事领域提供了极大空间,同时也伴随着权力滥用和角色异化的较大风险;巴西在结束军事独裁统治后对民主制的狂热追求、工业发展与环境资源之间的严重矛盾,使得其逐步将分散性利益、集合性利益和共享性个体利益均纳入了民事公共利益的范畴;而美国国家与公民社会的二元模式、国家最小干预的理念以及对意思自治的最大化尊重,使得其注意区分社会公共利益与政府利益等相近似概念,进而为检察机关介入民事领域划定了较为有限的区域。

其次,各国对检察权性质的不同定位,决定了检察机关在履行公益维护职责时所采用的具体方式不同。当出现了损害或威胁社会公共利益的民事违法行为时,检察机关作为公共利益的维护者,可能通过开展民事调查、提起民事诉讼、达成整改协议、支持或督促相关主体起诉、移交刑事部门等多种性质和效力各异的手段来实现维护公共利益的目标,然而各国检察机关在权力体系中的地位和性质差异,使得其可能享有的履职手段在数量、类型和处分限度等方面均有所不同。例如:巴西检察机关作为"第四权"性质的公益捍卫者,有权借助民事调查、与责任人达成整改协议、作为原告(或共同原告)提起民事公诉等诉讼或诉外手段来积极维护(pursue)社会公共利益;美国联邦和州检察机关作为行政权分支的组成部分,有权依托直接提起民事诉讼以及诉中或诉外和解等方式来履行职责;法国检察机关作为兼具司法性和行政性的主体,有权以提起诉讼、参加诉讼等方式来维护社会公共利益,但其类似法官式的中立和客观义务,决定了其在履职过程中的裁量权和处分权较小;而中国检察机关作为法律监督机关,由于法律尚未明确赋予其民事公诉的主体资格,因此在实践中主要是依靠支持起诉、督促起诉等转换方式来发挥公益维护的功能。

再次,各国在国家与公民社会(civil society)之间关系上的不同模式,也即权力与权力、权利与权力之间的界限关系,决定了检察机关在维护公共利益领域的功能限度和外部关系。依循 Griffith 教授所提出的刑事诉讼模式理论①的内在原理,可以将民事领域维护公共利益的模式分为公权主导模式、社会主导模式和混合模式三种;其中公权主导模式源于大陆法系传统的家庭模式(Family Model),即公民信托国家的代表来追求和维护公共利益;社会主导模式源于普通法系传统的斗争模式(battle model),即公众对政府的敌视以及对政府真正的、充分的代表公共利益的不信任,使得其倾向于依托社会和公民自治的力量来代表和维护公益;而混合模式则是源于对家庭模式和斗争模式之缺陷的修正及优势的结合,即

---

① Griffith, Ideology in Criminal Procedure or A Third Model of the Criminal Process, 79 *Yale L. J.* 359 (1970).

由公权主体和社会力量来共同实现维护公共利益的目标。检察机关扮演公益维护者角色时自然属于公权性维护模式,但究竟是否构成公权主导模式、是否构成检察权主导模式,则分别取决于社会自治力量的权限和实际能力、检察机关与其他公权机构在公益维护领域的职责划分。依此,前苏联和巴西均是典型的公权主导模式且属于检察权主导模式;美国和法国属于混合模式;而中国从最新立法动态来看似乎正在尝试构建社会主导模式,但实效性和可行性还有待时间和实践的检验。

2. 角色类型二:司法监督者

该类角色几乎为原苏联和中国所独有,因此从比较法的视域来看,属于检察机关在民事领域的非通常、特殊性角色。无论是大陆法系国家抑或英美法系国家,分权制衡理念、司法独立原则、程序稳定性和封闭性、民事处分原则等多方面要素,决定了各国的司法监督目标主要是依靠诉权制约审判权以及审级监督等民事程序的内部机制予以实现的。与此不同,以原苏联模式为范本的中国检察机关,同时享有守法监督和执法监督两类权能,其执法监督职能在民事领域的体现即是对民事审判权主体进行公权制约性监督。如前所述,民事诉讼检察监督是前苏联和中国民事诉讼的基本原则之一,检察机关有权对法院行使审判权和执行权行为的合法性进行监督,有权以证据、事实、法律适用和程序等方面的事由对已经生效的法院裁判提出抗诉或检察建议。这种允许外部公权力主体介入、可能引发程序倒流、牺牲既判力原则并影响个案当事人民事权利义务关系的司法监督模式,在一定程度上为检察机关的角色异化埋下了隐患。

需要特别注意的是,虽然一些国家也允许法院和当事人之外的主体对审判机关进行监督,但是这些表面相似的制度在根本属性、权限范围、监督客体以及法律效力等方面均不同于苏联和中国的模式。例如,法国驻最高法院总检察长的特别上诉固然具有监督功能,但其只能以至关重要的法律利益为启动事由且不影响个案当事人的实体权益;美国新泽西州在21世纪初开展的"司法监察员"(judicial ombudsman)实验项目,虽然有权处理公众针对法院工作人员(court staff)的申诉,但司法监察员无权干预或改变个案的裁判结果,更不可能打破生效裁判的既判力或重启程序,其预设功能在于辅助法院解决问题、消除公众不满并提升司法形象和公信力。①

3. 角色类型三：公民的政府监护人

当民事权益遭受侵害的公民因为年龄、精神、疾病以及其他一些客观因素的限制，而无法诉诸法院并获得司法救济时，不少国家都赋予了检察机关代表受侵害的公民提起民事诉讼的权能，此时检察机关并非具体个案的诉讼当事人，而是扮演着公民的政府监护人角色。虽然苏联、中国、法国和美国的检察机关都可能在民事领域扮演该类角色，但其在权能来源、正当性基础、适用范围和条件等方面存有差异，因此可以将该类角色进一步划分为三种模式：以苏联为典型的泛化监护模式、以中国为典型的支持起诉模式和以法国、美国和俄罗斯联邦为代表的有限监护模式。

首先，苏联检察机关的"泛化监护模式"以家长主义/父爱主义（paternalism）和国家全面干预原则为理论基础，呈现出监护范围广、干预力度大等特点。除了支持无民事诉讼行为能力人提起民事诉讼外，苏维埃法律将民事主体的个人权利（individual rights）分为羁束性（peremptory）权利与裁量性（discretionary）权利两种②，当前一种权利遭受侵害时，检察机关还有权不经权利主体的同意或不顾其反对而以其名义启动民事诉讼程序。其次，中国检察机关主要依托支持起诉制度来发挥政府监护人的功能，其同样体现了中国法律文化中的家长主义色彩以及国家司法救助的属性，但相较于苏联的宽泛甚至强迫模式，中国检察机关支持起诉时需要尊重实体权益主体的意愿，通常适用于遭受民事侵权行为侵害的主体因为健康、经济能力、知识背景等因素的制约而无法自行起诉的情形。再次，法国、美国、俄罗斯检察机关的监护人角色虽然在生成时间和理论基础等方面不同，但在适用范围上均较为有限，检察机关通常只在遭受侵害的主体为婴儿、精神病人等无民事诉讼行为能力人时，才以受害者的名义提起民事诉讼。其中美国检察机关的该类角色以普通法（common law）中的政府监护原则（Doctrine of Parens Patriae）为正当性基础，但依据相

---

① Michele Bertran, Judiciary Ombudsman: Solving Problems in the Courts, 29 *Fordham Urb. L. J.* 2099(June 2001—2002).

② Osakwe, The Theories and Realities of Modern Soviet Constitutional Law: An Analysis of the 1977 USSR Constitution, 127 *U. Pa. L. Rev.*, pp.1350, 1389—1406 (1979).

关判例,检察机关不得凭借政府监护权限(Parens Patriae Authority)来代表具有民事诉讼行为能力的公民个人主张损害赔偿责任[①];而俄罗斯联邦修正了原苏联模式对诉权自治的不当限制,要求检察机关为了公民权益和自由而提起民事诉讼,仅限于公民因健康状况、年龄、无行为能力和其他正当原因不能亲自向法院提出请求的情形。

4. 角色类型四:审判辅助者

在一些国家,检察机关有权参加到他人之间已经开始的民事程序中,以辅助法院正确认定事实和适用法律、确保民事司法程序的运行不会损害公共利益和公序良俗,例如:苏联检察机关在法院审理非讼案件时的参加权,俄罗斯联邦检察机关在法院审理家事案件、身份关系和民事主体行为能力案件时的参加权,法国检察机关在身份关系和家庭案件中作为联合当事人的职责,美国州检察总长在法定情形下可以作为法庭之友(Amicus Curiae)[②]向法院提供法律建议,等等。通过之前对各国相关法律规范的梳理可以发现,检察机关在扮演该类角色时处于客观中立的地位,其既不是某一方当事人的代言人,也不是案件的联合审判者,而是通过参加庭审、提供证据、作出结论或提出建议等方式来辅助审判权依法正确地行使,以一种相对被动的、非党派性的方式来避免民事案件的运行程序和裁判结果对社会公共秩序、公共利益及善良风俗造成损害。

从外在表象来看,检察机关的该类角色似乎与角色类型一和类型二相类似或有交集,但通过深入对比后即可发现三者之间的本质差异。首先,角色类型一中通过提起民事公诉来维护公共利益不同于角色类型四中通过参与私权主体间的民事诉讼来避免公共利益受损,虽然都可能发挥着维护公共利益的客观效果,但二者在核心功能、正当性基础、主体关系和行为模式等方面均有所不同:前者中检察机关扮演着公共利益的直接代表者和积极追求者,民事诉讼是实现其公益维护目标的手段和途径,当提起民事公诉时,检察机关与法院之间属于当事人与审判者的关系;而后者中检察机关并非民事程序的启动者,也不是案件所涉民事权利义务

---

① Pennsylvania v. West Virginia, 262 U.S. 553 (1923); Missouri v. Illinois, 180 U.S. 208 (1901). Hawaii v. Standard Oil Co., 405 U.S. pp. 251, 258—260 (1972).

② 参见翁国民:《法庭之友制度与司法改革》,法律出版社 2006 年版,第 1 页。

关系的主体,其参加审理活动的原因在于某些类型的民事私益案件可能引发社会公共秩序、善良风俗或他人合法权益受损等负外部性,当参加民事诉讼或非讼程序时,检察机关是非党派的、客观中立的公序良俗守护者,其与法院之间属于辅助和合作关系。其次,角色类型二中检察机关作为公权制约者参与民事诉讼程序,在本质属性和法律效果等方面与角色类型四中的参诉权存有根本差异。换言之,中国语境下的检察机关参与民事诉讼程序与域外国家检察机关的民事参诉权完全不同:前者中检察机关介入民事程序的预设功能是监督民事审判权是否依法行使,其与法院之间属于公权力监督公权力、监督者与被监督者的关系;而后者中检察机关是作为法庭之友、审判权主体的辅助者和协助者而介入审理程序的。

此外,社会公共利益的概念具有变动性,各国在不同时期、不同发展阶段对公序良俗之内涵外延的界定有所不同,进而影响着哪些类型的民事法律关系可能牵涉社会公益和公共秩序。例如,法国等大陆法系国家在传统上重视对婚姻、收养、监护等包含公共利益色彩的人身权益予以特殊保护,因此法国曾经将大部分婚姻家庭类型的民事案件视为涉及社会公序良俗的案件,并依此规定了检察机关参与审理程序、守护公序良俗或第三人合法权益的职责,但随着社会主体交往方式以及主流理念的发展变化,越来越多的国家开始限制检察机关介入家庭、身份、主体能力等类型的民事案件,因为这些传统上被视为牵涉社会秩序、善良风俗和基本伦理道德的民事法律关系,如今与普通民事私权关系的差异正在逐步缩小。

5. 附带功能与隐性角色

除了上述四类显性角色外,各国检察机关在行使民事检察权时可能生成一些附随性、间接性的功能,从而在民事司法和社会民事生活中扮演着某种或某些隐性角色。具体来说,首先,民事检察权可能发挥着影响政策形成、推动立法发展和完善等间接功能。例如,巴西检察机关通过积极行使民事公诉权,不仅创造了民事法律实施的新方式,还赢得了社会公众的信赖,在政治领域的声望显著提升,权能扩张到了政府腐败、消费者保护、城市发展、公共健康、教育等与社会和政治相关联的其他领域,具备了直接或间接影响公共政策的能力[①];美国州检察总长在法律规范缺位或需要解释时向法院提供的法律建议,虽然不具有法定拘束力,但在实践中通常会得到法院的重视和采纳,进而影响判例的形成以及成文法的修改和完善;美国州 AG 在消费者权益保护、反垄断、环境保护等领域发挥的政策形成(policy making)功能、推动和促进立法的功能[②];等等。其次,民事检察权可能发挥着潜在威慑和倒逼功能。一方面,检察机关通过行使民事公诉权、审判监督权和民事参诉权,不仅对公共利益的直接侵害者、违法行使审判权的主体等发挥规制作用,还可能对潜在行为主体具有一般预防和威慑的功能;另一方面,检察机关所享有的刑事检察权、民事公诉权等权能,在很多情况下具有促使相关责任主体自觉履行职责、主动矫正行为等司法外解决的倒逼功能,例如,中国检察机关在支持起诉或督促起诉时,对方义务主体自觉纠正民事违法行为或达成和解的可能性更高;巴西检察机关在环境执法领域通常无需启用民事公诉权,即可通过民事调查、行为整改协议等方式来倒逼相关责任主体主动消除损害后果。再次,民事检察权还可能发挥间接制约行政权的功能。例如,民选产生的美国州检察总长发挥着在行政权内部进一步分权制约的功能;巴西检察机关在环境领域的检察型执法(prosecutorial enforcement),有助于强化相关行政机构的问责制(accountability),规制其违法作为或消极不作为等行为[③];中国检察机关的督促起诉、改进工作检察建议,在客观上有助于提升行政机关的履职主动性和质量。此外,各国对民事检察权性质和权能的不同配置,加之特定时期特殊社会背景和政治环境的综合作用,使得一些国家的检察机关在民事领域还扮演着解决民事纠纷、平息不满等非通常角色,对于这些角色的正当性和适当性问题,将在后文予以深入评析。

---

① Lesley K. McAllister, Chapter 9 Public Prosecutors and Environmental Protection in Brazil, in A. Romero and S. E. West (eds.), *Environmental Issues in Latin America and the Caribbean*, Springer(2005), pp. 207—229.

② The Role of the Michigan Attorney General in Consumer and Environmental Protection, *Michigan Law Review*, Vol. 72, No. 5 (Apr., 1974), pp. 1030—1087.

③ Kathryn Hochstetler & Margaret E. Keck, *Greening Brazil: Environmental Activism in State and Society*, Duke University Press Books (August 29, 2007), p. 182.

(二)民事领域检察机关的角色选择:共性与个性

在依托各国的法律规范和实践情况对检察机关在民事领域的角色种类进行较为全面的类型化梳理后,有必要以国别为分析对象、以类型化成果为分析工具,对六个国家检察机关在民事领域的权能配置模式进行系统探究。依循这种从一般到特殊、从具体到系统、从单一到多样的研究进路,一方面有助于揭示各国检察机关在选择角色类型和功能组合方案时的内在决定因素;另一方面可以透过各国角色配置模式的异同之处,来评估相关做法的正当性程度并尝试发现其中的深层规律和基本原理。

1. 民事领域各国检察机关的角色配置模式

有学者以刑事检察权为研究对象、以法系为分类基准,将世界各国的检察制度模式划分为英美法系的"权利主线模式"、大陆法系的"权力主线的模式"和社会主义法系的"监督主线模式"。① 但考虑到民事检察权与刑事检察权的诸多本质差异以及同一法系内部的多样性和特殊性,本部分将以前述四种角色类型为基础项,来厘清各国的角色叠加"公式"。

首先,苏联采用了"全选"模式,即检察机关在民事领域同时扮演着公益维护者、司法监督者、公民的政府监护人和法庭辅助者四类角色。该种集多种角色于一身的万能模式,源于前苏联检察机关特殊的宪法定位、公民社会的缺失以及国家公权力主体相互间的关系,在迫切需要加强中央集权、维护法制统一、克服官僚主义等特定历史背景下,检察机关对民事执法和民事守法领域的介入必然具有全面性、深入性甚至强制性等特征。

其次,俄罗斯联邦采用了"修正型全选"模式,虽然检察机关在民事领域所扮演的角色可能涉及上述全部类型,但是在范围、条件、效力和频率等方面均不同于苏联模式。一方面,俄罗斯联邦独立后在国体、政体、司法体制和法律制度等方面的根本变革,在社会治理策略和指引理念等方面的更新,决定了检察机关在宪政体系中的地位和权能必须与三权分立原则的基本精神相契合,因此检察机关对民事守法主体不再享有一般监督权、对民事司法主体不再享有宽泛的监督权、在行使政府监护权时不再超越于诉权自治。另一方面,自沙皇俄国时起即萌发并经历了几百年积淀的历史文化传统和法律理念,必然对现代俄罗斯民事检察制度的改革和发

---

① 参见孙谦:《中国的检察改革》,载《法学研究》2003年第6期。

展具有不同程度的潜在影响,因此在规范制定和实践操作过程中,仍旧未能完全摆脱前苏联的影子。相较之下,以苏联模式为范本的中国采用了"二元叠加"模式,检察机关同时扮演着民事执法监督者和民事守法监督者的角色。在制定和修正民诉法典时均未确立苏联检察机关的民事参诉权,现有法律规范也没有明确赋予检察机关民事公诉权,但在民事诉讼检察监督领域的宽泛权限以及支持起诉的积极实践则凸显了前苏联色彩。

法国采用了"三元叠加"模式,检察机关同时扮演着社会公共利益维护者、公民的政府监护人和公序良俗守护者三类角色,具有实体法与程序法相配合、强制性与裁量性相结合、国家干预与私权自治相协调等特征。而将检察机关明确定位为行政权分支的美国,虽然也为检察机关选择了公益维护者、政府监护人和法庭之友三类角色,但其在权能来源、行使范围、行使条件以及法律效力等方面均不同于法国式的"三元叠加"。一方面,州检察总长隶属于行政权分支,因此其既是行政官员又是州和社会公共利益的代表;另一方面,州检察总长依据政府监护原则代表公民个人启动民事诉讼程序的权力极其有限,亦不享有法国式的民事参诉权。相较之下,巴西作为检察制度改革的新星和新模式的先驱(pioneer),采用以公益维护者为核心角色的"二元叠加"模式,这是巴西特定国情、社会客观需求以及检察机关"内发型"改革动力的综合产物。在结束军事独裁统治后,巴西社会对民主制的狂热、公众对传统政府权力主体的极端不信任、法律实施的长期困境、环境污染等新兴社会问题的日益严重、检察机关有组织的立法参与和积极游说等多方面因素,最终使得检察机关成为了独立于行政权分支的"第四权"①,在双重独立和功能自治的基础上扮演着公共利益代表者和捍卫者的角色,并在儿童、妇女、残疾人权益保护等领域发挥着政府监护人的功能。

2. 各国民事检察权能配置模式的共性与个性

通过梳理上述六国民事检察权的角色组合方案,可以发现两方面规

---

① Lesley K. McAllister, Making Law Matter: Environmental Protection and Legal Institutions in Brazil, Stanford University Press xii(2008); Crawford, Colin, Defending Public Prosecutors and Defining Brazil's Environmental 'Public Interest': A Review of Lesley Mcallister's Making Law Matter: Environmental Protection and Legal Institutions in Brazil, *The George Washington International Law Review* 40.3 (2008/2009), pp. 619—647.

律:第一,几乎所有国家的检察机关在民事领域都扮演着两种或两种以上的角色,有的甚至同时享有相冲突的权能;第二,四种角色类型有些为各国所共有、有些为某些国家所特有,即使是那些共有角色,在不同国家的具体实现方式和作用限度等亦有所不同。以下将沿着这两条规律线索,对各国民事检察权的功能组合方案进行趋同性和趋异性的比较研究。

首先,维护公共利益是各国检察机关的共有权能,但不同国家民事检察权在维护公共利益领域的权限、方式、效力以及与其他机制的关系存在不同程度的差异。从权能实现方式来看,苏联、法国、美国、巴西、俄罗斯联邦等大多数国家都赋予了检察机关提起民事公诉的权力,即借助诉讼的方式来救济受损的公共利益或恢复原状,美国和巴西的检察机关还享有司法外和解或诉讼和解等权限;而我国检察机关直到2017年才概括性地获得了诉权主体资格,在此之前只能通过实验性或规范外的督促起诉、支持起诉等转换方式来实现维护社会公共利益的目标。从检察机关与其他公共利益维护主体之间的关系来看,一方面涉及检察机关与其他公权性维护主体之间的权限分配;另一方面涉及检察机关与非公权性/社会性、个体性维护主体之间的权限分配。相较于国家垄断模式,大多数国家都采用了公共利益的公力性维护(governmental advocacy/public enforcement)与社会性维护或私主体维护(private advocacy/private enforcement)相结合的模式,但二者究竟谁占据主导力量,则取决于各国市民社会的发展程度以及社会自治和公民自治的客观能力等。而检察机关与其他公权主体在公益维护领域的权限关系,则主要取决于各国检察权的性质定位,美国等行政权属性的检察机关,通常是国家公权力体系中维护公共利益的核心力量;而中国、巴西、苏联等独立于行政权的检察机关,则通常与行政权主体分享公益维护权。

其次,审判检察监督是前苏联和中国检察机关的特有权能。正如有学者所言:"将守法监督与执法监督一样列入法律监督,同时将执法监督作为各级检察院普遍行使的权能,是从集权的、议行合一的苏维埃联邦共和国开始的,并成为以原苏联为版本的我国检察权的共同特征。"[①] 该种起源于原苏联的特有民事检察权能,萌芽于国家主义和集权主义的传统

---

① 傅郁林:《我国民事检察权的权能与程序配置》,载《法律科学》2012年第6期。

文化土壤,是国家干预私权、义务本位、追求客观真实等理念在检察制度方面的具体体现,是计划经济体制、司法权弱势、法制缺乏统一等客观社会背景的产物。① 这使得苏联检察机关可以不受法院级别、程序阶段、案件性质和争点等因素的限制对法院进行监督,并对不合其意的裁判提出抗诉。② 中国在新中国成立时对苏联法律理论和制度模式的大范围仿效,加之政体模式、治国理念、文化传统以及特定阶段法院客观能力的局限和社会的迫切需求,使得该种与司法独立原则、既判力原则、程序终局性和稳定性原则以及民事程序基本原理和一般规律相背离的制度,在中国得以确立、运行和发展。

再次,以守护公共利益和公序良俗、辅助审判权依法正确行使为功能的民事参诉权,是大多数国家检察机关的共有职能。不同于通过启动民事诉讼、开展民事调查等方式来积极维护公共利益的情形,检察机关可能介入家庭、婚姻、继承、主体能力认定等人身关系属性的民事案件中,以避免这些案件的审理过程和结果对公序良俗或第三人合法权益造成损害。这些民事案件虽然本身并非典型的公共利益事项,但却因为不同于普通的民事财产权益案件而需要国家在某些情形下给予特别关注,因此可以视为检察机关捍卫公共利益的另一种途径。然而遗憾的是,我国自制定民诉法试行法典时就没有规定该种性质的制度,实践中检察机关派员参加庭审、对审判程序中审判人员的违法行为提出检察建议等做法,均不同于此处的参诉权,而是属于审判检察监督权的具体实现方式。

此外,从角色选择和功能组合的协调性、兼容性来看,由于大多数国家检察机关所承载的两种以上的职责均具有同质性和相容性,因此虽然可能涉及职能侧重点的选择差异,但不会出现某两类角色相冲突或功能相互削弱等局面。然而原苏联和中国的检察机关同时享有的民事守法监督和民事执法监督两种异质性的权能,致使其在某些情形下可能引发不同程度的紧张或冲突关系,例如:检察机关同时享有民事公诉权和审判检察监督权,当其同时扮演当事人和审判权监督者的角色时,很可能背离公

---

① 参见〔苏联〕C. T. 诺维科夫:《苏联检察系统》,中国人民大学苏联东欧研究所译,群众出版社 1980 年版,第 8—12 页。

② William Burnham, Gennadii Mikhailovich Danilenko, Peter B. Maggs, *Law and Legal System of the Russian Federation*, Juris Publishing, Inc. (2009), p. 143.

正审判、独立审判、当事人诉讼地位平等基本原则;当检察机关同时扮演支持起诉者和审判监督者时,其手中握有的抗诉权可能异化为变相强迫法院按其意愿裁判的工具;等等。

第三节 民事检察权的基本规律和正当性基础

一、民事检察权性质定位和权能配置的基本原理

通过对各国民事检察制度的历史起源、民事检察权的性质和权能进行比较分析,为发掘民事检察权配置的决定性因素和应然原理提供了最佳视角。以不同国家民事检察权在历史起源、本质成因、性质定位和权能配置等方面的共性和个性为基础,对不同国家在政体、检察机关在权力体系中地位、历史文化传统、经济体制模式、民事诉讼模式、社会自治和公民自治能力等方面的异同点及其成因进行分析,能够提炼出影响民事检察权性质定位和权能配置的核心要素。

(一)民事检察权性质定位的决定因素

1. 国家政体和权力体系结构与民事检察权配置模式的关系

国家政治体制模式和权力体系结构是影响民事检察权性质定位的最直接、最根本因素。不同国家在国体和政体方面的差异,决定了检察机关在权力体系中的地位和各类权力相互间的制衡方式,也即划定了检察权与其他公权力机关在维护民事公共利益领域的分工以及检察机关与法院在民事领域的关系。

首先,从政体与民事检察权配置模式之间的关系来看,在专制型政体和民主型政体中,民事检察权的性质和权能存在不同程度的差异。在绝对专制政体下,法律不过是君主意志的体现,是君主维护其专制统治的工具,此种政体中民事检察权的实质功能并非实现国家公权力之间的相互制衡、亦非维护民众权益和公共利益,而是以国王和王室利益为核心、旨在确保君主意志的有效实现,因此与现代意义上的民事检察权存在本质差异。而在民主型政体下,君主立宪制和民主共和制均以分权理论为基本前提,检察机关既不是独立的权力分支也不是君主或总统的耳目和附庸,西方国家多将之作为行政权分支或司法行政系统的组成部分,其在民

事领域发挥着维护社会公共利益的功能。

其次,从权力体系结构与民事检察权配置模式之间的关系来看,在三权分立的国家,立法、行政、司法三者间已经形成了相互制约和相互监督的动态制衡关系,检察机关并非独立的权力分支,其通常隶属于行政权或司法权,因此不享有单向监督法院的权能;而在一元多立、议行合一的国家,反对分权、讲求权力分工合作的理念,决定了其需要配置某种控制公权力依法正确行使的机制来发挥三权分立模式下的权力制衡功能,于是形成了由统一的权力机构配置权力、由赋权者对公权力的行使进行最高监督、由统一且专门的法律监督机构来落实法律监督权的制度模式。具体来说,在美国等实行三权分立、强调司法独立的国家,检察机关作为行政权分支的组成部分,以维护公共利益、完善社会治理为目标对民事守法领域进行有限干预,而民事司法权的依法公正行使则依赖于独立基础上的诉权制约和审级监督等内部机制;而在苏联和中国等议行合一、审判权不完全独立的国家,检察机关被定位为国家的法律监督机关,以监督法律的统一正确实施为核心职能,因此其在民事领域不限于公共利益事项的民事守法干预权,还享有以法院为对象的民事执法监督权。即使是大多数国家所共有的公益维护性质的民事检察权,也因各国在权力架构、权力集中程度等方面的不同,而在适用范围、实现方式和法律效力等方面有所差异。

最后,政体变化会引发检察机关法律地位的变动,进而影响民事检察权的性质定位。法国从封建割据君主制向半总统半议会制的转型、俄联邦在采行民主共和政体和三权分立体制后对苏联民事检察制度的实质性变革,均反映了政体模式和权力架构与检察机关民事权能之间的内在关联。苏联解体后,俄罗斯联邦在社会转型和司法改革阶段的核心争点之一就是检察机关的一般监督权与三权分立体制可否兼容、一般监督权与法治国家理念下国家权力与公民权利的关系配置是否契合。相较于1977年《苏联宪法》的专章多条规定,1993年《俄罗斯联邦宪法》明显降低了检察机关的宪政地位,其中仅用一个条文规定了检察机关的法律地位并且缩限了俄联邦总检察长的职权;在法院与检察机关的地位关系上,检察机关的组织和活动程序由联邦普通法律规定,而法院的组织和活动程序则由联邦宪法性法律规定;在民事司法领域,检察机关原先申请法院对判决、裁定、命令进行再审的宽泛权力,被限制在参与了审理阶段的案件。此外,不同国家不同时期的政治气候和政治策略,也会影响检察机关在民事领域的角色。

2. 公民与国家的关系对民事检察权的影响

国家、市民社会、公民个人三者之间的权限分配和关系模式,是影响民事检察权的权能配置的另一根本性因素。从国家权力与公民权利(individual citizens vis-a-vis the state)之间的关系来看,二者的权限范围和相对地位决定了检察机关在民事领域的介入程度,换言之,公民对政府的依赖度和信任度不同,决定了公权力介入社会民事生活的广度和深度,进而影响着检察机关在民事领域的功能和角色。英美法系的"斗争模式"下公民对政府缺乏信任,认为政府在本质上敌视公众的真正利益而无法切实、充分、有效地代表社会公共利益[1],因此遵循国家辅助性理论、强调国家最小干预并重视社会自治和公民自治;在大陆法系的同属模式下,家长主义的理念、国家积极作用理论以及公民对政府的信托和依赖,使得政府在相当程度上垄断或主导着民事诉讼中的公共利益代表权[2];而在社会主义法系,国家中心主义(state-centric)、国家权力至上(state authority)和国家利益优先等理念[3],使得政府以全面干预的方式介入社会民事生活,检察机关是加强中央集权的重要渠道之一。

从国家与市民社会之间的关系来看,不同国家在社会治理模式以及社会自治能力等方面的差异,决定了检察机关介入民事领域的初衷;社会自治和公民自治的实际能力和积极性,决定着检察机关外部干预的必要性。首先,在社会公共利益维护方面,社会自治和国家公权力虽然殊途同归,但依循公益的自身属性和社会良性运转的基本原理,社会自治是保护社会公共利益最有效、最持久的方案,而检察机关作为负有代表和捍卫社会公共利益等职责的公权力机关,仅在社会自治缺位或失灵时才具备介

---

[1] Herbert L. Block, Elmer Davis Memorial Lecture at Columbia University,(December 3, 1963); Walter Lippmann, *Essays in the Public Philosophy*, Boston: Little, Brown and Co., (1955).

[2] 参见〔美〕维拉·兰格:《大陆法及英美法制度中的公共利益问题:检察官的作用》,莱夫译,载《环球法律评论》1989年第1期。

[3] Gordon B. Smith, Citizens and the State: the Debate over the Procuracy, in *Reforming the Russian Legal System*, Cambridge University Press (1996), pp. 104—108.

人的正当性事由，因此，社会自治能力的强弱决定了检察机关在公益维护领域的权限范围。其次，在权力制衡方面，社会团体和公民个人在民事诉讼中对审判权的制约能力，决定了检察机关外部监督的必要性和程度。按照民事诉讼程序的基本原理，确保民事司法程序依法公正运行的最根本途径是发挥诉权与审判权相互间的双向动态制约，但如果法律没有为诉权主体配备完善的权力制约工具，抑或诉权主体不具备切实有效地运用诉讼权利的实际能力，就为检察机关公权制约权能的拓展提供了空间。

（二）民事检察权之权能配置的核心因素

1. 经济体制模式和社会发展状况对民事检察权的影响

"一切比较重要的社会过程的最初起源，应该到社会内部环境的构成中去寻找。"①除了政治体制、权力体系架构、国家与市民社会及公民权利之间的关系等根本要素，国家的经济体制模式以及不同时期社会发展的客观状况，同样在相当程度上制约着民事检察权的功能及其演进。首先，从经济体制模式与民事检察权之间的关系来看，在自给自足的自然经济体制和计划经济体制模式下，社会主体之间民事交往的私权属性和自由处分权限被否定，在国家全面干预私权、国家利益吞噬个体利益的背景下，检察机关作为实现国家经济控制和经济集权的重要手段，在民事领域的介入范围和介入力度均较强。而随着集权专制统治的结束、自然经济向高度发达的商品经济和市场经济的转换，私权神圣和意思自治成为了主导社会经济活动的核心理念，在此背景下，包括检察机关在内的所有公权力主体介入民事领域的范围和程度均受到缩限，民事检察权的权能类型和具体范围自然也随之缩小。

其次，从社会发展情况和客观需求方面来看，检察权在民事领域的功能变革常常与特定时期的社会发展状况及相应的政府治理策略相关联，例如，前苏联成立后对中央集权和法制统一的迫切需求，塑成了独具特色的检察制度模式以及兼具守法监督和审判监督功能的民事检察权；消费者权益、环境资源利益、反垄断等新型公共利益的生发，促使美国州检察总长在民事领域的角色逐步拓展；巴西结束军事独裁统治后，公众对传统

---

① 〔法〕E.迪尔凯姆：《社会学方法的准则》，狄玉明译，商务印书馆1995年版，第127页。

政府机构的极端不信任、法律实施的长期困境以及环境污染问题的加剧,推动了检察机关获得独立的公益维护者地位并成为民事公诉领域的主导力量;我国近年来环境污染、大规模消费者侵权等事件的频发,使得社会迫切需要对公共利益给予有效维护,进而促使检察机关开始尝试提起民事公益诉讼;俄罗斯联邦成为独立国家后对法治的追求,促使其取消了民事领域的一般监督权并大幅削减了检察机关的审判监督权。质言之,政府对社会经济活动的干预力度越大、社会问题数量越多越复杂,检察机关的民事检察权能就越广泛,反之亦然,其既是政府利益的维护者,又是政府政策的执行者和推广者。

2. 检察机关的外部关系对民事检察权的影响

检察机关与行政机关、审判机关等其他公权力机关的权限分工、实然能力及其相互关系,是决定民事检察权作用限度和发展方向的根本因素。正如系统论原理所示,无论是共通性的社会治理型民事检察权,抑或中国和前苏联所特有的公权制约型民事检察权,其均处于与其他公权力、社会团体或组织以及公民个人的关系网中。首先,在检察机关与行政权的关系方面,隶属关系使得检察机关作为行政机关的代表发挥着维护公共利益的功能,而独立关系则牵涉检察机关与行政机关在民事公诉权方面的权限和分工问题。其次,在检察机关与法院的关系方面,二者各自的宪政地位和权力界限,决定了检察机关介入民事诉讼程序时的角色和地位;法院的审判能力和质量、法院司法权威和公信力的水平,与检察机关介入民事司法程序的范围、程度和频率呈此消彼长的关系;而检察机关自身的资源、精力、专业能力、组织结构乃至权力运行方式等诸多主客观因素,同样制约着其在民事领域的作用空间以及实效性。具体来说,在法国等采行司法一体化模式的国家,法官和检察官均被视为司法官,二者在教育背景、选任方式、职业保障等方面的一致性以及职能配置上的相互独立性,决定了其相互间并不存在监督和被监督的关系,检察官在某些类型的民事案件中扮演着法官参谋和咨询机构的角色,辅助法院在审理特定案件时正确适用法律。在美国等法院功能较成熟、社会地位较高的国家,一方面,通过适度的司法能动、扩张审判权主管范围等方式,能够发挥维护公共利益、促进法律实施等功能,从而弱化了检察机关在维护公共利益方面的角色;另一方面,审判权自身的高质高效行使,排除了外部公权力监督力量的介入必要。巴西法院在维护社会公共利益方面的能力缺乏、中国法院在民事审判水平方面的相对弱势,均从侧面反映了法院的实际能力与检察机关权能范围之间的关系。

简言之,在英美等奉行三权分立原则的国家,检察机关与行政机关、司法机关、立法机关并不处于同一层级,其仅仅是附属于行政机关的一个机构,因此通常以公诉机关、国家或政府代理人的角色介入民事诉讼;而在前苏联等国家,检察机关与行政和审判机关平行独立,检察机关除了作为公诉机关维护国家或社会公共利益外,还负有监督审判权依法行使的职能。

(三)民事检察权发展变革的催化要素

1. 外部环境对民事检察权发展变革的影响

特定时期的社会事件、政治环境以及各利益集团的博弈情况,是影响检察权角色配置的外部推动因素,环境"能够反映、体现或者说浓缩了可能诱发或抑制这种现象形成产生的众多复杂的因素或过程"①。苏联不同时期的政权更替和执政方略,俄罗斯联邦的政治经济重建(perestroika)、推行民主化和公开化(glasnost)政策以及欧洲人权法院的干预,中国的社会管理机制创新和检察机关的社会责任,巴西的民主化运动、工业化发展所引发的环境问题以及检察机关有组织的积极游说,这些内容和性质各异的事件或宏观环境,均有助于检察机关在民事领域的角色配置和发展变革。此外,域外国家有关民事检察的制度模式、实践经验以及改革趋势等比较法资源,同样会对其他国家民事检察权能的变革产生不同程度的影响。法国模式在西欧其他国家的广泛传播、前苏联模式对中国制度创设的深刻影响、两大法系在检察改革过程中的趋同性等,均体现了比较法资源对民事检察权的间接影响。

2. 其他内部因素对民事检察权发展变革的影响

除了上述外部催化因素外,法律文化传统、民事诉讼模式和诉讼观以及检察机关自身的意识形态等内部因素,同样会对民事检察权的发展变革产生间接影响。首先,法律文化传统对民事检察权的功能定位和变革方向具有潜移默化的影响作用。英美法系等国注重个人自由、强调权利

---

① 王亚新:《"司法腐败"现象的一种解读》,载《思想战线》2005 年第 4 期。

自治等法律理念,使得检察机关等公权力主体介入社会民事领域时受到诸多限制,其更多地依赖市民社会及公民个人的力量来维护民事交易秩序和社会公共利益,因此其在赋予检察机关民事公益诉权的同时,更注重社会团体和组织乃至公民个人的作用发挥;俄联邦独立后虽然对民事检察制度进行了较大改革,但仍旧未能完全脱离前苏联乃至沙俄时期法律传统理念的影响。

其次,民事诉讼模式和不同时期的诉讼观,是影响检察机关在民事诉讼中地位和角色的因素之一。在当事人主义诉讼模式中,司法竞技、平等对抗、法官中立、依法处分等理念,使得诉权制约成为了确保审判权依法公正行使的核心机制,司法独立性、终局性以及程序相对封闭性,原则上排除了其他外部力量介入的可能;而在职权主义诉讼模式中,法官的职权探知倾向、对客观真实的盲目追求以及对诉权的诸多限制,使得检察机关得以介入程序并扮演着法官辅助者甚至监督者的角色。与此相连,社会的诉讼观与自由的诉讼观之间的差异,也使得不同国家对民事诉讼程序的干预限度和方式有所不同,进而影响着检察权介入的可能性及频率。此外,民事检察权行使主体的意识形态、主观意愿和价值追求,同样会对民事检察权的发展变革产生相当的影响。一方面,检察机关作为各项民事检察职权的实际行使主体,其在民事检察改革过程中的参与情况以及对改革方案的认同程度,直接影响着新制度的运行实效和路径依赖的阻碍强度。另一方面,检察机关自身的意识形态、自我定位以及价值追求,决定着其在制度完善和权能更新过程中的方向选择和主观欲望。巴西检察机关在重塑自身宪政地位、扩张民事检察权能等方面的成功经验,恰佐证了这一关系原理。

概言之,国家政治体制模式和权力体系结构是影响民事检察权性质定位的最根本因素;国家发展历程、社会治理方略、社会客观需求是影响民事检察权功能定位的最直接要素;检察机关、其他公权力机构、社会组织以及公民个人各自的实然能力和相互关系,是决定民事检察权作用限度和发展方向的核心因素;而法律文化传统、特定时期的社会事件和政治环境以及检察机关自身的角色定位,是影响民事检察权功能革新的催化要素。质言之,各国民事检察权的具体权能千差万别,但均可归入公权制约权能和社会治理权能的二元体系中,其中是否采用三权分立体制、是否承认司法独立原则、检察机关在国家权力体系中的地位,决定了检察机关是否享有监督审判职能及其干预程度;其中国家与社会、国家与公民个人的权限分配模式,以及检察机关与行政权的关系,决定了其社会治理权能的范围和深度。权力集中程度越高的国家,检察机关在民事诉讼领域的单向监督权能越广,权力集中程度越低的国家,检察机关的诉讼权能越广,而由其他部门或依托其他途径发挥审判监督功能。

二、域外国家民事检察权的发展规律及其正当性基础

在对域外各国民事检察制度的历史渊源、权力属性、权能类型等进行微观视角的深入分析后,有必要从更为宏观和系统的视角来提炼其中所蕴含的规律和原理,从而为之后评估中国制度的正当性、剖析中国问题的本质成因,提供比较法方面的支持和启示。鉴于此,本部分将以之前的比较研究为基础,结合域外国家民事检察领域的前沿动态,尝试廓清民事检察权的总体发展规律并探寻其权能变革的正当性基础。

(一)域外国家民事检察权的发展规律

域外各国民事检察制度在设立初衷和起源模式等方面的共性与个性,奠定了其之后运行和发展的历史基调,但随着政权更替、政体变革、社会客观需求的动态变化,检察机关在民事领域的性质和权能在不同历史阶段呈现出不同特征并折射出某些规律。鉴于此,以下将采用纵横交错的方式来探析民事检察权在性质演进、权能更新以及改革趋势等方面的基本规律。

1. 民事检察权的性质演进规律

将民事检察制度起源时的性质定位与现行规范和实践情况进行对比之后,可以发现,大多数国家的民事检察权都在保持制度起源时基本特征的基础上进行了不同程度的发展变化,呈现出"个性留守、动态演进、回应性发展"等趋势。

首先,西欧国家的民事检察权经历了从封建王权维护者、国王利益代言人向政府利益代表者再到社会公益维护者、法律正义守护者的转变。举例来说,法国的民事检察制度生发于封建割据时期,当时的国王律师仅维护王权和王室利益而并不涉及公共秩序①,法国大革命以及国体变化之后虽然没有废弃拿破仑帝国时期的检察制度模式,但是调整了民事检察权的总体属性,使其从国王集权的工具演变为社会公共利益和社会秩序的维护者和守护者,其偏司法的性质定位使其肩负起保护个人自由的宪法职责。英国的民事检察制度同样以国王代理人为雏形,但19世纪后英国总检察长作为国王代理人出庭的情况逐渐减少,向国王和政府部门提供立法咨询意见等议会事务增多,其角色从国王代表发展成为政府部门的首脑。② 苏联解体后的俄联邦虽然缩限了检察系统的规模、削弱了检察机关的宪法地位、减小了一般监督的范围,但检察机关仍作为护法机关对联邦内遵守宪法和执行联邦现行法律的情况实施监督。由此可见,民事检察制度的本质属性从服务王权到权力制衡、再到法律守护乃至公益代表,凸显了民事检察权在性质定位方面的发展规律。

其次,域外国家的民事检察权呈现出独立性渐强的发展规律,从起初的王权依附或行政权依附向相对独立的方向演进。无论是偏司法性的大陆法系国家抑或偏行政性的英美法系国家,当检察机关开始承载公益维护和法律守护职责后,其相对独立的地位逐渐强化而不同于一般的行政机构或司法行政部门。美国联邦和州检察总长最初是以政府首席法律顾问和政府律师的角色介入民事领域的,但随着垄断、环境污染、民权受损等新的社会问题的出现,其开始超越单纯的政府利益而扩张至对联邦或州公众利益以及法律正义价值的维护,这使得检察机关与政府之间的关系不同于传统的律师与被代理人(attorney-client)的关系,而是向着弱化依附性、提升客观中立性的方向发展。这种独立性渐强的发展规律在州检察系统尤为明显,其在选任方式上与联邦系统的不同,使得州检察总长的政治色彩和行政依附程度弱于联邦检察总长,在一些关涉公共利益的案件中,州检察总长可能为了追求法律正义和维护州公众利益而拒绝为政府观点辩护。其他一些将检察机关归入行政权分支的国家,也正在采取一系列措施使检察机关尽可能免受行政首长及相关行政部门的干涉。

---

① 参见樊崇义、吴宏耀、种松志主编:《域外检察制度研究》,中国人民公安大学出版社2008年版,第121—123页。

② 参见宋英辉、陈永生:《英美法系与大陆法系国家检察机关之比较》,载《中央检察官管理学院学报》1998年第3期。

不同于美国等国家的检察机关在三权分立框架下的独立性和特殊性发展,巴西检察机关在1988年宪法改革时实现了从行政权分支机构向"准第四权"的地位转型,与行政权之间依附关系的解除,提升了其在维护社会公共利益、保障民权等领域的公信力。

2. 民事检察权的权能变革规律

如前所述,民事检察权的性质决定其权能,因此民事检察权在权能方面的变革规律必然与权力性质的演进规律相契合。各国在宪政体制、社会发展情况、司法制度模式等方面的差异,加之社会客观需求和主流意识形态的持续变动,使得民事检察权的权能同样处于动态发展之中,在不同国家、不同时期呈现出不同的侧重趋势。各国民事检察权能的扩张、缩小或调整,体现了民事检察制度的适应性和回应性;而权能变革对检察机关与法院、检察机关与其他行政机构、检察机关与社会和公民等外部关系的影响,则体现了民事检察权能变动的广泛牵连性。

首先,域外国家检察机关在民事领域的功能和角色呈现出多元化发展的规律,在制度生发初期,检察官的角色类型主要有三:一是以德国的法律守护人为代表的"协助裁判者型";二是以日本和法国的公益代表人为范例的"监督裁判者型";三是以美国和英国的政府律师为代表的"诉讼当事人型"。[①] 但随着各国国情、法律制度以及社会需求的发展变化以及由此催生的民事检察权性质的调整,民事检察权的权能呈现出多样性特征,不同国家的检察官在民事领域的可能角色包括了司法官、准司法官[②]、公益辩护人、律师、特殊行政官乃至政治家、改革倡导者以及公平审判的创造者等。

其次,西方国家检察机关在民事领域的权能呈现出侧重社会公益维护、弱化人身关系干预等规律。社会经济交往模式的日益复杂多样、维护国家和社会公益之需求的不断增加,使得检察机关逐渐成为了国家进行社会控制的有力媒介,其在民事和行政诉讼以及社会其他领域的作用普遍加强。[③] 自由资本主义的固有弊端和消极后果,迫使许多国家在垄断

---

① 参见黄东熊:《美德法检察制度之比较研究》,载《刑事诉讼法研究》,台湾三民书局1981年版,第440—462页。
② 参见朱朝亮:《检察官在刑事诉讼之定位》,载《东海大学法院研究》第15期。
③ 参见甄贞等:《检察制度比较研究》,法律出版社2010年版,第619页。

资本主义阶段开始弱化私法自治原则的绝对性并强调国家干预原则,检察机关作为最高法律秩序和道德秩序代表者的角色被强化,在维护公益和社会治理领域的权能日益扩张。① 但与此同时,为了减轻负担,一些国家削弱了检察机关的某些非刑事职权,例如,德国检察机关曾经参与婚姻事件、禁治产宣告等关涉社会公序良俗的身份关系案件,但随着公共利益和善良风俗之内涵外延在社会发展过程中的不断变化,以及检察机关相较于其他公权力机构或社会团体的优势弱化,其对民事身份关系的干预力度大幅度降低,德国检察机关如今已经退出了民事争讼领域,在民事非讼领域权限也很小。德国主流观点认为应当将检察机关原有的非刑事职权交由社会团体、职业协会或其他行政机构行使,因此目前主要依托团体诉讼来维护公益、由行政管理机关处理婚姻无效问题。此处值得进一步深思的是:德国检察机关非刑事职权逐渐弱化的历史是否论证了剥离检察机关非刑事职权的可能性?当检察机关的职权与相应的行业监管部门或管理部门的职权相重叠甚至相冲突时,如何划定并适时调整检察机关非刑事职权的边界?

3. 民事检察权的最新改革趋势

近年来,检察改革构成了各国司法改革的核心议题之一,虽然大多数国家均将改革的重心置于刑事检察体系,但仍可以从中析出有关民事检察权的前沿动态和改革趋势。对不同法系以及同一法系不同国家民事检察改革的最新动向进行梳理,不仅能够把握该领域的世界性趋势,也有助于反思中国新近民事检察改革的正当性。

首先,在改革时间和改革背景方面,持续性的社会变迁是20世纪的显著特征之一②,检察改革源于社会变迁并服务于社会需求,经济体制和经济发展模式转型、社会问题新颖化、社会诉求多元化、司法制度国际交流日渐活跃、人权保障力度增强等构成了各国检察改革的共同背景。在此语境下,域外各国检察改革的目标、领域和具体措施呈多样化特征,虽然不同国家检察机关的法律定位和体制模式有所差异,但均将检察改革

---

① 参见王德玲:《民事检察监督制度研究》,中国法制出版社2006年版,第109页。
② 参见孙谦:《检察:理念、制度与改革》,法律出版社2004年版,第3页。

作为司法改革工程中的重要一环。[①] 例如,法国以协调检察机关双重属性之间的冲突、平衡等级隶属性与检察独立性之间的关系为主要目标;德国以弱化行政干预、调整检察机关的地位和组织关系为核心内容;英国以实现司法现代化、确保公正、建立更加安全的社会为检察改革的主要目标;美国将平衡分散独立与统一集中之间的关系、弱化联邦检察官的政治依附性为改革要旨。

其次,在改革权能和优化配置方面,作为各国检察改革的核心议题,主要形成了三种模式:模式一是以强化检察职权、丰富权能类型为特点的"拓权型改革",例如巴西和美国等均强化了检察机关在维护社会公共利益和保障民权领域的功能;模式二是以限制检察职权、防止权力滥用为特点的"缩权型改革",例如德国取消了检察机关绝大多数的非刑事权能,俄罗斯联邦取消了检察机关在民事领域的一般监督权并大幅削减了审判监督职能;模式三是以维持基本架构、加强职能优化为特点的"优权型改革",例如法国和英国等国家,虽然并未对民事检察权的性质和权能类型进行实质性变革,但在具体措施和制度规则等方面进行了完善和优化。

再次,在检察独立与检察制衡之间的关系方面,无论是采"行政权说""司法权说"抑或"双重属性说"的国家,在近年来的改革过程中均开始重视检察独立性问题,例如以英国为代表的检察机关独立改革、以美国为代表的检察官独立改革等。与此同时,如何有效制衡检察权、确保检察制度的预设功能获得实现,构成了检察改革的另一核心议题,域外国家所采用的主要限权措施包括纵向层级监督、横向部门分工制约、法院司法审查机制、公众参与和权利救济机制以及特定组织审查机制等。

概言之,域外国家有关检察改革的最新趋势呈现出一些规律:在改革理念方面,大多以维护公益和追求公正为核心价值取向;在改革方向上,大多以弱化政治性、强化民主性、提升相对独立性为核心;在改革内容上,大多重视优化检察权能、提升检察官的素养和身份保障,并配以有效的权力制衡机制;而在改革关系上,强调平衡检察权与社会自治之间的关系、检察介入与审判自治之间的关系等。

---

① 参见甄贞等:《检察制度比较研究》,法律出版社2010年版,第616页。

(二) 域外国家民事检察权的正当性基础

对域外国家民事检察权之发展规律的多视角探析,仅仅是从比较法维度探究民事检察权之普适性原理的第一步,在此基础上,需要结合之前有关民事检察权之本质成因的分析结果,来进一步挖掘上述规律的深层成因和正当性来源。①

1. 域外国家民事检察权的宪政基础

如前所述,不同于苏联和中国对检察机关的宪法定位,两大法系国家大多将检察机关归入行政权或广义司法权,这就为其介入社会民事领域维护公共利益、辅助法官正确适用法律、代理政府及其行政部门处理民事法律事务等提供了宪法层面的正当性基础。而这种宪法地位上的本质差异,也决定了域外国家民事检察权的宪政基础无法成为佐证我国民事检察制度之正当性的依据。

在法国和德国等大陆法系国家,长期的中央集权历史传统、依法统治(rule by law)的法治理念、行政优位的国家权力形态,使得所有国家机关都是依法统治的国家机器、都具有维护社会公共秩序的功能。② 在此背景下,宪法对其偏司法性的法律定位,为法国检察机关在民事领域的法官辅助者和公益维护者角色提供了宪法上的正当性支持。在英国和美国等英美法系国家,长期的私法自治传统、法之支配(rule of law)的法治理念、司法优位的权利形态,使得司法独立、社会自治等理念融入了法律实施的过程之中,其对检察权偏行政性的法律定位,决定了检察机关负有社会管理的职能,按照社会治理的应然顺位,当立法控制未能实现其预设功能时,检察机关作为行政控制的手段之一有限介入民事领域。而在苏联和巴西等国,检察机关并不属于三权架构中的某一分支,而是具有独立和专门的宪政地位,苏联检察机关作为保障法制统一的专门国家机关的宪法定位,为其兼具民事守法监督和民事执法监督职能提供了根本法上的依据;巴西检察机关作为法律秩序维护者、民主政权和社会公益维护者的宪法定位,为其独立于行政权的广泛的民事公诉权提供了宪法上的正当性

---

① 有学者将当代资本主义国家检察制度的理论基础概括为:三权分立为核心的政治理论;私权神圣、自由竞争为核心的经济理论;司法独立、人权保障为核心的法学理论。参见参见樊崇义主编:《检察制度原理》,法律出版社 2009 年版,第 52 页。

② 参见朱朝亮:《检察官在刑事诉讼之定位》,载《东海大学法学研究》第 15 期。

来源。

2. 域外国家民事检察权的法理基础

首先,防止法律适用错误是西方国家检察机关介入民事审判程序的正当性基础之一。在法国等检察权偏司法性的国家,为了避免法律适用错误,检察机关作为从当事人、以审判辅助者或法庭之友的身份向法官提供针对法律适用问题的咨询性意见。在司法一体化模式下,法国的检察官与法官同属司法官序列,二者虽然职能独立且无监督关系,但在某些特殊类型的案件中或涉及重大法律问题时,检察机关有权参与民事诉讼并辅助法官正确适用法律,以预防可能出现的法律错误。但值得注意的是,1996年2月20日欧洲人权法院针对比利时和葡萄牙的两个判决冲击了法国民事检察制度的正当性,人权法院的判决认为检察官作为联合当事人向法院提交意见的行为背离了对抗程序的要求,剥夺了利害关系人接受对抗审判的权利。

其次,避免社会公共利益和公共秩序受损,是西方国家检察机关干预某些民事违法行为的正当性来源。民事法律关系以意思自治、私权处分等为主要特性,通常情况下不允许检察机关等外部公权力主体介入或干预,但随着民事交往关系的日益复杂和多样,一些民事行为已经超出了单纯的私权范畴而影响到社会公共利益,检察机关作为直接履行社会管理职责的行政机构或是社会公共利益的捍卫者,自然获得了干预特定民事违法行为的正当性基础。例如,为了维护社会公共秩序,法国检察机关可以作为主当事人、以民事诉讼原告或被告的身份进行诉讼活动;为了规制垄断等损害社会公益的行为,美国检察机关作为政府律师有权以联邦政府或州政府的名义对损害国家利益和社会公共利益的民事行为提起诉讼;为了扭转公益受损时救济缺乏、社会自治能力不足等困境,巴西检察机关有权通过民事调查、民事公诉等方式来干预民事违法行为。

3. 域外国家民事检察权的社会现实基础

"一种制度系受各时代之社会客观条件,与各时代为维持其政治、社会体制之续存所需达成之目的而产生变化,检察制度完全属历史性、政策性社会产品"[①],其生发过程具有变动性和适应性,无论是域外的经验引

---

① 黄东熊:《中外检察制度之比较》,台湾文物供应社1986年版,第13页。

进和模式效仿,抑或本土的制度创设和自发实践,都离不开继受、创新、摸索和调整,检察制度的最终形态取决于社会结构的客观需要。

首先,资本主义国家发展过程中垄断、公害、民权受损等社会问题的出现,是其强化政府干预进而拓展民事检察权能的社会基础。消除竞争阻碍、规制环境污染、保障消费者权益、维护弱势群体利益、确保民权等社会的急迫需求,不仅是西方国家检察机关介入社会民事治理的直接动因,也从实用主义的视角为其公益维护和公益代表职能提供了正当性。在检察机关偏行政属性的国家,其民事检察权能的扩张,实际上是行政权对涉及社会公益的民事行为之干预力度加大的具体表现之一,是政府社会治理模式转型的具体后果之一,行政权的控制力度影响着民事检察权的权能范围。换言之,美国等国家民事检察权能扩张的根本原因是社会新问题的出现所引发的行政权扩张,检察机关作为国家和政府代表、公益维护者,以提起民事诉讼或参与诉讼的方式来履行社会管理职能。

其次,便利原则和特殊情势是域外国家民事检察权能扩张或缩小的正当性基础。德国检察机关民事权能的大幅削弱,从实践层面反映了某些非刑事权能的可替代性;而其在民事非讼领域所保留的有限权能,主要是立法时对便利原则的考量,即检察权的性质和运行方式、检察机关的机构设置等,决定了由其来行使相关职权更为便利。而美国、法国和巴西等国家民事检察权能的阶段性扩张,则从现实层面反映了社会发展情况与国家权能扩张的紧密关系。当环境污染、大规模消费者权益纠纷、不正当竞争、种族歧视等新的社会问题出现时,为了应对这些特殊情势,检察机关在最高权力的支持下可能具有非常大的执行力和影响力;相反,当时过境迁、特殊情势消失时,其作用就迅速萎缩。因此有学者认为,随着权力分工的日趋细密、行业监管的垂直化和专门化,检察机关的非刑事职权会逐渐减少。①

此外,法律实施的现实困境为前苏联以及巴西的民事检察权提供了正当性依据。以巴西为例,后军事独裁统治时期环境执法的严重困境、民主化初期公众对行政权的极端不信任、社会对公益维护和民权保障的强烈需求,为检察机关的角色转型提供了理想的社会环境;加之检察机关相

---

① 参见甄贞等:《检察制度比较研究》,法律出版社 2010 年版,第 567 页。

较于其他可能主体的独有优势以及其自身的积极主动追求，使得巴西检察机关脱离行政权并成为社会公益和民权的公正维护者，具有了社会性的正当依据。

三、中国民事检察权的发展规律及其正当性基础

中国检察权在性质和权能上的特殊性，决定了检察制度的特色。以守法监督和执法监督为内涵的"法律监督"这一性质定位，使得民事检察权不仅能够对某些涉及国家利益和社会公共利益的民事违法行为进行干预，还承载着监督审判机关依法行使权力、维护法律正确和统一适用的特殊功能。以之前对各国民事检察权在制度起源、权力属性、权能类型以及发展规律等方面的比较研究为基础，结合我国民事检察权最新的权能框架体系，本部分将以中国民事检察制度的独有特色为切入点，尝试提炼出中国民事检察权的总体发展规律及其正当性基础，并依此甄别比较法资源的普适性、汲取其中的一般性原理，从而避免陷入符号化或对策性的"伪比较法研究"。需要特别说明的是，本部分主要是从宏观角度对我国民事检察制度的发展规律和特色及其正当性来源进行总体分析，对于各种具体制度更为微观的特性及其生发原因，将在后文一一予以深入剖析。

（一）中国民事检察权的发展规律及其总体特色

1. 中国民事检察权的总体发展规律

通过对我国民事检察权自新中国成立时起至今六十余年的发展历程进行阶段式梳理，可以从中透视我国民事检察权及其制度的演进规律，由此深化对民事检察权性质、功能、正当性基础以及相关制度背景的认识。

首先，从检察权在民事领域的性质和权能来看，其在维持权力本质属性的前提下进行了多次不同程度的权能变革，使得宪法层面法律监督的内涵外延随着组织法、程序法和实体法中相关规定的扩充而持续变动。在本质属性方面，始终保持着国家专门法律监督机关的宪政定位并在此基础上不断调整民事守法监督权能与民事执法监督权能之间的侧重方案。社会客观需求、经济发展水平以及司法政策等外部环境，对民事检察权的运行理念和改革方向具有潜在的引导和推动作用，使得检察机关在民事领域的具体权能呈现出逐步拓展、形态更新、重心变动等发展趋势。

一方面,民事检察权的权能类型日益多元,除了自民诉法试行法典公布时起就确立的对生效裁判的公权制约性监督,还开始向执行领域乃至其他相关的社会治理领域扩展。另一方面,民事检察权的权能侧重方向逐步调整,从新中国成立初期同时赋予检察机关民事起诉权、参诉权和两种抗诉权,到组织法忽视民事检察权能、再到民诉法典取消一般检察监督权,检察机关在民事领域的功能侧重点经历了由民事守法监督到民事执法监督再到执法监督和守法监督兼顾的转变过程。

其次,从检察权在民事司法领域的实际功能来看,经历了由辅助审判的法检协作模式向监督审判的法检对立模式再向协商性监督的法检沟通模式的转变。在新中国成立初期尚无真正意义上的民事审判且遵循国家全面干预理念的阶段,民事检察工作的重点是通过参与审判来帮助法院正确认定案件事实和适用法律,其实际上扮演着辅助审判的角色,因而受到法院的欢迎;而随着民商事审判的真正确立以及司法腐败问题的严重,以抗诉为中心的民事检察制度开始回归公权制约的角色,这就使得其与审判独立之间呈现出紧张关系或冲突状态;而在法检矛盾激化且阻碍民事检察制度进一步发展的冲突凸显期,再审检察建议等协商性、沟通性监督方式的生发和推广,发挥着柔化法检对立、促进法检沟通的功能。

再次,从检察权在民事司法领域的发展趋势来看,其制度实效与法检之间的关系状态、部门利益博弈情况密切相关。换言之,法检之间的矛盾和冲突越少,民事检察工作的开展就越顺利、阻碍就越小;法检之间的共识性认识越少,民事检察工作的发展速度和实际收效就会随之降低;而在整个制度发展过程中,都贯穿着检察机关利益与法院利益的博弈和妥协,这种部门利益的动态博弈直接反映在不同时期有关民事检察的规范和实务数据等方面,同时也间接反馈了制度预设功能与实际收效之间的差距程度。

此外,从检察权在民事司法领域的生发路径来看,"实践先行、试点推进"是民事检察制度的主要发展范式。在1991年《民事诉讼法》正式确立民事抗诉制度前,检察机关即挑选了部分省份进行调研和试点工作;在2012年修订后的《民事诉讼法》确立民事检察建议和执行检察监督制度之前,再审检察建议已经在实践中运行了近十年,执行检察监督也早已开始了试点工作;与此同时,检察实务中还广泛存在着支持起诉、督促起诉、检察和解等自生自发式的制度,随着经验的积累以及规范的进一步发展,更多的实践先行的民事检察制度可能在不同程度上获得法律的认可。而在民事检察权的法律渊源方面,经历了由分散且粗疏到较为系统且具体的转变历程,相较于新中国成立初期的概括性规定、检察院组织法对民事权能的忽视、试行法典的原则性和"仿苏式"规定,目前已经形成了由宪法、检察院组织法、民事诉讼法、相关司法解释以及法检会签文件、机关内部规定等不同类型、不同位阶的规范所组成的民事检察法律制度体系,生成了契合中国本土语境和客观资源的民事检察特色。

2. 中国民事检察制度的特色提炼

不少学者对中国民事检察制度的特色,提出了诸多观点,例如,有的以检察制度的适用对象、启动时间、法律效力和制度功能等为依据,将民事检察制度的特征概括为公权力性、法律性、程序性、保障性和事后性[①];有的学者以我国检察制度的建构背景为出发点,将我国检察制度的特色归纳为个案监督、专门监督、民主集中性监督。[②] 这些观点无疑为全面观察我国的民事检察制度提供了有益视角,但为了进一步凸显我国民事检察制度的个性,本部分将以比较法资源[③]为参照系、以上述发展规律为切入点,尝试从新的视角来观察我国民事检察制度的独有特色。

首先,我国检察机关介入民事司法领域的根本动因和基本依据具有特殊性。不同于西方国家不允许检察权介入民事诉讼或者只能为了重要的法律利益和社会公共利益有限介入的制度模式,我国法律赋予了检察机关介入民事司法程序的广泛权限和多样化事由,宪法将权力对权力的监督即执法监督和权力对权利滥用的制约即守法监督均纳入了法律监督的框架中,使得检察机关既可以为了监督审判权和执行权等公权力的合法行使而介入民事司法程序,也可以为了实现国家的社会管理职能而对民事领域的某些违法行为进行干预。

其次,我国检察机关在民事诉讼程序中的角色和地位具有特殊性。

---

① 参见最高人民检察院法律政策研究室:《我国民事检察的功能定位和权力边界》,载《中国法学》2013年第4期。
② 参见孙谦主编:《中国特色社会主义检察制度》,中国检察出版社2009年版,第56页。
③ 据不完全统计,全世界有30多个国家的检察机关有权参与民事诉讼。参见陈永生:《论检察机关的性质》,载《国家检察官学院学报》2001年第2期。

不同于西方检察机关以公益代表人的身份参与或提起诉讼、处于当事人或联合当事人的地位,我国检察机关在民事诉讼中可能扮演着支持起诉者、审判监督者、国家利益和社会公共利益代表者等多重角色;加之对公共利益的泛化界定,使得检察机关既可以为了保护弱势群体而支持其提起诉讼,也可以为了规制审判权或执行权的违法行使而提出抗诉或检察建议,还可能在国家利益和社会公共利益遭受损害时作为原告提起民事公诉。这也与我国民事检察权的正当性来源及其职能的双重性特点相一致。

再次,我国检察机关在保障民事司法公正领域的角色具有特殊性。一方面,不同于域外国家通过民事程序内部诉权与审判权之间的动态双向制约以及审级制度来保障民事司法公正的制度模式,我国检察机关作为外部公权力主体,有权对民事审判权和执行权行使的合法性进行监督,这在相当程度上与西方三权分立语境下的司法独立原则相冲突。另一方面,不同于域外国家对既判力的尊重以及对程序倒流、重开程序的严格限制,我国检察机关的民事抗诉权具有启动再审程序的当然效力,检察机关通过个案监督的方式来实现维护民事司法公正的目标,且在有错必纠、追求客观真实等理念的指引下,对实体问题和程序问题予以一并关注。

此外,我国民事检察制度在生成方式和发展模式上具有特殊性。在历史渊源方面,中国的检察理论和制度设计在相当程度上受到了苏联模式的影响,这种效仿关系在民事检察领域最突出的表现就是将检察监督原则确立为民事诉讼法的基本原则之一,赋予检察机关以抗诉的方式对法院审判活动和裁判结果进行公权制约性监督的权能。然而,与俄罗斯联邦对原苏联模式的不完全继受相类似,中国检察机关在民事领域的角色同样与前苏联有所不同:一方面,没有赋予检察机关一般监督的权能,民事诉讼检察监督的对象限于法院而不包括民事诉讼当事人和其他诉讼参与人;另一方面,没有吸纳苏联检察机关的民事公诉权和参诉权。而在发展模式上,不同于域外国家对检察机关介入民事领域的严格控制,我国的民事检察制度具有明显的非规范性和自生自发性。除了法典中规定的抗诉等传统制度外,我国民事检察实务中长期存在很多并无法典依据的实验做法,不同地域的检察机关对冠以同一名称的实验性制度所采用的具体操作方式并不一致,且往往构成当地检察机关工作报告的组成内容,

（二）中国民事检察权的正当性基础

为了深化对中国民事检察权之基本原理和一般规律的认识，还需要结合中国制度特色的内在成因，来探寻中国民事检察权的正当性基础，剖析其权能变革、功能亢奋以及角色转型的本质原因。近年来有关民事检察权正当性问题的研究并不罕见，现有文献大多从民事审判能力和审判质量的客观现状、民事司法体制的运行状况、司法能动与和谐社会、民事诉讼的基本原则、公众期待和路径依赖等角度[1]，来论证中国民事检察权的合理性和必要性，但由于脱离了中国制度的发展规律和独有特色，忽视了民事检察权与刑事检察权在正当性来源上的本质差异，导致相关结论缺乏本土回应性、针对性和深入性。鉴于此，以下将综合中国民事检察制度在历史沿革、起源模式、性质定位、权能配置以及发展规律等方面的共性与个性，分别从历史文化传统、宪政体制、程序法理以及社会客观状况等维度来挖掘民事检察权的正当性来源。

1. 中国民事检察权的历史传统基础

中国传统政治文化、法律文化以及民俗文化，为民事检察制度的生发以及功能拓展提供了历史传统方面的正当性基础。首先，一国的政治和法律文化传统对其当代法律制度的建设和发展有着潜移默化的影响，中国法律文化几千年的积累和传承，形成了稳定的心理态势、思维参照和行为模式[2]，其核心特征是家本位、集体本位，禁自利、轻权利[3]，之后延伸为国家利益和公共利益至上、国家全面干预等理念，从而为检察机关维护公共利益、监督民事守法等职能提供了正当性支持。其次，中国长期的监察文化传统，为检察机关的民事司法监督权奠定了历史基础，古代行政与司

---

[1] 有关中国民事检察权之正当性的论证文献请参见：最高人民检察院法律政策研究室：《我国民事检察的功能定位和权力边界》，载《中国法学》2013 年第 4 期；马登科：《民事检察抗诉制度的再完善》，载《华南农业大学学报（社会科学版）》2009 年第 3 期；钱颖萍：《我国民事检察监督之正当性——以司法程序的类型为中心》，载《重庆理工大学学报（社会科学版）》2011 年第 3 期；李文革等：《民事检察调解的正当性基础》，载《湖北民族学院学报（哲学社会科学版）》2011 年第 1 期；苏力：《关于对抗制的几点法理学和法社会学思考》，载《法学研究》1995 年第 4 期；等等。

[2] 参见张文显：《法哲学范畴研究（修订版）》，中国政法大学出版社 2001 年版，第 230 页。

[3] 参见武树臣：《中国传统法律文化》，北京大学出版社 1994 年版，第 722 页；杨春华：《经济人与社会秩序分析》，上海三联书店、上海人民出版社 1998 年版，第 1 页；汪汉卿：《中国传统法律文化和现代法制建设》，载《法学评论》1994 年第 1 期。

法不分背景下"纠弹百官"的御史监察制度,与当代检察机关对审判人员职务行为的监督具有一定的共性。此外,传统民俗文化所蕴含的集体认同、耻讼厌讼等观念,为检察机关息诉和解、检调对接的生发提供了成因解释。

2. 中国民事检察权的宪政基础

从我国民事检察制度在生发基础方面的特殊性来看,其源于我国独特的政体结构以及检察权在国家权力体系中的特殊地位,这同时也构成了民事检察权的宪政基础。如前所述,不同于西方国家的三权分立体制,我国重视政权的集中性和民主性,因而依据民主集中原则建立了议行合一的政权模式,在这种一元多立的权力结构下,全国人大是国家的立法机关同时也是最高权力机关,而检察机关、法院和行政机关则属于相互平行的二级国家机关。依据宪法的授权,检察机关是国家的法律监督机关,享有守法监督和执法监督的职能,这使得民事检察权的权能具有双重性:一方面可以依据与西方国家相类似的公益原则介入民事领域;另一方面可以依据执法监督职能对法院的公权行为进行监督。

不同于西方国家附属于行政权或司法权的检察权,中国检察机关在宪法地位上的独立性和专门性,使得其在发挥公权制约和社会治理职能时更加客观中立,同时也弥补了人大监督的抽象性、宏观性和非经常性等固有局限。因此有学者说:"我国的人民检察制度,是由人民代表大会制度决定和产生的一项法律监督制度。"①

3. 中国民事检察权的法理基础

权力的固有属性与法律监督理论,奠定了公权制约型民事检察权的正当性基础。"得一思二,永无休止的权势欲望",是"全人类共有的普遍倾向"②,"一切有权力的人都容易滥用权力",其"使用权力一直到遇有界限的地方才休止"③。权力的侵害性、膨胀性、易被滥用性和自我寻租倾向④,使得在赋权的同时必须进行限权。在一元多立的体制下,执法机关

---

① 王桂五:《中华人民共和国检察制度研究》,法律出版社1991年版,第3页。
② 〔英〕霍布斯:《利维坦》,黎思复译,商务印书馆1985年版,第72页。
③ 〔法〕孟德斯鸠:《论法的精神》(上册),张雁深译,商务印书馆1963年版,第154页。
④ 矫波:《水环境公益诉讼的国家与社会》,载刘年夫等:《正义与平衡——环境公益诉讼的深度探讨》,中山大学出版社2011年版,第71页。

相互间缺乏三权分立体制中的那种制衡关系,而最高权力机关的抽象监督和能力局限,使其难以有效监督各项公权力依法正确行使,这就为创设专门且独立的法律监督机关提供了空间,进而佐证了检察机关对审判机关进行权力监督的正当性。

我国对审判独立之内涵的特殊界定、诉讼模式和相关主体能力的特殊性,为公权制约型民事检察权提供了诉讼法理层面的正当性基础,也间接揭示了检察机关在维护民事司法公正方面的特殊功能的成因。具体来说,第一,不同于三权分立模式下对审判独立的至上追求,亦不同于英美法系国家纠纷解决型的民事程序,我国采行一元多立的权力制约模式和政策实施型的民事司法程序,在审判权和行政权之外单独设立了专门的法律监督权,以"追求真理的而不是公允的决策者形象"[①]为司法理念,因此在符合法定条件时检察机关有权对审判权进行监督,以期规制裁判者的恣意。第二,我国在民事诉讼模式上的职权主义传统,加之审判主体在客观能力和司法廉洁度方面的现状、诉权主体实际诉讼能力的弱势,以及程序制度本身的不完善,导致民事程序内部的制约机制缺位或失灵。在诉权与审判权之间的相互制约功能无法发挥预设功能的情况下,自然为其他公权力主体打破程序的封闭性而介入民事程序提供了空间。第三,我国检察机关的抗诉权所具有的强制性程序效力,源于我国对再审程序本身的错误定位以及有错必纠的司法理念下对客观真实的偏误追求。需要特别说明的是,域外国家检察机关针对民事案件的法律适用问题参与诉讼的职权,不能用来论证我国检察机关民事抗诉权的正当性,二者存在本质差异:在介入时间上,前者是在程序进行过程中、法官尚未最终认定案件事实和适用法律时,而后者是在法院已经做出生效裁判之后;在法律后果上,前者并不影响司法的终局性且仅仅发挥咨询和辅助功能,而后者则具有程序性强制力并对既判力造成冲击。

4. 中国民事检察权的社会现实基础

"任何一制度之创立,必然有其外在的需要,必然有其内在的用意"[②],

---

① 〔美〕米尔伊安·R.达玛什卡:《司法和国家权利的多种面孔——比较视野中的法律程序》,郑戈译,中国政法大学出版社 2004 年版,第 203 页、第 251 页。

② 钱穆:《中国历代政治得失》,生活·读书·新知三联书店 2005 年版,第 2 页。

"一种旨在认识法律现象——而不是停留在一种静止的对可能的体系中的逻辑关系的概括描述上——的法律理论必须研究规范体系在其社会现实中的实际存在。不考虑社会现实——它与规范的存在主义相对应——的法律科学是不可思议的"①。

首先,从我国特定时期的社会发展状况和客观需求以及其他外部环境来看,随着经济体制改革的全面推进,一些损害国家利益、侵犯国有资产的民事行为愈演愈烈;随着社会经济水平的日益提升,社会民事法律关系日益新颖化和复杂化,且具有超越私益的客观后果;随着民事诉讼案件数量的与日俱增,公众对司法效率和公正程度的不满情绪加深,进而导致上访申诉频发。在上述情形下,检察机关可能因其特有的角色、自身的部门利益或者某些社会功利性目的而采取一些实验尝试,使得民事检察制度的发展呈现出实践先行、模式多样等特征。这在诠释民事检察权拓展方式的特殊性的同时,论证了某些民事检察制度自生自发的正当性。

其次,我国在社会治理模式和社会传统理念方面的特殊性,为检察机关民事权能的拓展提供了现实依据。不同于西方国家所尊崇的个人本位、国家最小干预等理念,我国尚未完成国家权力与公民权力的界限划分,在社会公共领域边界模糊、社会自治和公民自治能力欠发达的客观背景下,我国检察机关不仅在民事诉讼程序中扮演着监督法院的公权监督者角色,还可能因为救助弱势群体、维护国有资产和集体利益等并非严格意义上的公共利益,而采用支持起诉、民事公诉等方式介入社会的民事活动。这也从另一个侧面论证了我国检察机关在公益维护领域的角色与西方国家的本质差异。我国检察机关不是行政权的附属部门、检察官不是政府律师,因此其代表国家和社会公共利益提起民事诉讼的正当性基础与美国联邦和州检察总长作为政府律师起诉的正当性基础不同。

此外,司法腐败现象的长期客观存在、审判机关内部自我监督机制的功能不佳、检察机关在维护公益等方面的客观优势以及某些实验性制度的良好收效,从实用主义的角度为民事检察制度的权能拓展提供了正当性依据。

---

① 〔英〕尼尔·麦考密克、〔奥〕奥塔·魏因贝格尔:《制度法论》,周叶谦译,中国政法大学出版社 1999 年版,第 56 页。

第二章
民事检察权的运行实况

在系统梳理了检察权的性质、权能、发展规律及正当性来源等基本理论问题,并对中国民事检察权的总体框架及制度特色进行宏观把握后,需要从规范与实践的双重维度对民事检察权的实现方式进行全面考察。通过明晰各种民事检察制度的最新规范、运行现状、实践困惑和理论分歧,一方面有助于链接理论、规范与实践三者间的关系;另一方面,能够为之后深入分析各类民事检察权的生发原因、厘清各类权能的运行空间并提炼各项制度的基本原理,提供基础铺垫和背景支持。与此同时,还可以为深入探究现存问题的本质成因、寻找可能的优化路径提供线索并指引方向。藉此,本章将对我国规范文本和司法实务中民事检察权的七种实现方式进行系统考察,依照第一章中搭建的民事检察权能体系框架,以权能类型和是否具有法典依据为标准,可以将民事检察权的实现方式概括为"两大类型、三个分支、七种方式"。详言之,以民事检察权的权能类型作为第一层分类标准,可以将其现有实现方式分为"公权制约型民事检察权的实现方式"与"社会治理型民事检察权的实现方式"两大类型;在此基础上,以各种具体实现方式是否为法典所规定作为第二层分类标准,可以将社会治理型民事检察权的实现方式进一步划分为"法定性"实现方式与"自发性"实现方式,由此可以得出"三个分支":一是由民事审判检察监督和民事执行检察监督所组成的公权制约型民事检察权的实现方式;二是由民事支持起诉和民事公诉所组成的社会治理型民事检察权的法定性实现方式;三是由督促起诉、"检调对接"以及执行协助所组成的社会治理型民事检察权的自发性实现方式。以1991年至2014年十余年的相关实证数据为观察样本,以下将分别对这七种民事检察制度的具体内容、实践样态和制度实效等进行梳理和总结,并从中挖掘所存在的主要问题和困惑,进而为之后评估相关制度的正当性与有效性、探寻整个制度体系的优化路径和具体方案等,提供有针对性的思路。①

第一节 公权制约型民事检察权的实现方式

公权制约型民事检察权作为我国检察权能体系中最具个性的内容,以法院行使审判权和执行权的合法性作为监督对象,以保障民事法律的正确统一实施。相较于以守法监督为职能、以社会民事主体的某些违法行为作为干预对象的社会治理型民事检察权,公权制约型民事检察权以宪法赋予的执法监督职能为正当性来源,属于民事程序意义上的检察监督(即狭义的法律监督)。在2012年全面修订《民事诉讼法》之前,我国公权制约型民事检察权的行使范围限于审判程序而不包括执行程序,这导致民事检察监督被长期等同于民事审判检察监督。新法典及司法解释的颁行突破了公权制约型民事检察权在运行场域上的局限性和实现方式上的单一性:一方面,通过修改基本原则和增设一般制度,将执行权纳入了民事检察监督的体系;另一方面,对实践中长期存在的民事检察建议给予了法典化认可,构建起了多元化的民事检察监督格局。法律规范的更新在为实践带来新契机的同时,也为理论研究和实施细则的配置提出了新挑战,在审判监督领域引入检察建议,使得原先以"上抗下"、刚性化为特征的监督方式开始融入新的元素、呈现出新的结构;在民事执行程序领域引入检察监督权,生成了融合检察权与执行权特性的新型民事检察制度。鉴于民事审判程序与民事执行程序在基本原则、运行原理、核心功能、程序结构、主体关系以及法律效力等方面的差异,加之审判权与执行权在行使方式、行使对象、具体内容等方面的不同,以下将从规范和实践两个维度,分别对公权制约型民事检察权在审判程序与执行程序中的实现方式予以考察,并尝试透过经验事实发现其中所存在的主要问题和困惑。

---

① 参见韩静茹:《社会治理型民事检察制度初探——实践、规范、理论的交错视角》,载《当代法学》2014年第5期。

一、民事审判检察监督

民事审判检察监督是指检察机关依据宪法所赋予的法律监督权,通过抗诉或检察建议等手段对法院行使审判权的合法性进行监督,以保障民事法律统一、正确实施的检察制度,其中包括对生效判决、裁定和调解书的监督以及对审判程序中审判人员违法行为的监督。审判检察监督是我国公权制约型民事检察权最传统、最主要的实现方式,在2012年《民事诉讼法》修正案正式确立民事检察建议制度之前,抗诉是民事审判检察监督在规范层面的唯一法定手段,这使得传统观念上将审判检察监督等同于抗诉。十余年的实践经验和法典的最新规定,扩展了民事审判检察监督的范畴、丰富了该类权能的实现方式、更新了各种监督手段的法律效果,然而受制于执法理念的革新程度、新设规范的可操作性程度以及相关理论研究的深度,审判检察监督领域仍存在诸多有待明晰的问题。以下将结合现行《民事诉讼法》、2015年《民诉解释》及其他相关司法解释的规定,对我国民事审判检察监督的适用范围、适用条件、具体方式、法律效果等内容进行梳理,并借助实务数据等相关实证信息来考察民事审判检察监督制度的运行实效,检验规范与实践之间的契合度。

(一)民事审判检察监督的最新规范

我国《民事诉讼法》第14条规定:"人民检察院有权对民事诉讼实行法律监督。"该项基本原则构成了检察权介入民事审判的基础性依据。2007年和2012年的两次修法,分别从抗诉事由、监督对象、监督方式、申诉受理和审查、保障性手段等方面,对民事审判检察监督的实体规则和程序规则进行了修正和发展。以法典的最新规定为基础、结合新近的相关司法解释,能够较为系统的把握民事审判检察监督权的作用范围、方式、条件、情形和效力,并发现其中有待明晰或矫正之处。

1. 民事审判检察监督权的启动方式

诉权与审判权是民事诉讼程序的两大支柱,通过合理配置二者的权限来实现其相互间的双向制约,从而推动程序高效、公正的运行。当这种以自治性和封闭性为常态特征的程序出现失灵而需要检察权介入时,如何保障检察机关能够及时获得相关信息,便成为了制度有效运行的基本前提。我国民事诉讼检察监督的案件来源主要有三:一是当事人向检察机关申诉；二是当事人以外的公民、法人和其他组织向检察机关控告、举报；三是检察机关依职权发现。① 由此可以将民事审判检察监督权的启动方式分为依申请启动和依职权启动两种，但实践中绝大多数的监督案件源于当事人的申诉，因此有必要掌握当事人申诉的条件以及检察机关受理和审查申诉申请的程序规则等事项。

不同于可以借助上诉权而直接启动的通常救济程序即二审程序，当事人若想使法院启动再审这一非通常、例外性的救济程序，只能向法院申请再审或向检察机关申诉。在2012年《民事诉讼法》修订前，立法并未对当事人申请再审与申诉之间的适用关系予以限制，这种平行式的制度安排导致实践中出现了当事人多头申请、重复申请的现象，不仅造成法检两家重复审查而浪费了原本就十分有限的司法资源，有时还会出现审查结果不一致等损害司法权威、激化法检矛盾的情况。为了消解"两头申请"所造成的不良后果，2012年全面修订后的《民事诉讼法》为当事人向检察院申请监督设置了前置性条件。依据《民事诉讼法》第209条和2015年《民诉解释》第383条第1款第3项的规定，在具备法定再审事由的情况下，当事人必须首先向法院申请再审，只有在法院驳回再审申请、逾期未处理再审申请或者再审裁判有明显错误时，才能向检察机关申请进行监督。检察机关应在3个月内完成对申请的审查并作出提出或者不提出检察建议或者抗诉的决定；当事人不得再次向检察机关申诉，也不能在向检察机关申诉失败后再找法院。这一修改体现了"穷尽程序内部救济"、禁止反复申诉和缠访等理念，具有一定的积极意义，但这一规定使检察机关成为了当事人的"最后一根救命稻草"，该种将检察机关置于救济机制末端的做法是否有违民事检察权的应然功能、是否会加剧法检两家的对立情绪、是否会使检察机关陷入缠访"泥潭"，还有待实践的进一步反馈。

此外，留有遗憾的是，2012年修改时仍旧没有规定检察机关受理当事人申诉的条件、审查申诉的具体方式及相应的处理办法等内容，这必然导致相关制度缺乏可操作性和规范性。为了积极有效地回应新法典的相关规定，2013年9月23日最高人民检察院通过了《人民检察院民事诉讼监督规则（试行）》（以下简称《民诉监督规则试行》）并于同年11月18日

---

① 参见《人民检察院民事监督规则（试行）》第23条的规定。

起施行,其中对申诉案件的管辖、回避、受理立案、审查方式以及处理方法等事项进行了较为全面的规定,其中尤为值得关注的是在第五章"审查"中专节规定了对民事诉讼监督案件的听证制度,较为详细的规定了听证的适用情形、参加主体、听证场所、通知公告以及听证的对象和顺序等内容①,这无疑有助于民事审判检察监督制度的规范化、体系化发展。

2. 民事审判检察监督的对象和方式

在现行法典施行前,审判检察监督的对象仅限于生效的判决和裁定,并以抗诉作为唯一的监督手段。然而随着近年来调解结案率的不断提升、恶意调解的日益频发以及民事审判领域其他一些新问题的出现,原先的制度配置已经无法充分满足司法实践的客观需求。鉴于此,2012 年《民事诉讼法》修正案分别从监督对象和监督方式两个方面对民事审判检察监督制度进行了发展和完善:一方面,将损害国家利益、社会公共利益的生效调解书以及审判监督程序以外的其他审判程序中审判人员的违法行为,确立为新的监督对象;另一方面,在传统监督手段即抗诉之外新增了检察建议这一协商性的非讼监督方式。以下将以监督对象的类型为标准,对相应的监督事由和监督方式进行详细解读。

(1) 对生效判决、裁定、调解书的检察监督

依据《民事诉讼法》第 208 条第 1 款和第 2 款的规定,检察机关对生效判决、裁定的监督事由与对生效调解书的监督事由不同。其中对生效判决、裁定进行监督的事由与当事人向法院申请再审的事由相同,即第 200 条所规定的十三种情形。依据这些情形的具体内容并结合 2015 年《民诉解释》及《民诉监督规则试行》第 78 条至第 82 条的规定,可以将之归纳为四类事由②:第一类是针对证据和事实问题的监督事由,其中包括

---

① 检察院审查民事诉讼监督案件时有关听证的具体规则,请参见《人民检察院民事诉讼监督规则(试行)》第 57 条至第 64 条的规定。

② 再审事由的类型化方案具有多样性,例如张卫平教授和肖建国教授均将之划分为裁判主体不合法、裁判依据不合法、违反法定程序三大类型,参见张卫平:《民事再审事由研究》,载《法学研究》2000 年第 5 期;肖建国:《民事再审事由的类型化及其审查——基于解释论的思考》,载《法律适用》2013 年第 4 期。江伟教授和傅郁林教授将之划分为事实问题、法律问题、程序问题和司法品行问题四类,参见江伟主编、傅郁林副主编:《民事诉讼法学》,北京大学出版社 2012 年版。王亚新教授将之划分为实体上的事由、程序上的事由、审判主体方面的事由三类,参见王亚新:《民事审判监督制度整体的程序设计——以〈民事诉讼法修正案〉为出发点》,载《中国法学》2007 年第 5 期。

有足以推翻原裁判的新证据、原裁判认定基本事实缺乏证据证明、认定事实的主要证据系伪造或未经质证；第二类是针对法律问题的监督事由，其中主要包括原裁判适用法律与案件性质明显不符、法律关系定性错误、适用未生效或已失效的法律、违反法律适用规则或溯及力规定等具体情况；第三类是针对程序问题的监督，其中包括审判组织不合法、违反回避制度、违法剥夺当事人辩论权或程序参与权、违法缺席判决、损害当事人处分权等严重的程序性违法；第四类则是针对审判人员枉法裁判等违法违纪问题的监督事由。不同于针对判决和裁定所采用的"事由同一化"模式，立法分别为检察机关监督调解书与当事人申请对调解书进行再审设置了不同的事由：前者仅限于调解书损害国家利益或社会公共利益两种情形，而后者则包括调解违反自愿原则或合法原则。鉴于民事调解的自身特性，该种"事由区别化"的模式无疑符合检察机关在民事领域的应然角色，但从司法解释的相关规定以及检察机关的实际做法来看，法典中的该种范围限定并未完全获得遵守，具体问题将在后文予以讨论。

在明晰了对生效判决、裁定、调解书的监督事由后，需要进一步考察相应的监督方式。依据《民事诉讼法》第 208 条的规定，检察机关行使审判监督权的方式包括提出抗诉、提请抗诉和提出检察建议三种，相较于抗诉这一"上对下"的监督路径，检察建议具有同级监督、协商性监督、灵活高效监督等优点，但不具备必然启动再审程序的强制效力。新法典虽然实现了检察建议的法典化确立，但仍旧未能明确抗诉、提请抗诉、检察建议三者各自的具体适用情形、相互关系以及适用顺位等关键内容，亦未对检察建议的具体种类和内部层级等问题进行系统规定。相比之下，《民诉监督规则试行》第 84 条和第 85 条对检察机关监督生效判决、裁定、调解书的方式进行了较为详细的规定：首先，将审判检察监督权的行使方式分为再审检察建议、提请抗诉和抗诉三种类型，区分了再审检察建议与其他类型的检察建议；其次，明晰了哪些情形下"应当"提请抗诉而不得提出再审检察建议，具体包括三类案件：一是不适宜由同级法院再审纠正的案件，例如判决、裁定是经同级法院再审后作出的，或是经同级法院审委会讨论作出的；二是适用法律确有错误的案件；三是审判人员在审理时有枉法裁判等违法犯罪行为的案件。上述规定在一定程度上区分了提请抗诉与提出再审检察建议在适用范围上的异同，初步明晰了二者之间何时为选择性关系、何时为排他性关系。此外,2015年《民诉解释》第十八章"审判监督程序"对法典中有关民事抗诉和检察建议的规定进行了部分细化:其中第413条和第415条强调了法院受理检察院提出的抗诉或再审检察建议的职责,第414条、第417条和第418条分别规定了民事抗诉的适用范围、法院因抗诉而裁定再审的条件和期限、抗诉案件的审理法院;其中第416条和第419条分别明确了检察机关提出再审检察建议的条件、再审检察建议对法院的拘束力,从而在一定程度上回应了法检两家的长期争议。

(2)对审判程序中审判人员违法行为的检察监督

2012年修正案的另一项重要内容,是将民事审判检察监督的对象从法院的裁判文书等扩展到了审判程序中审判人员的违法行为,依据《民事诉讼法》第208条第3款的规定,检察机关对审监程序之外的其他审判程序中审判人员的违法行为,有权向同级法院提出检察建议。然而这种"单款式"的粗略规定,显然未能明晰何谓"其他审判程序""违法行为"包括哪些具体表现形式,亦无法判定该种检察建议的法律效力。相较于法典中的"宪法式"授权,《民诉监督规则试行》在第七章专章规定了"对审判程序中审判人员违法行为的监督",其中第97条至第99条分别规定了审判程序的具体类型、审判人员的范围和违法行为的具体形态,将不适用再审程序纠正的确有错误的裁判、违反自愿或合法原则的调解协议、违法不立案、违法保全和先予执行、适用错误的审判程序、违法发出支付令、违反法定审限、违法采取妨害民事诉讼的强制措施、违法送达以及审判人员接受请客送礼、违反会见规定等多种情形,均纳入了检察机关有权予以监督的"违法行为"范畴,对于该种规定的正当性与合理性问题,将在后文予以讨论。

3. 民事审判检察监督的其他相关规定

民事审判检察监督制度之预设功能的切实发挥,离不开相关保障性、辅助性制度的配合。《民事诉讼法》在第210条增设了检察机关的调查核实权,依据该条的规定,"人民检察院因履行法律监督职责提出检察建议或者抗诉的需要,可以向当事人或者案外人调查核实有关情况。"在宜粗不宜细的立法方针下,法典并未规定行使调查核实权的具体情形和具体手段,更没有规定对于检察机关审查案件而言非常重要的调阅法院案卷材料的权力。依据《民诉监督规则试行》第 51 条的规定,检察院审查案件时可以根据具体情形调阅、复制或摘录法院的诉讼卷宗;《规则》还用专门一节对检察机关调查核实权的行使情形、具体措施、程序规则以及有关单位和个人的配合义务等进行了较为详细的规定。但作为最高人民检察院单方出台的司法解释,上述"一厢情愿"的赋权究竟能够在多大程度上获得法院的认可,还有待实践的检验。此外,2015 年《民诉解释》第 421 条第 2 款明确了检察机关调查核实权的法律效力,其调查核实所得的情况应当向法庭提交并予以说明,由双方当事人进行质证。

除了上述内容外,《民事诉讼法》和《民诉解释》还规定了检察机关提出抗诉时制作抗诉书的义务、法院审理抗诉案件时通知检察院派员出庭的义务等,但对于民事检察建议的文书格式和具体内容、检察员出席再审法庭时的任务和地位等长期存在的实践困惑,并未予以回应。依据《民诉监督规则试行》第 94 条和第 96 条的规定,法院对抗诉案件进行再审时检察院应当派员出庭;检察人员出席再审法庭的任务包括宣读抗诉书、出示并说明其依职权调取的证据以及在休庭或庭审结束后对庭审活动中的违法情形提出检察建议。

(二)民事审判检察监督制度的运行情况

在了解了民事审判检察监督的规范内容和最新发展之后,需要将目光转向实务领域,通过观察相关制度的在实践中的运行模式和具体样态,来评估制度实效与立法预设功能之间的契合度,进而提炼出经验事实背后所隐藏的深层问题。为了尽可能全面客观的把握民事审判检察监督制度的运行状况,本部分将采用数据分析与案例分析相结合的方法,对 1991 年至 2014 年间的相关实证资料进行梳理分析。

1. 统计数据分析(1991—2014)

依托最高人民检察院和地方各级人民检察院的工作报告、各地检察机关的调研报告和内部统计资料、检察机关的官方网站以及相关新闻报道等媒介,笔者对 1991 年至今民事审判检察监督工作的实践数据进行了尽可能全面地收集与整合,并依据监督手段的不同,对民事抗诉和再审检察建议的实证数据进行了分别梳理。需要特别说明的是,受制于资料收集的客观能力以及检察机关数据统计制度的本身局限,下表中的相关数据存在两方面局限:一是抗诉案件数中包括了民事抗诉案件数和行政抗诉案件数,这种民行合并统计的方式可能在一定程度上影响了数据的准确性;二是部分省份的相关数据未能获得,这可能在一定程度上影响了数据的全面性。但从数据的整体规模和质量来看,这两点遗憾的存在对于把握实践现状不具有实质影响。

首先,通过对1991年至2014年全国检察机关民事抗诉案件的相关数据进行整理和分析(见"表一"),可以发现以下几方面的规律和特点:第一,从案件规模和发展趋势方面来看,自1991年全国第一例民事抗诉案件出现至今,民事抗诉案件的数量经历了"缓慢起步→飞速上升→显著下降→缓慢减少"的发展脉络。具体来说,在1991年至1994年也即抗诉制度的施行初期,检察机关提出抗诉的案件数量很少,虽然此间的增幅比例较高,但在总体数量上很低,其中1991年仅为个位数。从1995年起至1999年,民事抗诉工作进入了飞速发展阶段,检察机关提出抗诉的案件数从1994年的587件增长到了1999年的14320件,年平均增长率超过了100%,其中1995年的增长率近200%。而在2000年至2002年期间,检察机关提出民事抗诉的数量出现了明显下降,其中仅2002年一年就下降了3000余件,这一现象与该阶段学界和实务界对抗诉制度的正当性质疑紧密相关。此后在2003年至2014年间,民事抗诉案件数一直呈缓慢减少的态势,仅在2010年出现了很小的涨幅,其中两方面现象值得关注:其一,虽然2007年对民事抗诉事由进行了扩张性修正,但2008年的抗诉案件数非但没有增长反而下降了近400件,这一现象为研究抗诉事由与抗诉适用率之间的关系提供了有益视角。其二,在2012年之前,每年的抗诉数均维持在一万件以上,但2013年出现了急剧下降,该年检察机关提出抗诉的数量仅为2012年的54.5%,这一现象为研究再审检察建议与抗诉的关系、评估新法典的运行实效提供了有力支持总的来说,该阶段"不增反降"主要是因为再审检察建议的广泛适用以及法院调解结案率的不断提升。第二,从抗诉案件的审理效率来看,虽然抗诉具有启动再审程序的强制力,但受制于我国再审程序本身设计的缺陷等因素,再审案件的审理程序通常较为冗长,2001年至2009年法院对抗诉案件的审结率基本在55%到65%之间,但在2010年和2011年出现了明显的提升即达到了80%。第三,从抗诉的实际收效来看,虽然近十余年来再审维持原判的案件数量经历了从逐步递增到缓慢递减的过程,但抗诉案件的再审改判率却持续下降,从最高时的55%左右下降到了2013年的37.7%。通过观察改判数、调解结案数和发回重审数的关系变化,能够解释改判率

表一 1991—2014年全国检察机关民行抗诉案件情况①

项目 年份	提出抗诉	法院审结	审结率	改判	调解	撤销原判发回重审	维持原判	其他处理	原审改判率	原审改变率②
1991	9③									
1992	—	1991—1994年,全国检察机关共向人民法院提出民事行政抗诉案件1031件④								
1993	310									
1994	587									
1995	1507	1991—1999年,全国检察机关共提出民行抗诉34778件,法院再审审结16490件,改判、撤销原判发回重审和调解13566件,再审改变率为82.27%								
1996	3322									
1997	6163									
1998	8438									
1999	14320	—		3398	670	1854	1254			
2000	16944	—								
2001	16488	10145	61.53%	5377	—	900			53.0%	
2002	13202	7528	57.02%	4069	988	601			54.5%	75.2%
2003	13120	7128	54.33%	3939	1051	226	1694	218	55.3%	73.2%
2004	13218	7928	59.98%	4050	1351	276	1999	252	51.1%	74.79%
2005	12757	8162	63.98%	3935	747	136	2257	148	48.2%	72.35%
2006	12669	8941	70.57%	3995	1727	366	2390	463	44.7%	73.3%
2007	11817	8175	69.18%	3313	1985	248	2199	430	40.5%	67.8%
2008	11459	7565	66.03%	3326	1655	343	1881	360	44.0%	70.4%
2009	11556	7785	67.37%	3026	1877	703	1710	471	38.9%	76.6%
2010	12139	9719	80.06%	3791	2588	1023	1863	454	39.0%	79.9%
2011	10332	8239	79.74%	3124	2305	960	—	—	37.9%	77.6%
2012	10506	2008—2012年5年间共提出抗诉55992件,提出再审检察建议45823件								
2013	5727	—	—	2157	1374	653	1120	477	37.7%	73.1%
2014	2014年共提出民行抗诉或再审检察建议9378件									

---

① 2002年,法院对检察机关民行抗诉案件作出维持原判和其他处理的案件数总和为1483件;2011年,法院对检察机关民行抗诉案件作出维持原判和其他处理的案件数总和为1850件。
② 再审改变率=(改判数+发回重审数+调解结案数)/法院再审审结案件数。
③ 刘国航:《抗诉,不再是刑事诉讼的专利》,载《法制日报》1991年11月6日。
④ 参见王鸿翼:《民事行政检察工作的发展历程》,载《人民检察》2008年第20期。

"不升反降"的原因:抗诉案件再审后调解结案和发回重审数量的不断增多,必然导致以判决方式结案的案件数量下降,进而导致改判率下降;与此相对应,由改判、发回重审和调解结案所共同组成的再审改变率则恰呈持续上升的态势,平均维持在70%至80%之间。

其次,通过对2002年至2014年全国检察机关提出再审检察建议的相关数据进行整理,能够较为直观的了解该种"实践先行"的监督方式在民事审判检察监督领域的实际功能,并在对比提出抗诉数与提出再审检察建议数的基础上,揭示出二者之间的内在关系。如"表二"所示,虽然在1994年和1996年的工作报告中提到了"改判建议"和"纠正意见"等类似概念,但再审检察建议在全国范围内的推广试行始于2001年,在之后的十余年间,该种监督方式的适用频率持续上升,其中在2010年出现了大幅增长并首次突破一万件。值得特别关注的是,2011年至2013年3年检察机关提出再审检察建议的数量均超过了提出抗诉的数量,其中2013年再审检察建议数为抗诉数的1.74倍。这一方面源于再审检察建议在实践中的不断推广和发展成熟,同时也与近年来调解结案率的上升有关,因为在2012年修法前检察机关无权对调解书提出抗诉,而只能借助再审检察建议这一变通手段来实现对调解书的监督。然而,再审检察建议在适用频率方面的提升与其运行实效之间并不存在必然关联,通过对全国各省区市检察机关再审检察建议的采纳率进行整理和分析后可以发现(见"表三"),由于获得法典确认的时间较晚且法律效力一直含糊不清,使得再审检察建议在不同地区的运行实效呈现出严重的不均衡性:在河北、辽宁、河南、重庆、江西、上海等地,法院对检察机关提出的再审检察建议的采纳率均超过了90%;而安徽、浙江、湖北、广东、贵州、云南、宁夏等地的同期采纳率却不足20%。这再次反映出了对民事再审检察建议制度予以规范化、统一化建构的必要性和迫切性。

表二　1991—2013年全国法院审理民事审判监督案件情况①

年份	收案	结案	维持	改判	发回重审	改判率②	发回重审率③	检察院启动率④
2013	33362	32897	9857	7724	4093	23.48%	12.44%	32.61%
2012	34324	33902	9369	7570	5050	22.33%	14.90%	30.61%
2011	37740	38609	10784	8862	4932	22.95%	12.77%	27.38%
2010	40906	41331	11683	9953	5012	24.08%	12.13%	29.68%
2009	37429	38070	11649	10106	4325	26.55%	11.36%	30.87%
2008	35246	35704	11719	10492	3107	29.21%	8.70%	32.51%
2007	37766	38786	13414	11569	2849	29.83%	7.35%	31.29%
2006	43140	42255	14376	13758	2998	32.56%	7.10%	29.37%
2005	42737	41461	13484	13965	3044	33.68%	7.35%	29.85%
2004	43205	44211	13709	15161	3014	34.29%	6.82%	30.59%
2003	46151	47412	15742	15167	2644	31.99%	5.58%	28.43%
2002	48180	48916	16514	15290	2575	31.26%	5.26%	27.40%
2000	57816	58531	13847	14432	3358	24.66%	5.74%	29.31%
1999	57430	56103	12200	12450	3250	22.19%	5.79%	24.93%
1998	48694	48152	10984	10343	2553	21.48%	5.30%	17.33%
1997	44745	43347	13072	7579	—	17.48%	—	13.77%
1996	37604	37274	12491	6105	—	16.38%	—	8.83%
1995	34683	34475	11733	5074	—	14.72%	—	4.35%
1994	30050	30780	11639	4646	—	15.09%	—	1.95%
1993	29419	30639	11340	8155	—	26.62%	—	1.05%
1992	32288	31980	14529	4451	—	13.92%	—	—
1991	29919	29286	18330	4331	—	14.79%	—	0.03%

①　"表二"中的数据来自《中国法律年鉴(1988—2013)》,中国法律年鉴出版社每年7月版(由中国法学会主管主办、中国法律年鉴编辑部编辑),其中关于发回率和改判率的数据为笔者自行计算所得。

②　改判率=改判数/结案数。

③　发回重审率=发回重审数/结案数。

④　"检察院启动率"=检察院民事抗诉案件数/法院审理民事审判监督案件数,该比率可以反映检察机关启动再审的数量与法院自行或依当事人申请启动再审的数量之间的关系。

表三 1994—2014年全国检察机关提出抗诉和再审检察建议数

年份	抗诉数（件）	再审检察建议数（件）
1994	587	提出改判建议1477件
1996	3322	提出纠正意见1783件
2001	16488	2942
2002	13202	3800
2003	13120	4259
2004	13218	4333
2005	12757	5192
2006	12669	5949
2007	11817	5992
2008	11459	5220
2009	11556	6714
2010	12139	11290
2011	10332	10411
2012	10506	12188
2013	5272（提请抗诉5609）	9186
2014	抗诉和再审检察建议共9378件	

表四 2007—2009年全国各省区市检察机关提出再审检察建议数

年份 省份	2007			2008	2009		
	提出数	采纳数	采纳率	提出数	提出数	采纳数	采纳率
山东	693	592	85.43%	723	810	635	78.40%
河北	828	657	79.35%	668	782	717	91.69%
辽宁	281	233	82.93%	457	721	665	92.23%
河南	618	568	91.91%	466	599	576	96.16%
四川	458	380	82.97%	426	525	393	74.86%
黑龙江	215	199	92.56%	217	427	356	83.37%
江苏	244	126	51.64%	235	323	246	76.16%
安徽	304	98	32.24%	302	280	52	18.57%
重庆	123	74	60.16%	185	273	269	98.53%
浙江	236	42	17.80%	139	253	41	16.21%
吉林	218	14	6.42%	139	213	148	69.48%

(续表)

年份\省份	2007 提出数	2007 采纳数	2007 采纳率	2008 提出数	2009 提出数	2009 采纳数	2009 采纳率
湖北	81	24	29.63%	129	212	42	19.81%
陕西	152	93	61.18%	160	173	96	55.49%
湖南	73	34	46.58%	77	147	81	55.10%
广东	368	13	3.53%	77	124	14	11.29%
山西	240	107	44.58%	124	121	47	38.84%
内蒙古	59	21	35.59%	75	110	43	39.09%
甘肃	69	22	31.88%	61	107	40	37.38%
贵州	65	18	27.69%	72	95	13	13.68%
广西	248	132	53.23%	120	93	53	59.99%
江西	80	41	51.25%	108	66	61	92.42%
云南	32	4	12.50%	20	54	3	5.56%
新疆	101	28	27.72%	55	50	15	30.00%
福建	46	15	32.61%	50	46	26	56.52%
宁夏	26	6	23.08%	22	31	6	19.35%
上海	57	31	54.39%	49	29	36	124.14%
北京	10	2	20.00%	25	25	11	44.00%
天津	35	20	57.14%	19	8	2	25.00%
兵团	14	2	14.29%	5	7	2	28.57%
海南	8	0	0.00%	2	4	2	50.00%
青海	5	2	40.00%	11	4	0	0.00%
西藏	4	1	25.00%	2	1	0	0.00%

表五　全国各地检察机关监督恶意诉讼(调解)的情况统计

省份	监督恶意诉讼(调解)的情况
全国	2015年上半年全国检察机关民行检察部门将部署开展查办虚假诉讼专项监督活动,"重点打击小额投资贷款公司、律师事务所等中介服务机构居间造假、涉案人员众多的规模性造假以及法官为了个人利益主动参与造假等虚假诉讼行为"[①]

---

① 全森、贾潇:《郑新俭:部署开展查办虚假诉讼专项监督活动》,载"正义网":http://news.jcrb.com/jxsw/201502/t20150213_1478354.html,访问时间:2015年3月1日。

(续表)

省份	监督恶意诉讼(调解)的情况
山东	2011年山东省检察机关监督纠正恶意调解、虚假调解案件252件;2010年监督纠正恶意调解、虚假调解等案件545件
江苏[①]	2013年6月,江苏省率先出台《关于防范和查处虚假诉讼的规定》;2011年至2013年8月,全省检察机关对604件虚假诉讼进行了监督,其中42名涉嫌犯罪的虚假诉讼参与人已被依法追究刑事责任。[②] 2013年8月至2014年4月,共受理审查虚假诉讼案件339件,已提出抗诉25件,发出再审检察建议194件
重庆	2010年纠正虚假调解、恶意调解32件
浙江[③]	2014年全省检察机关查办虚假诉讼188件。2013年全省检察机关处理虚假诉讼43件。2012年全省检察机关共监督纠正虚假诉讼155件,其中167名参与虚假诉讼的当事人、代理人被依法追究了刑事责任。2011年全省检察通过抗诉或检察机关纠正虚假诉讼39件,21名参与虚假诉讼的当事人、代理人被追究刑事责任。2010年全省检察机关共查办虚假诉讼95件,66人被追究刑事责任。2009年全省检察机关共查办虚假诉讼60件,其中45件经抗诉或再审建议得到了改判,为当事人挽回经济损失2000余万元,51名有关人员因涉及虚假诉讼被依法追究刑事责任。[④]
广东	2011年至2013年9月,广州市检察机关立案审查37起虚假诉讼,查处30起,成案率达81%。2013年上半年,广州市两级检察院共办结虚假诉讼监督案件18件,同比增长260%[⑤]
福建	全省检察机关2013年和2014年分别查处虚假诉讼14件和58件

---

① 江苏省的数据来源请参见:《江苏人大首次审议民事诉讼法律监督工作》,载《检察日报》2013年8月19日;施琛耀、卢志坚:《江苏省检察院向省人大常委会作专题报告:江苏民事诉讼法律监督领先全国》,载《江苏法制报》2013年7月25日。

② 参见宋世明、朱建勇:《提升办案质量 全力维护公平正义》,载《江苏法制报》2013年8月5日。

③ 浙江省的相关数据来源请参见:范跃红、陈玉华、林珑:《浙江打击"虚假诉讼"查办虚假诉讼案60件》,载《检察日报》2009年5月16日;2011年1月19日在浙江省第十一届人民代表大会第四次会议上的《浙江省人民检察院2010年工作报告》;范跃红、徐会、西检:《虚假诉讼愈演愈烈,浙江打防出重拳》,载《检察日报》2010年9月21日第4版。

④ 参见范跃红、陈玉华:《浙江调查:60件"虚假诉讼"现形》,载《检察日报》2009年5月16日。

⑤ 参见钟亚雅等:《广州4人策划标的上亿虚假诉讼被公诉》,载《检察日报》2013年9月10日。

第二章　民事检察权的运行实况

（续表）

省份	监督恶意诉讼（调解）的情况
四川	2014年1月至11月，全省检察机关民行检察部门共办理虚假诉讼案件93件①
江西	2014年2月起全省检察机关部署开展为期一年的民事行政虚假诉讼专项监督活动，将监督重点置于"民间借贷、房地产权属、保险理赔等纠纷案件，破产中企业和改制中的国有、集体企业的财产纠纷案件，以及工程造价司法鉴定、交通事故责任认定、驰名商标认定等虚假诉讼多发、易发领域。截至2014年8月，共发现案件线索74件，经审查核实后提出抗诉13件，提出再审检察建议9件，依法查处4名涉嫌犯罪的审判和执行人员"②

2. 实证案例的视角

对实务数据的整理和分析有助于从总体上把握民事审判检察监督制度的实践现状、运行规律和发展趋势，在此基础上，需要将数据信息与实证案例相结合来获得更加完整和充实的经验事实。由于提出抗诉和再审检察建议的案件数量极多，笔者难以一一进行研读和分析，这难免会使得案例研究在相当程度上缺乏代表性，鉴于此，本部分将以《最高人民检察院公报》上所有的民事抗诉案例③、相关部门评选的优秀抗诉

---

① 曾晶菁：《四川检察机关：助力依法行政 为执法加上"紧箍咒"》，载"中国长安网"：http://www.chinapeace.gov.cn/2014-12/11/content_11158700.htm，访问时间：2014年12月30日。
② 杨静：《让群众感受到公平正义》，载《江西日报》2014年9月22日。
③ 截至2013年底，载于《最高人民检察院公报》上的民事抗诉案例：农民日报社诉潍坊新东方艺术学校财产损害赔偿纠纷抗诉案；广西壮族自治区丝绸进出口公司诉广西安和投资置业有限公司等债权转让合同纠纷抗诉案；桂林市基本建设领导小组旧城改造办公室诉中国工商银行桂林分行借款合同纠纷抗诉案；山东省昌邑市华星矿业有限责任公司诉姜光先股东资格确认和公司盈余分配权纠纷抗诉案；最高人民检察院按审判监督程序提起抗诉的唐山市新华金属屋顶成型安装有限公司诉丰润县冀东建材大世界开发公司等建筑安装工程合同纠纷案；最高人民检察院按照审判监督程序提出抗诉的包头市方通物资有限责任公司诉包钢建筑安装工程公司拖欠建筑安装工程款纠纷案；最高人民检察院按照审判监督程序抗诉提出的海南金岗实业投资公司诉吉林省国土资源开发实业总公司合作开发地产项目合同纠纷案；成都泰华房地产开发有限公司诉四川远通物业管理有限责任公司房屋租赁纠纷案；桂林市安居物业管理公司与中国农业银行玉林分行城郊支行存单兑付纠纷抗诉案；王言峰诉山东栖霞市电业局等人身损害赔偿纠纷抗诉案；武汉宝捷投资顾问有限公司诉中国农业银行安陆市支行债权转让纠纷抗诉案；青岛啤酒股份有限公司诉青岛宏隆商贸有限公司、李龙、崔红购销合同纠纷抗诉案；株洲硬质合金集团有限公司诉中国光大银行长沙华升支行、中国建设银行股份有限公司株洲市分行、茶陵县大蒜制品厂借款担保合同纠纷抗诉案；最高人民检察院按审判监督程序提起抗诉的唐山市新华金属屋顶成型安装有限公司诉丰润县冀东建材大世界开发公司等建筑安装工程合同纠纷案；（转下页）

案例①以及 2014 年 9 月 25 日最高人民检察院公布的《民事诉讼法》实施以来"民事审判检察监督案例列表"等作为样本(请参见"附录二"),对民事审判检察监督的运行样态进行观察。

(接上页)最高人民检察院按审判监督程序提出抗诉的成都泰华房地产开发有限公司与四川远通物业管理有限责任公司房屋租赁纠纷案;最高人民检察院按照审判监督程序提出抗诉的海南金岗实业投资公司诉吉林省国土资源开发实业总公司合作开发地产项目合同纠纷案;重庆经纬典当行诉重庆红河物业发展有限责任公司、重庆市渝北区龙溪通用材料经营部、重庆春益房地产开发有限公司借款合同纠纷抗诉案;中国银行杭州市开元支行诉浙江外事旅游汽车公司、杭州银河贸工(集团)公司借款合同纠纷抗诉案;广东省肇庆市经贸发展总公司诉辽宁轻型飞机公司、辽宁沈阳轻型飞机制造厂、中国建设银行沈阳开发区支行拖欠货款纠纷抗诉案;重庆市渝北区水电建设总公司诉中国银行重庆渝北支行借款合同纠纷抗诉案;上海申合进出口有限公司诉日本国伊藤忠商事株式会社国际货物买卖合同纠纷抗诉案;浙江商业银行诉宁波经济技术开发区(中土畜)广信贸易公司、中光(宁波)实业有限公司委托开证代理合同纠纷抗诉案;四川省绵阳市涪城区农村合作基金会诉施碧武、四川长兴实业集团有限公司借款合同担保纠纷抗诉案;黄兆明、林楚乔、黄和峥诉王勇勇、李兴忠股权转让和合作投资纠纷抗诉案;上海三泷房地产开发有限公司诉中国建设银行上海市浦东分行、上海市申浦对外技术投资总公司借款担保纠纷抗诉案;中国电子租赁有限公司诉无锡湖光电炉厂、中国建设银行锡山市支行借款担保合同纠纷抗诉案;湖北健康(集团)股份有限公司与武汉大学化学化工研究所联营合同纠纷抗诉案;新疆五家渠金达公司与新疆准噶尔贸易大厦拖欠货款纠纷民事抗诉案;湖南省靖州苗族侗族自治县城市信用社诉杨隆璋借款抵押合同纠纷案;赵世才诉赵维钧房屋产权及人身损害赔偿纠纷民事抗诉案;十堰市北方物资贸易有限责任公司与中国农业银行十堰市三堰支行、十堰市堰茂物产总公司借款担保合同纠纷抗诉案;重庆市房地产管理局九龙坡分局诉重庆市金昌商务公司房屋买卖合同纠纷抗诉案;毛顺清、龙福臣诉梅正仙遗赠扶养协议纠纷抗诉案;上海百事头脑有限公司与上海申江房地产开发经营公司华夏分公司返还预付款纠纷案;湖北省汽车工业总公司武汉公司与湖北金源城市信用社、武汉凌美装饰工程有限公司借款担保合同纠纷抗诉案;马鞍山市钢城科技经济开发公司诉沈阳中南贸易公司、鞍山建行腾鳌特区房地产信贷部借款担保合同纠纷抗诉案;辽宁省辽阳刘二堡经济特区证达实业股份有限公司诉广东省珠海经济特区发展公司进出口(集团)公司、珠海经济特区发展公司股份转让纠纷抗诉案;江苏省锡山市陆区轧钢厂诉锡山市雪浪雪峰工业供销经理部货款纠纷抗诉案;中国农业银行蕲春县支行与杨益君存款纠纷抗诉案;申克增诉吉林省华侨企业公司联营合同纠纷抗诉案;西昌市双双美容美发厅与刘华应聘合同纠纷抗诉案;天津市塘沽区杭州道城市信用合作社与中国兵工物资中南公司、武汉燕兴开发公司、中国燕兴武汉公司赔偿纠纷抗诉案;伊河涂料厂诉伊椿联营建筑公司三队购销合同质量纠纷抗诉案;中国建设银行荆州市沙市支行与荆州市轻工物资供销总公司借款纠纷抗诉案;黑龙江首例承包纠纷抗诉案;四川省绵阳市实业开发公司厦门公司诉四川省江油市八一矿石精选厂购销、联营合同纠纷民事审判监督抗诉案;甘肃省人民检察院首例民事抗诉案。

① 该类案例的两大来源:(1)甄贞主编:《民事行政检察优秀抗诉案例选编》,法律出版社 2009 年版,内含民事抗诉案例 32 件。(2)最高人民检察院民事行政检察厅编:《民事行政检察精品案例选》(第 1 辑),中国检察出版社 2013 年版,该论文集是从全国检察机关近年来办理的民行检察案件中评选出的一批"监督理由充分、监督方式适当、监督程序规范、监督效果明显"的精品案件和优秀案件,其中含"精品案例"(民事类)9 件、"优秀案例"(民事类)59 件。为了方便观察和讨论,笔者用列表的方式对相关案例进行了系统整理,每个案例的监督机关、监督理由、监督结果等具体情况,详见"附录二:民事审判检察监督案例列表"。

通过对近二百件民事抗诉或再审检察建议案件进行分析,可以从中发现一些特点、规律和问题:

首先,从检察机关审判监督的民事案件类型来看,既包括人身权益纠纷也包括财产权益纠纷,既包括普通民事诉讼案件也包括知识产权、公司诉讼等专业性较强的民事案件,具体涵盖了劳动争议、婚姻和继承纠纷、农村土地房屋纠纷、城市房屋纠纷、建设工程纠纷、借贷和欠款纠纷、证券和担保纠纷、票据纠纷、代理纠纷、交通事故人身损害赔偿纠纷、借贷纠纷、抵押担保合同纠纷、运输合同纠纷、不当得利纠纷、知识产权纠纷、国有资产损害赔偿纠纷、承揽合同纠纷、保险代理纠纷、拖欠工程款纠纷、土地承包合同纠纷、医疗事故损害赔偿纠纷、商品房预售合同纠纷、合伙纠纷、工伤赔偿纠纷、产品质量责任纠纷、股东权益纠纷、环境污染侵权等诸多案由。

其次,从检察机关民事审判检察监督的启动方式和启动时间来看,几乎全部是依当事人或案外人、原审利害关系人的申请启动,仅有极少数案件是检察机关在办理其他案件时发现了相关线索而依职权启动,其中案外人申诉多是因为原裁判涉嫌虚假诉讼或恶意诉讼。在启动时间上,大多数案件是在两审终审后向检察机关申诉,也有个别在一审判决生效后即申诉;在启动顺位上,绝大多数案件未向法院申请再审就直接向检察机关申诉,这主要是因为所选案例大多发生在新《民事诉讼法》施行前,当时还没有规定当事人向检察机关申诉的前置程序。

再次,从检察机关的监督理由和检察文书说理程度来看,多数案件都针对事实和证据问题进行监督,以事实认定错误、证据不足、证据系伪造、基本事实认定不清等作为抗诉事由,或是将事实问题与法律适用或程序违法同时作为抗诉理由,而单纯针对法律适用问题或程序违法问题进行监督的案例很少;还有个别案例将同案不同判、显失公平等作为监督理由。

复次,从检察机关的具体监督方式来看,主要包括抗诉、提请抗诉和再审检察建议,在提请抗诉的情形中,常常会出现实际负责调查核实原审裁判的检察院与提出抗诉的检察院不一致的情况;还有一些检察机关创新了办案方式,例如民事检察一体化办案机制、个案监督与改进工作检察建议相结合、民事抗诉与刑事犯罪线索移送相结合、再审过程中法检合作调解、再审后法检沟通机制等;个别案件中还出现了检察机关抗诉后支持当事人对适用一审程序再审后作出的判决提出上诉的做法。

又次,从法院的处理方式和再审结果来看,"上抗下"模式导致很多案件中受理抗诉的法院与再审案件的法院不一致,尤其是在最高人民检察院向最高法提出抗诉的案件中,最高法常常会指令下级法院也即省级高级法院进行再审;再审后的具体处理方式包括全部或部分改判、撤销原判发回重审、调解结案、当事人在再审过程中达成和解并撤回申诉等;在再审结果方面,最高法公报和检察机关案例选集中所载案例大多全部或部分采纳了抗诉意见,因此对再审结果的把握应当主要以上述实证数据中的再审改变率为依据,并且有部分法院在再审裁判文书中直接载明支持或采纳抗诉意见。

最后,从检察机关民事审判检察监督的理念和自我定位来看,除了重实体轻程序、重证据事实轻法律适用、有错必纠而非违法必究等传统观念外,检察机关在处理涉及弱势群体保护、群体性纠纷等民事申诉案件时,往往会偏离自身公权制约监督的定位,盲目追求所谓的"社会效果"和"案结事了",越位成为了民事纠纷的直接解决者、民事私权益的直接救济者。

(三)民事审判检察监督领域的问题与困惑

1. 法律规范层面的现存问题

现行《民事诉讼法》和《民诉解释》虽然在一定程度上发展和充实了民事审判检察监督的相关制度,但受立法理念、立法技术、经验积累和客观现状等多方面因素的限制,修正后的法律规范仍旧存在一些问题:

首先,从民事审判检察监督的实体构成性规则来看,监督手段与适用对象之间的关系以及监督手段相互间的关系有待明晰。这一缺陷主要体现在以下几个方面:第一,民事抗诉事由仍旧抽象、粗疏,虽然2015年《民诉解释》明确规定了不适用抗诉的判决和裁定种类,但未能彻底解决法检两家有关抗诉范围和权力界限的长期争议。① 第二,民事检察建议缺乏分类化、体系化的规范配置,民诉法用"检察建议"指代审判监督领域针对不同监督对象的所有种类的检察建议,导致再审检察建议、针对审判人员违法行为的检察建议、改进工作的检察建议以及其他种类的检察建议在

---

① 参见潘剑锋等:《民事诉讼法学研究评述》,载《法学研究》2001年第1期。

本质属性、适用范围、法律效力和相互关系上混乱不清；2015年《民诉解释》虽然采用了"再审检察建议"的称法，但并未涉及其他种类的检察建议及其相互间的关系。第三，提请抗诉、再审检察建议、抗诉之间的适用顺位和作用范围模糊，尤其是没有明确哪些情况下提请抗诉与提出再审检察建议之间是可选择性关系、哪些情况下是排他性关系，这可能影响三种手段各自特有优势的发挥以及制度协作的合力最大化。

其次，从民事审判检察监督的程序实施性规则来看，尚未形成规范化、司法化、协调性的程序系统。具体来说，第一，仍旧没有规定检察机关对当事人申诉申请的受理、立案、审查、处理方式等具体制度和规则，对于实践中的申诉案件审查听证制度等契合程序参与性、程序公开性和透明性价值的有益制度，没有给予法典化认可。第二，新增的当事人申请再审前置制度，虽然体现了程序自足性救济优先的理念，但相关事由的设置过于概括和抽象，例如将"再审判决、裁定有明显错误"作为当事人申诉的情形之一但未限定何谓"明显错误"，这一方面会导致检察机关的自由裁量权过于宽泛，另一方面可能变相刺激当事人再次挑战再审裁判的冲动，从而削弱了制度的预设功能。第三，保障性和辅助性措施的配备仍不完善，例如新增的以当事人和案外人为对象的调查核实权缺乏可操作的实施细则，无法统一实务中的混乱做法；对于履行审判检察监督职能而言必不可少的调阅法院案卷材料的权力未予规定；检察人员出席抗诉案件再审法庭时的角色和地位、职责和职权等有待明晰。

2. 理论研究层面的主要争议

民事审判检察监督一直是民诉理论研究领域的热点，自民事诉讼检察监督基本原则确立时起至2012年《民事诉讼法》全面修订工作的完成，有关该论题的理论交锋长期存在并且在不同时期呈现出不同的关注方向和分歧程度。新法典虽然在一定程度上回应了相关的理论质疑，但受制于民事检察权基础理论本身的薄弱，目前尚存许多有待深度思考和解析的问题。

理论研究的争议焦点之一是审判检察监督的正当性问题，其中包括该项权能的内在正当性之争和外在有用性之争。首先，从审判检察监督的内在正当性来看，主要质疑包括：民事审判以平等主体之间的私权益事项为处对象，允许检察机关这一外部公权力介入该领域，是否超越了国家干预的合理限度？人民法院作为国家裁判权的垄断主体,允许检察机关对法院行使审判权的合法性进行监督,是否违背了审判独立的基本要求、是否会使检察机关异化为准裁判者？民事审判检察监督是否侵蚀了当事人诉讼地位平等原则、当事人处分原则等民事诉讼程序的根基？检察机关民事抗诉权所具有的重启再审程序的强制效力,是否对裁判终局性、程序稳定性和诉讼经济原则等造成了不当冲击？对这些问题的不同回应,使得理论界形成了民事审判检察监督"取消论""强化论"和"改良论"等不同主张。其次,从审判检察监督的外在有用性方面来看,现有争议主要围绕审判检察监督的实效性及其可能的负效应展开,主要困惑包括:在我国法律职业共同体缺失、民商事审判日益专业化和复杂化的背景下,检察机关是否具备监督民事审判权依法行使的客观能力和精力？目前民事司法腐败的严重性程度究竟如何,是否有必要牺牲既判力和程序自治而引入外部监督？司法审判在事实认定和法律适用方面的双重不确定性属于其固有属性,检察监督究竟能否保证再审的裁判结果相较于原裁判更加客观和公正？此外,民事审判检察监督存在着一些可能的负面效果,例如:检察官可能利用抗诉权寻租,从而在抑制腐败的旗号下滋生新的腐败,恶化司法腐败问题;与法院的处境相同,检察机关同样在人财物上依附于地方政府,这使得检察监督权可能被不当利用而沦为实现地方当局利益的工具,从而加剧了地方保护主义;抗诉权的行使成本加之再审程序的冗长拖延①,使得当事人之间的权利义务关系长期处于不确定状态并导致司法效率更为低下;民事证据制度的自身特性以及证明相对性原理,决定了检察机关针对事实问题的抗诉不一定能够确保再审裁判的事实认定更正确②;赋予检察机关审判监督权,可能会变相刺激当事人的上访申诉冲动并提升其对有利于己方的再审结果的期望度,从而减损法院裁判的权威性和可预测性,并可能进一步激化当事人之间的矛盾;借助外部监督来保障司法公正是"治标不治本"、缺乏可持续性发展的选择。如何通过条件控制和过程控制来避免或消解这些可能的负效应,不仅是理论研究的核心问题,也是民事审判检察监督之生命力的决定性因素。

---

① 参见何兵、潘剑锋:《司法之根本:最后的审判抑或最好的审判——对我国再审制度的再审视》,载《比较法研究》2000 年第 4 期。
② 参见潘剑锋:《论证明的相对性》,载《法学评论》2000 年第 4 期。

理论研究的争议焦点之二是民事审判检察监督的作用限度和适用范围问题,这实际上牵涉学者们对审判检察监督的性质和功能的不同定位。"困惑一"是围绕监督范围而形成的全面监督与有限监督之争[①],涉及的具体问题包括:是否应当将所有种类的判决和裁定均纳入民事审判检察监督的范畴?检察机关是否有权介入特别程序、督促程序、公示催告程序等非讼程序领域?应否赋予检察机关对民事立案以及保全、先予执行、送达、强制措施等审判辅助机制的监督权?"困惑二"是围绕监督时机而形成的同步监督与事后监督之争,持同步监督观点的学者认为检察机关应当有权旁听庭审,对违法行使审判权的行为进行即时纠正并发挥预防性监督的功能;持事后监督观点的学者则认为检察机关通常不应介入庭审,只有在穷尽了程序内部救济仍旧无法规制审判违法行为时,才能行使检察监督权来维护裁判的公正性和合法性。"困惑三"是围绕监督效力而展开的程序性监督与实质性监督之争,虽然大多数学者均认为检察机关的审判监督权应当仅具有启动相关程序的强制效力而无权决定相关问题的实质性处理,但仍有学者主张强化检察监督权的效力强度,赋予其对某些实质性问题的处分权和终局性判断权。

理论研究的争议焦点之三是民事审判检察监督现行制度的合理性问题,其中包括对民事抗诉制度之合理性的讨论和对民事检察建议之合理性的讨论。从现行民事抗诉制度的合理性方面来看,目前的主要问题有:对检察机关的抗诉事由与当事人申请法院再审的事由进行同一化设置的立法方式是否适当?检察机关行使审判监督权的事由是否过于宽泛、是否有违再审程序的应然功能以及审判监督权的性质定位?对于未经二审即发生法律效力的裁判,当事人可否申请检察机关进行监督?是否应当限定检察机关提出抗诉或检察建议的时限和次数?如何化解抗诉案件审判效率低下、程序拖延、积案量大等问题?而从民事检察建议制度的合理性方面来看,主要问题和困惑有:如何界定民事检察建议的内涵与外延、如何将之与具有一般监督性质的检察建议相区分?再审检察建议的协商性和柔性化特征,是否有悖法律监督权的本质属性?检察建议在适用范围上的宽泛性是否为检察权肆意干预审判权提供了可能空间和变通渠道?检察机关在提出再审检察建议之前与法院协商沟通、讨论案件的做

---

① 参见张卫平:《民事诉讼检察监督实施策略研究》,载《政法论坛》2015年第1期。

法,是否会导致之后启动的再审程序流于形式、是否会将检察机关异化为"准裁判者"或"共同裁判者"?

3. 实务运行层面的主要困惑

司法实践既是规范质量的"检测仪",又是决定制度实际功效的核心环节。民事审判检察监督现存的诸多规范和理论问题,导致其在实务领域不可避免的面临着许多困惑,有待理论的解释和规则的供给。

首先,是执法理念和执法环境方面的问题,这主要牵涉检察机关自身的角色定位和不同时期司法政策对检察监督工作的方向引导。在执法理念方面,对于检察机关究竟应当积极能动的介入民事审判抑或采行谦抑、被动的态度,不同省份、不同地域的检察机关认识有所差异,这使得各地民事审判检察监督工作的开展范围、开展方式以及积极性程度等有所不同。在执法环境方面,不同时期民事审判水平以及社会客观需求的变化,使得有关民事审判检察监督的司法政策同样处于变动之中,进而影响着特定阶段检察机关监督工作的侧重点和实际力度,例如:有的检察院侧重于对司法腐败所导致的错误裁判进行监督,有的侧重于对涉及弱势群体或当事人人数众多的民事裁判进行监督,有的对恶意诉讼、诉讼诉讼进行专项监督,还有的重点监督损害国家利益和社会公共利益的错误裁判以及诉讼标的额较大的案件。

其次,是规则指引和实践模式方面的问题,目前面临的主要困惑有:如何处理民事审判检察监督与职务犯罪初查之间的关系?如何分配民事检察部门与刑事检察部门在规制民事司法腐败领域的职能?面对恶意诉讼、恶意调解日益频发的趋势,检察机关究竟应当侧重于利用民事审判检察监督权予以规制,抑或侧重于借助刑事检察权予以惩治?如何科学划分不同层级检察机关在民事审判检察监督领域的职能,基层检察机关在此领域究竟应当扮演何种角色?以实现"法院救济先行、检察监督断后"为理想愿景的申请再审前置制度,是否会造成矛盾后移而使涉诉信访的压力均由检察机关承担?将抗诉置于诉讼解纷程序的末端、信访解决的前哨,是否会导致检察机关承担过重的服判息诉任务并异化为"第二信访局"[1]?在相关实施细则仍旧不足的情况下,对法典新增的职能和制度究

---

[1] 胡金龙、张剑锋:《论民事检察权的理性演绎》,载《西南政法大学学报》2013年第2期。

竟应当暂时搁置不用,抑或通过实验性尝试先行摸索适用?

最后,是检法关系和考评机制方面的问题,实践中民事审判检察监督工作开展的难易状况在很大程度上取决于法院对检察监督的认可程度和配合意愿,然而出于对各自部门利益的考虑以及两机关工作人员趋利避害的自然取向,检察监督工作常常面临着不同程度的障碍。例如,调阅法院案卷材料难、抗诉案件再审程序冗长、法检沟通难以进行等,即使是在大规模使用检察建议等柔性监督手段的背景下,仍旧未能理顺检法两家的关系。加之法院与检察院在绩效考核指标设计上的"针锋相对",更是加剧了二者的对立局面,具体来说,检察机关以追求抗诉率、抗改率、再审检察建议提出率、检察建议采纳率等指标的提升为工作目标;而从法院的考评机制来看,其恰好是追求这些比率的降低。在法检两家均围绕缺乏科学性和合理性的考核指标而功利性的开展相关工作的情形下,二者的出发点和目标归属恰呈逆向关系,进而极可能扭曲制度的预设功能、削弱制度的应有功效。

二、民事执行检察监督

民事执行检察监督,是指检察机关在法定情形下对法院违法行使执行权的行为所进行的监督,是公权制约型民事检察权的另一种实现方式。相较于同属公权制约性质的民事审判检察监督,民事执行检察监督以执行程序作为运行场域、以执行权行使的合法性作为监督对象,旨在保障民事执行裁决、执行程序以及执行措施等事项的合法性,以维护民事执行的相关法律规范依法、正确、统一实施。不同于早已为法典所确认并已运行二十余年的审判检察监督,执行检察监督开展试点的时间并不很长,属于本次修法的"新增型"制度,加之强制执行程序将单独立法的模式选择,使得民事执行检察监督在理论、规范和实践领域均面临着诸多挑战。以下将分别对民事执行检察监督的规范现状和实务样态进行梳理,并尝试提炼出目前所面临的问题和困境,从而为之后探寻问题的本质成因、挖掘制度运行的基本原理等奠定基础。

(一)民事执行检察监督的最新规范

近年来,针对检察机关究竟应否介入民事执行领域一直存有争议,2012年全面修订后的《民事诉讼法》在执行程序的"一般规定"中用一个条文正式确立了民事执行检察监督制度,将民事审判权和执行权均纳入了公权制约型检察权的范畴。回顾该制度的确立历程,早在2001年最高人民检察院就要求开展对执行裁定的检察监督工作;2008年,中共中央转发的中央政法委员会《关于深化司法体制和工作机制改革若干问题的意见》提出要"明确对民事执行工作实施法律监督的范围和程序"。为落实这一司法改革任务,2010年在《关于加强和改进民事行政检察工作的决定》中提出了继续开展执行检察工作的要求,并在2010年7月"两高三部"制定的《关于对司法工作人员在诉讼活动中的渎职行为加强法律监督的若干规定(试行)》中明确了检察机关应对法院执行人员在执行活动中的职务违法行为进行法律监督。在此基础上,最高人民法院和最高人民检察院在2011年3月10日联合下发了《关于在部分地方开展民事执行活动法律监督试点工作的通知》(高检会[2011]2号,以下简称《执行监督试点通知》),将山西、内蒙古、上海、浙江、福建、江西、湖北、广东、陕西、甘肃、宁夏等12个省、自治区、直辖市确立为试点区域,并对检察机关进行民事执行监督的启动方式、监督范围、监督手段以及对法院的执行协助义务等内容进行了初步规定。依据该通知,试点省份的检察机关积极会同法院制定实施意见,确定了441个检察院作为试点单位(其中省级院2个、市分院62个、基层院377个)。[1] 由此可见,2012年修法在相当程度上是对之前一系列实验性尝试的认可,但由于缺乏理论和实践层面的统一认识以及执行程序单独立法的模式选择,使得民事执行检察监督虽然具有了法典位阶的依据,却仍旧处于缺乏可操作性和规范性的尴尬境地。

从现有规范的具体内容来看,《民事诉讼法》第235条规定:"人民检察院有权对民事执行活动实行法律监督"。回顾立法背景和立法缘由,之所以采用该种"单条式"、抽象性、宣示性的规范模式,主要是因为"对于较为具体的问题,各方意见还不完全一致,还需要进一步实践和探索"[2]。然而遗憾的是,2015年《民诉解释》完全没有涉及民事执行检察监督。相较之下,2013年《民事诉讼监督规则试行》以及此前"两高"在2011年联

---

[1] 参见程振楠:《全国441个检察院试点执行监督 执行检察进入发展快车道》,载"正义网",网址:http://news.hexun.com/2012-07-05/143210821.html,访问时间:2013年5月6日。

[2] 全国人大常委会法制工作委员会民法室编:《中华人民共和国民事诉讼法条文说明、立法理由及相关规定》,北京大学出版社2012年版,第373页。

合下发的《执行监督试点通知》,对检察机关执行监督的管辖、启动方式、适用情形、监督措施等进行了初步规定。首先,从权力启动方式来看,规定了检察机关依当事人、利害关系人申请而介入执行程序的一般原则,体现了检察权介入的谦抑性理念;对于当事人、利害关系人直接向检察院申诉要求对违法执行活动进行监督的,应当告知其依法向法院提出异议、申请复议或申诉,体现了穷尽内部救济的理念。其次,从执行检察监督的适用对象来看,主要包括法院未按规定期限向申请执行人交付收到的执行案款、超过法定期限未采取适当的执行措施、执行标的违法、执行裁决违法、执行行为损害国家利益或社会公共利益等情形。再次,从监督方式来看,上述两个规范性文件均将书面检察建议规定为执行检察监督的手段,该《通知》还规定了法院对检察建议的回复期限、回复方式以及异议机制。

(二)民事执行检察监督制度的运行情况

1. 统计数据分析(2005—2014)

民事执行检察监督的大规模试点始于 2011 年,虽然在此之前一些地方的检察机关就已经开始了相关探索,但总体规模较小,这使得该领域相较于审判检察监督在规范配置和实践经验方面均处于发展初期。从全国民事执行检察监督工作的总体运行状况来看,截至 2012 年年底,全国检察机关共受理执行申诉案件 41350 件,向法院发出检察建议 28140 件,采纳率达到 88%①;2013 年 1 月至 10 月,全国检察机关对于民事执行活动中的违法情形共提出检察建议 23134 件;2014 年,全国检察机关对违法民事执行行为提出执行检察建议 33107 件。② 为了尽可能了解执行检察监督在各省份的具体运用情况,笔者尝试对相关数据进行了收集,但受制于主客观方面的因素,目前可以获得的数据信息十分有限(见"表六"),不过还是能够从中发现一些规律和问题。

---

① 参见 2012 年 12 月 25 日在第十一届全国人民代表大会常务委员会第三十次会议上的《最高人民检察院关于民事行政检察工作情况的报告》。

② 参见 2015 年 3 月 12 日在第十二届全国人民代表大会第三次会议上的《最高人民检察院工作报告》。

表六　部分省份民事执行检察监督数据

年份 省份	2014	2013	2012	2011	2010	2009	2008	2007	2006	2005
全国	33107	截至 2012 年年底,全国检察机关共受理执行申诉案件 41350 件,向法院发出检察建议 28140 件,采纳率为 88%;2013 年 1 月至 10 月,全国检察机关对于民事执行活动中的违法情形共提出检察建议 23134 件。2013 年全年对民事执行活动中的违法情形提出检察建议 41069 件								
山东				485	642					
四川		475			2003 年至 2010 年共 615 件,法院纠正 532 件①					
江苏		2009 年 3 月至 2013 年 12 月,江苏省泰州检察机关以检察建议书、纠正违法通知书等形式办理执行监督案件 174 件,其中法院采纳 162 件,采纳率为 93.1%②								
安徽		1471								
重庆	578					180				
浙江		957	2011 年 3 月至 2012 年 9 月共 241 件							
吉林				473						
湖北			2008—2012 年共 663 件	59						
湖南			2008—2012 年共 1069 件		312					
广东	640			167	129					
山西		1676			765					
内蒙古		952			208		2004—2008 年共 54 件③			
甘肃		1122/92.5%		541						
贵州				153						
广西										
江西		924		103						

---

① 四川省人民检察院:《以科学的理念和方法推动民行检察工作》,载《人民检察》2010 年第 18 期。

② 丁国锋、马超、葛东升:《泰州检察机关加强民事执行监督破解执行难》,载"法制网":http://www.legaldaily.com.cn/locality/content/2013-12/03/content_5079092.htm? node=34636,访问时间:2014 年 1 月 23 日。

③ 数据来源于内蒙古自治区人民检察院民行处事执行检察监督情况调查表,转引自樊凯军:《内蒙古自治区检察机关开展民事执行检察监督的调研报告》,内蒙古大学 2010 年法律硕士论文,第 2 页。

第二章 民事检察权的运行实况

(续表)

省份＼年份	2014	2013	2012	2011	2010	2009	2008	2007	2006	2005
福建						2006年至2009年8月,漳州市全市检察机关提出执行监督检察建议341件,采纳325件,采纳率95%				
上海	受理220件,提出执行检察建议27件	34/58.82%	2011—2012年共受理219件,立案82件,发出检察建议31件							
海南					2008年至2010年4月共23件①			2003—2007年共26件		
青海				16						

2. 实践样态透视

以上述实证数据为背景,笔者尝试通过收集各地检察机关的调研报告、内部规范性文件以及相关的新闻报道,来进一步了解民事执行检察监督在实践中的运行状况。以安徽、浙江、重庆、江西、江苏、福建、山东、四川、安徽等地检察机关的内部规范性文件和实际操作方式为样本,可以发现以下特点和规律:首先,在监督范围上,虽然《执行监督试点通知》规定了执行检察监督的五种事由,但实践中许多地方的检察机关都通过内部规范性文件等方式对监督的范围、对象和手段等进行了不同程度的拓展或变通(见"表七")。以浙江省检察机关为例,其在2011年3月至2012年9月共办理241件执行监督案件,其中属于"两高"会签文件所规定范围的只有38件,不足16%②;一些地方的检察机关将查封③、扣押、冻结、

---

① 海南省人大常委会内司工委调研组:《服务发展大局 促进和谐稳定——关于我省人民法院民事审判工作和人民检察院民事审判法律监督工作的报告(摘要)》,载《海南人大》2010年第8期。
② 参见傅国云:《民事检察监督若干焦点问题——以修改后的民事诉讼为对象》,载《法治研究》2013年第9期。
③ 例如"山东耶莉娅服装集团总公司不服山东省青岛市黄岛区人民法院民事执行裁定检察建议案",监督机关是山东省青岛市黄岛区检察院,检察机关依案外人申请而启动执行检察监督,进行审查后发现法院存在错误查封行为,遂发出检察建议要求其终止执行被错误查封的财产,法院收到检察建议后及时书面回复并且终止了相关执行。此外,2014年9月最高人民检察院公布的民事检察监督典型案例之一"河北省石家庄市某房地产开发有限公司申请执行监督案",也将法院的违法查封行为作为监督对象之一,本案中检察机关依当事人申请而启动执行检察监督,调查后发现法院在执行过程中存在两方面违法情形:一是明显超标的额查封财产;二是未依法处理当事人向法院提出的执行行为异议。检察机关针对上述问题向法院发出检察建议,要求予以纠正,法院接到检察建议后采取了有效措施予以纠正,目前该案已经执行完毕。

司法拍卖、司法变卖①、裁定终结执行以及对外委托评估拍卖②等纳入了监督的范围,有的检察机关还将申请执行人、被申请执行人的行为也纳入了"监督"范畴。其次,从监督程序来看,大多数检察机关都将当事人和利害关系人的申请作为检察机关介入监督的启动方式③,将采取监督措施的决定权赋予检委会,并为法院设定了回复期限。再次,从监督方式和手段来看,作为民事执行检察监督的核心环节,各地检察机关的监督方式呈现出多样化、非统一性的特点,除了书面检察建议④这一最常见的共通性手段外,实践中还存在着抗诉、发出纠正违法通知或意见、建议更换执行法官(办案人)、建议暂缓执行或终止执行⑤、移送线索查处职务违法行

---

① 例如,浙江省建德市检察机关对司法评估拍卖进行同步到场监督,并制作了内部规范性文件。截至2013年4月,建德市检察院共到场监督法院执行拍卖5次、选择司法评估机构1次,尚未发现违法违规行为。参见《浙江建德:检察监督同步介入司法评估拍卖》,载《检察日报》2013年5月27日。

② 参见宁波市镇海区人民检察院与区人民法院在2013年联合会签的《关于加强民事执行对外委托评估拍卖工作法律监督的规定(试行)》。典型案例如"湖南省常德市中级人民法院执行活动违法检察建议案",监督机关是湖南省常德市检察院,本案中检察机关审查后发现:执行法院没有依法确定评估机构和拍卖机构;对拍卖行为未履行监督职责;拍卖标的物的评估明显低于市场价格、显失公正,因此建议法院撤销执行裁定,法院收到检察建议后完全予以采纳,重新进行了拍卖。

③ 例如,安徽省蚌埠市检察院与该市法院会签的《关于开展民事执行活动法律监督工作的若干意见(试行)》,规定检察机关可以依当事人、利害关系人的申请,对6类民事执行活动实施法律监督,即法院在无正当理由的情况下,未在规定期限内将执行案款支付给申请执行人的;法院对于当事人、利害关系人或案外人就执行行为或执行标的所提出的书面异议、复议申请,无故不予受理或者未在法定期限内作出裁定的;法院自立案之日起超过两年未采取适当执行措施,且无正当理由的;法院无正当理由仍然超范围执行,严重损害当事人合法权益的;法院的执行行为严重损害国家利益、社会公共利益的等。在具体监督的程序和方式上,《意见》规定,对于符合上述6类民事执行活动情形之一的,检察机关应当经检察委员会研究作出决定,然后以书面检察建议的方式对同级法院进行监督。法院应当在收到检察建议后1个月内作出处理并将处理情况书面回复检察机关。对于法院执行行政判决、裁定、行政赔偿调解和行政决定的活动如何进行监督,《意见》规定其范围和程序参照执行。参见《安徽蚌埠:6类民事执行活动纳入监督范畴》,载《检察日报》2013年6月5日。

④ 据统计,在全国范围内采用检察建议方式进行执行监督的比例达到了85%,且法院对该类检察建议的采纳率高达90%以上。参见程振楠:《全国441个检察试点执行监督 执行检察进入发展快车道》,载"正义网":http://news.hexun.com/2012-07-05/143210821.html,访问时间:2013年5月6日。

⑤ 例如,2014年9月最高人民检察院公布的民事检察监督典型案例之一"四川省某县案外人黄某申请执行监督案",本案是对法院错列执行标的物的行为的监督,检察机关依案外人/被执行财产的实际占有人的申请而启动执行检察监督,审查后发现列为执行标的物的房产登记权属有误且该错误备案登记已经被房管部门在2012年注销,因此向法院发出检察建议,建议其终止执行,法院采纳了检察机关的建议、裁定终止对该房屋的执行。

为、到场监督、改进和规范执行工作检察建议等方式,并辅之以走访调查、查看案卷、共同参与执行等手段,一些检察机关还尝试进行类案监督、后续跟踪监督等。此外,从附带效果来看,检察机关在对当事人或案外人的执行监督申请进行审查的过程中,常常会发现虚假诉讼①或执行人员的违法犯罪行为②,从而为法院规制恶意诉讼、检察机关侦查职务犯罪提供了线索。

表七　部分省份民事执行检察监督的规范性文件

省份	规范性文件的名称
江苏	扬州市维扬区法检《关于加强对民事行政执行案件监督的协作意江苏省见》 2012年秦州市人民检察院《民事执行检察工作办案规则》
四川	攀枝花市人民法院、人民检察院《关于对民事、行政执行案件实施监督的若干意见》
河北	石家庄市长安区人民法院、人民检察院《关于民事执行程序中适用检察建议的意见》
山东	山东省济宁市市中区人民法院、市中人民检察院《关于加强对民事行政执行案件监督的若干意见》

---

① 例如"郑州中诚置业发展有限公司不服新乡市中级人民法院民事调解书、执行裁定检察建议案",监督机关是河南省新乡市人民检察院,案外人在执行程序启动后才知道存在民事调解书,向法院提出执行异议但未获处理,后向检察机关申诉,检察机关调查取证后发现相关当事人虚构借款担保实施、企图通过诉讼方式侵占案外人巨额财产,于是向公安部门移送了当事人涉嫌犯罪的相关证据和线索,并对调解和执行中的违法行为向法院发出检察建议,建议立即撤销调解书和执行裁定书,法院再审后撤销了调解书和民事执行裁定书,将案件移送公安机关,并解除房屋查封和存款冻结,终结执行程序,即全部采纳了检察机关的建议。

② 例如"武汉致丰房地产开发有限公司不服武汉市中级人民法院民事执行裁定检察建议案",监督机关是湖北省武汉市检察院,本案中被申请执行人先后通过全国人大代表向湖北省人民检察院和武汉市人民检察院控告该案执行人员存在严重违法、涉嫌渎职犯罪的问题,检察机关在调查核实后发现,该执行裁定是在虚假评估报告和违法拍卖基础之上作出的,且执行法官利用职务之便将拍卖业务交给贿赂自己的公司,因此建议:撤销该民事执行裁定;加强对执行人员的职业纪律教育、提升其拒腐防变能力;法院未能依法及时处理当事人多次提出的执行异议申请,建议强化法院内部监督制约机制;对涉案法院以前办结的其他执行案件进行自查。武汉市中级人民法院收到检察建议后向武汉市人民检察院进行了书面回复,其已经按照检察建议的内容进行了相关检查、纠正和教育,同时依照法定程序撤销了原执行裁定,进而执行回转。此种情形的典型案例还有"广西壮族自治区宜州市人民法院执行活动违法检察建议案",该案的监督机关是广西壮州宜州市检察院,其在立案后向法院执行庭提出查阅执行卷宗时被以各种理由拒绝,之后通过调查执行人员的渎职违法行为,发现存在执行人员冒领执行款的情况,遂将相关案件线索移送反贪局立案侦查;同时建议法院及时执行生效判决确定的义务,将执行款项交付给权利人,法院接受并执行了检察机关的建议。

(续表)

省份	规范性文件的名称
山西	山西省人民检察院2013年《关于进一步加强民事执行检察监督工作的意见》 晋中市人民检察院2013年《民事执行活动检察监督办法》
安徽	2013年蚌埠市法检《关于开展民事执行活动法律监督工作的若干意见(试行)》
浙江	2013年宁波市镇海区法检会签的《关于加强民事执行对外委托评估拍卖工作法律监督的规定(试行)》

(三) 民事执行检察监督领域的问题与困惑

作为一项在实践中自发摸索且仅具有宣示性法律依据的非传统型民事检察制度,执行检察监督在现阶段面临着许多争论和困惑,为了最大化发挥该制度的预设功能和积极效益,有必要以上述经验事实为基础,来发现并提炼民事执行检察监督在法律规范、理论研究和实务运行等方面所存在的主要问题,以期为进一步的规范配置和原理提炼做好准备。

1. 法律规范层面的现存问题

如前所述,《民事诉讼法》及《民诉解释》完全没有涉及民事执行检察监督的具体制度和规则,依据立法部门的解释,在相关的配套规范出台前,民事执行监督可以按照《执行监督试点通知》进行。① 然而即便如此,目前在规范层面仍旧存在着以下问题:首先,民事执行检察监督的现有规范位阶较低、缺乏完整性和体系性。除了法典中的"宪法式"授权外,2013年起施行的《民事诉讼监督规则(试行)》虽然在第八章专章规定了"对执行活动的监督",但其中所包含的三个条文仅仅是重申了民诉法的抽象内容以及相关的文书形式,并无实质性的补充作用。而《执行监督试点通知》虽然对执行监督的情形进行了列举并规定了法检之间的相互制约机制,但仍旧未能明晰执行监督的范围、监督程序、监督效力等最基本的内容,加之其位阶较低,使得规范现状与民事执行检察监督制度的体系化确立相去甚远。

其次,民事执行检察监督的实体构成性规则和程序实施性规则均有待明晰。具体来说,第一,执行检察监督的范围不明确。执行活动的具体

---

① 参见全国人大常委会法制工作委员会民法室编:《〈中华人民共和国民事诉讼法〉条文说明、立法理由及相关规定》,北京大学出版社2012年版,第372—373页。

情形具有多样性和复杂性等特点,法院的执行行为有的是通过裁定或决定的方式作出,有的是在采取执行措施的过程中作出,这使得违法执行行为的表现形式呈多样化特征。例如,有的源于执行人员的违法违纪行为,有的源于执行人员客观能力和监督经验的不足,还有的涉及地方保护主义和行政干涉等问题,针对这些不同的具体情形,执行检察监督的规制范围亟待明晰。第二,执行检察监督的程序缺位。检察机关可以采取哪些手段进行监督、执行监督的启动方式如何、监督的时间和阶段究竟是事中抑或事后、如何配置监督的地域管辖和级别管辖,这一系列最基础要素的缺失,将严重阻碍执行检察监督的功能发挥。第三,执行检察监督的效力模糊。不同的监督方式和手段各自的法律效果如何、检察机关的监督意见或建议对法院的拘束力如何、检察机关错误行使执行检察监督权时是应否承担相应的法律责任,这些问题都有待相关规范的系统回应。

2. 理论研究层面的主要争议

法律规范的粗疏现状以及修法过程中的争议频发,在相当程度上源于民事执行检察监督在理论研究方面的贫瘠现状,尽管近年来一些学者开始从审执原理出发,围绕民事执行检察监督的性质、基本原则和程序配置等问题提出了颇有建树的观点,但总的来看,该领域仍存有以下三方面的理论困惑,有待进一步的研究和思考。

理论研究的争议焦点之一是执行检察监督的正当性和必要性问题。首先,从民事执行检察监督的内在正当性来看,这也是2012年修法过程中的核心争点之一,相关问题主要包括:检察权应否介入民事执行领域、是否符合法律监督权的应然属性?《民事诉讼法》中规定的民事诉讼检察监督基本原则是否涵盖了执行程序抑或仅适用于审判程序?执行程序侧重追求效率价值,检察权的介入是否会妨碍这一目标的实现?执行程序和执行权所具有的不同于审判程序和审判权的特性,是否排除了检察监督的适用可能?域外国家并没有相对应的制度,这是否意味着我国"独树一帜"的确立民事执行检察监督制度缺乏正当性基础?其次,从民事执行检察监督的外在有用性和必要性来看,主要质疑包括:在存在执行机关内部监督制约和执行救济机制的前提下,检察权是否还有介入的必要?依据检察权的职能特点和客观精力,其究竟能否发挥保障依法执行的功能、能在多大程度上扭转"执行乱"的问题?赋予检察机关监督民事执行的权能,是否会加剧执行效益低下的消极现状?是否会为检察机关提供权力寻租的机会?是否会为被执行人提供阻碍执行的可乘之机?

理论研究的争议焦点之二是执行检察监督的功能定位和适用限度问题。其中功能定位是修法时的另一核心争点,围绕该问题主要有三种观点:一种观点认为执行检察监督的对象仅限于执行主体及其违法执行行为,以解决"执行乱"问题为目标;另一种观点认为执行检察监督应当以解决"执行难"问题为目标,旨在规制被执行人逃避和阻碍执行的行为;还有一种观点认为上述两方面均应纳入执行监督的范畴。而与功能定位直接相关的就是执行检察监督的适用范围和监督方式问题,在对功能定位缺乏共识性认识的前提下,有关监督对象、监督方式、监督效力等问题的讨论自然更为混乱,目前面临的主要困惑包括:是否应当将所有的违法执行行为均纳入检察监督的范围?监督的具体手段和措施有哪些?是否应当依据监督对象的具体种类配备相适应的不同的监督措施?审判监督中的抗诉和检察建议可否适用于执行监督?检察机关的监督意见对法院的执行机构是否具有约束力?检察机关对其错误监督的行为应否承担相应的法律责任?

理论研究的争议焦点之三是执行检察监督的运行模式和相互关系问题。其一,是民事执行检察监督与刑事执行检察监督的关系问题,有观点认为刑事执行检察监督在规范和实践方面的经验都相对成熟,因此主张效仿刑事执行监督措施来充实民事执行监督机制;其二,是民事执行检察监督与民事审判检察监督的关系问题,现存的主要困惑是可否借鉴审判检察监督的原则、制度和具体措施来配置执行检察监督;其三,是执行检察监督与执行程序内部制约机制的关系问题,即如何理性认识并科学协调检察监督、法院内部监督以及当事人执行救济三者之间的关系。

3. 实务运行层面的主要困惑

规范、理论与实践三者间的内在关联,决定了在缺乏理论共识和原理支撑的情形下,难以制定具有可操作性的具体制度,进而导致司法实践因为缺乏必要的规范指引和规则约束而陷入困境。如前述数据所示,虽然近年来全国大多数省区市的不同层级的检察机关都开展了民事执行检察监督工作并取得了一些收效,但由于缺乏明确、具体的运行规则,实践中存在着做法不一、效果各异等问题并面临着诸多困惑。

"困惑一"是检察机关在民事执行领域的自身定位问题,检察机关究竟应当积极介入执行领域抑或采行依申请的被动原则,不同的检察机关对此持不同认识,有的通过参与执行、到场监督等方式介入法院的执行活动,而有的则仅在法院邀请或当事人申请的情形下才进行监督。"困惑二"是究竟可以采用哪些手段来监督执行活动,这也是检察机关工作人员面临的最大困惑之一,例如可否对执行裁定提出抗诉、执行检察建议与审判程序中的检察建议有何不同、是否有权建议法院暂缓执行、各地检察机关常用的纠正违法通知书的法律效力如何,对这些问题缺乏明确的回应,导致执行检察监督工作的实效在相当程度上依赖于法院的态度。"困惑三"是检察机关在民事检察领域各项职能的分配问题,2012年对民事检察的修正和发展使得检察机关承担着更多职责,但在部门设置、人员配备等保持不变的当下,如何合理安排民事审判监督职责与执行监督职责的关系、如何实现对现有民事检察资源的合理配置和最大化利用,无疑是检察机关在新时期所面临的核心挑战之一。

第二节 社会治理型民事检察权的法定实现方式

不同于我国等社会主义国家检察机关所独有的公权监督职能,提起和参与民事诉讼、支持执行等社会治理性质的民事检察制度是西方各国检察机关较为普遍的实践。受国家权力结构模式、社会意识形态、客观发展背景等多方面因素的影响和制约,我国承担社会治理功能的检察权长期局限于刑事诉讼领域,这不仅导致"人民检察院组织法实际上只是一部人民检察院刑事组织法"[1],还使得民事检察权被直接等同于民事检察监督权。然而,社会发展和经济转型所引发的新问题以及客观需求的变化,使得近年来民事检察实务和规范领域出现了一些发挥着社会治理职能的新型制度。相较于以审判权和执行权等公权力作为监督对象的公权制约型民事检察权,这些新型民事检察制度以社会民事主体及其活动为干预对象,以宪法赋予的守法监督职能为正当性来源,并以维护社会管理和运行秩序为目标。在意思自治、私权自治等基本原则的约束下,检察权这一公权力对民事领域的介入自然具有了相当的特殊性和例外性,并在不同

---

[1] 参见傅郁林:《我国民事检察权的权能与程序配置》,载《法律科学》2012年第6期。

程度上对民事实体法和民事程序法的传统理念及原则提出了挑战。鉴于此,有必要借助实务中的经验事实对该类非传统型的民事检察权能进行深入研究,从而在了解各种具体制度的规范现状、运行情况及主要问题的基础上,考究其各自的生发原因和正当性基础,并通过划定适用范围、提炼运行原理来实现该类权能之积极功能的最大化和负面效应的最小化。如前所述,社会治理型民事检察制度具有法律规定与自生自发相结合的特点,因此本节将首先对该类权能的两种"法定性"实现方式进行解读。

一、民事支持起诉

相较于刑事诉讼法和行政诉讼法,支持起诉属于我国民事诉讼法所特有的基本原则之一,是指当民事权益遭受损害的单位或个人由于某些特殊原因而无法独立维护自身的合法权益时,由有关机关、社会团体、企事业单位等非自然人主体支持其提起诉讼,从而运用社会力量帮助弱势个人或单位实现其诉讼权利的机制。不同于审判检察监督和执行检察监督等检察机关独享的专属性职权,支持起诉以倾斜保护作为其价值根基,并将自然人之外的组织均纳入了有权提供支持的主体范围。作为"机关"的具体类型之一,以下将对检察机关在支持起诉领域的实践情况以及目前所存在的问题进行系统观察。

(一)民事支持起诉的规范依据

近年来,检察机关在民事支持起诉领域扮演着积极的角色。2012年修订的《民事诉讼法》第15条是支持起诉基本原则的法律依据,在此基础上,2017年修订的《民事诉讼法》在第55条第2款认可了检察机关支持公益诉讼的职权,然而除了这一抽象性、概括性的规定外,民诉法典中没有与之相对应的具体制度和实施细则。自1982年《民事诉讼法》(试行)颁布时起,支持起诉就被置于总则部分且一直未予变动,从立法目的的角度来看,其预设功能在于保障那些因主客观因素限制而无法通过诉讼来维护自身合法权益的弱势群体有效行使诉权;从文义解释的角度来看,该条文将自然人排除在了提供支持的主体范围之外,以此保证提供支持者自身具有较强的能力或资源优势,进而与帮助弱势群体接近司法(get access to justice)的初衷相吻合[①];从体系解释的角度来看,法典中并未规定

[①] 参见韩静茹:《社会治理型民事检察制度初探——实践、规范、理论的交错视角》,载《当代法学》2014年第5期。

任何与该原则相对应的具体制度,这就使得具体适用情形、支持方式、法律效力等基本要素缺位,但依据立法机关的解释,相关主体提供支持的具体方式可以包括宣传法律知识、提供法律咨询、接受被支持主体的委托或推荐律师担任其诉讼代理人、提供物质帮助等,但相关主体仅能支持受损害的主体起诉,而不能直接以自己的名义代替其起诉。①

然而将目光转向实体法领域,虽然仍旧无法找到检察机关支持民事起诉的具体规定,但却可以发现一些有关其他社会组织支持起诉职能的特别法规定。例如,2013年修订的《消费者权益保护法》第37条第7项将支持消费者针对损害其合法权益的行为提起诉讼作为消费者协会的公益性职责之一;《劳动合同法》第78条和《工会法》第29条均规定了劳动者在提起劳动仲裁或劳动诉讼时工会的支持职责;《妇女权益保障法》第54条第1款规定了妇女组织支持受害妇女进行诉讼的帮助义务;《老年人权益保护法》第55条鼓励律师事务所、公证处、基层法律服务所和其他法律服务机构为经济困难的老年人提供免费或者优惠的法律服务;《水污染防治法》第88条第3款和《固体废物污染环境防治法》第84条第3款均鼓励法律服务机构对相关环境污染诉讼中的受害人提供法律支持。由此可见,立法主体通过特别法的方式将消协、工会、妇联、法律服务机构等社会团体或组织作为了支持起诉的主力。此外,值得特别关注的是,2015年1月7日起施行的最高人民法院《关于审理环境民事公益诉讼案件适用法律若干问题的解释》第11条规定:"检察机关、负有环境保护监督管理职责的部门及其他机关、社会组织、企业事业单位依据民事诉讼法第十五条的规定,可以通过提供法律咨询、提交书面意见、协助调查取证等方式支持社会组织依法提起环境民事公益诉讼。"这是有关检察机关支持民事起诉的首次明确规定,其以司法解释的方式明晰了检察机关支持起诉的适用范围和具体方式,同时回应并认可了实践中的长期做法。

---

① 全国人大常委会法制工作委员会民法室编:《中华人民共和国民事诉讼法条文说明、立法理由及相关规定》,北京大学出版社2012年版,第21页。

(二) 民事支持起诉的运行情况

1. 实证案例的视角[①]

为了尽可能贴近实务,笔者对 2008 年至 2013 年间由浙江(3 件)、重庆(14 件)、江苏(3 件)、湖南(7 件)、河南(5 件)、云南(1 件)、海南(1 件)、南京(1 件)等地检察机关支持起诉的近 40 件民事案例[②]以及最高人民法院 2014 年公布的一起典型案例[③]进行了研读,从中发现了一些特点和规律。

首先,从检察机关支持起诉的民事案件类型来看,除了较为常见的环境污染侵权纠纷、劳务合同纠纷、追索劳动报酬等劳动纠纷、人身侵权损害赔偿纠纷、赡养纠纷之外,还包括金融借款合同纠纷、房屋拆迁安置合同纠纷、建设工程施工合同纠纷、商品房预售合同纠纷、租赁合同纠纷以及返还贷款纠纷等。

其次,从受支持的主体类型来看,除了受环境污染侵害的当地居民、农民工和下岗工人及其他劳动者、车祸中死亡的无名氏、社区组全体村民等自然人主体外,还包括行政机关、国有企业及社会团体等非自然人主体,例如环保局、农村信用合作联社、国有资产清算组织、商业银行支行、环境公益协会、农业发展银行分行营业部、财政局、供销合作社等。[④]

再次,从检察机关支持起诉的具体方式来看,各地检察机关的做法不

[①] 民事支持起诉案例的具体情况,请参见"附录三:检察机关支持起诉的民事案件列表"。
[②] 检察机关支持起诉的民事案件之裁判文书请参见:(2011)云高民一终字第 41 号;(2010)丽遂商初字第 725 号;(2006)渝二中法民终字第 150 号;(2010)巴民初字第 2137 号;(2010)巴民初字第 2138 号;(2009)巴民初字第 669 号;(2009)巴民初字第 720 号;(2010)璧民初字第 2088 号;(2010)璧民初字第 2837 号;(2010)璧民初字第 3008 号;(2010)璧民初字第 2817 号;(2010)璧民初字第 2813 号;(2010)璧民初字第 2068 号;(2010)渡法民初字第 1568 号;(2013)浏民初字第 00177 号;(2012)芙民初字第 2216 号;(2012)州民一终字第 103 号;(2012)州民一终字第 18 号;(2010)宜民二初字第 9 号;(2009)范民初字第 00047 号;(2009)濮中法民一终字第 465 号;(2009)濮中法民初字第 466 号;(2010)汝民初字第 1215 号;(2010)汝民初字第 1097 号;(2011)溧商初字第 86 号;等等。此外,上述部分案件中支持起诉的检察机关还对数量不一的"类案"进行了支持,即由同一检察机关对诉讼标的为同种类且被告同一的(实际上可形成普通共同诉讼)案件支持起诉。这种支持"类案"起诉的情形主要存在于劳务纠纷、追索劳动报酬纠纷、商品房预售合同纠纷等性质的案件中(上述案例数中不含类案数量)。
[③] 参见"江苏省某市检察院环境公益诉讼支持起诉案",本案当事人已经被追究刑事责任,在该案的民事赔偿部分,检察机关作为支持起诉方出庭支持起诉,追究倾倒危废物质的 6 家化工企业的民事责任,最终肇事者被判赔偿 1.6 亿元。
[④] 参见韩静茹:《社会治理型民事检察制度初探——实践、规范、理论的交错视角》,载《当代法学》2014 年第 5 期。

一,但每一省份内不同地方检察机关的支持方式具有相对一致性,例如,有的检察机关仅仅向法院提交"支持起诉书""支持起诉意见书"或"检察建议书",而有的检察机关会派一到两名检察员出庭支持起诉;有的检察机关还会在支持起诉过程中进行证据调查并在诉前通过释法、劝说、教育、告知后果等方式,来促进对方当事人自觉履行义务或达成和解。而在采行派员出庭模式的检察机关中,具体做法仍旧各异,例如,"有的是先向法庭移交证据材料,庭审时派员出席(坐席与原告并列)并宣读《支持起诉意见书》";而有的是在原告发表完起诉意见后,由检方出庭支持起诉的人员对本案事实、适用法律以及检察院支持起诉的法律依据进行详细阐述,并在法庭辩论结束后发表《支持起诉意见书》"①。

此外,从法院裁判文书的格式和内容以及最终的裁判结果来看,一些地方的法院会在裁判文书的首部列明"支持起诉机关"和出庭检察员的姓名,而有些地方的法院则仅在裁判文书的正文部分予以简单提及;从法院对支持起诉意见的回应态度来看,绝大多数法院都未在裁判文书中阐明检察机关支持起诉的理由、支持起诉的正当性以及法院对支持起诉意见是否予以采纳等问题②;而从案件的最终结果来看,大多数由检察机关支持起诉的原告都通过判决或调解结案的方式实现了自己的全部或部分诉讼请求,还有一部分案件在检察机关介入调查、提起诉讼前,被告就主动和解或履行了义务。

2. 实务数据的视角(2001—2014)

从实践数据来看(见"表八"),近年来检察机关的支持起诉工作在不同程度上获得了较佳收益,据统计,2003 年至 2006 年,全国检察机关办理支持起诉案件 15742 件③;2010 年全国检察机关对涉及国家利益和社

---

① 吴英姿:《检察机关介入民事诉讼的原则与限度——以支持起诉为切入点》,载《检察日报》2007 年 6 月 12 日。

② 较为特殊的是湖南省岳阳市法院 2011 年审理的一起由岳阳市人民检察院支持中国农业银行发展银行岳阳分行营业部起诉的金融借款合同纠纷案件,该案的裁判文书中不仅在首部列明了"支持起诉机关"和出庭的两名检察员的姓名,还在正文部分载明了检察机关的支持起诉意见。此外,该省浏阳市法院 2013 年审理的一起由浏阳市人民检察院支持起诉的产品责任纠纷案件,也采用了相类似的方式,详细内容请参见(2013)浏民初字第 00177 号民事判决书。

③ 参见刘卉:《支持起诉、督促起诉:实践呼唤完善立法》,载《检察日报》2009 年 3 月 13 日第 3 版。

会公共利益的案件支持起诉 21382 件。① 而从各地的实践情况来看，2013 年河北省检察机关支持起诉 819 件；2008 年至 2012 年 5 年间，湖南省检察机关共支持遭受侵害的弱势群体提起民事诉讼 1204 件；截至 2009 年，重庆市检察机关支持起诉案件 1918 件，原告胜诉 1568 件，"其中涉及维护农民工权益的案件约占 95%，为农民工等困难群众挽回经济损失 600 万余元"②；2014 年该市检察机关通过支持起诉，帮助 226 名农民工追讨欠薪 248 万元；2010 年贵州省检察机关支持起诉的案件中有 530 件获得了法院的采纳，追回国有资产上亿元③；2001 年至 2012 年，安徽省检察机关共办理支持起诉案件 1917 件④；2014 年，云南省检察机关支持受害单位或个人向法院起诉 2042 件；2011 年至 2013 年 7 月江苏全省各级检察机关共支持 4813 名弱势困难群众提起诉讼，涉案金额 2.5 亿元⑤，2014 年针对环境公益诉讼向法院发出支持起诉意见书 20 件。此外值得关注的是，一些地方的检察机关通过会签文件、联合制定等方式出台了有关民事支持起诉的内部规范性文件（见"表九"），对该种制度的适用范围、具体支持方式、与相关组织的协作关系等问题进行了细化规定。将这些数据和实务做法与现有的法律规定进行对比后可以发现：大多数支持起诉的案件中，提供支持的主体都是检察机关这一公权主体，而并非实体法所明确规定的消费者协会、工会、法律服务机构等社会团体和组织，亦非民诉法中所提及的<u>企业事业单位</u>。简言之，无论案件的具体类型如何，相较于其他机关、社会团体和<u>企事业单位</u>，检察机关都实际上扮演着支持起诉领域的"主力军"。

---

① 参见 2011 年 3 月 11 日《最高人民检察院工作报告》，载最高人民检察院官网：http://www.spp.gov.cn/gzbg/201208/t20120820_2498.shtml，访问时间：2013 年 8 月 2 日。
② 参见刘卉：《支持起诉、督促起诉：实践呼唤完善立法》，载《检察日报》2009 年 3 月 13 日第 3 版。
③ 参见《我省检察机关督促起诉追回国有资产过亿元》，载"金黔在线—贵州日报"，2011 年 2 月 22 日，网址：http://gzrb.gog.com.cn/system/2011/02/22/011019597.shtm，访问时间：2013 年 6 月 19 日。
④ 参见王社坤：《检察机关在环境公益诉讼中的法律地位及作用调研报告》，载《中国环境法治（2012 年卷上）》。
⑤ 参见《江苏人大首次审议民事诉讼法律监督工作》，载《检察日报》2013 年 8 月 19 日；施琛耀、卢志坚：《江苏省检察院向省人大常委会作专题报告：江苏民事诉讼法律监督领先全国》，载《江苏法制报》2013 年 7 月 25 日。

表八　全国各地检察机关支持起诉的情况统计

省份	支持起诉数据	主要案件类型
全国	2010年全国检察机关对涉及国家和社会公共利益的案件支持起诉共21382件；2013年对侵害国家和社会公共利益、侵害困难群体合法权益的民事案件,支持受害单位和个人起诉19021件	涉及国家利益和社会公共利益的案件
重庆	截至2009年,重庆市检察机关支持起诉案件1918件,原告胜诉1568件,为农民工等困难群众挽回经济损失600万余元。① 2008年至2012年5年来,重庆市检察机关通过支持起诉成功帮助10053名农民工追回欠薪,运用支持起诉、检察建议等方式参与处置环境污染事件25件。2014年,重庆市检察机关通过支持起诉,帮助226名农民工追讨欠薪248万元	农民工等弱势群体维权案件；环境污染案件
贵州	2010年贵州省检察机关支持起诉的案件中有530件获得了法院的采纳,追回国有资产上亿元。② 2011年贵州省检察机关支持起诉345件	国有资产案件
安徽	2001年至2012年,安徽省检察机关共办理支持起诉案件1917件③	
江苏	2014年全省检察机关依法督促起诉、支持起诉1276件。2011年至2013年7月,江苏全省各级检察机关共支持4813名弱势困难群众提起诉讼,涉案金额2.5亿元④	弱势群体维权案件
河北	2013年河北省检察机关支持起诉819件	
湖南	2008年至2012年,湖南省检察机关支持相对弱势的被侵害方提起民事诉讼1548件	弱势群体维权案件
广东	2013年全省检察机关共支持起诉1204件	
青海	2013年支持起诉11件	
云南	2014年支持受害单位或个人向法院起诉2042件	

---

① 参见刘卉：《支持起诉、督促起诉：实践呼唤完善立法》,载《检察日报》2009年3月13日第3版。

② 参见《我省检察机关督促起诉追回国有资产过亿元》,载"金黔在线—贵州日报",2011年2月22日,网址：http://www.gzrb.gog.com.cn/system/2011/02/22/011019597.shtm,访问时间：2013年6月19日。

③ 参见王社坤：《检察机关在环境公益诉讼中的法律地位及作用调研报告》,载《中国环境法治(2012年卷上)》。

④ 参见《江苏人大首次审议民事诉讼法律监督工作》,载《检察日报》2013年8月19日；施琛耀、卢志坚：《江苏省检察院向省人大常委会作专题报告：江苏民事诉讼法律监督领先全国》,载《江苏法制报》2013年7月25日。

表九 检察机关支持起诉规范性文件

省份	规范名称
甘肃	2010年5月《甘肃省检察机关办理民事督促起诉、支持起诉案件规定(试行)》
浙江	2009年7月嘉兴市南湖区检察院和区环保局《关于环境保护公益诉讼的若干意见》
浙江	省检察院联合省环保厅《关于积极运用民事行政检察职能加强环境保护的意见》
四川	雅安市检察院与该市工会、人力资源和社会保障局、司法局共同签署《关于印发〈关于支持企业职工、农民工依法维权的实施意见〉的通知》
四川	四川省检察院与省总工会会签《关于建立农民工法律维权工作机制的意见》
湖南	《湖南省检察机关办理支持、督促起诉案件暂行规定》
河北	2012年4月临城县检察院与县残联会签《关于加强民事行政检察暨支持起诉工作的意见》;2013年8月,临城县检察院会同县妇联、县残联、县劳动争议仲裁委员会共同签发《关于加强民事行政检察暨支持起诉工作的意见》

(三) 民事支持起诉领域的问题与困惑

以上通过梳理和研读现有法律规范、具体案例和实证数据,能够大致勾画出检察机在民事支持起诉领域所扮演的角色和发挥的功能。面对这一系列的经验事实,以下问题有待深入反思和回应。

第一,检察机关支持民事起诉的正当性问题。从内在正当性来看,检察机关作为公权力主体辅助相关民事主体维护其私权益,是否有违意思自治原则和处分原则的基本理念、是否有悖当事人诉讼地位平等原则的具体要求? 作为国家的法律监督机关,检察机关支持民事诉讼的行为是否背离了法律监督权所要求的客观性和中立性,而沦为一方当事人或是其代理人? 当受支持主体是非自然人尤其是行政机关等其他公权力主体时,检察机关的"支持"行为是否与该制度保护弱势群体的初衷相背离? 在检察机关支持起诉的情形下,其同时还享有审判监督和执行监督的职能,"身兼数职"的角色冲突是否会损害审判权的独立行使并影响对方当事人获得公正裁判的权利? 而从外在有用性和必要性来看,相较于其他有权支持起诉的主体,检察机关在此领域是否具备独有优势? 以检察机关的实际精力、客观能力以及社会现实需求为出发点,检察机关支持起诉工作的实际收效究竟如何? 该种做法是否符合司法资源优化配置的基本要求?

第二,检察机关在支持起诉领域的应然角色和功能定位问题。结合上述实务数据,目前面临的主要问题和质疑包括:作为支持起诉的法定可能主体之一,参照检察机关的宪法定位以及民事检察权的本质属性,检察机关在此领域的应然角色和功能界限是什么?相较于工会、消协、妇联等实体法特别关照的社会组织,检察机关为何在缺乏特别法授权的背景下反而成为了民事支持起诉领域的"主力军"?推动检察机关积极参与支持起诉的内在深层原因是什么?而从更为微观的层面来看,检察机关在支持起诉时应当处于何种地位?其应否出席相关案件的庭审、在庭审中的角色和任务是什么?检察机关提交的支持起诉意见书等对法院的拘束力如何?

第三,检察机关支持起诉与其他相关主体、相关制度的关系问题。从检察机关与其他相关主体之间的关系来看,如何划分检察机关与其他机关、社会团体、企事业单位等主体在民事支持起诉领域所应承载的功能和适用顺位?民事案件的类型以及受支持主体的身份与检察机关能否支持起诉之间是否存在某种关联?相较于共同原告、诉讼代理人,检察机关在支持起诉时处于何种诉讼地位?从支持起诉与其他相关制度的关系来看,如何认识检察机关支持起诉与检察机关参加诉讼的关系、与立案监督的关系?如何区分支持起诉与诉讼代理制度、法律援助制度的关系?如何协调检察机关支持起诉与督促起诉等其他职能的关系?此外,从现行规范的合理性与完备性来看,最突出的问题就是缺乏基本的、明确的操作指引,因此有待从介入条件和具体情形、介入时间、介入方式和支持手段、法律效力等实体要素和程序要素方面,对检察机关支持起诉的实务运行予以规范和限定,以避免其超越民事检察权的应然界域并对社会自治和公民自治造成不当侵犯。

二、民事公益诉讼

2012 年《民事诉讼法》修法的亮点之一是初步确立了民事公益诉讼制度,依据 2012 年修订的《民事诉讼法》第 55 条的规定:"对污染环境、侵害众多消费者合法权益等损害社会公共利益的行为,法律规定的机关和有关组织可以向人民法院提起诉讼。"然而遗憾的是,由于未对"法律规定的机关"予以明晰,加之《消费者权益保护法》《环境保护法》、最高人民法院《关于审理环境民事公益诉讼案件适用法律若干问题的解释》《关于审理消费民事公益诉讼案件适用法律若干问题的解释》以及 2015 年《民诉解释》①等规定的局限性,导致"检察机关究竟能否成为民事公益诉讼主体"这一长期争论的话题,长期处于未决状态。直到 2017 年对《民事诉讼法》的专门修改,才在第 55 条第 2 款②规定了检察机关提起民事公益诉讼的权能。然而早在民事公益诉讼制度被法典化之前,很多地方的检察机关就已经开展了提起民事公益诉讼的尝试并形成了一些较成功的案例,鉴于此,在新法施行初期的特殊阶段,有必要通过对检察机关在该领域的实践模式和运行实效进行考察,来评估该种社会治理型民事检察制度的积极功能、可能弊端以及主要障碍,从而为之后的理论提炼和规范完善奠定基础。

（一）民事公益诉讼的新设与检察机关的地位争议

从规范层面来看,检察机关提起民事公益诉讼虽然曾长期缺乏法典位阶的明确依据,但却在检察机关的自发尝试以及相关司法政策性文件的推动下长期摸索前进。回顾检察机关在民事公益诉讼领域的演进历程,1997 年河南省南阳市方城县人民检察院成功办理了第一起涉及国有资产流失的民事公益诉讼案件,首开公益诉讼的先河并被称为"公益诉讼鼻祖";2000 年最高人民检察院在《关于强化检察职能、依法保护国有资产的通知》中明确提出"检察机关应充分发挥检察职能,对侵害国家利益、社会公共利益的民事违法行为提起诉讼";然而 2004 年最高人民法院在给湖北省高级人民法院的《关于恩施市人民检察院诉张苏文返还国有资产一案的复函》中,却认为"检察机关以保护国有资产和公共利益为由,以原告身份代表国家提起民事诉讼,没有法律依据,对此案件不应受理,如已受理,应当驳回起诉",从而否定了检察机关的民事公诉权,并致使相关

---

① 2015 年《民诉解释》虽然在第十三章专章规定了公益诉讼,明确了提起民事公益诉讼的条件、主体资格、审判组织形式、调解与和解、法院的告知义务、公益诉讼主体的相互关系及其与私诉权主体的关系等事项,但同样未对检察机关的民事公益诉权问题给予回应。

② 2017 年修订的《民事诉讼法》第 55 条第 2 款规定:"人民检察院在履行职责中发现破坏生态环境和资源保护、食品药品安全领域侵害众多消费者合法权益等损害社会公共利益的行为,在没有前款规定的机关和组织或者前款规定的机关和组织不提起诉讼的情况下,可以向人民法院提起诉讼。前款规定的机关或者组织提起诉讼的,人民检察院可以支持起诉。"

尝试在该阶段陷入停滞。然而，随着损害国家利益和社会公共利益案件数量的不断增多、社会对检察机关之介入需求的日益提升，各地检察机关逐步开始通过内部规范性文件、会签文件等方式（见"表十"）恢复在民事公益诉讼领域的实践，一些司法政策性文件也在不同程度上对检察机关的相关创新给予了肯定和鼓励。尤其值得关注的是，党的十八届四中全会通过的《关于全面推进依法治国若干重大问题的决定》中明确提出"探索建立检察机关提起公益诉讼制度"；依此，《关于深化检察改革的意见》（2015 年修订版）[①]第 30 条进一步要求"探索建立检察机关提起公益诉讼制度。探索提起公益诉讼的条件、适用范围和程序，明确公益诉讼的参加人、案件管辖、举证责任分配"。

依据《民事诉讼法》的最新规定，如何解读"法律规定的机关"成为了判断检察机关是否享有公益诉权的决定性因素。针对该问题，目前理论界、实务界、立法机关三者间的态度和观点各不相同：从学界的态度来看，大多数学者对赋予检察机关民事公益诉权持积极态度，例如张卫平教授等认为："法律规定"应包括一般性规定和具体明确之规定，基于宪法和民事诉讼法关于检察机关法律监督权的一般性规定，检察机关具有提起民事公益诉讼的资格。[②] 肖建国教授认为："法律规定"中的"法律"应被目的性地扩张解释为包括立法机关制定颁布的法律和最高人民法院的司法解释，"机关"则应被目的性地限缩解释为检察院和行政机关。[③] 从实务界的态度来看，出于对客观精力和工作负荷等部门利益的考量，在总体上持保守、中立的态度。[④] 而从立法机关的态度来看，其以"适度开展、有序进行"作为民事公益诉讼制度创设和实践运行的主导方针，认为"案件范围和提起主体均不宜过宽"，以避免公益诉权被滥用或恶意利用、避免国

[①] 该意见的全文，请参见最高人民检察院官网，网址：http://www.spp.gov.cn/tt/201502/t20150225_91549.shtml，访问时间：2015 年 3 月 1 日。
[②] 参见张卫平、李浩：《新民事诉讼法原理与适用》，人民法院出版社 2012 年版，第 130 页；张卫平：《民事司法制度的新发展》，载《检察日报》2012 年 9 月 7 日。
[③] 参见肖建国：《民事公益诉讼制度的具体适用》，载《人民法院报》2012 年 10 月 10 日。
[④] 2012 年 10 月 27 日上午全国人大法工委民法室扈纪华巡视员在中国民事诉讼法学研究会 2012 年年会上所作主旨报告结束后，在回答主持人潘剑锋教授有关"检察机关可否提起民事公益诉讼"的问题时，清晰地指出："法律无明文规定即无原告资格，我国目前尚无法律明文规定检察机关有权提起民事公益诉讼。"

有资产和社会公共利益的直接管护主体逃逸其首位职责。①

值得特别关注的是,虽然《民事诉讼法》直到2017年才抽象化地确认了检察机关提起民事公益诉讼的主体资格,但《刑事诉讼法》中有关刑事附带民事诉讼制度的规定却在相当程度上提供了同质性的参照。《刑事诉讼法》第99条第2款明确规定,当国家、集体财产遭受损失时,检察院可以在提起刑事公诉的同时提起附带民事诉讼。此外,《人民检察院刑事诉讼规则(试行)》第287条、最高地法院2012年12月25日发布的《关于适用〈中华人民共和国刑事诉讼法〉的解释》等也对检察机关提起附带民事诉讼进行了细化规定。运用法解释学的方法对上述条文进行分析,可以发现,赋予检察机关提起本质上属于民事诉讼的附带诉讼之目的在于维护受到损害的国家财产和集体财产,从而避免国家利益和集体利益遭受犯罪行为侵害时无人维护的消极局面。除了上述法典和司法解释位阶的规定外,一些地方的检察院和法院也通过联合签署文件等形式对该问题进行了更加细化的规定(见"表十")。

表十　检察机关提起(参与)民事公益诉讼规范性文件

省份	规范名称
浙江	2006年宁波市北仑区法检《关于办理刑事附带民事公益诉讼案件的暂行规定》
	2010年嘉兴市人民检察院、嘉兴市环保局《关于环境保护公益诉讼的若干意见》
	2010年浙江省高级人民检察院和省环保厅《关于积极运用民事行政检察职能加强环境保护的意见》
	2011年温州市人民检察院和环保局《关于加强检察职能与环境保护协作机制实施意见》
四川	2004年《泸州市检察机关关于办理刑事附带民事诉讼案件的规定(试行)》
湖南	2011年湖南省人民检察院、省公安厅《关于共同推进公益诉讼的座谈会纪要》
	株洲市法检《关于检察机关提起刑事附带民事诉讼工作有关事项的暂行规定》
贵州	2007年贵阳市中级人民法院出台的《关于贵阳市中级人民法院环境保护审判庭、清镇市人民法院环境保护法庭案件受理范围的规定》
	2010年贵阳市人大常委会制定的《贵阳市促进生态文明建设条例》
	2010年贵阳市中级人民院《关于大力推进环境公益诉讼、促进生态文明建设的实施意见》

---

① 全国人大常委会法制工作委员会民法室编:《〈中华人民共和国民事诉讼法〉条文说明、立法理由及相关规定》,北京大学出版社2012年版,第82页。

第二章 民事检察权的运行实况

(续表)

省份	规范名称
广东	2008年广州市番禺区人民检察院和区环保局《环境公益诉讼案件移送办法（暂行）》
	2008年广州市海珠区人民检察院和区环保局《关于共同开展内陆源水域污染公益诉讼活动实施办法》
	2010年广州市海事法院《关于审理检察院提起水域污染公益诉讼案件适用程序的意见》
江苏	2007年无锡市法检《关于办理环境民事公益诉讼案件的试行规定》
	2008年无锡市中级人民法院、无锡市人民检察院、无锡市政府法制办《关于在环境民事公益诉讼中具有环保行政职能的部门向检察机关提供证据的意见》
	南京市玄武区法检联合签署《刑事附带民事诉讼实施办法》
	无锡市检与市法院、环保、法制办《关于刑事附带环境公益民事诉讼的实施意见》
云南	2008年昆明市中级人民法院、昆明市人民检察院、昆明市公安局、昆明市环保局《关于建立环境保护执法协调机制的实施意见》
	2010年昆明市法检《关于办理环境民事公益诉讼案件若干问题的意见（试行）》
山西	2010年山西省人民检察院《关于开展公益诉讼试点工作的通知》
山东	苍山县法检《关于办理刑事附带民事公益诉讼案件的规定》；县人民检察院民行部门与公诉部门会签《关于共同做好刑事附带民事诉讼工作的暂行规定》
重庆	2010年重庆市政法委和社会治安综治委《关于开展民事公益诉讼工作的实施意见》
	2011年重庆市法检、公安局、环保局《关于试点集中办理环境保护案件的意见》
	2011年重庆市高级人民法院《关于试点设立专门审判庭集中审理刑事、民事、行政环境保护案件的意见》

(二)检察机关提起民事诉讼的实务情况

1. 检察机关提起民事公益诉讼的实务状况①

虽然在规范和理论层面均存在不同程度的障碍，但实务中由检察机关作为原告提起的民事公益诉讼案例每年都会出现，并且许多省份都制定了相关的规范性文件。截至2012年，全国已有17个省、自治区、直辖

---

① 检察机关提起民事公益诉讼的案例情况，请参见"附录四：民事公益诉讼案例列表"。

市检察机关有直接提起民事公益诉讼的司法实践①;2014年,江苏省检察机关对非法倾倒2.5万余吨工业废酸的特大环境污染案,出庭支持环保联合会提起公益诉讼,法院判决污染企业赔偿环境修复费用1.6亿余元。② 鉴于此,在展开进一步的分析和反思之前,有必要对相关的实证案例及数据进行梳理和总结,从而为之后的分析提供必要的基础和依据。笔者通过对浙江省浦江县人民检察院、浙江省平湖市人民检察院、浙江省海宁市人民检察院、贵阳市人民检察院、河南省方城县人民检察院、山东省乐陵市人民检察院、四川省南昌市阆中市人民检察院、广东省广州市珠海区人民检察院、广东省白云区人民检察院、广东省番禺区人民检察院(3件)所直接提起的12件民事公益诉讼案件③进行研读,发现了其中的一些特点和规律:首先,从案件数量和类型来看,各省份检察机关提起公益诉讼的数量均为个位数,且大多由基层或市一级的检察机关提起;案件类型主要涉及维护国有资产、环境与资源保护、维护不明身份公民权益等;被告的类型主要包括国有事业单位、拍卖公司、工商管理所、航运公司、化工厂、骨粉厂、农牧公司、水泥公司、皮革染整厂、石材厂、畜禽类养殖专业合作社、五金厂、食品企业、环保服务公司以及公民个人等。其次,从诉讼请求的类型来看,包括请求确认买卖合同无效、停止侵害、排除妨碍、消除危险、拆除违法建筑或设施、恢复原状、改进设备、赔偿环境污染损失等。

---

① 参见王社坤:《检察机关在环境公益诉讼中的法律地位及作用调研报告》,载《中国环境法治(2012年卷上)》。

② 参见2015年3月12日在第十二届全国人民代表大会第三次会议上的《最高人民检察院工作报告》。

③ 有关该12例案件的具体内容请参见:1997年河南省方城县人民检察院诉买卖协议双方当事人的"公益诉讼鼻祖"案件;2002年浙江省浦江县人民检察院诉浦江县良种场、金华一通拍卖有限公司、洪素琴等案;2003年山东省德州市乐陵市人民检察院诉金鑫化工厂环境污染案;2003年四川省南充市阆中市人民检察院诉群发骨粉厂环境污染俺;2008年贵阳市人民检察院诉熊金志、雷章、陈廷雨环境污染纠纷案;2008年广州市海珠区人民检察院诉新中兴洗水厂厂主陈忠明环境污染案;2008年湖南省长沙市望城县人民检察院诉长沙甲塘水泥有限公司环境污染案;2008年江西省新余市人民检察院诉李某、曾某夫妇环境污染案;2009年广州市番禺区人民检察院诉涌东泰皮革染整厂环境污染案;2009年江西省九江市星子县人民检察院诉某石材厂环境污染案;2009年重庆市南川区人民检察院诉双赢化工厂水污染案;2010年重庆市璧山县人民检察院诉重庆欧америка畜禽类养殖专业合作社案;2010年广州市番禺区人民检察院诉番禺博朗五金厂环境污染案;2010年广州市白云区人民检察院诉白云区养猪场经营者梁中强环境污染案;2011年浙江省平湖市人民检察院诉嘉兴市绿谊环保服务有限公司等水污染案;2012年浙江省海宁市人民检察院诉海宁市於氏龙电雕制版有限公司环境污染案;2012年广州市番禺区人民检察院诉某食品企业大气污染案。

再次，从结案方式和处理结果来看，上述12例案件中有7件以调解方式结案、5件以判决方式结案，检察机关的诉讼请求均获得了全部或部分支持；只有极个别的案件中被告对检察机关的主体资格提出了质疑；部分法院在裁判文书中援引《宪法》《检察院组织法》以及相关原则精神等，对检察机关的主体适格问题进行了论证。此外，从检察机关提起公益诉讼的具体操作方式来看，存在诸多不规范甚至有违程序公正基本要求的做法，例如：在诉前与法院针对是否立案的问题进行沟通协商、在诉讼进行过程中的法检联络、裁判作出后法检联合给被告做工作以避免其提出上诉等①，这些异化现象导致检察机关偏离了原告的主体地位并背离了当事人诉讼地位平等原则和法官居中裁判的基本精神，也使得实验性案件所取得效果在很大程度上并非源于司法程序的功能，而呈现出某种行政化、非规范性的色彩，缺乏可复制性、示范性和普适性。②

2. 检察机关提起刑事附带民事诉讼的实务状况

截至2010年12月，全国大部分省份开展了提起刑事附带民事诉讼工作，主要包括维护国有公共设施、国有企业资产、无名死者权益等案件类型，其中绝大多数案件胜诉，还有一些案件调解结案。其中较为突出的是四川省检察机关的相关实践，在直接提起民事公益诉讼受阻的情况下，该地检察机关通过提起刑事附带民事诉讼这一变通渠道实现了保护国家利益和集体财产的目的，挽回相关损失数千万元。③ 此外，其他一些地方的相关实务数据同样可以较为直观地反映出检察机关在提起刑事附带民事诉讼领域的实践状况：福建省尤溪县人民检察院对失火毁林、盗伐、滥伐林木等8种涉林案件依法提起附带民事诉讼，"2012年至2013年9月，该院对49件140人涉林案件提起刑事附带民事诉讼，当事人已补植林木567亩"④；2006年1月至今年2月底，攀枝花全市检察机关公诉部门共提起公益刑事附带民事诉讼84件，法院判决确认率为100%；截至2012年

---

① 参见王社坤：《检察机关在环境公益诉讼中的法律地位及作用调研报告》，载《中国环境法治·2012年卷（上）》。
② 参见韩静茹：《社会治理型民事检察制度初探——实践、规范、理论的交错视角》，载《当代法学》2014年第5期。
③ 王莉：《检察机关提起、参与民事公益诉讼的法理基础》，载《人民检察》2011年第14期。
④ 黄小莒、张仁平：《补植复绿保护生态环境》，载《检察日报》2013年9月26日第2版。

11月,山东省苍山县人民检察院"已办理7起刑事附带民事诉讼案件,为国家追讨经济损失20余万元"①;昆明西山检察院2011年办理了25件刑事附带民事调解案件,其中14件和解结案,和解金额近160万元,2012年办理18件,和解结案7件,和解金额达132万余元,2012年以来,办理当事人和解的案件2件,和解金额近30万元②;2008年云南省检察机关对造成国家重大经济损失的破坏森林资源犯罪案件提起刑事附带民事诉讼32件。2003年以来,四川省检察机关共办理刑事附带民事诉讼案件1636件,为国家、集体挽回经济损失6961万元,有效维护了国家利益和社会公共利益。③

(三)民事公诉领域的问题与困惑

如前所述,检察机关在民事公益诉讼领域的角色和地位问题是民诉理论界和实务界的持久争点,而本次对民事公益诉讼制度的法典化确立则进一步激化了相关争议的热烈程度。在此背景下,有必要结合上述经验事实来发现并提炼此领域现存的实质争议和主要困惑,从而为后文的研究指明方向并确保相关分析能够"对症下药"。

问题之一是检察机关作为民事公益诉权主体的正当性与可行性之争,这也是目前最为核心的争点。从正当性层面来看,近十年来学术界围绕检察机关在民事公益诉讼中的主体适格问题展开了诸多讨论,持"支持论"的学者分别从检察机关的宪法地位、检察机关自身的能力和资源优势、社会的现实需求、域外国家的通行做法等角度,对检察机关提起民事公益诉讼的正当性与合理性进行了论证;而持"反对论"的学者则认为,检察机关提起公益诉讼缺乏组织法和诉讼法上的明确规定并导致角色冲突等致命缺陷,检察机关并非行政权主体因此无权代表公共利益。④ 而在

---

① 余东明、王家梁:《山东苍山检察院以刑事附带民事诉讼挽回国有损失》,载"人民网":http://www.legaldaily.com.cn/index/content/2012-11/16/content_3991863.htm?node=20908,访问时间:2013年5月26日。
② 参见肖凤珍、何赟等:《"检调对接"不是花钱赎罪》,载《检察日报》2013年5月15日。
③ 四川省人民检察院:《以科学的理念和方法推动民行检察工作》,载《人民检察》2010年第18期。
④ "反对论"的相关文献请参见:王福华:《我国检察机关介入民事诉讼之角色困境》,载《政治与法律》2003年第5期;杨秀清:《我国检察机关提起公益诉讼的正当性质疑》,载《南京师大学报(社会科学版)》2006年第6期;陈兴生等:《民事公诉权质疑》,载《国家检察官学院学报》2001年第8期;等等。

"支持论"内部,围绕"检察机关与其他公益诉权主体之间的关系和顺位""民事公益诉讼程序中检察机关的诉讼地位""如何解决公诉职能与审判监督职能之间的冲突"这三大问题,又形成了不同的观点。首先,针对检察机关与其他公益诉权主体的关系问题主要有两派主张,一种认为检察机关是所有国家机关中最适宜享有公益诉权的主体,尤其是相较于自身极可能处于利害关系之中的行政机关①;另一种则认为检察机关应当属于后位的、间接性的公益诉权主体。② 其次,针对检察机关在民事公益诉讼中的地位问题,形成了多样化的学说,主要包括"法律监督者说""双重身份说""公益代表说""公诉人说""原告人说"和"国家监诉人说"。再次,针对检察机关角色冲突的问题,形成了两种解决方案,一种是"不可兼任说",认为个案中的检察官不能同时担任公诉人和监督者③,检察机关对其所提起的民事公益诉讼无权进行审判监督④,其诉讼地位必须是一元的⑤;另一种是"可兼任说",认为双重角色恰恰有利于保障诉讼地位平等,在法检两家诉讼目标和司法使命同一的情形下,有助于将二者高度结合在一起并与我国二元司法机制的特征相契合。⑥ 对于这些核心理论争议的解析和回应,将直接影响检察机关提起民事公益诉讼的制度设计和功能发挥。而从可行性和必要性的层面来看,目前的主要质疑包括:明确赋予检察机关民事公益诉权,其是否具备实际应对的能力,尤其是在公益受损案件日益频发、相关案件的专业性和诉讼成本极高的背景下,检察机关的专业能力和物质资源现状能否切实担当这一职责? 其能否在市场失

---

① 参见汤维建、温军:《检察机关在民事诉讼中法律地位研究》,载《武汉大学学报(哲学社会科学版)》2005 年第 2 期;参见傅郁林:《我国民事检察权的权能与程序配置》,载《法律科学》2012 年第 6 期。

② 例如韩波教授以"辅助原则"作为理论基点,认为检察机关应当属于公益诉讼的第三位序启动主体,由公民与社会组织作为第一位序的启动者,由行政机关作为第二位序的启动者,参见韩波:《公益诉讼制度的力量组合》,载《当代法学》2013 年第 1 期。与此同理,张卫平教授也主张"间接型"模式,即检察机关首先通过督促起诉、支持起诉的方式来推动公益诉讼程序的启动,在推动无效的情形下才直接提起诉讼,参见张卫平:《民事公益诉讼原则的制度化及实施研究》,载《清华法学》2013 年第 4 期。

③ 参见汪建成:《论诉讼监督与诉讼规律》,载《河南社会科学》2010 年第 6 期;贺卫方:《异哉所谓检察官起立问题者》,载《法学》1997 年第 5 期。

④ 参见傅郁林:《我国民事检察权的权能与程序配置》,载《法律科学》2012 年第 6 期。

⑤ 参见江伟、谢俊:《论民事检察监督的方式和地位——基于宪法和民事诉讼法的分析》,载《法治研究》2009 年第 4 期。

⑥ 参见汤维建:《论检察机关提起民事公益诉讼》,载《中国司法》2010 年第 1 期。

灵和政府失灵的情况下,有效发挥维护国家利益和社会公共利益的功能?实践中检察机关直接提起公益诉讼的根本原因是什么?目前的这些代表性案例是否具有普适性、示范性、可复制性及规范性?

问题之二是检察机关提起民事公益诉讼所面临的诸多制度性障碍。具体来说,第一,是如何划定民事公诉的适用范围,一方面需要明晰《民事诉讼法》第 55 条第 1 款中"社会公共利益"的内涵和外延,厘清其与国家利益、集体利益、众多主体的利益、公序良俗、法律秩序、道德秩序、市场经济秩序等概念之间的关系;另一方面需要明确民事公诉制度所适用的案件类型,即是否仅限于目前法典中所规定的生态环境和资源保护、食品药品安全以及消费者权益保护等领域,抑或应当为检察机关提起公益诉讼划定特殊的案件类型范围。第二,是如何配置民事公诉的运行程序,主要疑问包括:民事公诉应否适用诉讼程序的法理抑或是强化职权探知主义的色彩、限制处分原则的适用?相较于普通民事诉讼,检察机关在民事公诉中的诉讼地位、享有的诉讼权利和诉讼义务是否有所不同?检察机关提起的民事公益诉讼在诉讼请求的类型、能否反诉、证明责任分配、能否调解或和解以及诉讼费用承担等方面是否应当给予特殊安排?第三,是检察机关提起民事公诉时与实体原告之间的关系问题,作为当事人适格的例外情形,检察机关并非受到侵害的实体权利义务关系的直接主体,因此当民事公诉权与私益诉权相冲突时,需要设置科学的协调和处理方案。目前针对该问题的主要观点有二:一是"检察机关公益诉权优先说",认为由于牵涉国家利益和社会公益,实体权利主体应当依附于检察机关的诉权而在行使上受到限制①;二是"私益诉权优先说",认为实体权利主体在行使诉权时应当优先于检察机关,以契合民事领域的最基本精神。② 而按照 2015 年《民诉解释》第 288 条的最新规定,法院受理公益诉讼案件,不影响同一侵权行为的受害人依法提起私益诉讼,也即检察机关的公益诉权不排斥私益诉权的行使。

问题之三是检察机关提起民事公益诉讼与其他相关制度的关系。如

---

① 参见汤维建、温军:《检察机关在民事诉讼中法律地位研究》,载《武汉大学学报(哲学社会科学版)》2005 年第 2 期。

② 参见傅郁林:《我国民事检察权的权能与程序配置》,载《法律科学》2012 年第 6 期。

前所述,在组织法和诉讼法均未明确认可检察机关民事公诉权的背景情况下,一些地方的检察机关借助支持起诉、督促起诉、刑事附带民事诉讼等变通路径来实现维护国家利益和社会公益的目的,此时留有疑问的是:民事公益诉讼与以救济弱势群体为目的的支持起诉、以促使特定主体积极行使诉权为目的的督促起诉、同刑事犯罪行为密切相连的刑事附带民事诉讼之间的关系究竟如何?其是否相互独立抑或属于前后相继的顺位关系?由于均可能涉及多数主体的权益,民事公益诉讼制度与法典早已确立的代表人诉讼制度之间的关系如何?与学界长期讨论的行政公益诉讼的关系如何?此外,域外国家检察机关提起民事公益诉讼的相关制度和实践经验,对我国的规范设计和实务运行是否具有借鉴或启示意义?

第三节 社会治理型民事检察权的"自发性"实践

除了支持起诉和民事公诉这两种具备法典依据的社会治理型民事检察制度外,在我国民事检察实务中还存在着一些自生自发、无明确法律依据但却广泛适用的社会治理性质的检察权实现方式。与之前所讨论的法定性制度相对应,笔者将督促起诉、"检调对接"和执行检察协助这三种司法实践中常见的制度统称为社会治理型民事检察权的"自发性"实现方式。正如实务界人士所言,法律无授权性规定是民行检察监督的最大难点,这在一定程度上反映了从理论上探讨民事检察监督权与宪法授予检察机关的法律监督权衔接的急迫性。[1] 藉此,为了尽可能保证研究的完整性、深入性和前沿性并发现理论拓展和观点创新的空间,本书将对近年来实务领域普遍适用的几种具备守法监督功能的"实践先行式"民事检察制度予以系统研究,通过明确其各自的运行样态、制度收效和主要问题,为之后进一步探讨制度成因、正当性程度、运行界域以及基本准则等问题做好准备。

一、督促起诉

督促起诉,是指检察机关以法律监督者的名义,针对已经或可能导致

---

[1] 参见杜萌、彭于艳:《法律无授权性规定成民行检察监督最大难点》,载《法制日报》2007年4月16日。

国有资产流失、社会公共利益受损的案件,督促具有原告资格的国有资产监管部门或其他相关单位依法及时向法院提起民事诉讼的制度。① 浙江省检察机关自 2002 年开始试点施行该种自发性制度,近十余年来已经为全国各地的大多数检察机关所采用并取得了较佳收效。由于一直缺乏法律位阶的明确规定,加之有关制度性质和基本原理的理论研究匮乏,导致各地检察机关在实践中的做法不一,缺乏基本的统一性和规范性,因鉴于此,在展开进一步研究之前有必要对督促起诉的本质属性予以辨析,在此基础上透过该领域的实践状况等经验事实来揭示现存的问题和困惑,并为之后的原理提炼打牢基础。

(一)督促起诉的性质判定与相关依据

1. 督促起诉的性质澄清:公权制约抑或社会治理

从理论研究的层面来看,专门讨论督促起诉的文献并不多②,现有的研究多是检察实务界人士对其所属地区实践做法和最新动态的介绍性阐释,而缺乏系统性的理论研究,加之对民事检察权在权能类型差异方面的认识缺失,使得对督促起诉的制度定性常常与公权制约型检察制度相混淆。将督促起诉制度置于民事检察权的权能体系中,可以发现其存在一些特殊之处而需要予以阐释和澄清。首先,从该制度的适用对象来看,民事督促起诉针对的是特定主体怠于行使诉权的消极行为,此处的特定主体是指负有国有资产或社会公益管护职责的主体。留有疑问的是,检察机关作为公权力主体,是否具备干预诉权行使的正当性根据? 其督促行为是否有违意思自治和处分原则的基本精神? 通常情况下,民事主体对于自身是否行使诉权享有自由选择权,国家无权予以干预,这是民事法律关系的最基本原则,但当这种"自治"和"处分"牵涉国家利益和社会公益

---

① 参见刘加良:《解释论视野中的民事督促起诉》,载《法学评论(双月刊)》2013 年第 4 期。
② 近年来针对民事督促起诉所进行的专门研究请参见:刘荣军:《督促起诉的公共性基础》,载《人民检察》2010 年第 14 期;叶珍华:《民事督促起诉亟须厘清的几个问题》,载《人民检察》2009 年第 16 期;许志鹏等:《民事督促起诉制度探析》,载《海峡法学》2011 年第 1 期;韩彦霞:《支持、督促起诉若干问题解析》,载《司法改革论评》2011 年第 00 期;张步洪:《构建民事督促起诉制度的基本问题》,载《人民检察》2010 年第 14 期;傅国云:《论民事督促起诉——对国家利益、公共利益监管权的监督》,载《浙江大学学报(人文社会科学版)》2008 年第 1 期和《民事督促起诉职能的实践与发展》,载《人民检察》2010 年第 14 期;刘加良:《解释论视野中的民事督促起诉》,载《法学评论(双月刊)》2013 年第 4 期;等等。

时，就不再属于一般性的民事私权关系进而产生了国家干预的必要。该原理一方面揭示了检察机关督促起诉的正当性来源，另一方面也论证了该种制度的社会治理属性，同时还划定了制度的运行界域。其次，从制度的预设功能来看，其旨在促使相关主体及时行使诉权，以保护国家利益或社会公益，而不同于以保护弱势群体有效行使诉权为目的的支持起诉制度。再次，从制度的运行方式和效力来看，督促起诉不具有强制约束力，其实际效果取决于受督促者的态度，其行为方式是向特定诉权主体发出督促起诉书。

此时仍旧可能引发质疑的是：既然督促起诉的对象通常是行政机关等主体，为何将该种制度纳入社会治理型检察权的范畴、为何不属于公权制约型制度？首先，该制度不属于民事诉讼检察监督制度，因为诉讼检察监督权的行使对象限于法院；其次，该制度也不属于其他种类的公权制约型民事检察权，因为检察机关督促的目的是促使特定主体及时行使诉权、启动民事诉讼，从而依托司法方式来维护国家利益和社会公益，因此相关主体虽然可能具有行政机关的身份，但此时检察权并非指向行政机关的具体行政行为等公权行为，而是针对其怠于行使民事诉权的行为；检察权介入的目的是促使相关单位启动其所享有的不可处分的、特殊的民事诉权，这也恰体现了督促采取行政措施与督促起诉的本质差异。此外，也正因为督促起诉是干预特定主体特殊民事诉权的制度，才使得其能够作为民事检察制度的一种类型，如果是督促采取行政措施、督促行政作为等，则应当纳入行政检察权的范畴。质言之，目前对督促起诉性质的偏误认识，源于对督促起诉与督促采取行政措施之间的性质混淆：民事督促起诉针对的是诉权主体，其能够成为处分原则之例外的正当性依据是该类诉权不同于一般诉权而具有的权责统一、处分受限等特殊性，但这并不影响该种制度的性质界定，其不同于以审判权和执行权为对象的公权制约型检察制度，也不同于直接指向行政主体违法行政行为的督促采取行政措施制度，而是属于以维护国家利益和社会公益为直接目的的社会治理型民事检察权的实现方式。

2. 督促起诉的相关依据

近十年来，为防止国有资产流失，督促起诉制度在检察实践领域广泛适用，江苏、海南、贵州、宁夏、福建、湖南、湖北等地的检察机关还相继开展了民事督促起诉专项行动。从法律规范层面来看,《民事诉讼法》没有规定这种"自生自发"的非传统型制度,且在本次修法过程中亦未获得法典化认可;但一些地方的检察机关通过内部规范性文件等形式对之进行了专门规定(见"表十一")。此外,重庆、福建、甘肃、青海等省份的人大常委会也在其通过的关于加强检察机关法律监督工作的决议中,对督促起诉工作进行了强调和鼓励。而最高人民检察院虽然未在2009年12月印发的《最高人民检察院关于进一步加强对诉讼活动法律监督工作的意见》中提及民事督促起诉制度,但在其近三年的工作报告中对督促起诉的案件数进行了单独统计。此外,《关于深化检察改革的意见(2015年修订版)》第30条明确要求"健全督促起诉制度";2015年1月29日最高人民检察院《关于贯彻落实〈中共中央关于全面推进依法治国若干重大问题的决定〉的意见》第30条也提出了相同的要求。

表十一　检察机关民事督促起诉规范性文件

省份	规范名称
海南	2008年12月15日海南省人民检察院《民事督促起诉案件办案规则(试行)》
海南	海南省人民检察院与省财政厅等十家单位会签《关于检察机关积极开展民事督促起诉保护国有、集体、社会公共资产的意见》
湖南	《湖南省检察机关办理支持、督促起诉案件暂行规定》
浙江	2007年8月《浙江省检察机关办理民事督促起诉案件的规定》
浙江	2008年6月浙江省人民检察院与浙江省国资委会签《关于积极运用检察民事督促起诉保护企业国有资产的意见》
甘肃	2010年5月甘肃省人民检察院《办理民事督促起诉、支持起诉案件规定(试行)》
江苏	江苏省人民检察院《办理民事督促起诉案件暂行规定》
江苏	2008年4月江苏省扬州市人民检察院与国资监管部门会签《关于建立预防国有资产流失暨民事督促起诉工作协作机制的意见》
江苏	扬州市人民检察院与该市五个国资监管部门联合下发《关于建立预防国有资产流失暨民事督促起诉工作协作机制的意见》
山西	山西省人民检察院《办理民事督促起诉案件规则(试行)》
山西	2013年晋中市人民检察院《办理民事督促起诉案件工作办法》
山西	山西省人民检察院《开展督促起诉专项活动实施方案》(2013年7月至12月)
四川	雅安市人民检察院《关于充分运用督促起诉检察职能加强国家利益、社会公共利益司法保护的意见》

(二) 督促起诉的实务现状

1. 实证案例的视角

作为一项尚无明确法律依据且缺乏系统性理论支撑的创新制度,督促起诉在实务中面临着许多问题和困惑,鉴于此,笔者尝试对各地检察机关近年来督促起诉的具体案例和实证数据进行了收集与分析,希望借助这些经验事实来探寻化解现存问题的有效方案。通过对 2009 年至 2012 年间海南(2 件)、浙江(13 件)、上海(1 件)、广东(1 件)等地检察机关督促起诉的近 20 起案例①以及 2014 年最高人民法院公布的一起典型案例②进行研读,可以发现以下特点和规律:首先,从检察机关督促的对象来看,主要分为负有法定监管职责的行政机关和国有企业两大类,具体包括国有农场、国土资源局、财政信用开发公司、水利枢纽管理局、街道办事处、供电局等。其次,从督促的原因和案件内容来看,主要包括督促追偿国有土地转让款或国有土地使用权出让金、追偿借用的财政资金、追偿水库水产养殖承包款、要求履行环境维持和改善义务、追究环境污染侵权损害赔偿责任、追究侵害国家财产的犯罪行为所引发的附带民事赔偿责任等。再次,从督促起诉的效果和相关案件的处理方式来看,绝大多数受督促的主体都能较及时的按照检察机关的督促起诉意见行使诉权、履行其他相关职责③,并且在一些案件中叠加使用了督促起诉与支持起诉制度④;而在案件处理方式上,浙江等地的检察机关创造了一种被称为"督促起诉为主、诉前协商还款为辅"的方式,即在督促相关主体起诉的同时,配合这些负有法定管理职责的主体对相关义务人进行教育和劝说并告知其督促起诉的法律后果,从而使许多案件通过诉前和解的方式解决,而另外一些进

---

① 督促起诉案例的具体情况请参见"附录五:各地检察机关民事督促起诉案例列表"。
② 请参见"贵州黔西南州某市检察院追收土地出让金督促起诉案",本案中检察机关了解到置业公司未完全缴清土地出让金的情况后,督促某市国土局以原告身体起诉,某市人民法院支持了某市国土局的诉讼请求,于 2013 年 6 月判决被告向原告某市国土资源局支付土地使用权出让金 208.8 万元,并支付滞纳金。
③ 参见王社坤:《检察机关在环境公益诉讼中的法律地位及作用调研报告》,载《中国环境法治(2012 年卷上)》。
④ 该类案例请参见沈惠芳:《新昌县检察院督促起诉一案件 追回土地出让金近百万》,载浙江新闻网 2010 年 6 月 23 日,网址:http://news.zj.com/detail/1276940.shtml,访问时间:2013 年 7 月 13 日。

入诉讼程序的案件,也有相当一部分由法院调解结案。①

2. 实务数据的视角(2005—2014)

截至 2010 年年底,大部分省份都开展了督促起诉的尝试,从实践收效来看,近 2/3 的单位都接受了检察机关的督促并提起诉讼,还有 35% 的单位虽未提起诉讼,但按照检察机关的意见以行政调解、和解等方式解决了相关问题,完全不采纳督促意见仅占 5%。② 从各地检察机关所反馈的数据(见"表十二")和最新动态来看,督促起诉制度在维护国有资产等方面发挥了积极作用,例如:2010 年,全国检察机关针对涉及国家和社会公共利益的案件,共督促起诉 33183 件;2014 年,贵州省检察机关共办理督促起诉案件 3600 余件,追收国有资金 137 亿余元③;自新《民事诉讼法》施行以来,吉林省检察机关共督促、支持有关部门起诉 228 件,为国家挽回经济损失 8.39 亿余元④;2008 年至 2014 年年底,浙江省检察机关将土地出让、财政专项资金出借、公共工程招标、重大环境污染等领域的国资流失或公共利益受损等案件作为关注重点,共督促起诉 4188 件,民事督促起诉 3179 件,避免和挽回损失 123 亿余元⑤;湖南省东方市人民检察院 2012 年开始利用民事督促起诉程序解决农村土地承包中的"三过"问题(土地承包时间过长、面积过大、租金过低)⑥;2011 年至 2013 年 8 月以来,江苏全省各级检察机关共办理督促起诉案件 2818 件,帮助挽回国有

---

① 参见韩静茹:《社会治理型民事检察制度初探——实践、规范、理论的交错视角》,载《当代法学》2014 年第 5 期。

② 参见王莉:《检察机关提起、参与民事公益诉讼的法理基础》,载《人民检察》2011 年第 14 期。

③ 杨彰立:《贵州督促起诉一年追收国有资金 137 亿》,载《检察日报》2015 年 2 月 8 日第 01 版。

④ 参见祝连勇、董奥:《吉林督促起诉挽回损失 4 亿多》,载《检察日报》2013 年 3 月 23 日第 001 版。

⑤ 参见《浙江督促起诉三千余件 3 年避免、挽回损失 76 亿余元,成为参与社会管理有效手段》,载《中国环境报》2012 年 5 月 4 日,网址:http://www.bjelf.com/news/bencandy.php?fid=47&id=6818,访问时间:2013 年 6 月 20 日;范跃红、阮家骅:《最高人民检察院组织部分特约检察员赴浙江调研》,载最高人民检察院官网:http://www.spp.gov.cn/gjybs/201411/t20141127_84307.shtml,访问时间:2015 年 1 月 10 日。

⑥ 参见李轩甫、符海、石政奇:《海南东方:督促起诉护民生获人大肯定》,载《检察日报》2012 年 5 月 7 日。

第二章 民事检察权的运行实况

资产损失 21.2 亿元①；2014 年，海南省检察机关督促相关部门起诉 33 件，督促追缴土地出让金或承包金 3725.4 万元、收回闲置土地 33.6 公顷②；安徽省检察机关自 2001 年以来，共办理督促起诉案件 5326 件③；福建全省各级检察机关 2010 年办理民事督促起诉案件 148 件，2011 年 1—8 月办理民事督促起诉案件 282 件，同比上升 300%，追回了大量流失的国有资产④；2011 年 7 月至 2013 年 8 月，山西全省检察机关共办理各类督促起诉案件 4163 件，为国家挽回经济损失近 6 亿元。⑤

表十二 2005—2014 年全国各省份检察机关民事督促起诉数据统计

年份 省份	2014	2013	2012	2011	2010	2009	2008	2007	2006	2005
全国					33183					
四川					2003 年至 2010 年共 1035 件/3.22 亿					
江苏	与支持起诉共 1276 件	2011 年至 2013 年 8 月共 2818 件/21.2 亿								
安徽			2008—2012 年共督促和支持起诉 8243 件，其中 2009 年 1560 件				2001 年至 2012 年年初，共督促起诉 5326 件⑥			
浙江			2108/92 亿	1506/40 亿	1515	410/8 亿	693/7 亿		督促、支持起诉共 638	督促、支持起诉共 292
吉林		与支持起诉共 175/4.02 亿								

---

① 参见《江苏人大首次审议民事诉讼法律监督工作》，载《检察日报》2013 年 8 月 19 日；施琛耀、卢志坚：《江苏省检察院向省人大常委会作专题报告：江苏民事诉讼法律监督领先全国》，载《江苏法制报》2013 年 7 月 25 日。
② 参见 2015 年 2 月 11 日《海南省人民检察院工作报告》。
③ 参见王社坤：《检察机关在环境公益诉讼中的法律地位及作用调研报告》，载《中国环境法治(2012 年卷上)》。
④ 参见《同比上升 300% 堵住国有资产流失"黑洞"》，载"平安福建网"2011 年 11 月 9 日，网址：http://www.pafj.net/jryw/201111/19039.html，访问时间：2013 年 6 月 20 日。
⑤ 参见赵晓燕：《全省检察机关督促起诉收回国资近 6 亿》，载山西新闻网—山西法制报 2013 年 7 月 24 日，网址：http://news.sxrb.com/sxxw/1839874.html，访问时间：2013 年 6 月 20 日；马倩如：《山西省检察机关开展督促起诉专项活动护佑国资安全》，载《检察日报》2013 年 8 月 7 日。
⑥ 王社坤：《检察机关在环境公益诉讼中的法律地位及作用调研报告》，载《中国环境法治(2012 年卷上)》。

(续表)

年份 省份	2014	2013	2012	2011	2010	2009	2008	2007	2006	2005
湖北			2008—2012年共督促行政作为、督促起诉共724							
湖南			2008—2012年共1233件/12亿元							
山西			2011年7月至2013年8月共4163件/6亿							
甘肃①					408	140	6			
贵州		与支持起诉共1689/11.6亿元	2008—2012年共7827件/13.9亿	844	1856/采纳1054					
广西			2008—2012年共督促、支持起诉10407件;其中2011年1105件							
福建				1—8月共282	148					
宁夏						146/3800万				
上海			140	34/1730万						
海南				1313/5.03亿	639/1.07亿	109				
青海		20		19	4		2008年至2010年8月共135件/8904.59万元②			

(三) 督促起诉领域的问题与困惑

上述案例和数据等经验事实,充分反映了督促起诉这一规范外制度在民事检察实践领域的实然角色和日益上升的适用频率。然而,长期以来实践先行、理论滞后的发展模式,使得督促起诉在运行过程中仍旧面临着不少问题和困惑,而有待实践经验向理论和规范的转化。

困惑之一是民事督促起诉的正当性问题,这与之前讨论的督促起诉的性质定位密切相关。目前存在的主要争议包括:督促起诉究竟属于检察机关的执法监督抑或守法监督?如果将之归为发挥守法监督功能的社

---

① 甘肃省检察机关民事督促起诉的相关的数据来自《甘肃省人民检察院内部调研报告》,转引自何君姬:《甘肃省检察机关民事督促起诉情况的调研报告》,兰州大学2011年法律硕士论文,第4—5页。
② 海南省人大常委会内司工委调研组:《服务发展大局 促进和谐稳定——关于我省人民法院民事审判工作和人民检察院民事审判法律监督工作的报告(摘要)》,载《海南人大》2010年第8期。

会治理型制度,那么检察机关直接干预民事诉权行使的做法是否有违诉权自治和处分原则?作为一项在实践中运行已久且实效较佳的制度,在本次全面修法的过程中为何没有获得认可?各地检察机关均积极开展督促起诉工作的根本动因是什么?检察机关对督促起诉的频繁适用,是否会导致其角色错位并与国家资产和社会公益的直接管护主体相混同?此外,近年来有学者提出督促起诉属于检察建议的具体种类之一①,此时值得进一步思考的是:该种类型的检察建议与民诉法中新增的以法院作为适用对象的检察建议有何不同?为了避免认识的混乱和概念的错位,是否应运用民事检察权的权能分类原理,将广义的民事检察建议划分为公权制约型检察建议与社会治理型检察建议两大类型?

困惑之二是督促起诉的功能定位和适用范围,对该问题的回应同样与督促起诉的性质界定相关联。从制度的生发背景和运行样态来看,可以发现其预设功能在于防止国有资产流失、维护社会公共利益,且从制度的实际收效来看,其的确在防止国有资产流失等方面发挥了积极作用。然而,正如前述案例所示,不同地方的检察机关为督促起诉划定了各不相同的适用范围,使得督促对象的性质和类型呈现出多样化的特点,此时留有疑问的是:可否将维护集体利益纳入督促起诉的适用范围?检察机关是否有权对所有涉及国有企业的民事事项进行干预?实践中,一些地方的检察机关在督促起诉的同时配合被督促主体对潜在被告进行劝说教育、促成和解、诉前调解,这些具有直接解决纠纷性质的做法是否偏离了检察机关的应然角色、是否超越了督促起诉的应然功能?

困惑之三是督促起诉与其他相关制度的关系问题。第一,是督促起诉与支持起诉的关系问题。通过研读实证案例可以发现,实践中检察机关常常在督促意见获得接受的情况下叠加适用支持起诉,这就形成了以行政机关、国有企事业单位等作为被支持主体的情形,同时也解释了为何许多省份检察机关的工作报告中将督促起诉与支持起诉的数据合并为一项进行统计。② 此时需要反思的是:"先督促、接受之后再支持"的做法是

---

① 参见刘加良:《解释论视野中的民事督促起诉》,载《法学评论》2013年第4期。
② 从全国各省份检察机关的年度工作报告来看,甘肃、江苏、浙江、山西、山东、吉林等地的工作报告中将督促起诉与支持起诉的数据合并统计,且主要用于维护国有资产的案件。详见"表十二"。

否符合支持起诉的本身功能及其与督促起诉的应然关系？将行政机关等显然难以归为"弱势群体"的主体作为支持起诉的对象，是否因为属于督促起诉的后续附加而超越了民诉法中支持起诉基本原则的应有之义？第二，是督促起诉与检察机关提起民事公益诉讼之间的关系问题，通过对比两种制度的预设功能和实际效果可以发现，二者均具有维护国家利益和社会公共利益的功能，但是检察机关在实现这一功能时的地位和路径有所不同。此时需要进一步解释的是：督促起诉与检察机关提起民事公益诉讼的正当性基础和适用范围是否相同？可否将督促起诉作为检察机关提起民事公诉的前置程序？第三，亟待厘清督促起诉与督促采取行政措施、督促申请强制执行行政裁决等制度之间的关系。此外，从更为微观的层面来说，为了扭转目前实务做法"五花八门"、缺乏规范性的现状，有必要结合民事案件和程序的本质特性以及检察权的功能定位，理性划定检察机关督促起诉的适用条件、适用对象、具体范围以及法律后果等实体构成性和程序实施性细则。

二、"检调对接"

所谓检察和解又称"检调对接"，通常是指"检察机关在办理民事申诉案件过程中，认为生效的裁判没有瑕疵，或虽在事实认定或适用法律方面存在问题，但不足以引起再审，或抗诉没有必要的，在当事人有和解意愿的情况下，通过说服工作，促使双方达成和解或调解协议，彻底解决其纠纷的工作机制"①。相较于支持起诉和督促起诉制度，民事检调对接的生发时间较晚，但随着"服判息诉""加强检察机关在社会管理机制创新领域的作用"等目标的提出，近年来该制度在民事检察实践领域的适用频率日益提升。作为一种新兴制度，有关检调对接的制度规范和理论研究均处于起步阶段，加之实践中具体做法的凌乱多样，使得对其进行深入的系统研究尤为必要。本部分将对检调对接的相关依据、运行现状和主要类型进行观察和梳理，并提炼出现存的主要问题和困惑，从而为之后进一步讨论该制度的正当性程度和作用界域等奠定基础。

---

① 黄旭东、胡晓霞：《论民事检察和解的理性与完善》，载《西南大学学报（社会科学版）》2010年第6期。

（一）"检调对接"的相关依据与总体情况

自2003年江苏省南通市检察机关依托"大调解"格局开始了检调对接机制的尝试后，一些其他省份的检察机关也开始了相关探索。① 从规范层面来看，"检调对接"不具有法典位阶的依据，亦无明确统一的概念界定，但在一些司法解释或其他规范性文件中有所涉及，并成为了近年来检察机关工作报告中的统计项目和总结内容之一。具体来说，2011年3月10日《关于对民事审判活动与行政诉讼实行法律监督的若干意见（试行）》在第12条第2款规定了申诉审查中的检察和解制度，依据该条的规定，"检察院办理民事申诉、行政赔偿诉讼申诉案件，当事人双方有和解意愿、符合和解条件的，可以建议当事人自行和解"。为了落实该规定，同年7月最高人民检察院印发了《关于开展检调对接试点工作的意见》，并在江苏南通专门召开了检调对接工作机制座谈会；同年9月，最高人民检察院在《"十二五"时期检察工作发展规划纲要》中明确要求"建立检调对接工作机制，对符合条件的案件，依托人民调解组织或有关部门先行调解，最大限度化解矛盾纠纷"。在此基础上，2013年《人民检察院民事诉讼监督规则（试行）》第55条对检察机关办理民事申诉案件时的建议和解制度进行了类似规定。此外，2012年《最高人民检察院关于民事行政检察工作情况的报告》中专门对"检调对接"工作机制进行了总结；上海、天津、甘肃、吉林、南京、山东等省市检察院专门制定了检察和解的规范性文件，并将息诉罢访、检调对接作为民事检察工作的亮点之一。②

---

① 参见汤维建、徐全兵：《检调对接机制研究——以民事诉讼为视角》，载《河南社会科学》2012年第3期。
② 例如：上海市人民检察院民行处制定了《民事行政检察息诉工作暂行办法》，对息诉的原则、息诉案件范围、息诉工作责任制、息诉程序、息诉的管理和考核等作出了明确规定。南京市检察院在2003年初制定了《全市民行息诉工作意见》，对息诉工作进行规范和指导，并针对案件的特点采取不同的息诉工作模式。青岛市院制定了《息诉规则》，构建分类息诉机制。参见最高人民检察院民事行政检察厅关于印发《全国检察机关部分中心城市民事行政检察工作座谈会纪要》的通知（[2006]高检民发第12号）。有关检察和解的其他地方性规范包括：浙江省瑞安市检察院2010年9月与司法局联合出台《关于检调对接工作的暂行规定》；2010年4月青岛市崂山区人民检察院与崂山区人民法院联合制定《关于加强民事行政申诉案件和解工作，合理化解社会矛盾的实施办法》；2010年《山西省检察机关民事行政检察"检调对接"工作办法》山西省晋中市检察院2013年《民事行政检察和解工作意见》、《民事行政检察案件息诉工作意见》；上海市人民检察院民行处制定《民事行政检察息诉工作暂行办法》；南京市人民检察院在2003年初制定《全市民行息诉工作意见》；等等。

从具体的运行方式和主要特点来看,检察和解制度贯穿于当事人申诉、检察机关审查乃至法院启动再审程序后的各个阶段,且无论是否具备符合法律规定的申诉事由①,检察机关均可能促成和解;有的检察机关与信访部门建立了民事行政申诉案件息诉罢访工作联系机制②,有的检察机关主动与法院会商以促成再审案件调解结案③,还有的检察机关直接承担起了化解矛盾的角色,提出了"诊所式五部工作法"④"检察调解九类法"⑤"全程息诉和解法"⑥等。而从制度的实践效果来看,一些实证数据(见"表十三")也许能够在一定程度上反映出检察和解制度目前所实际扮演的角色和发挥的功能:2008年至2012年,全国检察机关"坚持抗诉与息诉并重",对法院裁判正确的民行申诉案件,以相适宜的方式进行释法析理和心理疏导,共促使当事人服判息诉126479件⑦;2011年至2013年7月以来,江苏省检察机关共促成民事申诉达成和解协议7214件、息诉息访6263件,占受理审查申诉案件数的69%⑧;2011年至2013年5月以来,河南省许昌市人民检察院共受理民事行政申诉539件,检察和解117件,对不符合申诉条件的通过释法说理使申诉人服判息诉308件。⑨

---

① 例如重庆市人民检察院第四分院对不符合抗诉条件的案件进行检察和解的案例:董绍武诉张贵其、董桂淑析产纠纷检察和解案;重庆市人民检察院对符合抗诉条件的案件进行检察和解的案例:余英健诉重庆颜龙物业发展有限公司商品房买卖合同纠纷检察和解案;河南省南阳市人民检察院对一起立案七年且符合抗诉条件的案件促成和解:中国工商银行南阳市卧龙区支行诉南阳市建设集团总公司借款合同及拖欠工程款纠纷检察和解案。
② 重庆市人民检察院:《健全制度加强民行工作》,载《检察日报》2013年6月13日。
③ 徐德高:《江苏南通:民行检察全程息诉和解工作获肯定》,载《检察日报》2013年6月14日。
④ 赵晓星、鲁晓彬:《北京顺义:诊所式工作法化解160多件矛盾纠纷》,载《检察日报》2013年6月14日。
⑤ 这九种专门的检察调解方式包括:案例引导法;换位思考法;集体调解法(全体性申诉案件或同期同类的案件);圆桌听证法(亲朋好友、人大代表、法律专家);检调对接;亲情劝说法;面对面法;背对背法;重点突破法。具体内容请参见张云霞、张琳:《新修改的民诉法视野下的民事检察息诉和解机制研究》,载《法制与社会》2013年4月(上)。
⑥ 所谓"全程和解"是指在申诉受理阶段、申诉审查阶段均促成和解,并对执行阶段提出的申诉申请促成执行和解。详细内容请参见徐德高:《江苏南通:民行检察全程息诉和解工作获肯定》,载《检察日报》2013年6月14日。
⑦ 2012年12月25日《最高人民检察院关于民事行政检察工作情况的报告》。
⑧ 参见韩静茹:《社会治理型民事检察制度初探——实践、规范、理论的交错视角》,载《当代法学》2014年第5期。
⑨ 河南许昌市人民检察院:《民行申诉案件"办结并不意味工作结束"》,载《检察日报》2013年5月16日。

表十三　2005—2013年全国各省份检察机关检察和解数据统计

年份 省份	2013	2012	2011	2010	2009	2008	2007	2006	2005
河南	2011年至2013年5月,许昌市人民检察院共检察和解117件①								
四川	400		456	2003年至2010年共682件					
江苏	2011年至2013年7月共促成和解7241件				728				
浙江		1321							
甘肃	203								
贵州			46						
广西				和解率为78.5%					
江西				330					
福建	127				2006年至2009年8月,漳州市全市检察机关共275件②				
北京	25	170	49	2005年至2010年共103件③					
海南				2008年至2010年8月共611件④					
青海	23		16	4					

（二）"检调对接"实务样态的类型化解读

上述的数据和特征,能够从较为宏观的角度反映出民事检察"和解"的运行现状,然而反观被各地检察机关冠以"检察和解"或"检调对接"等称谓的具体制度,可以发现其在具体操作方式上具有极为显著的多样化特点。鉴于此,为了更加全面和准确地把握该种制度的运作模式、发现其

---

① 河南许昌市人民检察院:《民行申诉案件"办结并不意味工作结束"》,载《检察日报》2013年5月16日。
② 参见曾浩川:《漳州市人大加强对民事行政检察工作监督》,载"全国人大网"2009年9月7日,网址:http://www.npc.gov.cn/npc/xinwen/dfrd/fujian/2009-09/07/content_1517871.htm,访问时间:2013年1月10号。
③ 赵芳芳:《民事检察和解构建探讨》,载《人民检察》2013年第2期。
④ 海南省人大常委会内司工委调研组:《服务发展大局 促进和谐稳定——关于我省人民法院民事审判工作和人民检察院民事审判法律监督工作的报告(摘要)》,载《海南人大》2010年第8期。

中的深层问题,有必要以经验事实为素材,借助类型化的方法对"检调对接"机制的实践情况进行更为深入的观察。目前有关检调对接的类型化研究①并不多,为了更加清晰地展示该制度的运作体系,本部分以对接的场域和方式作为分类标准,将民事检调对接划分为"内部对接模式"与"外部对接模式"两大类(见"图二")。

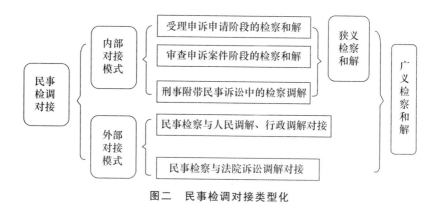

图二　民事检调对接类型化

1. 民事检察和解的内部对接模式

所谓"内部对接模式",是指将检察机关对申诉案件的受理和审查与检察机关促成和解相链接的机制,其与外部对接模式最大的差异在于由检察机关主导和解或调解而不需其他外部主体介入,上海、天津、甘肃和吉林等地的检察机关采用了该种模式。依据适用时间和情形的不同,可以将内部对接模式进一步划分为受理申诉申请与检察和解对接、审查申诉申请与检察和解对接以及刑事附带民事诉讼中民事检察部门与刑事公诉部门的对接②三种具体方式。其中前两种具体方式又被称为狭义的检察和解,其主要区别在于检察和解的发生时间和程序阶段不同,第一种方式中检察机关在收到当事人提出的申诉申请时即促成和解;第二种方式

---

① 例如汤维建老师将检调对接归纳三种类型:一是检察工作与人民调解、行政调解的对接;二是检察工作与抗诉调解的对接;三是检察工作与检察调解的对接。参见汤维建、徐全兵:《检调对接机制研究——以民事诉讼为视角》,载《河南社会科学》2012 年第 3 期。

② 例如云南省昆明市西山区检察机关的工作模式,当被害人提交刑事附带民事诉状时,公诉、侦监部门将案件线索移送民行科,民行科承办人就民事部分的赔偿问题,联系当事人进行调解和协商,在遵循自愿、公平、公正、合法原则的前提下,积极化解社会矛盾。参见《云南昆明西山:规范办理刑事附带民事案件促进矛盾化解》,载《检察日报》2013 年 5 月 15 日。

中的检察和解则发生在检察机关立案受理申诉申请之后、向法院提出抗诉之前。而从具体的适用情形方面来看,这两种方式并无本质差异,主要包括:当事人提出的申诉理由不符合法定的抗诉条件即原裁判满足合法性要求时,受理申诉的检察机关为消解申诉方当事人的抵触情绪、服判息诉而促成和解或调解;生效裁判确实存在瑕疵,但无法适用再审予以救济,或者虽然符合抗诉的法定条件,但检察机关认为双方当事人有和解的可能,因而促成当事人达成和解协议、化解申诉方的不满。第三种方式也即刑事附带民事诉讼中民事检察部门与刑事公诉部门的对接,其与前两种方式的差异较大,属于广义上的民事检调对接机制的实现方式,因为该种检察调解并不是发生在检察机关审查处理民事申诉案件的过程中,而是与刑事和解具有交错关系,但由于体现了民事检察部门协助刑事公诉部门来调解民事纠纷的色彩,因而将之归入内部对接模式。

2. 民事检察和解的外部对接模式

不同于在检察系统内部完成相关运作的内部对接模式,民事检察和解的外部对接模式是指检察机关在处理民事申诉或民事抗诉事项时,将相关检察工作与法院、行政机关、社会调解组织等外部机构相对接的机制,属于社会大调解模式在民事检察领域的具体运用。依据对接对象的不同,可以将之进一步划分为民事检察工作与人民调解或行政调解的对接、民事检察工作与法院诉讼调解的对接两种具体方式。其中第一种方式是指检察机关在办理民事申诉案件时认为生效裁判无瑕疵,或者虽在事实或法律方面有问题但不足以启动再审、不具备抗诉必要的,在当事人自愿的前提下借助人民调解和行政调解等社会救济手段,有效化解当事人纷争的机制。[①] 目前广东、江苏等地的检察机关正在使用该种模式,强调将调解贯穿于办案的全过程,有些地方的检察机关还邀请人民调解组织成立了驻检察院调解室。其中第二种方式是指检察机关已经向法院提出抗诉或再审检察建议且再审程序已经启动后,检察机关协助法院对当事人进行调解从而使再审案件以调解的方式结案。目前浙江、四川、山西、云南和福建等地的检察机关正在使用该种方式,并提出了审理民事抗

---

① 汤维建、徐全兵:《检调对接机制研究——以民事诉讼为视角》,载《河南社会科学》2012年第3期。

诉案件调解优先的原则,要求检察机关积极参与抗诉案件的调解,有的地方甚至还要求再审合议庭在庭审结束后听取出庭检察人员对调解方案的意见和建议。①

(三)"检调对接"领域的问题与困惑

在对民事检调对接机制的实践情况和运行模式进行梳理之后,可以发现该领域存在着诸多挑战或背离民事程序基本原则和民事检察权应然性质的地方,然而从实务现状和发展趋势来看,该制度在民事检察工作领域所占的比例和受重视程度正呈上升态势。在此背景下,为了避免因为追求某些短期的社会功利性价值而异化相关主体的应然角色、扭曲相关制度的应然功能,有必要厘清上述经验事实所反映出的问题和理论研究或实务操作中所面临的困惑,以避免之后研究的形式化和盲目性。

困惑之一是民事检调对接机制的内涵界定与性质定位。首先,从检调对接的内涵界定来看,目前无论是在实务抑或理论研究领域,均交叉混用"检察调解""检察和解""检调对接""息诉罢访""服判息诉"等称谓,这主要是源于检调对接机制在表现方式和具体类型上的多样化。为了避免讨论的混乱以及由此引发的无谓争议,有必要统一界定这些基本概念。依据前述的类型化模型,本书将检调对接与广义的检察和解作为相等同的概念,而将检察工作与诉讼调解的对接界定为狭义的检察和解,也即检调对接(广义的检察和解)由狭义的检察和解和其他几种外部对接方式所共同组成。其次,从检调对接的性质判定来看,由于未能真正确立权能分类的理念,加之检察和解与民事审判检察监督工作的交错关系,使得其通常被当然地归为与抗诉相并列的审判监督制度,然而在了解了检调对接的"两类五种"运行方式后可以发现,虽然在适用时间、对接对象以及适用情形等方面存在差异,但这五种方式的显著共性在于:检察机关的促成和解或调解行为均不具有公权制约的性质和功能,而是扮演着直接解决民事实体纠纷甚至是"准裁判者"的角色。② 换言之,检察机关在促成和解或调解时直接指向的是当事人之间的实体权利义务关系,以有效化解纠

---

① 汤维建、徐全兵:《检调对接机制研究——以民事诉讼为视角》,载《河南社会科学》2012年第3期。

② 参见韩静茹:《社会治理型民事检察制度初探——实践、规范、理论的交错视角》,载《当代法学》2014年第5期。

纷、维护社会和谐为目标,因而不同于抗诉和再审检察建议等直接指向审判行为或执行行为之合法性的公权制约型制度,这也是本书将之归入社会治理型实现方式的主要原因。在此背景下,需要进一步思考的是:对检察和解的广泛适用,尤其是当相关裁判的确存在违法情形时,是否会导致用和解替代监督、以解决纠纷替代公权制约、以平息纷争放纵审判违法的异化倾向?

困惑之二是检调对接机制的正当性和法律效力问题。从正当性方面来看,主要有"支持说"和"否定说"两种观点,目前"支持说"占主导地位,但这在相当程度上源于检察和解的现有文献大多出自检察机关工作人员之手,论者的知识背景决定了其很难脱离部门利益的影响而保证观点的中立性。从具体论据来看,"支持说"多以意思自治、程序经济、减小对既判力的损害以及多元化纠纷解决理念等作为检调对接的正当性依据;而"否定说"则从维护审判权威、避免权力越位等角度论证了检调对接制度在正当性方面的缺失。此时仍旧留有疑问的是:促使检察机关在实践中普遍运用这一规范外制度的深层原因是什么?该种制度所承载的功能与民事检察权的本质属性及应然权能是否相吻合?该种实践的发展是否会导致民事检察权的性质异化和功能错位,并侵蚀检察权与审判权之间的关系?而从检察和解协议的法律效力来看,这也是"支持说"内部的主要分歧之一,目前的争议点包括:相较于诉外和解协议或其他社会调解组织主持下达成的协议,检察机关在处理申诉案件的过程中促成的检察和解协议,在效力上是否有所差异?不同的检调对接方式下所达成的协议,在效力上应否有所区别?能否适用司法确认程序来赋予检察和解协议以强制执行力?抑或可否由法院通过调解书的形式对检察和解协议予以转化,从而使其获得执行力?

困惑之三是检调对接制度与其他相关制度的关系问题。不同于通常意义上的调解,"检调对接"语境下的检察"和解"发生在法院针对具体案件已经做出生效的终局裁判之后,此时有待深入思考并回应的是:检察和解或检察调解与诉讼中的邀请调解、协助调解、法院调解以及执行和解等制度,在性质、功能以及适用范围上呈何种关系?如何厘清民事检察和解与刑事和解之间的关系?如何理性认识检察机关在社会管理机制创新领域以及多元化纠纷解决机制体系中的应然地位和功能限度?在民事领域,检察机关究竟应当在多大程度上、通过何种方式来履行其社会治理职能,从而维护公民自治、社会自治以及审判权各自的起码界限?

三、民事执行检察协助

执行协助是指"依法负有协助义务的个人或组织,对执行主体依法行使执行权的行为所给予的支持、帮助和保障"。[1] 依据协助执行义务主体的不同,可以将执行协助划分为三类:一是法院系统内部不同地域或不同层级法院之间的协助执行;二是有关单位(包括国家机关和社会团体等)的协助执行;三是有关个人的协助执行。民事执行检察协助属于其中的第二种类型,又称支持执行权,是指检察机关"在执行机构遭遇障碍或/和干扰时,依法排除和制止不当干扰执行活动的违法行为、支持和协助执行权实现的检察行为"。[2] 作为以守法监督职能为正当性来源、以规制干扰执行的非法行为目标的社会治理型民事检察制度,执行检察协助不仅没有法律层面的明确依据,并且在实践中的生发时间较晚、运用的普遍性程度较低。以下将以执行检察监督制度作为参照,来辨析执行检察协助的性质,并在梳理现有相关规范的基础上,提炼出该领域目前所存在的主要问题和面临的困惑。

(一)民事执行检察协助的性质判定与相关依据

1. 民事执行检察协助的性质澄清:"执行难"与"执行乱"的混淆

在之前讨论民事执行检察监督制度的适用范围时,实际上即与执行检察协助的性质判定以及二者间的关系问题相关联。目前学者们围绕执行检察监督制度的适用范围所引发的争论,正是源于未能认识到执行检察监督与执行检察协助在性质上的本质差异,以及在该种偏误认识下对两个概念不加区分的混用或指代。[3] 具体来说,民事执行检察监督与民事执行检察协助虽然均属于民事检察权的实现方式,但其分属不同的权

---

[1] 参见傅郁林:《民事执行权制约体系中的检察权》,载《国家检察官学院学报》2012年第3期。
[2] 傅郁林:《我国民事检察权的权能与程序配置》,载《法律科学》2012年第6期。
[3] 有关执行检察监督与执行检察协助的区分理由,请参见傅郁林:《民事执行权制约体系中的检察权》,载《国家检察官学院学报》2012年第3期;王亚新:《执行检察监督问题与执行救济制度构建》,载《中外法学》2009年第1期。

能类型、承载着不同的具体功能并以不同的主体作为适用对象。首先,两种制度的正当性来源和性质不同,执行检察监督来源于宪法上的执法监督职能,以执行权主体及其执行行为作为监督对象,因而属于公权制约型制度;而执行检察协助来源于宪法上的守法监督职能,以执行义务人等主体阻碍和干扰依法执行的违法行为作为规制对象,因而属于社会治理型制度。其次,两种制度的功能不同,执行检察监督的公权制约性质决定了其以化解"执行乱"为主旨;而执行检察协助的社会治理性质决定了其以化解"执行难"为目标。再次,两种制度的具体实现方式不同,虽然均发生在检察机关与法院执行机构之间,但在执行检察监督领域,二者属于监督者与被监督者的关系,因此以各种形式的检察建议作为履行职能的手段;而在执行检察协助领域,二者属于协助者与被协助者的关系,因此检察机关的调查、侦查乃至提起公诉等具体协助措施直接指向妨碍执行的相关违法主体。两类实现方式所存在的上述诸多差异,再次从侧面论证了对民事检察权进行权能分类的正当性和必要性。

2. 民事执行检察协助的相关依据

从规范层面来看,《民事诉讼法》在"对妨害民事诉讼行为的强制措施"和"执行措施"两章中,分散规定了一些与协助执行有关的内容。其中第114条规定了协助调查、协助执行单位拒绝履行协助义务时的强制措施,该条所提到的具体的协助内容包括:协助法院调查取证、协助查询、扣押、冻结、划拨、变价财产,协助扣留被执行人的收入、办理有关财产权证照转移手续、转交有关票证、证照或其他财产。此外,第243条明确了扣留、提取被执行人收入时的协助执行主体,包括被执行人所在单位、银行、信用合作社和其他有储蓄业务的单位。除此之外,《民事诉讼法》并未规定由检察机关作为协助执行主体的具体情形或内容。相较之下,根据2011年最高人民法院、最高人民检察院《关于在部分地方开展民事执行活动法律监督试点工作的通知》第5条的规定,对于国家机关等特殊主体为被执行人的案件,法院因不当干预难以执行的,检察院应当向相关国家机关等提出检察建议。由此可见,民事执行检察协助尚无法律位阶的依据,目前仅有司法政策性文件给予了简单规定,依据该规定,执行检察协助相较于其他的协助执行制度,在适用范围、协助方式以及行为效力等方面均具有自身的特殊性。

首先,在适用范围上,限于被执行人为国家机关等特殊主体的"执行难"情形,以发挥检察机关对这些特殊执行义务人的守法监督功能;其次,在协助方式上,不同于扣留、提存、扣押、查询等具体的执行措施,检察机关发挥协助功能的手段是向相关国家机关提出检察建议,相较于以法院为对象的社会治理型检察建议,该类检察建议并不属于执行程序意义上的检察建议,而是具有社会管理和一般监督的色彩;再次,在协助行为的效力上,不同于银行、信用合作社、资产登记管理部门等主体之协助行为所具有的直接变动财物所有权的效力,检察机关发出的检察建议对相关国家机关并不具有必然的拘束力。而从立法的最新动态来看,"执行难"和"执行乱"问题的长期存在,使得单独制定民事强制执行法和协助执行法成为了近年来全国人民代表大会持续审议的立法议案。① 在2012年全面修订《民事诉讼法》时,基本确定了诉讼程序与执行程序分别立法、先后出台的模式,随着强制执行法的制定和出台,有助于形成独立、系统的执行协助体系,并明确检察机关在民事执行协助领域的应然角色和作用范围。

(二)民事执行检察协助的实务情况与主要问题

如前所述,民事执行检察协助制度的生发历史较短,在2011年《执行监督试点通知》中才获得了初步的规定,因此该项制度尚属发展初期,不同地区、不同层级的检察机关对该项工作的态度和具体措施亦有所不同。在缺乏充足的统计数据和实证信息的现状下,只能暂且围绕相关的理论争议和实践中的主要困惑进行讨论。

从理论研究方面来看,目前存在的最大问题就是将执行检察协助与执行检察监督混杂在一起进行讨论,无视二者的本质差异而进行一体化的程序配置和制度建构。实际上,对检察权在民事执行领域的功能定位和适用范围的不同观点,正是执行检察监督与执行检察协助在性质差异

---

① 例如全国人民代表大会法律委员会《关于第十一届全国人民代表大会第五次会议主席团交付审议的代表提出的议案审议结果的报告》(2012年12月28日第十一届全国人民代表大会常务委员会第三十次会议通过)指出:"周晓光等代表提出的第222号议案,提出实践中民事执行难、执行乱的问题不断加剧,建议尽快制定民事强制执行法。刘卫星等代表提出的第283号议案,建议制定协助执行法,建立独立、完整的协助执行法律体系。……关于是否单独制定民事强制执行法和协助执行法的问题,法制工作委员会将继续研究。"

方面的应有之义,只是由于论者将民事执行检察、民事执行检察监督、民事执行检察协助三个概念相等同,导致相关讨论不在同一平台进而引发了观点分歧和混乱认识。此外,理论研究过程中需要解决的另一个问题是如何正确对待域外的相关制度和经验,不同于执行检察监督制度在比较法资源方面的空白,法国存在与我国执行检察协助相类似的制度。法国的检察机关具有情报收集的功能,在执行过程中先由执行官来查找债务人的财产,但是执行官的查找手段较为有限,因而在其穷尽自有措施仍旧无法查找到相关财产时,可以请求检察官协助查找。有学者主张今后可以考虑借鉴法国模式,由检察机关利用自身的力量协助法院查询债务人的财产。①

  从实务运行方面来看,主要存在两方面的问题:一是如何合理配置检察机关在民事执行协助领域的具体任务,即如何理性认识检察机关与其他执行协助义务主体之间的职能范围,以确保检察机关所承载的协助义务与其职能的应然行使模式相吻合?如何通过科学设置检察机关协助执行的适用情形,保障其能够发挥自身的优势来消解"执行难"问题,同时又不影响其他核心职能的履行,且不超出检察机关自身的客观能力范围?二是执行检察协助的具体手段和措施及其法律效力问题,除了具有共识性的财产调查外,可否将侦查、提起公诉等作为执行检察协助的实现手段?当检察机关的协助执行行为给相关主体造成不当损害时,应否承担相应的责任?这一系列的困惑都有待通过实践经验的积累、制度原理的提炼以及法律规范的细化予以回应。

---

① 参见肖建国:《民事强制执行与检察监督》,载《国家检察官学院学报》2013年第1期。

第三章
公权制约型民事检察权

第一节 公权制约型民事检察权的生发原因

公权制约型民事检察权以审判检察监督和执行检察监督作为实现方式,在对这两种实现方式的规范情况和实践现状予以总体把握的基础上,有必要回溯其各自的本质成因,从而为之后有关运行空间和基本原理的研究奠定基础,并为分析现存问题和困惑的根本成因提供线索和思路。依此理路,以下将分别对民事审判检察监督权和民事执行检察监督权的生发原因予以深入探究。

一、民事审判检察监督权的生发原因探究

民事审判检察监督是法典化时间最早、运行历史最长、适用频率最高的公权制约型民事检察制度,以下将运用功能替代理论和结构制约性理论、结合发生学和制度史的相关资源,对我国检察权介入民事审判领域的表层诱因以及制度、体制和环境等方面的根本成因进行探究。

(一)表层诱因:司法腐败、裁判能力与公众不满

民事司法腐败问题的日益严重、裁判错误等司法不公现象的层出不穷以及当事人上访申诉的不断加剧[1],是检察权介入民事审判领域进行公权制约性监督的直接原因。

首先,从法院的裁判水平和法官的素质能力来看,我国的民事审判在

---

[1] 参见潘剑锋:《中国司法制度改革的若干问题》,载《烟台大学学报(哲学社会科学版)》2001年第2期。

改革开放初期才开始步入正轨,在当时的历史条件下,法官的来源多样且知识背景和经验背景普遍不佳。按照当时的选任标准,法官队伍的人员来源有三:一是政法院系的毕业生;二是部队复转军人;三是通过社会招干考入法院的高中生,其中后两类主体占绝大多数。① 截至1987年年底,全国仅有17.1%的审判人员具有大专以上学历②,而即使到了1997年也即10年后,全国法院系统25万名干部中获得本科学历的仍旧只有5.6%。③ 除了法律专业知识和审判经验的缺乏,民事实体法的严重供给不足进一步恶化了法院审判能力低下的消极局面,增大了错判出现的比率,使得有学者称"中国法官的素质低,在国际上是屈指可数的"④,这在当时的特定背景下具有一定的客观性,并造成了较长时间内难以彻底消除的持续性不良影响。因此,在1982年《民事诉讼法》(试行)的起草和制定过程中乃至1991年正式法典颁行前,学界和理论界纷纷主张通过确立民事审判检察监督制度来提升审判质量和司法水平。但需要特别强调的是,1978年至1988年间的许多文献是从帮助法院正确认定案件事实和准确适用法律等辅助审判的角度来论证检察权介入的正当性和必要性的,与之后确立的公权力监督性质的民事抗诉制度具有本质差异。

其次,"关系案""人情案""金钱案"等司法腐败问题的生发和日益严重⑤,是民事审判检察监督制度确立的最直接动因。不同于改革开放之初法官队伍的清廉状况,20世纪80年代开始出现司法腐败现象并在80年代中期和后期不断凸显和加剧。依据最高人民法院工作报告中的相关统计,1988年至1992年全国法院受到党纪和政纪处分的法官及其他干警共2037人,260人被追究刑事责任。当时流传的一些民谚也从侧面反映了司法腐败问题的蔓延,例如:"大檐帽两头翘,吃了原告吃被告;原告

---

① 参见李浩:《法官素质与民事诉讼模式的选择》,载《法学研究》1988年第3期;潘剑锋:《中国司法制度改革的若干问题》,载《烟台大学学报(哲学社会科学版)》2001年第2期。
② 参见1998年3月任建新院长在九届全国人大一次会议上的报告。
③ 参见张卫理:《中国需要大批法律人才》,载《法制日报》1997年10月3日。
④ 甘雯:《关于司法公正的几个主要问题》,载《中国法学》1999年第5期。
⑤ 有人从1995年至2013年被追究刑事责任的法官中选取了200人作为分析样本,形成了"法官腐败报告",其研究结果显示,相较于刑事领域,民商事审案领域的腐败情况更为严重。参见郑小楼:《法官腐败报告》,载《财经》2013年8月5日。

被告都吃完,还说法制不健全""案件未进门,就来说情人"①;等等。为了遏制和扭转司法腐败问题,引入外部监督成为了当时的必然选择,1991年《民事诉讼法》不仅在"审判组织"部分的第 44 条专门强调了审判人员秉公办案、不得枉法裁判等义务,更是在"审判监督程序"部分正式确立了以生效裁判的合法性和正确性作为监督对象的民事抗诉制度。在此背景下,检察机关将"因司法腐败导致的错误裁判"作为民事审判检察监督的重点内容之一,1995 年至 1997 年最高人民检察院的工作报告中还专门提到了当年民事审判人员枉法裁判的典型案例。此外,通过对 1989 年至 2013 年法院法官及其他干警违法违纪情况的数据②进行整合,能够更为完整和直观地反映出司法腐败问题的严重程度和发展趋势,这也解释了 2012 年《民事诉讼法》修正案为何增加了针对民事审判人员在审判程序中违法行为的监督。

再次,司法权威缺失、公众不满感激增是促使民事审判检察监督制度确立的又一动因,其中"申诉难"问题的长期存在,成为了 2007 年局部修订《民事诉讼法》时大幅扩充检察机关抗诉事由的最直接动因。具体来说,审判主体在专业素养方面的弱势、司法腐败问题的频发、审判效率的

---

① 李曙光:《97 法治:五个问题、五种趋势》,载《法学》1997 年第 2 期。
② 依据最高人民法院 1989 年至 2013 年工作报告中的相关统计数据,可以在一定程度上反映出审判的公正性和廉洁性状况:1988 年全国受到党纪、政纪处分的法官及其他干警共 333 人,被追究刑事责任的 18 人;1989 年受党纪政纪处分的 659 人,被追究刑事责任 31 人;1990 年受党纪政纪处分 887 人,被追究刑事责任 25 人;1991 年受党纪政纪处分 20 人,被追究刑事责任 29 人;1992 年受党纪政纪处分 138 人,被追究刑事责任 157 人;1993 年受党纪政纪处分 797 人,被追究刑事责任 53 人;1994 年受党纪政纪处分 1047 人,被追究刑事责任 47 人;1995 年受党纪政纪处分 890 人,被追究刑事责任 72 人;1996 年受党纪政纪处分 992 人,被追究刑事责任 58 人;1997 年被追究刑事责任 145 人;1998 年受党纪政纪处分 2291 人,被追究刑事责任 221 人;1999 年收党纪政纪处分 1377 人,被追究刑事责任 73 人;2000 年受党纪政纪处分 1292 人,被追究刑事责任 46 人;2001 年受党纪政纪处分 995 人,被追究刑事责任 85 人;2002 年全国共有 2‰ 的法官或干警受党纪政纪处分或刑事处罚;2003 年受党纪政纪处分 794 人,被追究刑事责任 52 人;2004 年受党纪政纪处分 461 人,被追究刑事责任 118 人;2005 年受党纪政纪处分 378 人,被追究刑事责任 66 人;2006 年受党纪政纪处分 292 人,被追究刑事责任 109 人;2007 年受党纪政纪处分 218 人;2008 年受党纪政纪处分 712 人,被追究刑事责任 105 人;2009 年党纪政纪处分 658 人,被追究刑事责任 137 人;2010 年受党纪政纪处分 670 人,被追究刑事责任 113 人;2011 年受党纪政纪处分 442 人,被追究刑事责任 77 人;2012 年受党纪政纪处分或刑事处罚共 1548 人。

低下等导致法院缺乏权威性和公信力[①],公众对裁判质量和结果的不满致使上访申诉问题日益严重,"案结事不了""终审不终"等问题长期困扰着法院。这一客观局面不仅为检察权监督民事审判提供了必要性基础,更是为之后检察监督权的不断扩张提供了空间。为了确保民事法律的正确统一实施、维护司法公正、解决当事人申诉难等问题,2007 年《民事诉讼法》修正案将检察机关抗诉的事由从原先的四项增至十五项并与当事人申请法院再审的事由相一致。

然而,上述三方面的经验事实仅从表象层面反映了民事审判检察监督权的生发背景和原因,并未触及根本性的深层成因。换言之,司法腐败频发、裁判能力欠佳、公众不满激增等现象虽然能够说明审判质量和水平不尽如人意的局面以及对之进行规制和完善的必要性,但却未能揭示出这些问题的根本成因,亦未能充分论证为何检察机关演变成了保障民事司法公正运行的功能替代主体。鉴于此,需要拨开表象来探究民事审判无法实现自给自足性监督制约的内在原因,并运用结构功能主义的理论,分别从制度模式、体制结构、外在环境等角度揭示出检察机关相较于其他外部主体成为常态性、法定性监督主体的根本原因。

(二)制度性成因:功能替代性理论的视角

按照民事诉讼的一般原理和基本假定,确保程序依法公正行使的应然方案是合理配置审判权和诉权各自的权限,并通过诉权与审判权以及诉权相互间的动态制约来防止审判权违法行使。质言之,在理想状态下,民事司法程序的实体公正和程序公正目标是依赖于程序内制约机制的有效运作予以实现的,但司法腐败、司法不公、公众不满等客观事实的存在,反映出了我国民事审判程序内部制约机制的失灵现状。依据结构功能主义理论中的功能替代原理,同一功能可以有多种供选择的项目作为功能

---

① 2004 年 1 月新华社公布的 10 个省区市党风廉政问卷调查的结果显示,法院是群众心目中不正之风和腐败问题比较严重的五大领域之一,参见《法制日报》2004 年 1 月 28 日。有学者对近 600 名调查对象进行了一项有关司法活动评价的社会调查,其中 99.9%的受调查者认为我国存在司法腐败问题,大多数人认为司法腐败情况已经十分严重。参见范愉:《司法监督的功能及制度设计(下)》,载《人民司法》2004 年第 5 期。此外,2013 年全国"两会"前夕,人民网和人民日报政治文化部联合推出的"十大热点问题调查"的结果显示,"六成网民认为执法司法腐败是依法治国最大障碍",载"人民网":http://npc.people.com.cn/n/2013/0226/c14576-20598641.html,访问时间:2013 年 8 月 20 日。

替代物,当某项目无法履行预设功能、无法回应社会系统的功能需求时,其他项目可以发挥替代功能并满足社会的需求。同理,当诉权对审判权的制约机制、审判权自身的监督制约机制等程序内部装置均无法发挥保障司法公正的功能时,即产生了外部力量介入的实际需求和客观空间,此时检察权便成为了弥补这一结构性缺陷的功能替代物。

1. 诉权对审判权的制约缺位或失灵

诉权与审判权是民事诉讼程序的两大支柱,二者的相互动态制约是推进程序依法公正运行的核心力量,但我国根深蒂固的超职权主义诉讼传统、程序制度和规则的粗糙配置以及当事人诉讼能力的客观局限,致使诉权无法切实发挥制约审判权的预设功能,程序内权利制约权力的机制陷入瓶颈状态。

首先,在民事诉讼制度创设初期的超职权主义诉讼模式下,当事人并不真正享有诉讼主体的地位,相关规范为其配置的诉讼权利和救济机制极为有限且缺乏可行性,这极大地削弱了诉权制约审判权的能力,并且由于未能充分保障当事人的程序参与权而无法发挥程序本应具备的吸收不满、提高裁判可接受度等积极功能。在诉权与审判权之间权能分配严重失衡的情况下,自然难以避免司法腐败等现象的出现和加剧,此时便产生了引入外力来规制审判权的需求。虽然在之后的审判方式改革以及法律修订过程中,开始强化诉权保障的理念并在一定程度上完善了相关法律规范,但审判权本位的立法和执法理念以及制度规范的抽象粗疏,未能从根本上改变权利制约权力机制的缺位或贫瘠。其次,我国民事案件当事人在实际诉讼能力方面的局限性以及法律服务市场的欠发达,是导致程序内制约机制失灵的另一主要原因,并进一步激化了当事人对民事司法的不满和不信任情绪。由于缺乏法律专业知识且无法获得必要的法律服务和帮助,当事人对法律所赋予的一些诉讼权利或救济措施不具备运用的实际能力,进而难以发挥规制审判权违法行使的预期功能。

由此可见,立法对当事人诉讼权利和救济手段的配置不足或缺乏可操作性,致使诉权缺少与审判权相互制衡的"砝码";当事人实际诉讼能力的整体水平较低以及法律服务市场中供需关系的不平衡①,致使诉权制约审判权的机制陷入"瓶颈效应"。上述两方面的客观情况催生了外力介入的强烈需求,在我国的法律文化传统和政府权力结构等背景下,由检察机关这一外部公权力主体介入并弥补诉权主体制约能力的缺陷,便具有了必然性。

2. 法院内部监督制约机制的缺位或失灵

民事审判程序的内部制约机制由权利对权力的制约和权力主体自身的监督制约所共同构成,在前一种制约机制缺位或失灵的状态下,如果后一种机制能够发挥应然功能,同样可以排除外部介入的可能。然而,我国法院内部监督制约机制的实际状况,再次为检察权的介入提供了空间。

首先,从法院内部的横向制约机制来看,立法希望通过合议庭、审委会等装置来实现对审判人员的监督和制约,然而遗憾的是,案多人少的工作负荷加之审判组织形式与程序类型的僵化捆绑,使得先定后审、"合而不议"成为了常态并实际上架空了合议制的内部制约功能;审判委员会在人员组成和工作机制上的不合理安排,使得其非但没有发挥横向监督的功能,反而酿成了"判者不审""审者不判"等异化现象,甚至成为了很多错判案件的"罪魁祸首"。而业绩考核、纪律惩戒、错案追究等旨在监督法官的内部制度,同样由于缺乏可操作性或者监督动力而未能充分发挥抑制审判权违法行使的功能。其次,从法院系统内的纵向监督机制来看,管理模式的行政化色彩使得审判中常常使用案件请示汇报等做法,加之对发回重审等方式不受限制的适用,极大削弱了一审程序与二审程序之间的相对独立性,架空了审级制度本应承载的纠错和监督功能。而法院自行决定再审这一非通常的救济机制,同样因为牵涉法院的自身利益而缺乏适用的动力。在法院内部横向机制和纵向机制均无法有效发挥监督制约功能的背景下,职权主义的诉讼模式更是加大了审判权被滥用或误用的几率②,使得外部力量的介入成为了必然;"当独立的司法审判权自身产生变异与腐蚀,偏离了司法公正的价值时,检察监督就应当成为这种变异

---

① 参见范愉:《司法监督的功能及制度设计(上)——检察院民事行政案件抗诉与人大个案监督制度的制度比较》,载《中国司法》2004 年第 5 期。

② 参见李浩:《法官素质与民事诉讼模式的选择》,载《法学研究》1988 年第 3 期。

的矫治者"①。

概言之,依据结构功能主义理论,当某一结构出现缺陷时,必然有替代性制度来发挥该种功能并弥补相应的缺陷。我国民事审判在创设和发展过程中的实际运行状况,致使以程序自足性制约机制来保障司法公正的基本假定无法获得实现;当诉权对审判权的制约机制和审判权自身的监督制约机制等程序内部方案均运行失灵时,即产生了外部干预的客观需求、提供了外部力量介入的实际空间。依据功能替代理论,虽然追求司法公正的需求具有不可替代性,但满足这一需求的路径具有多样性,在程序内部机制陷入运行困境时,民事审判检察监督成为了可替代性制度中的最佳选择。质言之,当国家与社会之间的分权过程尚未完成、民事程序中当事人与法官之间的权利/权力关系尚未确定时,"民权意义上的审判权制约只能借助于其他公权来获得实现"②,此时,检察机关作为功能替代物成为了民事审判的外部监督主体。

(三)体制性成因:结构制约性理论的视角

虽然民事程序内部制约机制的失灵是检察权监督民事审判活动的最根本成因,但是为了进一步揭示检察机关为何在各种可能的替代项目中"脱颖而出",有必要结合我国的宪政体制和司法监督模式,运用结构制约性理论对民事审判检察监督权的生成原因进行更为深入的剖析。

依据默顿的结构制约性理论,社会结构的即成状态也即各个结构要素之间的关系,产生了一种结构制约力量,它规定着一个社会的结构变异度即功能替代的可能范围,同时决定着对各替代项目的选择。③ 申言之,功能替代理论决定了满足司法公正需求的路径并非唯一,当现有机制无法达到预设目标、无法满足社会对司法公正的需求时,可以由其他具备该种功能的机制予以替代,但是替代物的可能范围以及最终对替代机制的选择方案,受到社会结构即成状态的限制,在诸种替代项目中,检察机关之所以成为了最终的选择,源于我国的政体模式和社会结构。如前所述,

---

① 刘田玉:《民事检察监督与审判独立之关系的合理建构》,载《国家检察官学院学报》2004年第1期。
② 傅郁林:《论最高法院的职能》,载《中外法学》2003年第5期。
③ 参见〔美〕R. K. 默顿:《社会理论和社会结构》,唐少奇、齐心译,译林出版社2006年版,第141页。

不同于实行三权分立的西方国家,我国采用人民代表大会制度的政体模式,实行一元多立、议行合一,依据《宪法》的规定,法院和检察院分别是国家的审判机关和法律监督机关,二者属于平行的二级权力主体并以维护社会主义法制的统一和尊严作为共同目标。在该种即成的社会结构下,检察机关作为专门法律监督机关的宪法定位使其承载着执法监督的职能,当审判程序的内部机制无法实现民事司法依法公正运行的目标时,检察机关便成为了功能替代主体中的最佳方案,同时也是必然选择。

我国的宪政体制决定了司法监督模式的特点,而审判检察监督作为司法监督体系中的具体类型之一,自然与该种特有模式的内在成因具有同质性和同源性。不同于西方国家所采用的"以公权力划分为前提、以公共权力之间分界与制衡为基础的司法监督模式"①,我国的权力结构和社会治理路径孕育了"以司法救济和民权复兴为目标的司法监督模式",并由此生成了以宪法中规定的申诉、控告、检举权等为基础的审判监督程序。"这种监督权是基于'大公无私'的历史背景设置的,当新的历史背景产生私权保护的需求,而宪法未能及时重新划定公权与私权之间的界线时,这种监督权便成为民权保护唯一可援引的合法武器。"②换言之,当诉权无法有效制约审判权且法院内部的监督机制亦失灵时,为了消解司法腐败盛行、裁判错误频发、审判能力低下、司法资源匮乏、实体和程序规范缺位等紧迫困境,为了缓解因此而引发的国家与社会之间的紧张关系,引入审判监督力量成为了当时的必然选择,而检察机关在我国司法监督体系中的特有角色和定位,使得其在公众需求与学者支持的合力推动下成为了最佳的功能替代物。

(四)环境性成因:域外资源和社会需求的双重催化

除了制度和体制等核心因素外,一些域外和域内的环境因素也在不同程度上催化了民事检察监督权的生发。

首先,从域外资源来看,原苏联的检察理论和制度模式对我国民事审判检察监督权的形成具有重要影响。虽然我国没有在民事诉讼法典中规定检察机关的参诉权和提起民事诉讼的权力,但有关民事审判检察监督

---

① 傅郁林:《论最高法院的职能》,载《中外法学》2003年第5期。
② 同上。

制度的设计在诸多方面是以原苏联为样本的,同时对大陆法系的类似制度进行了改造,进而形成了与苏联具有若干共性特征的制度模式,例如:审判检察监督权适用于各级法院,而并不限于最高人民法院;检察机关对民事审判的监督范围不受案件类型的制约,从而体现了列宁社会主义检察理论中"不承认私权"的观点;采行两审终审制,以法律监督机关启动的审判监督程序这一例外性救济机制替代了西方国家基于诉权而启动的三审程序,突出了国家干预的色彩。其次,我国特定时期的社会客观背景、法律文化传统以及相关的司法政策等域内环境因素,对民事审判检察监督权的生成具有催化和推动作用。一方面,社会转型时期民权意识的苏醒、经济体制改革过程中大量深层利益纠纷的频发,使得法院在现有能力下无法充分回应社会的实际需求,进而为检察权这一程序外的公权力提供了介入的空间和必要;另一方面,我国长期以来实事求是、有错必纠、追究客观真实的法律文化理念,加之公民受到侵害时寻求公权力干预的路径依赖,使得审判检察监督制度的确立成为了一种现实需求。

(五)民事审判检察监督范围和手段扩张的原因

在系统分析了民事审判检察监督权的表层诱因和内在成因后,有必要进一步探究该领域近年来制度变革的主要原因,从而对创设时的静态成因和之后的发展变化动因予以一体把握。以 2007 年和 2012 年的两次修法活动为观察窗口,以下将分别对民事审判检察监督在适用对象和监督手段方面的变化原因进行剖析。

首先,从审判检察监督权的适用范围和适用对象方面来看,2007 年局部修法时对检察机关的抗诉事由进行了扩充并与当事人申请法院再审的事由相统一;2012 年则将两种情形的调解书以及审判程序中审判人员的违法行为也纳入了审判检察监督的范畴。这种从裁判到调解、从对事监督到对人监督的发展变化,主要源于三方面的因素:第一,随着市场经济制度的确立和发展,民商事案件在数量、复杂度以及新颖性等方面均迅速提升,这在增加法院裁判负荷的同时增大了当事人对裁判不满的可能性,进而出现了申诉频发、申诉难等现象。为了缓解因申诉难而引发的社会与国家之间的紧张关系,立法机关功利性、盲目性地扩张了检察机关提出抗诉的事由范围,在一定程度上将本应以公权制约为功能的民事抗诉制度异化为了当事人权利的救济机制。第二,调解在民事审判领域的普遍适用、调解结案率的不断提升以及实践中恶意调解、变相强制调解等问题的日益频发,为检察监督权介入民事调解领域提供了必要性基础。为了回应实践的客观需求、规制调解所产生的负面效应,新法典赋予了检察机关对损害国家利益和社会公共利益的调解书进行监督的权力。第三,强化法律监督、加大对司法渎职行为的制约力度等司法政策,以及司法实践中审判人员违法违纪行为的客观存在,为检察监督权向对人监督的延伸提供了基础。

其次,从民事审判检察监督权的实现手段方面来看,除了1991年起即确立的抗诉制度外,在实践中长期存在着检察建议这一自发性机制并在2012年正式获得了法典的认可,2015年《民诉解释》更是规定了"再审检察建议"的提出条件和法律效力。监督手段从一元到多元的发展变化,是多方面因素综合作用的结果。第一,抗诉制度在效益和结构方面的缺陷是再审检察建议得以确立的主要原因。具体来说,抗诉所要求的"上抗下"模式不仅加大了制度的运行成本、降低了程序的运行效率,更是导致了不同级别检察机关在审判检察监督职能划分上的扭曲结构。在上提一级监督的模式下,基层检察院不具备抗诉权,与作出生效裁判的法院同级也即最便于了解案件情况的检察院仅享有提请抗诉权,这就使得审判监督的压力集中在了省一级检察机关,进而形成了职能分配的"倒三角"结构。面对这些问题,检察建议的同级监督特性弥补了抗诉在结构上的缺陷,检察建议在适用程序上的灵活性和便捷性弥补了抗诉在成本和效益上的缺陷,从而获得了生命力。① 第二,抗诉制度在适用范围等方面的固有局限,是监督手段多元化发展的另一动因。在2012年修法前,检察机关无权对调解书提出抗诉,为了回应社会的客观需求,检察机关普遍运用检察建议这一变通性手段来实现对调解书的监督功能。此外,抗诉对于那些无法通过再审救济的审判违法行为无能为力,而检察建议在适用范围上的广泛性恰可以弥补抗诉的这一固有局限,从而帮助检察机关有效应对司法实践的动态需求。第三,在构建和谐社会、促进法检关系协调等

---

① 2011年7月22日通过的《"十二五"时期检察工作发展规划纲要》第21条,提出"强化同级检察机关的监督,充分发挥再审检察建议等方式的作用,着力构建以抗诉为中心的多元化监督格局"。

政策背景下，相较于抗诉这一刚性化、对抗性的监督手段，检察建议所具有的柔性化、协商性、沟通性等特点，使其获得了有利的发展空间和生存土壤。

二、民事执行检察监督权的生发原因探究

从部分检察机关的实验性尝试到2011年"两高"商定并共同推进的大规模试点工作的开展，再到2012年的正式法典化，公权制约型民事检察权在执行程序中的角色逐渐清晰。相较于1991年即确立并已施行二十余年的审判检察监督，民事执行检察监督在多方面体现了自身的个性，从二者在生发原因方面的关系来看，虽然均以程序内部制约机制的缺位或失灵作为最根本的成因，但在直接动因、客观背景以及内部机制失灵原因等方面的差异，使得有必要对民事执行检察监督权的生发原因予以单独讨论。以下将以经验事实为基础，运用结构功能主义的基本理论对民事执行检察监督权的表层诱因、制度性成因和环境性成因予以分别探讨。

（一）表层诱因："执行乱"问题的日益恶化

在社会诚信体系尚未建立、司法权威和公信力水平较低的现状下，大量的民事裁判并未获得当事人的自觉履行而是进入了强制执行程序。不同于以确定当事人之间民事权利义务关系为目的的审判程序，执行程序旨在实现生效裁判文书所确定的实体内容，二者在程序法理和核心价值方面的差异，使得民事执行具有非讼性、单向性、不平等性、主动性、形式化、强制性、职权主义等特点。① 诚然，民事执行程序的功能定位为其所具有的这些特性提供了正当性基础，然而作为直接拥有强制性手段的公权力，这些特性在保障执行行为之有效性的同时，也面临着被滥用和恣意使用的极大风险，我国"执行乱"问题的长期存在②和日益严重恰说明了这一问题。

从司法实践的客观情况来看，一方面，随着法院执行压力的不断增大，加执行规范的粗糙，致使违反法定程序或法定方法进行执行、对不存

---

① 参见肖建国：《审执关系的基本原理研究》，载《现代法学》2004年第5期。
② "执行乱"问题自20世纪90年代即开始出现，当时的主要表现包括：随意变更被执行人、拘捕人质促执行、任意扣押案外人财产、滥用保全和先予执行等。参见黄双全：《我国民事"执行乱"的情况与对策》，载《政治与法律》1996年第1期。

在或已经消灭的债权进行执行、非法执行案外人的财产、违反规定收取执行费用等违法执行行为或不当执行行为频繁出现,在侵害相关主体权益的同时,极大地减损了执行权威并引发社会公众的不满和质疑。另一方面,执行程序中对实体权益的触及,使得该领域成为了权力寻租的高发区,"各级法院下设执行部门,自行审判、自行判决、自行执行,权力高度集中,执行过程高度封闭,容易发生权钱交易和腐败现象"①。相关实证研究的结果显示,民事执行领域已经成为了司法腐败的重灾区,尤其是在评估、拍卖等环节。② 从具体表现形式来看,常见情形包括:执行人员收取被执行人的好处后加大执行力度或拖延、放弃执行③;在分配执行案的债权时为请托人谋利;违法变更或追加被执行主体;违法采取查封、扣押、冻结等强制执行措施;违法截留执行款项等等。在上述两方面因素的综合作用下,公众对"执行乱"问题的不满情绪日益增大并成为了当事人申诉的主要内容之一,在此背景下,引入外力监督成为了社会的客观需求。虽然法院曾通过司法解释的方式单方面限制了检察机关对民事执行的监督权限④,但当事人强烈的申诉需求以及学界对执行检察监督制度的大力支持,使得2012年在全面修订《民事诉讼法》的过程中最终确立了民事执行检察监督制度,以期实现有效规制"执行乱"问题的目标。

(二)制度性成因:结构功能主义的视角

民事执行检察监督虽然以"执行乱"作为监督对象,但该种现象本身仅反映了制度生发的表层诱因,而并未触及检察监督权介入民事执行程序的内在原因。与审判检察监督的根本成因相类似,确立执行检察监督制度的根本原因在于执行程序内部的制约机制失灵,进而引发了"执行乱"问题并产生了外部介入的必要性。以下将以检察机关的宪法定位为基础,通过分析执行程序无法完成内部自足性制约的原因,来揭示检察权对民事执行行为予以监督的深层成因。

---

① 陈瑞华:《公检法关系及其基本思路亟待调整》,载《同舟共进》2013年第9期。
② 参见郑小楼:《法官腐败报告》,载《财经》2013年8月5日。"根据官方的材料,2008年至2012年,全国的执行法官占法官总数的13.7%,而执行法官违法犯罪的情况占全部法官的47%。"参见《检察院监督法院执行将出台专门规定》,载《南方都市报》2013年12月7日。
③ 参见李浩:《目的论视域中的民事执行检察监督对象解读》,载《法商研究》2011年第2期。
④ 参见1995年最高人民法院《关于对执行程序中的裁定的抗诉不予受理的批复》。

1. 执行救济机制的缺位或失灵

依据执行程序的运行原理和基本假定,保障执行权依法公正行使、执行程序有序推进的应然渠道是合理配置执行程序当事人及利害关系人的执行程序参与权和违法执行救济权,其中前者包括知情权、表达权、异议权和选择权;后者则包括执行异议、案外人异议、参与分配异议、债务人或案外人执行异议之诉、许可执行之诉、参与分配异议之诉、国家赔偿请求、侵权损害赔偿之诉等具体救济途径。① 然而反观民事执行权利制约的相关规范后可以发现,目前对执行程序参与权和执行行为救济权的规定均不完备,导致作为程序内部制约体系之重要组成部分的权利制约机制缺位,进而无法有效遏制违法或不当执行行为的出现,亦无法借助事后救济措施来弥补因"执行乱"所遭受的侵害。依据前述的功能替代理论,当某项目未能发挥预设功能而导致社会系统的客观需求无法获得满足时,其他项目可以作为功能替代物来发挥替代性功能,因此,当执行程序内部的执行救济机制不健全、权利制约机制无法实现预设功能时,即产生了外部力量介入的需求和空间,此时检察权便成为了弥补这一结构性缺陷的功能替代物。

虽然在 2007 年局部修法时将执行程序作为了两大核心内容之一,并通过最高人民检察院《关于适用〈中华人民共和国民事诉讼法〉执行程序若干问题的解释》、2015 年《民诉解释》对相关内容进行了细化,但仍旧未能实现执行救济机制的体系化建构。首先,从执行程序参与权的保障现状来看,在不动产查封和拍卖方面,缺乏有关查封登记和拍卖公告等保障相关主体知情权的具体细则;在法院追加或变更被执行人时,缺乏有关异议听证等保障相关主体辩论权的程序配置。在程序参与权无法获得充分保障、执行程序的透明度和公开性水平较低的情形下,执行程序当事人及利害关系人自然难以在执行行为作出前或行使过程中对可能发生或正在发生的违法执行行为予以防范。其次,从违法执行救济权的配置现状来看,虽然 2007 年修正案增加了案外人执行标的异议程序、案外人和执行

---

① 参见肖建国:《〈民事诉讼法〉执行编修改的若干问题探讨——以民事强制执行救济制度的适用为中心》,载《法律适用》2008 年第 4 期;傅郁林:《民事执行权制约体系中的检察权》,载《国家检察官学院学报》2012 年第 3 期。

当事人异议之诉以及逾期不执行时向上一级法院申请等制度,2015年《民诉解释》对执行异议之诉进行了专章规定,但仍旧未能扭转执行救济制度覆盖范围窄、救济渠道单一、救济程序不规范且不透明等缺陷。①

2. 法院内部执行权制约机制的缺位或失灵

民事执行权的程序内制约机制由执行救济与法院内部的执行监督共同构成,在前者缺位或失灵的局面下,如果法院系统内的权力制约机制能够有效发挥作用,同样可以排除外部监督力量的介入,然而,我国法院内部执行分权机制和内部监督机制的运行现状,再次为检察权提供了发挥替代性功能的空间和必要。

首先,从法院内部的分权制约机制方面来看,依据审执分立、程序问题与实体问题相分离的原理,执行权内部实行执行裁判权与执行实施权的分离模式,二者分别由不同的主体、针对不同的事项、适用不同的程序予以施行,以避免执行权的过分集中或冲突、保障执行权行使的合法性与公正性。然而,反观我国的规范现状和实践样态,分权机制的预设功能并未能充分获得实现,虽然立法机关已经决定在近期着手制定单独的强制执行法,但在合一立法的现状下,民诉法典未能按照执行裁判权和执行实施权各自的本质特性分别配以相应的程序和规则,导致实践中缺乏具有可操作性的规则指引和制度约束,进而减损了分权机制的实效。值得关注的是,为了有效化解执行乱的问题,一些地方的法院尝试对执行实施权予以进一步分权并提出了"分段集约执行"的概念,即将执行程序划分为多个阶段实行流水作业,每个阶段由不同的执行主体负责,且各阶段的执行工作都集中统一批量完成,希望借此来改变原先一人包案到底的做法,以降低权力滥用和权力寻租的可能性。② 然而,该种实验性尝试的良好初衷究竟能否实现、是否会因为分段而导致执行人员的职责不清和相互推诿,还有待实践的检验和反馈。

其次,从法院内部的执行监督机制来看,分为来自本院的横向监督和

---

① 参见王亚新:《执行检察监督问题与执行救济制度构建》,载《中外法学》2009年第1期;王莉、贝金欣:《构建民事执行的检察监督制度》,载《人民检察》2007年第13期。

② 参见傅郁林:《民事执行权制约体系中的检察权》,载《国家检察官学院学报》2012年第3期;有关分段集约执行机制的具体情况,请参见韩淼:《分段集约执行机制研究》,北京大学2011年法律硕士学位论文。

来自上级法院的纵向监督两种,具体表现为限期执行、提级执行、指定执行以及对执行人员的绩效考核、纪律惩戒措施等方式。早在1998年,最高人民法院就颁布了《关于人民法院执行工作若干问题的规定(试行)》,其中专门规定了民事执行的内部监督问题;此后为了进一步改革纵向监督机制,最高人民法院在2000年又颁布了《关于高级人民法院统一管理执行工作若干问题的规定》,明确赋予高级法院对下级法院违法、错误的执行裁定和执行行为予以纠正的权力。① 上述两项规定虽然在一定程度上为法院内部监督机制的运行提供了依据,但由于没有明确纵向监督的适用条件、纠正方式以及具体程序等要素,加之制度设计具有明显的行政化色彩而缺乏公开性和透明性,使得内部执行监督制度未能充分发挥预设功能。

概言之,在程序参与和执行救济等权利制约机制处于弱势、法院自身横向和纵向监督制约机制失灵的客观现状下,执行程序内部的制约系统自然无法有效运转并发挥预防和规制瑕疵执行等应然功能。依据结构功能主义的基本原理,在程序自足性机制失灵而社会的监督需求不断增大时,需要引入外部力量来弥补内部机制的缺陷,此时检察机关作为国家的法律监督机关,成为了可供选择的功能替代项目中的最佳方案。

(三) 环境性成因:"执行难"与"执行乱"的恶性循环

除了执行救济机制缺位、执行权内部制约机制失灵等深层成因外,执行权的运行环境、社会发展的客观背景、执行主体的执法理念等外部因素,对执行检察监督权的生发具有一定的催化和推动作用。

首先,从执行权的运行环境来看,执行案件大量涌入法院与执行权威匮乏之间的矛盾关系,使得"执行乱"与"执行难"相互交错并形成了恶性对抗。一方面,在社会整体诚信系统缺位的情况下,"执行难"是长期困扰法院的顽疾,被执行人可能为了逃避或阻碍执行而拉拢、贿赂执行人员,从而诱发了执行乱现象的出现;与此同时,为了实现对执结率等考核指标的追求,执行人员也可能采用一些违法或不当的执行措施来对抗"执行难"问题。另一方面,"执行乱"现象的频发使得执行行为的正当性遭受质

---

① 2011年7月21日通过的《"十二五"时期检察工作发展规划纲要》第21条提出"积极稳妥地开展民事执行监督试点"。

疑、被执行主体的抵触情绪提升,进而反过来加剧了"执行难"的程度。在程序内装置无法破解这一恶性循环的现状下,检察机关通过行使执行检察监督权来纠正法院的违法执行行为,不仅有利于维护和培育执行权威,还可以随着社会诚信水平的逐步提升来共同发挥消解执行难问题的间接功能。

其次,从社会发展的客观背景来看,我国正处于社会转型的特殊时期,国家权力与社会权利的分层尚未完成、社会保障机制很不健全、公民自治和社会自治的能力有待提高,在此背景下,当私权主体遭受执行乱行为的侵害却无力或无法借助权利救济措施来维护自身权益时,由检察机关这一外部公权力主体介入并通过对执行权主体的监督来间接发挥维护私权秩序的功能,无疑是现阶段较佳的选择。质言之,在我国信用机制缺失、社会保障制度薄弱、实体法律缺位的背景下,法院难以独立完成对复杂利益关系和冲突利益关系的平衡与协调任务①;执行程序无法实现自给自足、逻辑自洽、排除干预的理想发展模式,因此需要检察机关的适度介入。再次,从执法理念来看,并非所有的执行乱问题均源于司法腐败,在一些情况下可能是因为执行人员对执行权的性质缺乏正确认识、存在畏难情绪或是受到了其他部门负责人的干扰,此时检察机关运用检察建议等协商性监督方式,可能有利于矫正偏误的执法理念、间接帮助法院抵御外部的不当干预,并对之后的执行工作产生持续的积极影响。

综上,通过对民事审判检察监督权和民事执行检察监督权各自的表层诱因和内在成因进行多角度探究,能够更为深入的了解公权制约型民事检察权介入审判程序和执行程序的现实正当性和理论依据,从而为之后厘清该类权能的运行空间、明晰权力的运行边界并提炼相应的运行原理奠定基础。虽然在直接动因和环境性成因等方面有所差异,但程序内制约机制的缺位或失灵是民事审判检察监督权和民事执行检察监督权的共通性根本成因。诚然,借助结构功能主义中的功能替代理论和结构性制约理论,能够较为系统的诠释和论证检察权这一外部力量介入民事司法程序的必然性和正当性,但不可否认的是,相较于该种可能突破或挑战

---

① 参见肖建国:《民事执行中的检法关系问题——民事执行检察监督法理基础的另一种视角》,载《法学》2009年第3期。

程序基本原理和一般规律的外部监督模式,程序内监督制约机制的有效运行才是保障程序依法公正行使的最佳、最根本、最可持续的路径。这一初步结论不仅是对公权制约型民事检察权之生成原因的进一步注释,更是之后研究权力运行空间和制度运行原理时的核心指引理念之一。

第二节　公权制约型民事检察权的运行空间

在把握了公权制约型民事检察权的实现方式和内在成因后,为了能够准确揭示现存问题的主要成因以及可能的优化路径,需要探析该类权能在民事司法程序中的运行空间。通过分别梳理审判检察监督权和执行检察监督权与民事程序基本原则、核心主体及主要制度的相互关系,从中提炼出公权制约型民事检察权的基本原理和运行准则,进而为下一步剖析问题成因、探寻矫正方案提供分析工具和总体指引。

一、民事审判检察监督权的运行空间

民事审判检察监督和执行检察监督作为公权制约型民事检察权的两大实现方式,均以执法监督为职能、以公权制约为目标,因而在运行原理和基本准则等方面具有同质性,但考虑到民事审判程序与执行程序在核心功能、程序法理、运行原理等诸多方面的差异,本节将对检察监督权在这两类程序中的运行空间予以分别讨论。所谓运行空间,是指民事审判检察监督权发挥功能的场域及其在该范围内与相关主体或制度的动态关系。该空间由权利与权力、权力与权力的内外部交错关系搭建而成,从平面维度来看,包括检察监督权与法院审判权、检察监督权与当事人诉权的关系;从立体维度来看,包括检察监督权与权利制约权力机制的关系、检察监督权与审判权自我监督机制的关系,也即审判检察监督权与程序内部审判权制约系统之间的关系。以下将以民事审判程序的一般规律和基本原则为基础,链接检察权、审判权、诉权各自的本质属性和权能界限,从不同层面、不同维度对民事审判检察监督权的运行空间和关系网络进行探究。

（一）检察院民事审判监督权与法院民事审判权的关系

民事审判检察监督权以法院行使审判权的合法性作为监督对象,从

而保障民事法律的正确统一实施,其与法院审判权的关系实际上是不同性质的公权力主体相互间关系的具体体现。作为同一层级的国家权力,虽然在权能来源和根本目标上相一致,但这种监督与被监督关系的存在使得二者在运行过程中呈现出不同程度的紧张或冲突关系,并引发了相关的质疑和争论。对这些矛盾或质疑的深入思考和回应,是厘清民事审判检察监督权运行空间的第一步。

1. 审判检察监督与审判独立的关系

依据《宪法》第126条的规定,"人民法院依照法律规定独立行使审判权,不受行政机关、社会团体和个人的干涉";在此基础上,《民事诉讼法》第6条第1款规定了对民事案件的审判权由法院专享并在了第2款重申了《宪法》的上述规定,将法院独立行使审判权确立为民事诉讼程序的基本原则之一,从而明晰了审判权的独立性和专属性等本质特征。在此背景下,检察监督权对民事审判领域的介入常常面临着影响审判权独立行使、瓜分或替代审判权等质疑,并围绕审判检察监督权的正当性问题形成了"取消论""限制论""强化论"和"全面监督论"等不同观点,致使检察监督权在民事审判程序领域的运行空间和作用限度长期模糊不清。

首先,从审判检察监督权与审判权独立行使原则之间的关系来看,质疑者认为,"审判独立的内在价值和要求正是排斥外在的监督和干预"[①];审判检察监督这一极具中国特色的制度,不仅干扰法院独立认定事实和适用法律,也不符合WTO协议中对司法独立的基本要求,因此主张取消民事审判检察监督制度。[②] 上述观点的形成,实际上源于对审判权与检察监督权之间紧张关系的过度放大以及对根本法和程序法中相关规范的不完全解读。在我国一元多立而非三权分立的体制下,根本法和程序法中所规定的审判独立受三方面因素的限定:一是合法性条件的限制,即审判权独立的前提是合法行使,而不是无条件的绝对独立,当审判权未能满足合法性的要求而出现违法情形时,便失去了独立的根基。二是主体性质和行为性质的限制,一方面,法院依法行使审判权时独立于"行政机关、社会团体和个人",而检察机关作为国家专门法律监督机关的性质定位,

---

① 参见傅郁林:《我国审判监督模式评析与重构》,载《人大研究》2004年第4期。
② 参见林劲松:《民事抗诉制度的基础性缺陷》,载《河北法学》2005年第1期。

决定了其显然不属于上述主体的范畴;另一方面,审判权独立所排斥的是非法干预而并不排除依法监督,宪法对检察机关执法监督职能的授予以及《民事诉讼法》第14条规定的民事诉讼检察监督基本原则,使得检察权对民事审判权的依法监督与"干涉"具有本质差异。三是审判权客观能力的限制,审判独立原则的适用须以法院系统自身具备必要的资质、素养和公信力等为基本前提①,依据之前对审判权运行现状的分析可知,审判主体在法律专业素养、审判经验以及权威性程度等方面的客观情况,使得其目前并不具备完全排除外部监督而独立运行的实际能力。而从实践的角度来看,对检察监督权影响审判权独立行使的担心,并未成为实务运行中的凸显问题,目前审判权独立行使的障碍往往来自于行政力量或其他因素②,在一些情况下检察权的介入反而可能发挥帮助法院抵御不当干预的间接功能。③ 此外,从民事审判检察监督与WTO对司法独立的基本要求来看,WTO相关组成文件④中对司法独立的内涵界定主要是指法院独立于行政机关、设置对相关纠纷的专门审理程序以及审理案件的法院独立于被审查事项⑤,由此可见,民事审判检察监督权的运行与这三方面的要求并不矛盾。

其次,从审判检察监督与法院专享审判权之间的关系来看,审判权的职能主要包括认定事实、适用法律、作出裁判以及案件管理等,依据国家机构相互间的权限划分,上述职权由法院专属行使。有论者认为,抗诉所具有的启动再审程序的强制力,造成了对法院审判权的分割甚至替代,构成了"监督机构分享或肢解司法权的结构"⑥,从而背离了法院专享审判权的基本要求。该观点虽然敏锐地指出了我国民事司法监督模式的内在

---

① 参见刘田玉:《民事检察监督与审判独立之关系的合理建构》,载《国家检察官学院学报》2004年第1期。
② 参见王利明:《司法制度研究》,法律出版社2000年版,第166—169页。
③ 参见潘度文:《我国检察权在民事上诉中的运行空间》,载《人民检察》2010年第11期。
④ WTO相关组成文件中有关司法独立的具体规定请参见:《关税与贸易总协定》第10条第3款(b)项;《关于实施GATT1994第6条的规定》第13条;《补贴和反补贴措施协定》第23条;《服务贸易总协定》第6条第2款(a)项;《中华人民共和国加入世界贸易组织议定书》第一部分总则第2条(D)款第1项。
⑤ 参见段厚省:《WTO协议司法独立原则与民事行政检察监督之回应》,载《政治与法律》2003年第1期。
⑥ 傅郁林:《我国审判监督模式评析与重构》,载《人大研究》2004年第4期。

缺陷,但却忽视了审判检察监督权属于程序性监督这一本质属性,作为法律监督权的具体实现方式之一,审判检察监督仅仅具有程序性的效力而不享有实体决定权和终局处分权,再审案件最终处理方案的决定权仍旧掌握在法院手中,检察机关的抗诉理由以及对案件事实认定和法律适用的观点,对法院实体裁判的作出并无强制拘束力。

2. 审判检察监督与审判权威的关系

审判权威的有无及其水平与审判质量、司法终局性、程序稳定性、裁判严肃性等要素密切相关,公众对审判权威性和公信力的评价,不仅决定了法院在国家权力体系中的地位和角色,也标志着一国法治文明的发展水平。当出现违法行使审判权的情形时,检察机关通常会向法院提出抗诉而重开审理程序,该种以牺牲既判力和程序安定性为代价来维护司法公正价值的刚性化监督手段,常常被认为损害了审判权威的树立、变相激励当事人通过缠访缠诉等非理性方式冲击裁判的既判力和终局性,进而浪费司法资源、引发程序倒流并减损司法的公信力。① 该种观点仅仅是片面化的强调了审判检察监督权的可能局限性,但却未能从审判权威的塑成原理、检察监督的运行方式以及制度设计的价值衡平等方面,对检察监督权与审判权威之间的关系予以深入剖析。

首先,从审判权威的塑成原理和基本条件来看,培育和维护审判权威的最根本路径是确保裁判的程序公正和实体公正,形式上的不受挑战和不受监督与权威性的有无及其水平没有必然关联。审判检察监督所指向的裁判仅仅是那些因法院违法行使审判权而造成的错误裁判,这些裁判非但原本就不具备获得权威性的资格,更是引发公众不满、损害裁判公信力的主要根源。检察机关运用审判监督权来促使法院矫正或推翻这些错误裁判,恰是确保审判公正、培育审判权威的有效路径。其次,从审判检察监督权的适用对象和行使方式来看,检察监督权在审判程序中的运行并不必然推翻既判力原则的拘束。一方面,检察监督的对象并不限于发生法律效力的民事裁判,还包括对审判程序中审判人员违法行为的监督,对后一种对象的监督通常并不影响裁判的既判力;另一方面,检察监督的

---

① 参见袁登明、吴光荣、郑成良:《如何构建我国的司法监督机制》,载《人大研究》2004年第5期。

手段除了抗诉这一刚性化方式外,还包括并不具有强制启动再审程序效力的检察建议,因此不必然产生重启程序的后果。再次,从制度设计乃至民事审判程序整体的价值衡平来看,抗诉制度的适用确实会突破既判力原则的基本要求,且再审程序的运行通常需要耗费更多的司法资源成本,但既判力所要求的稳定性和终局性与司法所追求的公正性价值之间可能出现不一致的情形,当公正价值受到严重损害时,适度牺牲既判力和程序安定性来回复裁判的公正状态,具有相当的正当性和必要性。同理,当审判检察监督所追求的司法公正价值与程序经济原则所要求的司法效率价值发生冲突时,侧重对公正价值的维护,符合民事审判程序领域有关价值衡平的基本原理。

3. 审判检察监督与审判活动内在特性的关系

除了独立性、专属性和权威性等特征外,审判权在实务运行过程中还具有两方面的内在特性,即审判事务的专业性和不确定性,这同样被一些论者作为质疑检察监督权运行范围和客观能力的依据。

所谓审判事务的专业性,主要是指法院审理民商事案件需要以熟练运用相关的法律规范和充足的审判经验为基础,尤其是随着市场经济发展水平的飞速提升,民商事案件呈现出类型新颖化、案情复杂化、内容专业化等特征,从而对民商事案件的审判提出了更高的要求、推动了审判的专业化发展。在此背景下,有主体认为,检察机关作为以刑事公诉为主要职能的国家机构,其自身的专业特长以及民行检察部门的人力配备现状,决定了其不具备监督民事审判权的客观能力,尤其是对于知识产权、公司纠纷、金融纠纷等专业性程度较高的民商事案件,检察机关的判断能力并不高于甚至低于法院[①],更无法对相关领域审判权行使的合法性与正确性情况进行监督。所谓审判的不确定性,是指受人类认识能力的主观性和有限性等因素的限制,法官基于其不同的知识水平和其他个人因素而对事实问题和法律问题产生不同的理解[②],这种不确定性是审判活动固有的、内在的属性,而不能将之归为裁判错误的范畴。有主体认为,该种

---

① 参见林劲松:《民事抗诉制度的基础性缺陷》,载《河北法学》2005年第1期。
② 参见王晨光:《从"错案追究制"谈法律运行中的不确定性》,载梁治平编:《法律解释问题》,法律出版社1998年版,第255—256页。

不确定性的客观存在,决定了实体监督的情境性和监督标准的不确定性①,进而架空了审判检察监督权的运行基础。

首先,从审判事务的专业性与检察监督的客观能力之间的关系来看,诚然,民商事案件的专业化和多样化发展可能会给审判检察监督工作的开展提出新的挑战,但这并不构成否定该项制度之正当性和必要性的依据。检察监督权在审判程序领域的运行空间并非不受限制、无孔不入,其在某些领域的有限性甚至无效性恰是划定其运行空间的依据之一,这也是不同类型权力之间职能划分、不同制度之间功能分界的应有之义。其次,从审判的不确定性与检察监督的可行性之间的关系来看,上述观点在相当程度上对该种不确定性进行了片面化的极端夸大,并直接与程序安定性、裁判可预测性的基本精神相悖,将民事审判这一公力救济机制扭曲为不受限制、极端主观性、肆意性和裁量化的专断工具,并以此为由排除一切制约力量的运行空间,这显然既无理论方面的支撑依据,也不符合实践运行的客观状况。

概言之,检察监督权在民事审判程序中的运行,虽然可能会与审判权的独立性和专属性、审判的权威性、司法的终局性以及审判事务的专业性等发生表象上的紧张甚至冲突关系,但在结合审判检察监督权的本质属性对相关质疑的立论基点进行检验之后,可以发现:在合理划定检察监督权的运行范围、科学配置条件控制和过程控制的前提下,其与民事审判权之间并不存在根本性的矛盾,审判权对独立性和专属性的适当要求以及民事审判活动的内在特性,是划定检察监督权在审判程序中运行界域的基准之一;与此同时,审判检察监督权在该界域内的合法运行又是保障审判权依法正确行使的必要方案之一。

(二)民事审判检察监督权与当事人诉权的关系

检察监督权的运行模式以及审判权与诉权之间的密切关联,使得检察机关在行使审判监督权时通常会与诉讼当事人发生直接或间接的关系:一方面,民事诉讼程序的相对封闭性以及民事纠纷的自治性,使得当事人申诉成为了检察机关审判监督的主要信息来源;另一方面,检察机关

---

① 参见彭浩晟、郑金玉:《论我国民事检察监督模式的转换》,载《江西社会科学》2012年第5期。

通过抗诉或检察建议促使法院启动再审程序并纠正错误裁判的行为,在客观上会对当事人实体权利义务的分配产生间接影响。这使得民事审判检察监督权与当事人诉权在不同层面、以不同方式发生着关联,进而体现了国家权力与公民权利、国家和社会公共利益与公民私权益之间错综复杂的关系。在此背景下,厘清检察机关在民事审判程序中与当事人的关系、明晰审判检察监督权与当事人诉权的关系,成为了界定检察监督权在民事审判程序中运行空间的第二项基准。

1. 审判检察监督与处分原则的关系:以第 7 号指导性案例为切入点

审判检察监督原则和处分原则均属于民事诉讼的法定基本原则,前者以宪法赋予的法律监督权为确立依据,后者则是民事实体法中意思自治原则和私权自治理念在程序法中的体现。不同于作为诉讼主体的当事人,检察机关并非程序运行过程中的常态主体,其仅在出现审判权违法行使情形且符合其他法定条件时,才介入民事审判领域来履行公权监督职能,因此通常情况下并不会出现检察监督权与处分权之间的往来或冲突关系。然而,实践中检察机关对审判监督权的行使在绝大多数情形下源于当事人的申诉,这使得检察监督权可能在两种情形下与当事人的处分权发生冲突。

首先,是检察机关审判监督权的启动方式与当事人处分权之间的关系。《民事诉讼法》仅规定了提出抗诉或检察建议的法定情形,但未限定检察监督权的启动方式,此时留有疑问的是:在当事人没有向检察机关提出监督申请但确实存在裁判错误的情形下,检察机关能否依职权进行监督?从理论层面来看,依据处分原则的基本内涵,当事人有权在法定范围内处分自己的民事实体和程序权利,因此是否申请再审、是否提出申诉、程序是否继续等均属于当事人处分权的具体内容。虽然处分权的主要功能在于制衡审判权,但是当检察权介入民事审判程序后也必须遵循该领域的基本原则和本质规律,即受当事人处分权的制约。与此同时,处分权的行使并非不受任何限制,其只有在满足合法性和诚信原则的前提下才能取得预期的法律效果,在某些情况下,当事人对实体权利或程序权利的处分可能会损害国家利益或社会公共利益,此时处分权须让位于国家利益和社会公益的维护。依此原理,在当事人未提出监督申请的情况下,即使存在法定的监督事由,检察机关通常也不应依职权主动行使审判监督权,但如果相关违法情形超出了当事人依法处分的范畴而牵涉国家或社会公共利益时,检察机关可以依职权主动进行监督。值得关注的是,相较于民事诉讼法中对监督事由与启动方式不加区分的规定,《民事诉讼监督规则(试行)》第 41 条在一定程度上体现了上述原理,其中规定了检察机关应当依职权进行监督的三种情形,即:损害国家利益或社会公共利益的;审判人员有贪污受贿、徇私舞弊、枉法裁判等行为的;依照有关规定需要人民检察院跟进监督的。将其中第一种情形作为处分原则的适用例外而纳入依职权监督的事由属于学界共识,但可能存有争议的是,在出现第二种情形但当事人未申诉时,检察机关能否依职权提出抗诉或再审检察建议?笔者认为,需要在区分是否监督与是否抗诉两个概念的基础上对该问题予以回应,当存在枉法裁判等行为但当事人双方均接受裁判结果时,应当尊重当事人的该种选择和处分,检察机关不应在当事人均无异议的情况下主动提出抗诉并打破程序的安定性。换言之,抗诉权的行使因为关涉当事人的实体和程序权益而应受处分原则的制约;此时的不抗诉并不等于不监督,因为移送职务犯罪线索、追诉职务犯罪等不影响当事人权利义务关系的监督方式同样能够实现公权制约的目的。

其次,是当事人对申诉权的处分与审判检察监督的关系问题。实践中,当事人在向检察机关申诉后,可能因为双方达成和解协议或其他考量而放弃了启动再审程序的愿望并要求撤回申诉申请,该种撤回行为可能发生在检察机关对申诉申请进行审查的过程中,也可能发生在检察机关向法院提出抗诉后、法院裁定再审前,还可能发生在法院已经依据检察机关的抗诉裁定再审之后。此时存有疑问的是:当事人申请撤回申诉的行为是否属于依法处分的范畴?检察机关应否受该种处分行为的约束?从理论层面来看,依据处分原则的核心理念,当事人对于是否申诉以及之后的程序是否继续应当享有选择权,但不同于通常程序中的撤回申请行为,当事人对申诉权的处分可能与诉讼制度的其他价值或功能需求发生冲突,进而面临着两方面的质疑:第一,申诉人撤回申诉申请的行为将导致检察机关已经进行甚至已经完成的审查工作付之东流,这是否超越了处分权的合法范畴、是否符合诚信原则和合法原则对处分权行使的限制?第二,如果检察机关进行审查后认为的确存在需要监督的法定情形,此时当事人要求撤回申诉的行为是否会阻碍审判检察监督职能的实现?相关司法解释和实务案例对上述第一项疑问给予了回应,依据2003年5月22日最高人民检察院民事行政检察厅《关于人民检察院办理民事行政案件撤回抗诉的若干意见》第2条和第3条的规定,"检察院向法院提出抗诉后,法院裁定再审前,申诉人书面申请撤回申诉或者确认涉案当事人已达成和解协议并提交该协议,经检察院审查认为涉案当事人达成的和解协议不损害国家、集体和第三人利益的,检察院应当撤回抗诉;法院依据检察机关的抗诉裁定再审之后,申诉人书面申请撤回申诉或者确认涉案当事人已达成和解协议并提交该协议的,检察院不撤回抗诉,由法院依法处理"。此后,2008年《关于适用〈中华人民共和国民事诉讼法〉审判监督程序若干问题的解释》第34条、2015年《民诉解释》第406条第1款和第2款也体现了与上述规定基本相同的思路,即在不损害国家利益、社会公共利益或第三人利益的情形下,申诉人有权在检察机关提出抗诉前、提出抗诉后以及法院裁定再审后撤回申诉申请,该种处分行为对检察院和法院均具有约束力。在此基础上,最高人民法院第7号指导性案例进一步明确了检察机关提出抗诉后申诉人撤回申请的效力问题,依据该案的裁判要点和裁判理由,对于检察院抗诉再审的案件,若再审期间当事人达成和解并履行完毕,或者撤回申诉,且不损害国家和社会公益的,则意味着检察机关抗诉的基础已不存在,案件无按抗诉程序裁定进入再审的必要,"为了尊重和保障当事人在法定范围内对本人合法权利的自由处分权,实现诉讼法律效果与社会效果的统一,促进社会和谐",法院应当裁定终结再审诉讼。①

接下来需要回应上述第二项质疑,即申诉人的处分行为对检察机关的制约是否会削弱其监督职能,尤其是当检察机关对申诉申请审查完毕后发现确实存在提出抗诉的法定事由时。这实际上是国家的监督和纠错需求与公民私权益处分之间关系的体现,该种疑问的形成主要是因为将抗诉与审判检察监督简单等同,认为不抗诉就等于不监督、要监督只能依赖抗诉,进而得出申诉人的处分行为架空了检察机关的审判监督职能、放

---

① 参见《最高人民法院关于发布第二批指导性案例的通知(法〔2012〕172号)》中的"指导案例7号:牡丹江市宏阁建筑安装有限责任公司诉牡丹江市华隆房地产开发有限责任公司、张继增建设工程施工合同纠纷案"的裁判要点和裁判理由。

纵了审判违法行为的结论。实际上，抗诉仅是检察机关实现公权制约职能的手段之一，其最大的特点在于能够推翻原生效裁判的既判力进而对当事人的权利义务关系或法律关系状态造成不同程度的影响，该种影响恰是当事人对之享有处分权的正当性来源，虽然处分行为可能产生终结再审程序的后果，但并不影响检察机关运用抗诉之外的其他不影响个案当事人权利义务关系的方式履行监督职责，例如移送职务犯罪线索、建议法院对相关审判人员给予纪律惩戒等。

概言之，检察监督权在民事审判领域运行的过程中，应当遵守该领域的基本原则和一般规律，当抗诉权与当事人的申诉权发生关联或冲突时，除非涉及国家利益或社会公共利益，否则检察监督权的行使需要受当事人处分权的限制，这是由民事纠纷的本质属性和民事诉讼程序的内在特性所决定的，"由于私人利益的这种支配地位，必须也连贯性地让私人自己决定，是否他想或者不想在法院前实现他的权利，这里表现出私权自治——我们的法律秩序中占统治地位的结构元素——的诉讼方面"①。

2. 审判检察监督与诉讼平等原则的关系

民事审判检察监督权所面临的另一项质疑是其打破了民事诉讼的应然结构、损害了当事人诉讼地位平等的基本原则。该种观点的形成主要是源于未能正确认识审判检察监督权的本质属性以及对权力功能与权力附带后果之间关系的偏误认识。

首先，从检察机关与当事人在民事审判程序中的角色和地位来看，检察机关作为客观中立的监督者，其介入民事审判程序的目的在于运用检察机关的审判监督权来保证民事司法的公正、维护司法的权威和法制的统一②，与案件的诉讼标的乃至裁判结果之间不存在任何利害关系。而当事人作为诉的主体，其参与民事审判程序的目的在于维护自身的合法权益、获得有利于己的裁判结果，是案件中存在争议的法律关系的直接主体，案件的裁判结果将对其民事实体权益产生直接影响。简言之，检察机关在民事审判程序中扮演着司法公正守护者的角色、承载着客观义务，而

---

① 〔德〕奥特马·尧厄尼希：《民事诉讼法》（第27版），周翠译，法律出版社2003年版，第119页。
② 参见杨立新：《民事行政诉讼检察监督与司法公正》，载《法学研究》2000年第4期。

当事人与诉讼标的的直接利害关系决定了其具有明显的自利性倾向。由此可见,那种将检察机关定位为某一方当事人的辅助者进而认为检察权介入审判程序违反了当事人诉讼地位平等原则的观点,显然是未能正确认识审判检察监督权的正当性基础及其与诉讼当事人在审判程序中的地位差异。

其次,从检察监督权的运行目的与其附带后果之间的关系来看,实践中检察机关抗诉权的行使在大多数情况下源于当事人的申诉申请,这使得检察机关在依申诉提出抗诉并且法院再审后予以改判的情形下,可能被看做是申诉人的利益代言人,认为检察机关的抗诉行为破坏了民事诉讼当事人相互间的平等关系、打破了双方平等对抗的诉讼结构,使得申诉方因为获得了检察机关的辅助而拥有了优于对方当事人的"武器"。然而拨开表象来思考上述认识的成因,其偏误之处在于忽视了检察机关行使审判监督权的出发点和根本目的,将检察监督行为的附带结果或反射性利益作为了倒推权力功能的依据,检察机关虽然将当事人申诉作为发现法院裁判错误的主要信息来源,但其进行审判检察监督绝不是为了当事人的利益,更不是向败诉的一方当事人提供额外救济或帮助其实现逆转。① 同案件裁判结果存在直接利害关系的当事人与承载客观监督义务的检察机关,二者在审判监督程序中所追求的目标具有本质差异:当事人申诉的目的是获得有利于己的裁判结果,至于审判活动中是否存在程序违法或实体违法、是否会损害司法权威乃至国家的法治建设,均非当事人的关注点;与此不同,检察机关行使审判检察监督权的目的在于维护司法公正、保障民事法律的正确统一实施。法院依据检察机关的抗诉而启动再审程序并改判,实际上是在外部监督的促使下纠正原裁判的错误、恢复民事司法公正状态的行为。在很多情况下,再审的裁判结果较申诉方更为有利,但该种结果只不过是法律所预设的权利义务分配方案在具体个案中的正确适用,是申诉方当事人本应获得的结果,只是因为之前的裁判错误而导致与申诉方相对的当事人不当得利。

综上,审判检察监督权虽然以审判权作为直接对象,但在运行过程中

---

① 参见李浩:《处分原则与审判监督——对第7号指导性案例的解读》,载《法学评论》2012年第6期。

不可避免地与当事人的诉权发生各种关联,虽然可能会与处分原则和诉讼平等原则等诉权行使的核心保障发生表象上的冲突或背离关系,但通过分析检察机关抗诉权与当事人申诉权之间的关系、检察监督权与民事诉讼基本原则之间的关系、检察机关与当事人在审判程序中的地位和目的差异,可以发现:在满足合法和诚信要求的前提下,审判检察监督权的行使应当遵循处分原则的基本理念;在恪守客观中立义务的前提下,审判检察监督权的行使并不妨碍当事人诉讼地位平等原则的实现。质言之,当事人的依法处分行为和当事人平等对抗的要求,是划定检察监督权在审判程序中运行场域的又一基准。

(三)民事审判检察监督权在审判权制约机制体系中的地位

在分别讨论了检察监督权与审判权、检察监督权与诉权之间的关系后,需要以系统论的视角、从立体维度对民事审判检察监督权的运行空间予以探究。从民事审判程序整体的角度来看,除了检察监督这一外部监督机制外,审判程序系统内部也配置了纵横交错的审判权制约机制,其中包括以诉权与审判权这一核心关系为运行路径的权利制约权力机制以及法院系统内部横向和纵向的自我监督制约机制。以下将分别对民事审判检察监督权与这两类程序内审判权制约机制的关系进行研究,进而厘清检察监督权在审判权制约机制整体系统中的地位和界域。

1. 审判检察监督与权利制约权力机制的关系

如前所述,依照民事诉讼程序的基本假定,保障民事审判程序依法公正运行的主要路径是诉权与审判权之间的相互动态制衡,检察监督权的外力介入是在内部系统失灵情形下的功能替代方案。因此,权利制约权力机制应当是审判权制约机制体系中的核心和主导,审判检察监督与诉权制约审判权机制相互间的关系,是划定审判检察监督权运行空间的另一主要基准。

首先,从两类机制的适用时机和适用顺位来看,主要争议是:诉权主体可否在尚未运用或未充分运用权利制约权力机制的情形下,申请检察机关进行外部监督。对这一问题的回答应当以两类机制各自的属性和正当性来源及其特有优势为依据。从制约权的性质和来源方面来看,审判检察监督属于权力对权力的监督,其来源于宪法赋予的执法监督职能并以程序内制约机制的失灵作为权力行使的客观基础;而诉权对审判权的制约则体现了公民权利与国家权力之间的关系,其来源于民事纠纷的自治性和民事诉讼的处分主义。从两类机制在制约审判权方面的各自优势来看,当事人作为诉讼程序的全程参与者、裁判结果的直接利害关系人,从提起或参加诉讼时起至终局裁判作出时止,均以各种方式与审判权发生着持续性的相互作用关系,这就使得诉权对审判权的制约具有及时性、信息对称性、常态性、便捷高效性、积极性等特点。相较之下,检察机关作为外部的公权力监督主体,既不是案件的诉讼主体也不是裁判结果的利害关系人,加之民事审理程序的相对封闭性,导致检察机关在信息来源、监督动力、监督成本和效率等方面均处于劣势,但检察机关在国家权力结构中的地位以及检察监督权的公权制约属性,使得检察监督行为在法律效力方面具有绝对的优势。也正是这一优势,引发了实践中一些有违两类制约机制应然关系原理的异化现象,例如:一些当事人在一审裁判作出后放弃运用上诉这一权利制约权力的机制,而是待一审裁判生效后向检察机关申诉;一些当事人放弃向法院提出管辖权异议、申请回避、申请复议等常规救济机制,舍近求远的申请检察机关对审判人员的违法行为进行监督;当事人在向法院申请再审的同时向检察机关申诉。上述做法不仅混淆了诉权制约审判权与检察权监督审判权之间的作用界限,也不利于两类机制各自特有优势的发挥,导致审判检察监督权的运行空间不当扩张,因此有必要通过条件控制等方式来厘清两类审判权制约机制的适用范围和顺序。2012年修订《民事诉讼法》时对上述问题给予了有限回应,其中通过增加当事人申请法院再审前置的程序,以期化解实践中当事人多头申请、重复申请的问题;而对于"一审直抗"问题,虽然相关的司法解释给予了一定的限制,但在实践中仍旧缺乏统一性和规范性。①

其次,从两类机制的运行阶段和运行模式来看,此处的主要争议在于,检察机关可否采用与诉权制约审判权的模式相同的监督方式,即可否实行同步监督。持"支持说"的主体认为,应当赋予检察机关以旁听庭审等方式参与审判程序的权力,从而能够及时发现审判权违法行使的情形并予以即时监督,这样一方面可以发挥预防性监督的功能并节约监督成

---

① 参见《检察院民事诉讼监督规则(试行)》第32条的规定;王亚新:《民事审判监督制度整体的程序设计——以《民事诉讼法修正案》为出发点》,载《中国法学》2007年第5期。

本,另一方面可以避免某些难以通过事后监督予以弥补的损害。笔者认为,这一偏误观点的形成主要是因为混淆了诉权制约审判权与检察权监督审判权之间的运行空间,通过以上对两类机制性质和优势的比较分析可以发现,当事人作为诉讼主体所享有的程序参与权和救济权,决定了诉权对审判权的制约具有同步性、即时性等特点,而检察监督权作为功能替代性质的外部监督力量,其法律监督权的本质属性以及与诉权、审判权之间的关系,决定了该种监督的事后性特征。因此,主张同步监督的观点,不仅会造成对当事人处分权的不当限制,更是将检察机关异化为凌驾于审判权之上的准裁判者,背离了审判独立原则的最基本要求。

2. 审判检察监督与法院自我监督的关系

审判检察监督与法院内部的自我监督均属于权力制约权力的机制,二者的主要区别在于前者属于外部监督,而后者属于内部监督。依据监督主体和监督对象的不同,可以将法院的自我监督划分为纵向监督与横向监督、对人监督与对事监督,以下将分别讨论不同类型的自我监督与检察监督的关系。

首先,从法院内部的对事监督与检察机关对事监督的关系来看,立法为二者配置了不同的监督事由。依据《民事诉讼法》第198条的规定,法院再行启动再审或上级法院指令再审的法定事由是判决、裁定、调解书确有错误且需要再审;而检察机关提出抗诉或检察建议的事由则窄于法院自我监督的事由。此处一直存有争议的问题是:如何认识法院自行启动再审与检察机关抗诉的关系?究竟应否赋予法院自行启动再审的权力?① 其次,从法院内部的对人监督与检察机关对人监督的关系来看,2012年新增了检察机关运用检察建议对审判人员在审判程序中的违法行为进行监督的权力,但新设规定的粗疏和抽象导致未能明晰检察机关的该种对人监督与法院内部的人员管理机制、纪律惩戒机制以及指令回避等具体制度之间的关系,可能造成两类机制在适用范围和顺序上的混

---

① 主张取消法院自行启动再审程序的观点请参见:傅郁林:《我国审判监督模式评析与重构》,载《人大研究》2004年第4期;常怡、唐力:《民事再审制度的理性分析》,载《河北法学》2002年第5期;李浩:《民事再审程序改造论》,载《法学研究》2000年第5期;汤维建、季桥龙:《民事再审程序启动机制研究——以检察机关一元化审理申请再审案件模式为中心》,载《山东社会科学》2009年第9期。

乱。再次，从审判检察监督与法院自我监督的转化关系来看，实践中普遍适用并已为新法典所明确规定的再审检察建议制度，具有将外部监督转化为内部监督的功能，该种机制符合两类权力监督权力机制在性质和运行空间上的应然关系，对于协调法院与检察机关之间的关系、维护法院的独立和权威等具有积极意义。

3. 审判检察监督与其他外部制约主体的关系

民事审判权制约机制系统是一个内部制约与外部监督相结合、权力监督权力与权力制约权力相交错的立体关系网络（见图三），检察监督权作为该系统中的外部监督机制，其运行空间、作用范围以及运行模式受到系统内其他机制的影响。检察监督权与审判权之间的关系，决定了检察监督权的运行空间应受审判权独立性、审判权专属性、裁判权威性以及审判活动专业性等内容的限制；检察监督权与当事人诉权之间的关系，决定了检察监督权的运行空间应受处分原则、当事人诉讼地位平等原则的限制；而检察监督权与审判程序内部权利制约权力机制和权力自我监督机制的关系，决定了检察监督权的运行空间应受自组织系统原理和程序自治原理的限制。

总而言之，民事执行程序在核心功能、价值追求和基本原则等方面的特点，不仅使得检察监督权在该领域的运行空间较审判程序有所不同，还决定了民事执行权制约机制系统整体的特质。在这一内部与外部、纵向与横向、权利与权力相交错的立法关系网络中，检察机关属于执行程序外的公权制约力量，其运行空间和运行模式不仅受到执行程序内在规律和民事检察权本质属性的限制，还与执行权制约机制系统中的其他主体和制度相关联。检察监督权与执行权之间的关系，决定了检察监督权应当在尊重执行法院依法裁量权、维护执行效率提升的前提下运行；检察监督与执行程序当事人、利害关系人之间的关系，决定了检察机关通常不应主动介入执行程序，并应尊重执行救济权在适用顺位和适用时机上的优先性；而检察监督权与执行程序内部权利制约权力机制和执行法院自我监督机制的关系，决定了执行检察监督权的运行空间同样应当受自组织系统原理、程序自治原理以及执行效率价值的限制。

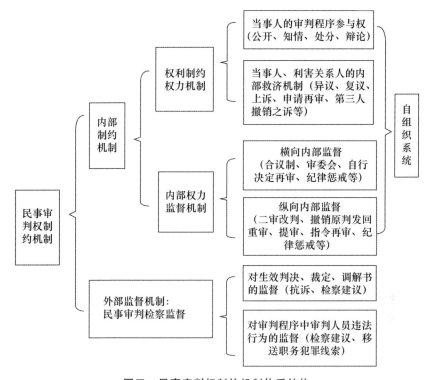

图三　民事审判权制约机制体系结构

二、民事执行检察监督权的运行空间

民事执行检察监督是公权制约型民事检察权的另一种实现方式,为了更加清晰地展示执行检察监督权与审判检察监督权在运行空间上的差异,以下将首先对民事审判程序与民事执行程序之间的异同点进行提炼,在此基础上分别探究执行检察监督权与法院执行权、执行救济权以及执行权制约系统整体之间的关系,从而揭示出民事执行检察监督权的运行空间。

（一）运行空间的个性揭示:执行程序与审判程序的差异

民事司法程序由审判程序与执行程序共同组成,作为司法性质的程序,二者在启动方式上均实行不告不理①;在请求权性质上,裁判请求权

---

① 移送执行的情形除外。

与执行请求权均属于指向法院的公法上的请求权;在程序主体结构上均呈三面关系。除了上述共同点之外,两类程序在性质、功能和基本原则等方面存在诸多差异,进而决定了检察监督权在这两类程序中的不同运行空间。

首先,民事执行程序与审判程序在核心功能和价值侧重上有所不同。审判程序以判定处于争议状态的民事权利义务关系、公平解决双方的纠纷为核心功能;而执行程序则以有效实现生效法律文书中所确认的债权为主要使命,属于非讼程序。与此相对应,审判程序在价值取向上侧重于实体公正和程序公正的实现;而执行程序则侧重于对效率价值的追求。①其次,民事执行程序与审判程序在基本原则上有所差异。不同于以当事人诉讼地位平等、辩论主义、处分原则等作为基本原则的审判程序,执行程序奉行合法原则、职权主义以及执行标的优先原则,进而使得两类程序在运行理念和程序架构等方面均存有不同。再次,民事执行程序与审判程序在主体关系方面有所差异,虽然均呈三面法律关系,但执行法院与被执行人这一面关系的特殊性,不仅成为了审执分立的根本原因,也使得两类程序中法院行使权力的方式、相关主体的程序地位等呈现出明显差别:不同于审判程序中法院的中立性以及与原被告之间关系的平等性,执行法院对被执行人享有单向的强制权,并且在执行申请人启动执行程序后有义务积极主动地强制被执行人履行义务;相较于审判程序中法院的实体性判断,执行法院仅进行形式性判断并且在执行过程中享有较大的裁量权。正如有学者所说,"当事人的不平等、执行人的不中立、执行措施的强制性,才是执行程序的特质"②。此外,法院审判行为与执行行为在发生时间、场所和环境等方面也有明显的不同。③

简而言之,执行程序在核心功能、价值选择、基本原则、主体关系以及权力行使方式等诸多方面的特殊性,决定了检察监督权在该领域的运行空间与在审判程序中有所不同,以下将围绕这些特性来揭示民事执行检察监督权的运行空间和作用界域。

---

① 参见傅郁林:《民事执行权制约体系中的检察权》,载《国家检察官学院学报》2012年第3期;肖建国:《审执关系的基本原理研究》,载《现代法学》2004年第5期。
② 傅郁林:《民事执行权制约体系中的检察权》,载《国家检察官学院学报》2012年第3期。
③ 参见肖建国:《民事强制执行与检察监督》,载《国家检察官学院学报》2013年第1期。

(二)民事执行检察监督权与法院执行权的关系

依据《民事诉讼法》第235条的规定,检察机关有权对民事执行活动实行法律监督,作为公权制约型检察权的实现方式之一,执行检察监督以执行法院作为监督对象,旨在维护民事执行活动的合法公正以及国家权力的公信力。虽然在总体目标上具有一致性,但这种监督与被监督关系的存在使得检察监督权与执行权可能在某些情形下发生紧张或冲突关系,因而有必要结合执行权的内在特性、执行程序的价值目标以及检察监督权的本质属性,对两类权力各自的运行边界以及相互关系予以明晰,同时也为揭示民事执行检察监督权的运行空间提供第一项基准。

1. 执行检察监督权与法院执行裁量权的关系

如前所述,法院的执行权具有单向强制性,该种特征使其相较于审判权具有更大的被滥用的风险,因而需要予以严格限定和规制。借此,执行程序将合法原则作为执行权运行的基本原则之一,要求执行权的启动方式、执行依据、执行主体、执行程序以及具体执行措施等均须满足合法性的要求。① 与此同时,执行程序的非讼性质决定了"大量的执行行为属于事务性工作,非常琐碎、具体"②,这就使得法院在采取财产查找、查封、扣押、冻结等控制性执行措施以及强制拍卖、变卖、以物抵债、分配价款等处分性执行措施时,不可避免地需要依据执行现场的具体情况进行相应的裁量。面对执行权的单向强制性与执行行为的现场裁量性之间的矛盾,必须理性判定检察监督权与执行权之间的作用界限、科学划定执行检察监督权的运行空间,从而确保检察监督权在有效规制执行权滥用行为的同时,不影响执行主体的合法裁量。

上述目标的实现依赖于对检察机关执行监督事由的合理设定,以及对检察监督职能与法院执行裁量权之间关系的理性平衡。具体来说,检察机关应当尊重执行法院的合法裁量权,同时对于那些仅仅存在轻微瑕疵的执行裁量行为,检察机关也不应干预。不同于对审判权的监督标准,检察机关在对执行裁量行为进行监督时,应当遵循针对裁量权行使的特

---

① 执行合法原则的具体体现和主要内容,请参见《民事诉讼法》第228条第1款、第240条、第248条和第250条等。
② 肖建国:《民事执行中的检法关系问题》,载《法学》2009年第3期。

有监督原理,即"不能以裁量者的裁量取代权力享有者的裁量"[1]。依此原理,除非存在滥用执行裁量权的严重情形,否则检察机关不能在假定自己是执行主体的基础上判断法院执行裁量权的行使是否正确或合法,不能以"假定自己是执行官则会如何处理"[2]的这种标准来判定裁量行为的正当与否。

2. 执行检察监督与执行效率的关系

不同于以公正价值作为首要追求的审判程序,执行程序"以快速、及时、不间断地实现生效法律文书中所确认的债权为己任"[3],以效率价值作为自身的最高追求。在此背景下,如何确保检察监督权的介入不会对高效执行目标的实现造成不当妨碍,是划定执行检察监督权的运行空间时所必须考量的内容之一。

首先,从执行检察监督的对象范围与执行效率价值之间的关系来看,需要思考的是,应否将所有的瑕疵执行行为均纳入检察监督的范围?如前所述,执行行为的事务性、繁琐性、具体性等固有特点,使得"一般意义上的瑕疵执行行为在实践中俯拾皆是"[4],如果将这些行为均划入执行检察监督的范畴,不仅会严重损害执行效率价值的实现,还会间接束缚甚至瓜分执行法院的合法裁量权,进而挫伤法院的执行积极性和主动性。因此,有必要借鉴美国上诉审查标准中针对程序瑕疵所提出的"无害错误"(harmless error)概念,将那些并不损害实体公正的一般程序错误排除在检察监督的范围之外[5],主要针对存在重大程序错误的执行行为以及可能损害实体权益的严重瑕疵执行行为进行监督,从而平衡检察监督对公正价值的追求与执行程序对效率价值的追求。此外,有学者建议将消极执行行为作为检察监督的重点,从而避免因为监督错误或过度介入而对执行效率造成损害。[6] 简而言之,"当执行监督满足执行的稳妥性却可能

---

[1] 傅郁林:《民事执行权制约体系中的检察权》,载《国家检察官学院学报》2012年第3期。
[2] 同上。
[3] 肖建国:《审执关系的基本原理研究》,载《现代法学》2004年第5期。
[4] 傅郁林:《民事执行权制约体系中的检察权》,载《国家检察官学院学报》2012年第3期。
[5] 参见傅郁林:《民事执行权制约体系中的检察权》,载《国家检察官学院学报》2012年第3期。
[6] 参见李浩:《目的论视域中的民事执行检察监督对象解读》,载《法商研究》2011年第2期。

使执行的及时性受到根本性负面影响时,及时性应当优先考虑"①。

其次,从执行检察监督的具体措施与执行效率价值之间的关系来看,有待明晰的主要问题是:检察机关行使执行监督权的主要手段有哪些?这些手段和措施对执行法院的拘束力如何?为了兼顾检察监督的有效性与执行活动的高效性,在配置监督手段及其效力时,既要避免拘束力过强、规制范围过广而对执行效率造成不当削弱,又要避免因为过于模糊或弹性而致使监督职能被虚化。在具体规范缺位、实务做法不一的现状②下,针对监督手段及其效力的主要争议有三:一是应否赋予检察机关建议法院暂缓执行的权力;二是在审判监督领域普遍适用的抗诉能否成为执行检察监督的手段之一;三是执行"检察建议"对法院究竟有无强制拘束力。笔者认为,应当在平衡规范执行、纠正违法与保障执行效率和执行力度之间关系的基础上对这些争议予以回应,虽然 2000 年最高人民法院"法释〔2000〕16 号"批复称"人民检察院对人民法院生效民事判决提出暂缓执行的建议没有法律依据",但赋予检察机关该种建议权并不会对执行效率造成不当损害且存在相关的实践需求③;相较之下,抗诉制度在执行程序中应当慎用。④ 此外,为了避免执行检察监督权对执行效率的过度影响、防止监督权异化为准执行权,执行检察建议应当仅具有促使执行主体启动自我审查和及时回复等程序性效力,而不应享有实质性的决定效力。

---

① 傅郁林:《民事执行权制约体系中的检察权》,载《国家检察官学院学报》2012 年第 3 期。
② 从现有规范来看,我国《民事诉讼法》和 2015 年《民诉解释》均未提及执行检察监督的手段,《民诉检察监督规则试行》则将之界定为"检察建议",但没有规定"建议"的具体种类和法律效力等内容;从实践情况来看,检察机关主要是运用建议更换办案人、纠正违法通知、移送职务犯罪线索等方式对法院的执行活动进行监督;从监督手段的效力来看,由于一直缺乏相关的法律依据,导致执行检察监督在不同地方、不同级别检察机关的实际效果有所差异,在很大程度上依赖于法院的单方面意愿以及法检之间的关系状况。
③ 认为应当赋予检察机关暂缓执行建议权的文献,请参见谭秋桂:《民事执行检察监督的对象、方式及其保障》,载《人民检察》2012 年第 21 期。
④ 有学者主张开放检察机关对法院裁定的抗诉制度,参见孙加瑞:《检察机关实施民事执行监督之程序设计》,载《人民检察》2007 年第 13 期;贾一锋、王功杰:《试论民事执行检察监督制度的构建》,载《人民检察》2008 年第 1 期。肖建国老师认为,这些裁定虽然具有裁定书的形式,但实质上仍旧是执行行为,执行程序已经设置了救济程序,因此该批复的限制是正当的,检察机关应当仅有权对那些没有被执行救济覆盖的裁定进行抗诉,但这应当属于例外情形而非常态。参见肖建国:《民事执行中的检法关系问题》,载《法学》2009 年第 3 期,第 101 页脚注部分。

（三）民事执行检察监督权与当事人、利害关系人的关系

执行检察监督的公权制约属性，决定了执行当事人和利害关系人并不属于检察监督权的规制对象，但检察机关的信息不对称以及执行权与当事人、利害关系人之间的密切关联，使得执行检察监督权在一些情形下可能会与执行当事人等主体发生关联：一方面，民事纠纷的私益性和程序的相对封闭性，使得当事人和利害关系人成为了检察机关获得执行违法信息的主要渠道；另一方面，检察机关对执行权的监督与当事人、利害关系人对执行权的制约具有某些形式上的相似性，并折射出国家权力与公民权利、国家和社会公益与公民私权益之间的交错关系。在此背景下，厘清执行检察监督权的启动和运行与执行当事人、利害关系人的关系以及执行检察监督权与执行救济权之间的关系，是划定检察监督权在执行程序中运行空间的第二项基准。

1. 执行检察监督的启动和运行与当事人、利害关系人的关系

首先，从执行检察监督权的启动方式来看，虽然执行法院与被执行人之间的关系具有特殊性即采行职权主义，但执行法院与执行申请人之间、执行申请人与被执行人之间仍旧实行当事人主义。因此，与审判检察监督权的启动方式相类似，通常情况下检察机关仅在当事人或利害关系人提出监督申请时才介入执行程序，但若违法执行行为损害国家利益或社会公共利益，则检察机关有权依职权主动进行监督。依此，可以将执行检察监督权分为两种类型，一种是检察机关依据当事人或利害关系人申请而启动的检察监督，另一种是检察机关基于国家或社会公益而依职权启动的检察监督。需要特别说明的是，这两种类型均属于公权制约性质的监督，无论是否以当事人或利害关系人作为监督信息的来源，检察机关均以是否存在违法执行行为作为是否启动监督的标准，以规制违法执行行为、维护司法公正作为行使监督权的目的，而不是向执行当事人或利害关系人提供救济的主体。

其次，从执行检察监督权的行使过程来看，不同于审判程序中平等享有处分权的原告与被告，在执行程序中，被执行人只有依照执行名义履行债务的义务而不享有与执行申请人进行对抗的筹码，但这并不意味着执行检察监督权一旦启动就不再受申请监督人的制约，如果一方当事人在申请执行检察监督之后又与对方当事人达成了执行和解协议，在不牵涉

国家利益和社会公共利益的前提下，检察机关执行监督权的行使应当受执行当事人合意行为的限制，但这并不妨碍检察机关以不影响当事人债权债务实现的其他方式对违法执行行为进行监督和规制。此外，为了保障执行当事人及利害关系人的知情权等基本权利，执行检察监督程序的运行应当公开和透明，切实保障相关主体的参与权和表达权。

2. 执行检察监督权与执行救济权的关系

执行检察监督，是指检察机关对法院违法或不当行使执行权的行为进行纠正或/和制裁①；执行救济则是执行当事人、利害关系人因法院违法或不当执行而遭受损害时寻求补救的保护方法。② 从表现形式上来看，二者均指向法院的违法或不当执行行为；从客观结果上来看，二者均可能发挥纠错功能；此外，执行救济权的主体通常是检察机关行使执行检察监督权的信息来源。③ 但是，除了这些表象上的相同性或关联性外，执行检察监督与执行救济在正当性来源、权能目的、关系主体以及适用范围等方面均存在本质差异，对这些差异的全面认识是准确界定民事执行检察监督权运行空间的必须前提之一。

首先，从执行检察监督权与执行救济权的正当性依据和性质方面来看，前者来源于宪法赋予检察机关的执法监督职能，是国家专门法律监督机关对法院执行权的公权制约性质的监督，体现了国家权力机构相互间的关系；而后者则来源于相关主体与执行名义或执行标的的直接利害关系，是当事人或利害关系人对法院执行权的权利性约束，体现了公民权利与国家权力之间的关系。其次，从二者的权能目的即出发点来看，执行检察监督以维护司法公正和国家权力的公信力、权威性等作为行使权力的出发点和目标，其自身与执行标的并无任何关联；而执行救济权的主体也即执行当事人和利害关系人，则以保护自身的实体权益和程序权益作为行使权利的出发点和目的，通过在个案中制约或纠正法院的违法执行行为来维护或补救自己的民事权益。再次，从二者的适用范围来看，如前所

---

① 参见傅郁林：《民事执行权制约体系中的检察权》，载《国家检察官学院学报》2012年第3期。
② 孙加瑞：《中国强制执行制度概论》，中国民主出版社1999年版，第309页；参见傅郁林：《民事执行权制约体系中的检察权》，载《国家检察官学院学报》2012年第3期。
③ 参见王亚新：《执行检察监督与执行救济制度构建》，载《中外法学》2009年第1期。

述,执行检察监督作为外部干预主体,应当在尊重法院的合法裁量权、维护执行的效率价值等前提下行使,需以存在严重的程序违法或损害实体权益等作为监督条件,具体包括执行依据违法、执行裁决违法、执行标的违法、执行措施违法和执行程序违法等监督对象。相较之下,执行救济权不仅适用于不合法的执行行为,还适用于不恰当的执行行为①,由针对消极执行行为或违法积极执行行为的程序性执行救济制度和以排除民事执行为目标的债务人异议之诉、第三人异议之诉、参与分配之诉等实体性执行救济制度所共同组成,因而在适用范围上大于执行检察监督权。②

(四)民事执行检察监督权在执行权制约机制体系中的地位

在从平面维度对执行检察监督权与法院执行权、执行检察监督权与执行救济权之间的关系予以分别剖析后,为了更加准确的把握检察监督权在民事执行领域的运行空间,有必要从立体维度将执行检察监督权置于整个执行权制约机制系统中(见"图四"),通过观察其与执行程序内部权利制约权力机制以及权力自我监督机制之间的关系,来揭示划定执行检察监督权运行空间的第三项基准。

1. 执行检察监督与权利制约权力机制之间的关系

权利制约权力机制是执行权内部制约机制体系中的核心分支,由当事人的执行程序参与权和当事人、利害关系人的执行救济权所共同组成,其中执行程序参与权保障了当事人的知情和表达机会,因而能够在执行程序的运行过程中与执行法院进行同步、即时性的双向制约;而执行救济权则使当事人在已经或可能遭受违法执行行为侵害时,能够有效维护自身的权益。执行检察监督与权利制约权力机制均属于民事执行权制约机制体系的成员,但前者属于外部公权力监督力量,而后者则属于内部权利性制约力量,之前已经对二者在本质属性、正当性依据、权能目标、主体关系以及适用范围等方面的差异进行了系统对比,但目前仍存有疑问的是:这两种执行权制约机制之间究竟应当是同步适用关系、前后补充关系抑或选择适用关系?

该疑问的核心在于如何认识执行检察监督与权利制约权力机制在适

---

① 参见肖建国、赵晋山:《民事执行若干疑难问题探讨》,载《法律适用》2005年第6期。
② 参见王亚新:《执行检察监督与执行救济制度构建》,载《中外法学》2009年第1期。

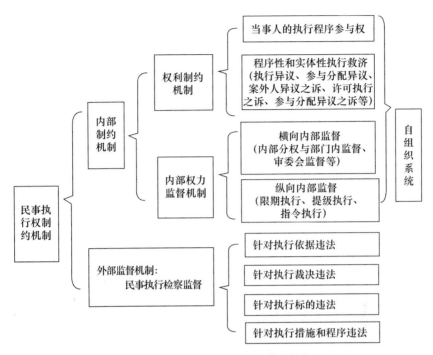

图四　民事执行权制约机制体系结构

用顺位和适用时机方面的关系,对这一问题的回应需要考量两类机制的本质属性、功能定位以及自身能力和优势等因素。首先,从二者的本质属性和功能定位方面来看,执行救济权的主体与执行根据中所确定的权利义务关系或执行标的具有直接利害关系,是执行程序的常态参与者;而检察机关作为外部公权力机关,与执行程序所涉及的相关民事权益无任何关联,其不是执行程序的通常参与主体、更不是执行程序的当事人。其次,从二者的自身优势和客观能力方面来看,当事人等作为执行程序的利害关系人,在出现违法执行情形时能够最先获得相关信息、具有更大的制约动力,并且能够以最符合执行程序运行原理和程序经济原则的方式完成对执行权违法行使行为的制约;而检察机关的信息不对称、动力缺乏以及外部介入的较高成本,使得其作为来自公权力的外部监督主体,应当在程序内权利制约权力机制失灵时发挥后位的、外挂性的辅助和补充功能,以避免越俎代庖、喧宾夺主。此外,程序内部权利性约束机制在适用范围上的优势,进一步论证了其相较于外部监督在适用顺位和程序阶段上的优先性。简而言之,在权利制约权力机制与执行检察监督机制的关系上,应当"前者在前、后者在后"①,以前者作为"优位、内置、本原性、即效性、前置性的权力约束机制";以后者作为"次位、后置、外挂性、高成本、补充性、事后性的权力约束机制"。②

2. 执行检察监督与法院自我监督的关系

除了权利制约权力的路径外,执行权内部制约机制体系中还包括执行法院的横向和纵向自我监督。相较于执行程序参与和执行救济等权利对权力的约束机制,执行权主体的自我监督与检察机关的执行检察监督均属于公权力对公权力的约束机制,所不同的是,前者属于程序内执行权制约机制,而后者则属于外部公权力对执行权的监督,这一差异使得二者之间的关系对于划定执行检察监督权的运行空间具有重要影响。

首先,从两类公权力制约机制的具体内容和运行方式来看,法院内部的执行权制约体系由横向分权机制与纵向监督机制交错而成,其中前者通过执行裁判权与执行实施权的分离、执行实施权的内部分段以及本院权威部门的监督等方式予以实现;后者则依赖于上级法院在执行程序运行过程中、执行行为作出之前或之后所进行的依职权干预。虽然均以违法执行行为作为规制对象、均属于权力对权力的监督、均以维护司法公正作为最终目标,但执行法院与检察机关在执行程序中的权能来源、核心功能和程序地位等方面的差异,使得两类制约机制的运行方式和自身优势有所不同。具体来说,在违法信息的获知能力方面,法院作为程序内主体显然优于检察机关;在权力限度和制约范围方面,依据国家公权力机构之间权限分配的一般原理,法院对本系统内执行事务的制约范围自然广于检察机关这一外部监督主体;在监督的动力和客观性方面,系统内主体的利益关联和"同情感"等因素,可能导致执行法院在自我监督动力以及监督的客观性等方面不及检察监督;在监督的成本和效率方面,法院内部的自我监督可以发挥预防或即时制约等功能,加之其在实际监督能力方面的优势,使得检察机关的外力介入在成本和效率上均处于劣势。其次,从两类公权力制约机制的适用顺位和关系转化来看,无论是法院自我监督

---

① 王亚新:《执行检察监督与执行救济制度构建》,载《中外法学》2009 年第 1 期。
② 傅郁林:《民事执行权制约体系中的检察权》,载《国家检察官学院学报》2012 年第 3 期。

抑或检察机关的外部监督,均须采用契合自身权力属性和民事执行程序特质及规律的运行模式。一方面,执行法院内部制约在监督动力和客观性方面的不足,决定了检察机关需要在此领域发挥一定的补充监督功能;另一方面,执行程序对效率价值的侧重追求、程序的相对封闭性以及执行权与检察监督权的应然界限,决定了检察机关应当最大限度地尊重执行法院的内部自治,并且在发生内部监督失灵的情形时,通过检察建议等路径将外部监督转化为法院的内部监督,从而平衡监督效益与执行效率、外部制约与内部自治之间的关系。而从长远发展的视角来看,法院内部的自我制约和检察机关的外部制约这两类来自公权力的制约机制,均应逐步让位于来自权利的制约机制。

第三节 公权制约型民事检察权的基本准则

"任何社会科学都强调研究经验事实,但同时又重视从经验事实中提出抽象的理论。法学研究者应当具有将问题'概念化'、提出新理论的能力。"[①]在围绕权利与权力、权力与权力、内部与外部、个体与系统之间的关系,对民事审判检察监督权和民事执行检察监督权的运行空间进行了平面与立体相结合的深入探析后,能够从中发现一些有关公权制约型民事检察权的运行规律和行使准则等基本原理性质的内容。对这些基本准则、基本原理的提炼和抽象,不仅能够将零散化、表象性的经验事实上升为具有普适性的理论命题,从而弥补该领域在基础理论研究方面的贫瘠现状;还可以将这些基本原理或准则作为剖析现存问题之内在成因的基准和工具,并为今后的实践优化和规范革新提供总体指引。虽然在运行空间上有所不同,但同属公权制约型权能的审判检察监督与执行监督监督在权力设置的正当性基础、本质属性和功能目标等方面的同质性,决定了二者在运行规律和基本准则等宏观性方面并无本质区别,只不过某些基本原则在两类程序中的具体践行方式和表现样态可能有所不同。鉴于此,为了避免重复和混淆,本部分将在总体上对公权制约型民事检察权两类实现方式的一般规律和基本原理进行一并探讨,同时对可能涉及审判

[①] 陈瑞华:《论法学研究方法》,北京大学出版社 2009 年版,第 3 页。

检察监督或执行检察监督特质的内容进行分类阐释,以期实现从经验到理论的"惊心动魄的跳跃"①。

一、检察权的共通性基本原则

公权制约型民事检察权作为检察权的权能类型之一,在本质上属于法律监督权,因此,除了由民事检察权及其运行空间的特质所决定的特有性基本原理外,检察权整体的一些共通性基本原理和基本准则同样适用于公权制约型民事检察权。结合宪法、组织法和程序法的相关规定以及检察权的性质、功能和运行空间等基本要素,可以将检察权的共通性基本原则归纳为合法性原则和客观公正原则,其中前者属于各种性质和类型的检察权的共有准则,后者属于公权制约型检察权的共有准则。

(一)合法性原则:检察权的共有基本原则

合法性原则又称法定性原则,是行使国家公共权力时所须遵循的最基本的共通性准则,《检察院组织法》第7条将"忠于法律"作为检察机关的活动准则,并在第9条规定了依法独立行使检察权原则。依此,无论是民事检察权抑或刑事、行政检察权,公权制约型检察权抑或社会治理型检察权,均应以合法性原则作为首要的基本原则。

合法性原则要求检察机关在行使检察权时应当符合权限法定、主体法定、对象法定、程序法定、方式法定以及效力法定等条件,具体到公权制约型检察权也即程序法意义上的检察监督权领域,合法性原则体现为依法监督原则,其中包含两个层面的含义:首先,检察机关应当依据法律规定或授予的权能,由具备相应资质的主体按照法定的程序、方式和标准,对法律规定的情形和对象进行监督并产生相应的法定效果,这是狭义合法性原则的具体要求。其次,广义的合法性原则还指检察监督权的行使应当以维护司法的合法性为目标,以审判权和执行权主体及其行为的合法性作为监督对象。之前在讨论执行检察监督权与执行法院依法裁量权之间关系时就体现了这一准则,即检察机关应当仅针对法院执行行为的合法性进行监督,而不应干预合法的自由裁量或并不构成违法的不适当行为。

---

① 陈瑞华:《论法学研究方法》,北京大学出版社2009年版,第28页。

（二）客观公正原则：公权制约型检察权的共有基本原则

客观原则和公正原则是公权制约型民事检察权的另一项共有原则，《检察院组织法》第 7 条将"实事求是、忠于事实真相"作为检察机关的工作准则，同时在第 9 条规定了"对任何公民适用法律一律平等"的原则。依此，无论是在民事抑或刑事、行政领域，只要是发挥执法监督功能的公权制约型检察权均须遵循客观公正原则，但该项原则并不适用于社会治理型民事检察权。

1. 客观原则

客观原则起源于刑事诉讼中检察官的客观义务（objective obligation of the prosecutor），是指检察官作为法律的守护人"必须站在客观的立场上追求案件的事实真相，不偏不倚地全面收集证据、审查案件和进行诉讼的思想、规范和行为"[①]。依据该原则，检察机关作为"世界上最客观的官署"[②]，应当以国家法意志为依归对程序性权利和实体性权利均予以客观保护[③]，并平衡国家和社会利益保护与公民个人权益保护之间的关系，而"不是单纯的犯罪追诉者或者牺牲个人合法权益维护公共利益的监督者"。[④] 由此可见，客观原则和检察官的客观义务同时适用于刑事公诉和刑事诉讼检察监督两类权能，相较之下，客观原则并非社会治理型民事检察权的共有原则，但应当作为公权制约型民事检察权的基本准则之一。

首先，公权制约型民事检察权的本质属性决定了其应当遵循客观原则。客观性和中立性是法律监督权的应有之义，民事诉讼检察监督作为法律监督权的主要践行路径，自然应以客观原则作为权力行使的基本原则之一，以保障检察机关作为监督者的中立性、公正性和不偏不倚，避免检察监督权被恶意利用而异化为缠讼或拖延程序进程的工具。其次，民事审判检察监督权与当事人诉讼地位平等原则之间的关系决定了其应当遵循客观原则，如前所述，检察监督权介入民事审判领域的目的是维护司

[①] 〔德〕约阿希姆·赫尔曼：《德国刑事诉讼法典》，李昌珂译，中国政法大学出版社 1995 年版，第 15 页。转引自龚佳禾：《检察官客观义务研究》，载《湖南社会科学》2007 年第 5 期。

[②] 林钰雄：《检察官论》，法律出版社 2008 年版，第 26 页。

[③] 参见陈瑞华：《诉讼监督制度改革的若干思路》，载《国家检察官学院学报》2009 年第 3 期。

[④] 陈永生、翁怡洁：《检察官客观义务的起源与发展》，载《人民检察》2007 年第 17 期；陈永生：《论检察机关的性质》，载《国家检察官学院学报》2001 年第 2 期。

法公正和民事法律的正确统一适用,检察机关作为承载客观义务的监督者,既不是个案当事人的诉讼代理人也不是某方当事人私权益的救济主体,因此并不违背诉讼平等原则的要求。

2. 公正原则与监督程序公开

公正原则既是检察监督权的行使准则,又是该类权能的行使目标,由实体公正与程序公正两方面内容构成,其中程序公正目标的实现以程序的公开性、透明性和参与性作为必备要素。具体到民事审判检察监督和执行检察监督领域,检察机关对当事人或利害关系人的申诉或其他监督申请的受理、立案、审查和处理过程同样应当遵循公开原则,这一方面可以保障程序主体及其他利害关系人的参与权,另一方面可以避免检察监督权的滥用,同时也与诉讼程序中公开原则的基本精神乃至司法程序的最低标准相契合。

具体来说,第一,民事检察监督的过程应当向当事人、利害关系人等相关主体公开,以保障其知情权和表达权等程序参与权。虽然民事诉讼检察监督不是当事人或利害关系人私权益的救济方案,但是民事纠纷本身的自治性和民事诉讼的处分性等特征,使得检察监督程序从启动时起到结束时止,均可能与当事人的实体或程序权利发生不同程度的关联,这就有必要通过听证等途径来实现审查和监督过程的公开性,进而提升相关主体对监督结果的认可度、确保监督权行使的合法性。第二,民事检察监督的结果应当向当事人、利害关系人和社会公众公开,为了实现这一要求,应当完善和强化民事检察监督文书的说理制度,这一方面有助于当事人等利害关系人理解并接受检察机关的处理方案,另一方面也有助于检察机关与被监督者即法院之间的协调沟通。此外,检察机关为了履行监督职责而使用调查核实权等辅助性措施时,同样需要遵守公开原则的要求,确保相关主体的知情权、参与权和意见表达权。

二、自组织原理与穷尽程序内部制约原则

组织是指系统内的有序结构或这种有序结构的形成过程,依照系统论的观点,"自组织"与他组织相对,是指系统按照相互默契的模式和规则,各尽其责而又协调、自动地形成有序结构,从而在内在机制的驱动下实现从低级向高级、从粗糙向细致、从简单向复杂的发展。通常来说,一

个系统的自组织功能愈强,其保持和产生新功能的能力也就愈强。根据之前对检察监督权与审判权内部制约机制、执行权内部制约机制之间关系的研究,可以发现,民事检察监督权在介入审判程序和执行程序时同样应当遵循自组织原理(Self-Organizing Theory),在出现审判权或执行权违法行使等情形时,应当"依赖于程序系统自身的自组织功能,弱化来自系统之外的环境的压力"[①],尽可能通过程序系统内部的制约机制来完成修复或净化功能,而仅在无法实现程序自足性解决的情形下才可能允许检察监督权这一外部力量介入,以避免他组织损害自组织系统的机制培育和优化发展。依此原理,公权制约型民事检察权在运行过程中应当以穷尽程序内部制约为基本原则,按照从程序内权利性制约到程序内权力性制约再到程序外权力性监督的递进模式,来实现民事司法的公正目标。结合自组织原理和递进性原理,可以将穷尽程序内部制约这一基本原理划分为权利制约权力优先、常规性监督优先和检察监督的事后性与补充性三项分支原则。

(一)权利制约权力优先

回顾之前对民事审判检察监督权与诉权、民事执行检察监督权与执行权之间关系的研究,结合公民权利与国家权力、社会自治与国家干预之间的应然关系,可以提炼出权利制约权力优先[②]这一分支原则。依据该原则,在民事审判程序和执行程序的运行过程中,应当由当事人、利害关系人等最了解相关信息且最具备制约动力的主体,通过行使诉权和执行救济权的方式对法院违法行使权力的行为进行制约,因为"相较于检察监督权而言,市民社会的民主性因素具有更为深刻的合理性和强劲的生命力"[③],这些程序内部的权利性约束机制是最符合民事司法程序运行原理、最有效、最适宜、最经济、最常态化的保障手段。而检察机关作为外部公权力主体,应当尊重权利性约束机制的核心功能和优先地位,仅在权利制约权力机制失灵或缺位的情况下才有条件地介入程序内部进行监督。

具体来说,在审判检察监督与诉权制约审判权机制的关系方面,后者

---

① 傅郁林:《我国审判监督模式评析与重构》,载《人大研究》2004年第4期。
② 参见傅郁林:《我国民事检察权的权能和程序配置》,载《法律科学》2012年第6期。
③ 汤维建:《民事检察监督制度的定位——以民事诉讼法新修改为基准》,载《国家检察官学院学报》2013年第2期。

应是常态和主力,对于审判人员在审判程序中的违法行为,应当通过当事人行使申请回避权、管辖异议权、复议权等方式予以制约,只有当这些机制均失灵的情况下,检察机关才可能依据当事人的申请利用检察建议的方式对审判人员的相关违法行为进行外部监督。对于符合法定再审事由的已经发生法律效力的裁判文书或调解书,应当先由当事人向法院申请再审,只有在申请未获受理或法院消极作为等情形下,才可以进一步申请检察机关进行监督。值得关注的是,2017年修订的《民事诉讼法》在第209条将申请法院再审增设为当事人申请检察机关监督的前置条件,从而体现了权利制约权力优先、程序自足性解决优先等理念。同理,在执行检察监督与执行救济机制的关系方面,应当由执行程序的当事人和利害关系人通过执行程序参与权和各种实体性、程序性执行救济制度,来发挥对法院执行行为合法性与适当性的约束功能,检察监督权仅在执行救济机制缺位或失灵时发挥外部制约作用,从而最大限度地实现程序自足性手段对程序良性化运转的保障和推动作用。

(二)常规性监督优先

依据之前对检察监督与法院内部自我制约机制之间关系的研究,结合国家权力机构之间、检察权与法院审判权和执行权之间的应然关系,可以提炼出常规性监督优先这一分支原则,也即程序内公权力制约机制优先于外部公权制约机制。按照递进性原理以及诉权与审判权、执行救济权与执行权之间的关系原理,在当事人等主体未运用权利性制约机制或者相关机制未能发挥预设功能时,法院内部的横向和纵向制约机制应当发挥自我监督的功能,对于审判权和执行权主体能够通过程序内常规性监督完成的事项,检察机关不应启动审判检察监督或执行检查监督等外部性、高成本、例外性的监督机制,以维护程序内公权力主体的独立性和自治性、契合程序经济原则的要求。

具体来说,在审判检察监督与审判权自我监督机制的关系方面,应当最大限度的尊重和鼓励后者的功能发挥,对于当事人无正当理由放弃上诉权而在裁判生效后转向检察机关申请监督的做法,检察机关不应予以支持,以期通过扩张权利失效的覆盖范围来发挥促使当事人优先启动常规性监督的倒逼功能。此外,考虑到对审判权威和执行权威的维护以及程序效益价值的实现,检察机关应当根据案件的具体情况合理利用检察建议这一协商性的监督手段,发挥该种制度所具有的将外部监督转化为内部监督的特殊功能,从而逐步培育和强化法院自我监督的主动意识以及后续的预防和示范功能。

(三)检察监督的事后性与补充性

依据之前对检察监督权在审判权和执行权制约机制系统整体中的地位的研究,结合法律监督权的本质属性,可以提炼出检察监督的事后性与补充性原则。一方面,事后性是监督权的应有之义①,即只有当出现了法定的监督对象且满足其他相关条件时,监督主体才能行使权力;另一方面,依据自组织理论以及权利制约权力优先、常规性监督优先原则的要求,检察监督作为程序外部的监督力量,在整个审判权和执行权制约机制系统中处于补充性、后置性、例外性的位置。换言之,外部监督不是实现司法公正的治本之术②,越是强化外部监督而忽略对自组织系统的修补和完善,越可能导致司法公正的内部机理无法培育和成熟,因而在平衡检察监督与审判独立、外力介入与内在架构、公权干预与私权自治、程序安定与实体公正之间价值的基础上③,遵循检察监督的事后性和补充性原理是契合民事司法程序运行规律和检察权内在特性的应然结论。

具体来说,在审判检察监督与审判权程序内制约机制体系之间的关系方面,应当始终围绕诉权与审判权这一核心中轴来推动审判程序的合法、公正、高效运行,"民事检察监督的功能应当定位于补充性、辅助性、第二性的地位,是在传统民事诉讼程序缺乏自我矫正的能力,或者丧失自我修复与自净能力之时发挥作用"④。在执行检察监督与执行权程序内制约机制体系之间的关系方面,应当在兼顾执行程序对效率价值之侧重追求的基础上,不断完善和强化执行救济机制的功用,围绕执行权与执行救济权这一核心中轴来推动执行程序的依法高效运行,检察机关不应不分时间和地点的随意介入执行活动,以避免执行程序被恣意中断或难以顺

---

① 参见张卫平:《民事诉讼检察监督实施策略研究》,载《政法论坛》2015年第1期。
② 参见何兵、潘剑锋:《司法之根本:最后的审判抑或最好的审判?——对我国民事再审制度的再审视》,载《比较法研究》2000年第4期。
③ 参见王德玲:《民事抗诉中的法理冲突与协调》,载《法学论坛》2012年第5期。
④ 肖建国:《民事强制执行与检察监督》,载《国家检察官学院学报》2013年第1期。

畅进行①,从而实现规范执行行为、纠正违法违规与不妨碍执行效率的提升、执行力度的加强之间的价值衡平。藉此,那些主张同步监督甚至预防性监督的观点,显然有悖于监督权的本质属性以及检察监督权与民事程序自组织系统的应然关系。

三、谦抑性原理与有限适度监督原则

谦抑性原理来源于刑法领域,是指"刑法应依据一定的规则控制处罚范围与处罚程度,即凡是适用其他法律足以抑制某种违法行为、足以保护合法权益时,就不要将其规定为犯罪;凡是适用较轻的制裁方法足以抑止某种犯罪行为、足以保护合法权益时,就不要规定较重的制裁方法"②。其中包含了刑法的补充性、刑法的不完整性和刑法的宽容性(自由尊重性)三层含义。③ 虽然不同于对公民生命权和自由权等最基本权利具有重要影响的刑罚权和刑事检察权,民事检察权作为一项单独的、典型的以国家强制力为后盾的公权力,其在介入以意思自治、私权自治和处分主义为核心理念的民事领域时,同样存在恪守谦抑性的极强必要,因为检察权自身作为公权力也具有扩张性的本质,需要借助谦抑性原理来避免其背离公权制约的属性而异化为恣意干预法院权力或侵犯公民权益的手段。④ 依此,公权制约型民事检察权在运行过程中应当按照谦抑性原理和监督节制主义的基本要求,实行有限监督和适度监督原则。

(一)权限分界:监督范围的有限性

与谦抑性原理中的不完整性理论相一致,检察监督权的适用范围受国家权力分配及其客观监督能力等要素的限制,一方面,检察机关与法院在国家权力结构中的地位和权限分配关系,决定了检察监督无权覆盖法院权力行使的全过程或全部领域,其仅仅是有限监督而非替代或分割审判权和执行权;另一方面,民事审判活动的专业性以及检察机关人力和物力资源的固有局限,决定了民事检察监督权在客观能力上的有限性。此

---

① 参见王亚新:《执行检察监督问题与执行救济制度构建》,载《中外法学》2009 年第 1 期。
② 张明楷:《论刑法的谦抑性》,载《法商研究》1995 年第 3 期。
③ 参见〔日〕平野龙一编:《现代法 11—现代法与刑罚》,日本岩波书店 1965 年版,第 21—22 页。
④ 参见孙谦:《中国的检察改革》,载《法学研究》2003 年第 6 期。

外,需要再一次强调的是,公权制约型民事检察权的正当性来源和性质定位,决定了其只能以法院作为监督对象,限于法院审判权和执行权的行使,至于当事人的诉讼行为,"无论是与效诉讼行为还是取效诉讼行为,其合法性及程序效果均应接受民事诉讼法的调整或者交由法官判断,不属于检察监督的范围"①。

具体来说,在审判检察监督与审判独立和审判权专属性之间的关系方面,审判权与公权制约性检察权在属性上的差异决定了二者作用范围、运行方式和自身优势的不同,这也是权力机关授权时的分工依据,必须予以尊重和践行,从而确保权力之间的相互独立以及必要时的相互制衡。当审判权运行失灵时,通常能够在自组织系统中通过内部机制解决,当确需外部力量干预时,检察监督权也只能以符合自身性质和职能定位的方式介入,不能超越起码的权力界限而替代或分割了作为监督对象的审判权,也不能为了短期的功利性价值而异化监督主体自身的角色,检察监督权介入审判领域的目的是纠正违法审判行为、促使失范的审判权恢复正常并发挥应有功能,而不是盲目扩张监督范围甚至异化为准裁判者。同理,在执行检察监督与执行权的现场裁量性之间的关系方面,检察监督权应当维护执行效率的提升并恪守自身的监督范围,对于执行法院的依法裁量行为以及轻微执行瑕疵,不应进行干预。

(二) 监督效力的适度性

与监督节制主义和监督范围的有限性原则相关联,检察监督权的行使还需遵循适度性原则,其中主要是指检察监督权在法律效力上的适度性。依据审判检察监督权与独立行使审判权原则的关系、执行检察监督权与执行效率和执行权威的关系,公权制约型民事检察权对法院的实体判断权和终局裁判权不具有当然拘束力。具体来说,民事抗诉虽然具有重启再审程序的当然效力,但在再审程序中是否改变或撤销原生效裁判仍由法院享有实质性决定权;再审检察建议并不具备促使法院启动再审程序的必然效力,但应当明确法院对监督意见的及时审查和回复义务;针对审判人员在审判程序中违法行为的检察建议对法院同样不具有必然的约束力,最终是否纠正相关行为、是否对相关人员进行纪律惩戒,由法院

---

① 肖建国:《民事强制执行与检察监督》,载《国家检察官学院学报》2013 年第 1 期。

享有决定权。同理,在执行检察监督领域,执行效率的至上性以及执行行为本身的主动性和强制性,决定了执行检察建议不应对执行法院具有强制约束力,否则可能将监督异化为命令并使监督者凌驾于被监督者之上。

概言之,在适度监督的理念下,检察监督权应当仅具有程序性效力而无实体处分效力,这既是监督权的应有之义,也是防止监督者自身滥用权力、瓜分被监督者权力的必备装置,那些盲目主张强化检察监督权的法律效力甚至要求赋予检察建议强制拘束力的偏误观点,显然是忽视了适度性原则的要求以及抗诉与检察建议之间的应有差异,可能引发对审判权和执行权的过度干预甚至分割,导致检察建议与抗诉相混同并架空了检察监督机制的多元化格局。

(三)检察监督的被动性

依据之前对审判检察监督权与当事人处分权、执行检察监督与当事人和利害关系人之间关系的讨论,结合谦抑性原理中的自由尊重性和节制主义理论,公权制约型检察监督权的行使应当遵循被动性原则,即依申请启动为原则、依职权监督为例外。

首先,从检察机关与民事诉讼当事人之间的关系来看,审判检察监督权的行使应当受处分原则的制约。一方面,当事人是检察机关审判监督的主要信息来源,实践中绝大多数抗诉或检察建议的提出,多以当事人的监督申请为动因;另一方面,虽然检察机关启动监督权的目的与当事人申请监督的目的有所不同,但抗诉或检察建议的提出会对当事人的实体或程序权益产生不同程度的间接影响,因此对于是否启动审判检察监督程序以及程序是否继续运行,当事人应当在合法的范围内享有处分权。换言之,除非涉及损害国家利益或社会公共利益的情形,审判检察监督权应当依当事人的申请而启动,并且在程序的运行过程中当事人有权撤回监督申请而终结审查程序。其次,从检察机关与执行程序当事人及利害关系人之间的关系来看,虽然在执行法院与被执行人之间实行职权主义,但这一面关系的特殊性并不影响执行当事人之间以及法院与执行申请人之间的当事人主义,因此,与审判检察监督权的启动和运行原理相一致,加之对执行效率价值的偏重维护,在不涉及国家利益和社会公共利益的情形下,执行检察监督同样应当依当事人或利害关系人的申请而启动,并且应当受执行当事人合意的约束。由此可见,实践中一些检察机关为了迎合业绩考核而"主动服务""送法上门"等寻找监督案件的做法①,从根本上背离了民事监督权的基本运行原理。

四、比例原则

比例原则(the principle of proportion)是行政法领域的"帝王条款"②,相关思想源于雅典的立法者梭伦和之后的亚里士多德,梭伦提出了有关限度与过度的思想,主张以正义为目的、以限度作为社会秩序的界限③;亚里士多德则认为"公平就是比例相称"④。在此基础上,德国将比例思想发展成了比例原则理论⑤,用以调整国家活动中目的与手段的关系、国家权力与公民个人权利之间的关系。⑥ 依据该原则的基本内涵,国家在行使权力时应当"妥当、必要、均衡、不过度、符合比例,不得非法侵犯公民的个人权利"⑦。目前,比例原则已经成为了国家公共权力分配和运行的基本准则,是现代法治社会中具有普遍性和根本性的指导原则。⑧依此,公权制约型民事检察权作为国家公权力的实现路径之一,同样应当遵循比例原则的精神内涵,以符合适当性、必要性和均衡性的方式对审判权和执行权进行监督。

(一)检察监督的适当性与必要性原则

作为广义比例原则的两项分支原则,适当性原则(妥当性原则)要求国家以有利于实现法定目标的手段行使权力,不能借此种手段来实现法定应由彼种手段才能实现的目的,也不能利用国家权力谋取私益⑨;必要性原则要求国家在实现某一法定目的时若存在多种可选手段,那么应当

---

① 参见潘剑锋:《从民事审判权谈民事审判方式改革》,载《法学家》2000年第6期。
② 参见陈新民:《行政法学总论》,载《行政法学研究》1998年第1期。
③ 参见郝银钟、席作立:《宪政视角下的比例原则》,载《法商研究》2004年第6期。
④ 参见范剑虹:《欧盟与德国的比例原则——内涵、渊源、适用与在中国的借鉴》,载《浙江大学学报(人文社科版)》2000年第5期。
⑤ 参见陈新民:《德国公法学基础理论(下册)》,山东人民出版社2001年版,第376页;叶俊荣:《论比例原则与行政裁量》,载《宪政时代》1986年第3期。
⑥ 参见王名扬、冯俊波:《论比例原则》,载《时代法学》2005年第4期。
⑦ 郝银钟、席作立:《宪政视角下的比例原则》,载《法商研究》2004年第6期。
⑧ 同上。
⑨ 同上。

选择对公民权利限制最小的手段,因此又称最小侵害原则。① 依据这两项原则的内涵,民事检察监督权的行使应当遵循监督手段与监督目的相适应、监督措施与监督对象相适宜的原理。

首先,在民事审判检察监督领域,应当确保监督事由的配置与审判检察监督权的应然功能相适应、监督手段的配置与监督对象的内容相适应。具体来说,在监督事由的设置上应当严格围绕维护审判的合法性这一目的展开,将严重的程序性违法和法律适用错误作为审判监督的重点,而不应过分介入法院的证据采信和事实认定等本身就具有较强不确定性和主观性的事项。在监督措施的配置上,应当依据监督对象的自身特性来分配抗诉、再审检察建议和其他检察建议的适用情形,确保各项监督手段的特有优势能够得到最大化发挥。此外,依据必要性原则的基本要求,检察机关在进行审判监督时应当优先适用同级监督手段②,以尽可能减少对既判力和既定法律关系的影响。③ 其次,在民事执行检察监督领域,应当确保监督对象与执行检察监督权的应然功能相适应、监督手段与监督对象的特性相适应。具体来说,执行检察监督以维护执行权行使的合法性以及国家权力的公信力为目标,因此在划定监督对象时应当尽量避免对执行效率的不当损害或妨碍,需要在综合考量违法执行行为的严重程序、对相关主体的侵害程序以及程序自足性解决能力等要素的基础上,划定适当的监督对象和具体事由,其中可以将侵犯相关主体基本人权的违法执行行为以及消极执行行为等作为监督重点。④ 在此基础上,依据监督对象的内容和特性配置相适应的监督措施,例如:当监督对象是违法的执行依据时,可以采用抗诉的方式来启动撤销程序;当监督对象是违法的执行裁决时,可以采用督促执行检察建议、纠正违法执行检察通知、暂缓执行检察建议等方式予以监督;当监督对象是违法的执行标的或违法的执行措施时,可以采用检察建议书的方式来促使执行法院予以纠正。此外,为了

---

① 参见范剑虹:《欧盟与德国的比例原则——内涵、渊源、适用与在中国的借鉴》,载《浙江大学学报(人文社会科学版)》2000年第5期;姜世明:《民事程序法之发展与宪法原则》,台湾元照出版公司2003年版,第295—300页。
② 参见汤维建:《民事检察监督制度的定位——以民事诉讼法新修改为基准》,载《国家检察官学院学报》2013年第2期。
③ 参见肖建国:《民事强制执行与检察监督》,载《国家检察官学院学报》2013年第1期。
④ 参见肖建国:《民事执行中的检法关系问题》,载《法学》2009年第3期。

契合必要性原则所体现的最小侵害理念,在执行程序中应当慎用抗诉。

(二)检察监督的均衡性原则

均衡性原则即狭义比例原则,是指国家行使权力时对公民个人权利所造成的损害与其所保护的社会利益之间应保持一定的比例关系。① 依此原理,民事检察监督权在行使的过程中应当有效平衡审判公正价值与程序终局性和安定性价值之间的关系、执行公正价值与执行效率价值之间的关系、实体公正价值与程序公正价值之间的关系,并保证监督成本与监督收益的相称性。

在审判检察监督领域,应当扭转追求绝对真实、有错必纠的理念②,尽可能地维护既判力和程序的稳定性,避免因为过分追求实体公正而将检察机关异化为第二审判者;对于可以通过抗诉之外的不引发程序倒流的方式即可实现监督目标的情形,应当尽量维护程序的终局性。简言之,在平衡审判公正与终局性价值之间的关系时,应遵循司法错误纠正机制服从于司法终局性与正当性的原理。③ 在执行检察监督领域,鉴于执行程序与审判程序在价值选择和侧重上的差异,检察权的运行同样应当契合对执行效率的偏重追求,对于轻微瑕疵或无害错误不予干预,同时审慎运用可能导致程序暂停的监督措施,从而在制约违法执行行为的同时保障债权的及时实现,谋求执行的及时性与稳妥性、合法性之间的衡平。此外,依据成本与收益相称、程序经济等原则,公权制约性民事检察权的行使由于可能引发程序重开或者涉及多重审查和反馈程序,通常需要支出高昂的监督成本,因此应当尽量通过程序内机制、常规性制约机制来矫正审判和执行违法行为;在确需启动检察监督权时,应当确保监督的收益与监督所付出的各类成本相称。

---

① 参见王海燕:《私有财产权限制研究》,华中科技大学 2012 年博士学位论文。
② 参见潘剑锋:《中国民事审判程序体系之科学化革新——对我国民事程序及其相互关系的反思》,载《政法论坛》2012 年第 5 期。
③ 参见傅郁林:《我国审判监督模式评析与重构》,载《人大研究》2004 年第 4 期。

第四章
社会治理型民事检察权

第一节 社会治理型民事检察权的生发原因

社会治理型民事检察权以支持起诉、督促起诉、民事公诉、检调对接以及执行检察协助作为实现方式,在对这五种实现方式的规范情况和实践现状予以总体把握的基础上,有必要回溯其各自的本质成因、尤其是那些自发性实现方式的生发原因,从而为之后有关运行空间、正当性限度和基本原理的研究奠定基础,并为分析现存问题和困惑的根本成因提供线索和思路。依此理路,以下将分别对社会治理型民事检察权五种实现方式的生发原因予以深入探究。

一、检察机关支持起诉的生发原因探究

自1982年《民事诉讼法》试行颁布之时起,支持起诉条款就被规定在总则部分且在之后的三十余年里未予任何改变,在此过程中,针对支持起诉究竟是否属于基本原则[①]、规定该条款是否存在现实必要性等问题存在争议[②],加之条文本身的抽象和粗疏,致使支持起诉在实践中极为少见。[③] 然而近几年来[④],越来越多的检察机关开始尝试支持起诉并且成为

---

① 1991年4月2日在第七届全国人民代表大会第四次会议上王汉斌《关于〈中华人民共和国民事诉讼法(试行)〉(修改草案)的说明》在"一、民事诉讼的基本原则"中并未提及支持起诉。
② 参见蒋集跃、梁玉超:《存在未必合理——支持起诉原则的反思》,载《政治与法律》2004年第5期。
③ 参见何文燕:《调解和支持起诉两项民事诉讼基本原则应否定》,载《法学》1997年第4期。
④ 2003年起,山东、安徽、浙江等地的检察机关便开始了支持起诉的尝试。

了该领域的"主力军",在此背景下,值得思考的是:支持起诉制度为何在沉睡了二十余年之后被"激活"?检察机关支持起诉的根本动因是什么?相较于实体法中规定的承担支持义务的社会团体和组织,作为公权力主体的检察机关为何成为了支持民事起诉的主力?以这些问题为指引,以下将尝试透过表层诱因来揭示检察机关支持起诉的内在成因和根本动因,从而为之后探寻该项制度的运行空间和合理限度奠定基础。

(一)表层诱因:公众需求和特别信赖

如前所述,受原苏联民事诉讼中社会干预理论和公权监护理念的影响,我国《民事诉讼法》规定了以帮助弱势群体通过诉讼方式维护自身合法权益为预设功能的支持起诉制度。从社会客观背景和现实需求方面来看,随着法治发展水平的提升以及公众维权意识的增强,越来越多的公民在民事权益遭受侵害时希望诉诸司法途径予以解决,然而受制于自身主客观因素的限制,加之审判方式改革、诉讼模式改革过程中对当事人主义理念的强调和对法院职权主义的削弱,导致公众在接近司法的实际能力上参差不齐。实践中,民事主体可能因为与对方当事人的资源实力相差过于悬殊、缺乏法律专业知识或经济困境等原因,而产生了寻求支持的迫切需要。此时,检察机关作为国家公权力机构的身份,使得受侵害主体在无法有效行使诉权时更愿意向检察机关求助,这也与我国公民社会欠发达的客观背景以及民众对公权力的依赖传统相吻合。①

在尚未完成国家权力与公民权利之间界限划分的背景下,社会弱势群体的客观需求以及遭受侵害时求助公权力庇护的路径依赖等因素,的确能够在一定程度上为支持起诉实践的从无到有提供解释,然而,这些表象事实仍旧无法回答为何需要借助诉讼程序之外的方案来向民事主体提供支持,更无法解释检察机关为何成为了提供支持的核心主体。鉴于此,以下将以这些表层的经验事实为出发点,来剖析检察机关介入支持起诉的本质成因以及其积极开展实验性尝试的动力来源。

(二)深层成因:功能替代与特殊优势

1. 程序内部倾斜保护或援助制度的失灵

依照诉权保障和诉讼程序建构的一般原理,当遭受侵害并希望获得

---

① 参见韩静茹:《社会治理型民事检察制度初探——实践、规范、理论的交错视角》,载《当代法学》2014年第5期。

司法救济的民事主体因为精神状况、物质条件以及诉讼能力等因素而无力起诉时,应当借助立法中预先配置的倾斜保护装置以及国家和社会的援助制度等内外部路径,来获得接近公力救济的机会。然而,依据结构功能主义理论中的功能替代性理论,这两类方案在我国民事司法领域的缺位或失灵,构成了检察机关介入民事法律关系并向私权益主体提供支持的根本原因。

首先,民事法律关系的平等性、私益性、自治性等特征使得民事诉讼以当事人诉讼地位平等作为基本假定,通过赋予当事人同等的诉讼权利和义务来保障双方在对抗中的"武器平等"。不同于法律规范层面所预设的形式平等,在某些类型的民事纠纷中,双方当事人之间可能存在着严重的实质不平等进而导致弱势一方不敢或无力行使诉权,例如公民个人与企业之间的纠纷、劳动者与用人单位之间的纠纷、老弱病残等社会弱势群体作为受侵害方的纠纷等。为了矫正当事人之间过分的实质不平等、实现司法救济的实质公正,立法机关在制定规范的过程中即配置了一些倾斜保护的装置,具体来说:为了平衡当事人双方在举证能力方面的差距,侵权责任法、劳动合同法等民事实体法规定了举证责任倒置制度,民诉法赋予了当事人在法定情形下申请法院调取证据的权利;为了避免遭受侵害的主体因为经济困难而无法诉诸法院,民诉法规定了诉讼费用减、免、缓制度;为了弥补当事人在文化水平和法律知识等方面的劣势,民诉法规定了特殊情形下的口头起诉以及诉讼代理人制度。与此同时,为了尽可能救助缺乏诉讼能力的弱势群体,国家正在逐步建立和完善法律援助制度。

通常来说,在上述这些倾斜保护机制有效运转的情形下,没有必要再另外设立专门的支持起诉制度,更没有必要由检察机关突破其核心职能而作为支持者来帮助民事主体实现诉权。然而反观我国民事司法的发展现状,一方面,实体法和程序法中内设的倾斜保护制度尚不完善,有的仅仅是宣示性规定而缺乏可操作性,有的因为制度性或非制度性因素而未能发挥预设功能,还有的则完全缺位;另一方面,体系化的法律援助制度尚未建立,现有规范和实践大多集中在刑事诉讼领域,导致依靠法律援助来保障当事人行使民事诉权的愿望落空。在此情形下,承载守法监督职能的检察机关便成为了相关缺位或失灵制度的功能替代物,通过介入民事领域并向弱势一方提供起诉支持的方式,来发挥保障诉权、维护社会民事秩序的功能。换言之,当民事法律规范的内设保障机制和专门的法律援助制度均无法帮助遭受侵害的弱势群体有效行使诉权时,便产生了其他国家力量的介入空间,而检察机关的宪法定位和法律监督权的预设功能,使其成为了可选的功能替代方案。

2. 检察机关的客观优势与隐性功能

程序内部倾斜保护的失灵以及外部援助制度的不健全,虽然可以解释检察机关支持起诉的生发原因,但却没有论证为何检察机关成为了功能替代方案中的最佳选择和实践中的支持主力。鉴于此,有必要结合检察机关在性质和职能方面的特质,来揭示其相较于其他可能提供支持的主体所享有的显性优势和潜在优势。

首先,相较于社会团体和自治组织等主体,检察机关在法律事务以及相关资源方面的优势使其具有更强的支持能力。具体来说,第一,不同于实体法中规定的消费者协会、妇女权益保护组织等负有支持义务的非公权主体,检察机关在法律专业素养和实践经验等方面均更具优势,因而不仅受侵害主体在主观上倾向于申请检察机关提供支持,在客观上检察机关也具有更强的支持能力,能够帮助当事人以最有利的方式提出自身的诉讼请求并增加胜诉的可能性。第二,检察机关在国家权力体系中的位置以及自身的资源优势,有助于帮助欲行使诉权的主体解决"取证难"等诉权行使过程中的核心问题。在许多希望获得支持起诉的案件中,例如劳动纠纷、环境侵权纠纷、消费者权益保护纠纷等,都存在着取证方面的障碍,此时如果向社会自治组织或法律服务机构寻求支持,这些主体自身能力的局限决定了其同样难以克服这些障碍,而检察机关的法律地位及其所享有的制度和手段供给,恰能够有效消解这些问题。

其次,检察机关作为国家法律监督机关的公权身份,使其支持起诉具有破解"立案难"、促成对方当事人和解或调解等潜在功能。一方面,实践中检察机关在支持起诉前通常会与法院进行协商沟通,以避免在缺乏明确法律依据的情况下法院不予认可检察机关的支持起诉行为,这不仅可以帮助当事人解决起诉能力方面的障碍,还间接化解了"立案难"的问题;另一方面,在检察机关决定支持起诉后,自知可能败诉的对方当事人有时会因为检察机关的身份以及其手中所享有的刑事公诉权,而在检察机关介入调查的过程中主动和解并履行义务,或是在诉讼过程中与被支持方当事人达成调解协议。概言之,检察机关的法律地位和职能资源,使其不仅在法律事务处理能力和可用手段等方面优于其他的支持提供主体,还使其具备了化解"立案难""取证难"以及促进诉外解纷或合意解纷的隐性功能,从而成为了功能替代项目中最受青睐的选择。

(三)内外部动因:创新效应与司法政策

除了功能替代的客观需求以及检察机关自身的显性和隐性优势外,仍旧留有疑问的是:面对民事检察领域与日俱增的工作压力和负荷,检察机关为何愿意积极主动地投身到支持起诉的尝试之中?促使其探索该种非传统、非核心制度的动力究竟从何而来?

首先,对工作亮点和创新效应的功利追求,是检察机关支持起诉的根本动因。目前,一些地方的检察机关将支持起诉作为制度创新的突破口和工作成果的亮点之一,笔者在之前对支持起诉的实务运行状况进行调研的过程中发现,很多地方的检察机关都将支持起诉的案件数量作为其年度工作报告的统计内容之一,并通过新闻报道、实务座谈等方式对本单位支持起诉的创新情况进行宣传,以期借助相关的实证数据和典型案例来实现对工作政绩和新闻效应等功利性、形式化目标的追求。与此同时,有的检察机关还将民行检察部门开展支持起诉工作的情况作为绩效考核的指标之一,从而进一步促使相关工作人员积极主动地寻找支持起诉的案源,从而在获得有利于己的考评结果的同时,为本院的工作业绩"添砖加瓦"。其次,社会治理方针和司法政策的推动,是检察机关支持起诉的外部动因。在关注民生、构建和谐社会、加强和创新社会管理等中央政策的指引下,检察机关将支持起诉作为参与社会管理机制创新、实现司法民主目标的途径之一,并通过司法政策性文件以及其他规范性文件①等方式鼓励各地检察机关积极开展支持起诉的工作;与此同时,一些地方的检察机关也制定了有关支持起诉的地方规范或内部规则,这无疑构成了检察机关支持起诉的外部催化力量。

总而言之,检察机关支持起诉实践的出现和发展,一方面源于实体法

---

① 例如,最高人民检察院《关于充分发挥检察职能参与加强和创新社会管理的意见》《关于民事行政检察工作情况的报告》《全国检察机关部分中心城市民事行政检察工作座谈会纪要》。

和程序法内设的倾斜保护机制和社会援助机制的缺位或失灵;另一方面源于检察机关在法律地位、客观能力和资源掌握等方面的特有优势及潜在功能。与此同时,检察机关对工作亮点和创新效应等功利目标的追求、特定时期国家治理战略和司法政策的总体指引以及社会的客观需求,是检察机关支持起诉实践的动力来源和催化因素。

二、民事督促起诉的生发原因探究

民事督促起诉属于社会治理型民事检察权的"自发性"实践方式,自2003年浙江省检察机关率先在丽水地区开展试点工作至今,该项民事检察制度虽然一直缺乏法律位阶的依据,但在许多地方的检察实践中已经普遍存在并发挥了相当的积极功能。在此背景下,有必要深入思考并揭示促使检察机关尝试该种规范外制度的根本原因,从而为之后划定制度的运行空间和适用范围提供依据。

(一)直接诱因:经济体制转型与国有资产流失

在我国社会结构转型和经济体制改革的特殊时期,相关法律规范和实践经验的缺乏以及市场经济运行过程中的负外部性,导致国有资产流失、社会公共利益受损等问题开始出现并呈现出日益严重化的发展态势。具体来说,在国有企业经营体制改革的过程中,出现了将国有资产低价折股或低价出售、借助合同形式侵吞或瓜分国有资产等情况;在国有土地出让、财政专项经费出借等领域,出现了土地出让金长期拖欠、出借经费成为呆账或死账等问题;在环境保护等牵涉社会公共利益的领域,出现了公益遭受侵害而无人主张救济等现象。面对这些问题,负有直接监督或管理职责的主体未能有效履行或怠于履行法定的监管职责,放纵并恶化了国有资产流失和社会公益受损的失管局面。在此背景下,检察机关开始了督促起诉的实验性尝试,通过督促负有管护义务的主体积极行使民事诉权,来实现维护国有资产等国家利益和社会公共利益的目的。换言之,社会转型过程中出现的市场失灵和政府失灵,使得其难以有效规制经济发展过程中出现的一些新问题,从而产生了由检察机关进行督促的客观需求,这恰是督促起诉制度自生自发的直接诱因,检察机关通过干预管护主体怠于行使诉权的行为,间接发挥了维护国家利益和社会公共利益的功能。

(二)深层成因:国有资产监管和社会公益维护机制的缺位或失灵

经济体制转型过程中出现的新问题仅是诱发检察机关尝试督促起诉的表层原因,若想揭示该种制度自生自发的深层成因,需要结合国有资产监管领域市场失灵和政府失灵的根本原因,来探究检察机关为何成为了弥补失灵局面的功能替代方案。

1. 功能替代:市场失灵与政府失灵

首先,我国国有资产监督管理体制的不健全和约束机制的缺位,是检察机关介入并督促相关主体及时行使诉权的内在原因之一。按照国家作用与市场作用的一般原理,当企业改制、国有资产转让、与关联方交易以及资产评估等过程中出现违背市场运行规律并损害国家利益的情况时,可以通过政府的有效监管得以预防和制止,然而这些承载直接管理和维护义务的主体可能因为各种原因而怠于履行其法定职责,导致政府的监管职能被虚化即政府失灵①,于是产生了通过外部力量和机制来督促其及时履行法定作为义务的必要。依据结构功能主义理论中的功能替代原理,当预设的监管主体和监管制度未能发挥应有功能时,即产生了外部力量的介入空间和介入需求,此时检察机关便成为了市场失灵和政府失灵时的功能替代物。

其次,国家所有权与监督管理权的分离以及检察机关的宪政地位,是督促起诉制度成为功能替代方案的结构制约性因素。国家作为一个抽象的主体,其利益的实现和维护需要授权具体的主体进行,因此当国有资产或环境资源等受到侵害时,应由国家授权的特定行政机关或国有单位通过法律赋予的手段来规制违法行为、保护相关权益。然而当这些法定的监管主体未能履行预设职能时,检察机关作为国家法律监督机关所享有的守法监督职能,使其成为了可能的功能替代方案中的最适宜选择。一方面,检察机关在国家权力体系中的地位,决定了当内部机制无法矫治行政失灵问题并产生督促需求时,相较于立法机关和审判机关,检察机关成为了最佳甚至是唯一的干预主体;另一方面,检察权的法律监督属性以及检察机关所享有的追究职务犯罪等刑事检察权,成为了其督促效果的潜

---

① 〔日〕青木昌彦、奥野正宽、冈崎哲二编著:《市场的作用 国家的作用》,林家彬等译,中国发展出版社 2002 年版,第 28 页。

在保障和倒逼机制。①

2. 变通手段:民事公诉的缺位和受阻

除了以维护国有资产等国家利益为目标外,在一些情形下检察机关的督促起诉还发挥着维护社会公共利益的功能。在我国民事公诉机制长期缺位且相关实验性做法受阻的客观背景下,民事督促起诉成为了检察机关发挥社会公益维护职能的变通手段。具体来说,为了规制社会发展过程中出现的损害国家利益或社会公共利益的行为,检察机关早在20世纪末就开始了民事公诉的尝试,1997年河南省方城县检察院为避免国有资产流失办理了全国第一起公益诉讼案件,此后其他一些地方的检察机关也开始了类似的探索并取得了较好的收效。然而,2004年最高人民法院《关于恩施市人民检察院诉张苏文返还国有资产一案的复函》否定了检察机关以原告身份代表国家提起民事诉讼的资格,致使检察机关的民事公诉尝试陷入困境。在此情境下,面对社会实践对公益维护的客观需求,检察机关开始将督促起诉作为民事公诉的替代手段,通过该种变通方式来实现维护国家利益和社会公共利益的目标。

(三) 内外部动因:创新效应与司法政策

除了国有资产监管机制失灵以及公益维护机制的变通需要等内在成因外,检察机关对工作亮点等创新效应的追求以及相关社会政策和司法政策的推动,是督促起诉制度从无到有、从弱到强的主要动因。

首先,与检察机关开展支持起诉工作的内部动因相类似,追求民行检察工作的制度创新和政绩亮点,是促使检察机关依托督促起诉制度而积极介入民事守法监督领域的内在动因。从报纸、杂志、新闻等媒介有关民事检察的报道来看,很多都是以督促起诉的成功案例作为素材来源并进行大力宣传;从各地检察机关的年度工作报告来看,很多地方都将督促起诉的案件数量尤其是避免国有资产流失的具体数额作为统计内容之一,以彰显民事检察工作的实际收效。因此,对机制创新、工作亮点以及新闻效应等功利目标的追求,构成了检察机关督促起诉的核心动力来源。

其次,社会转型时期的国家治理方针以及相关司法政策的回应,是检

---

① 参见刘加良:《解释论视野中的民事督促起诉》,载《法学评论》2013年第4期。

察机关督促起诉制度的外部催化因素。面对经济体制转轨过程中所出现的新问题,国家提出了依法保护国有资产、参与和推动社会管理创新等方针政策,为了回应相关的国家政策,最高人民检察院在2000年时就提出了"强化检察职能、保护国有资产"的目标,并在第一次全国检察机关民事行政检察工作会议上对《关于强化检察职能依法保护国有资产的通知》进行了讨论。① 与此同时,不同于法院对检察机关维护国家利益和社会公共利益之主体资格的否定或消极态度,检察机关在工作报告以及司法政策性文件②中均鼓励各地民行检察部门通过督促起诉等方式积极参与社会管理机制创新,履行检察机关的社会责任。这些关涉社会治理方针和检察工作政策的环境因素,无疑为督促起诉制度的实验性起步和持续发展提供了外部动力。

概言之,国家社会体制转型和经济体制转轨过程中出现的国有资产流失、社会公益受损等问题,是检察机关督促起诉尝试的生发背景;国有资产监督管理机制不健全、负有直接监督和管护义务的主体怠于行使诉权等失灵现象,是检察机关介入并督促起诉的根本原因;法律监督权所承载的守法监督职能以及检察机关在国家权力机构体系中的地位,使得督促起诉成为了市场失灵和政府失灵时的最佳功能替代方案;而对创新效益和工作业绩等功利目标的追求以及相关国家政策和司法政策的出台,则为检察机关督促起诉制度的生发提供了内部和外部的助推力。

三、检察机关提起民事公益诉讼的原因探究

相较于支持起诉和督促起诉,检察机关直接提起民事公益诉讼的实践虽然出现时间较早,但法律依据的缺乏以及法检之间认识的不一致,导致该种社会治理型民事检察制度的发展历程较为曲折,因而在适用频率、试点范围和案件数量上均较为有限。2012年对民事公益诉讼制度的法典化确立,虽然没有明确规定检察机关提起民事公益诉讼的主体资格,但

---

① 郭洪平:《最高人民检察院要求强化检察职能 保护国有资产》,载《检察日报》2001年3月26日。

② 最高人民检察院2011年10月8日通过的《关于充分发挥检察职能参与加强和创新社会管理的意见》第6条,提出"完善和规范督促起诉、支持起诉等工作,促进有关社会管理主体依法履行管理职能,促进社会管理依法有序进行"。

无疑为实验性尝试向制度化发展提供了契机。结合2015年7月至2017年7月为期两年的检察机关提起公益诉讼试点工作的经验,2017年专门修订《民事诉讼法》,在第55条增加1款明确了检察机关提起民事公益诉讼的权能。然而,在法典规定极为抽象且缺乏实体法授权的规范现状下,有必要结合之前的实证案例和实务数据对检察机关提起民事公益诉讼的内在原因进行探析,从而为理性分析民事公诉的运行空间和适用范围奠定基础。

(一)生发原因之一:社会客观需求与功能替代优势

1. 背景因素:社会发展与干预需要

在制定1982年《民事诉讼法》试行的过程中,曾经将检察机关提起民事公诉的制度写入了草案,并在草案的第六稿中进行了较为详细的规定,然而由于检察机关内部的认识分歧和观点争议,相关条款最终被取消,当时检察系统内部"反对论"的主要理由是检察机关缺乏民事公诉的经验和客观精力,并且提起诉讼与法律监督是两种性质不同的问题。此时留有疑问的是:检察机关为何在民事公诉制度能够获得法典化认可时不愿承担相关职能,却在之后的实践中以超越法律明确规定的方式主动开展民事公诉的尝试?

笔者认为,该种"自相矛盾"现象的出现主要源于两方面因素:一是社会发展情况和客观需求的变化。不同于20世纪80年代社会民事活动的欠发达状况,随着改革开放的不断深入和市场经济体制的逐步确立,民商事交往呈现出多样化、复杂化、新颖化等特征,环境污染、大规模消费者侵权、恶意串通私分国有资产等超越私权益范畴的新型民事纠纷开始出现,这使得国家利益和社会公益在遭受损害时常常面临无人救济的困境,进而产生了国家干预的强烈需求。作为国家的公权力机构之一,检察机关自然受到了该种需求变化的影响,尤其是那些涉及国有资产流失和减损的案件,更是催生了检察机关提起民事公诉的愿望[①],这与督促起诉制度

---

① 在该阶段检察机关提起民事公诉的案件类型大多涉及国有资产保护,例如1997年河南省方城县人民检察院提起的全国第一起民事公诉案件;2001年南充市嘉陵区三合乡人民政府未经国有资产评估并且未经国有资产管理部门批准擅自出卖公房,嘉陵区人民检察院对买卖双方提起诉讼;2002年,山西省人民法院审结了两起由检察院提起的民事诉讼,一例是河津市中医院未经市国有资产管理局的同意评估而擅自转让办公用房及设施,为保护国有财产,检察院积极主动代表国家提起诉讼;另一例是国有企业乡宁县煤运公司在代替被保证人履行债务之后,怠于行使对被保证人的追偿权,检察院为追回国有的财产而提起诉讼。2001年四川省德阳市中江县在与法院统一认识后,对中国人民银行中江县支行与中江县回龙镇居民陈某之间签订的房屋买卖合同的行为提起诉讼,请求确认合同无效。

的生发原因具有部分的相似性。二是民事检察工作发展水平的进步和理念的转变。不同于制定试行法典时民事检察工作在规范、实践和经验等方面的弱势状况,民事检察工作在20世纪末逐渐步入正轨并进入了快速发展阶段,这一方面使其能够在实践中逐渐走向成熟并积累了相对丰富的经验,从而具备了在履行执法监督职能的同时介入社会民事活动进行守法监督的余力;另一方面,也促使检察机关对自身在民事领域的功能定位有了新认识,一些实务界人士开始认可检察机关作为国家利益和社会公共利益代表的身份。简言之,社会转型所带来的需求变化以及民事检察工作自身的能力进步,是检察机关尝试提起民事公诉的深层背景。

2. 内在成因:相关制度失灵或缺位时的功能替代优势

从应然层面来说,当民事活动对国家利益或社会公共利益造成损害时,应当由遭受侵害的直接主体或是直接承载社会治理和公益维护职能的行政机关予以救济和规制,然而社会公共利益的固有特性、相关主体的自身局限以及法律规范的缺失等因素,导致常规的民事公益维护机制失灵或缺位,此时便产生了外部其他力量介入的空间和需求。而检察机关作为国家法律监督机关的宪政地位以及其自身在法律事务等方面的客观优势,使得民事公诉成为了相关制度失灵时的最佳功能替代物。

首先,行政机关在维护国家利益和社会公共利益领域的失灵,是民事公诉制度成为替代性机制的内在成因之一。民商事主体的自利性和对经济利益的最大化追求,使得其相关活动可能产生负外部性进而损害了国家或社会公共利益,在此情形下,行政机关作为社会治理的首位主体应当通过行政手段或提起诉讼等方式来矫正市场失灵的不良后果。然而遗憾的是,行政机关对自身职能定位的错位使其可能与市场中的不当逐利者形成某种意义上的勾连,进而由于身处利害关系之中而缺乏监管的动力,此时检察机关作为客观中立的外部主体,显然比行政机关更适宜承担维护国家利益和社会公益的职责。

其次,私权益主体以及社会自治组织在公益维护能力方面的弱势现状,是检察机关提起民事公诉的另一原因。在涉及社会公共利益的环境侵权或消费者侵权等类型的民事纠纷中,存在着数量众多且难以确定的直接受害主体,这些主体可能因为自身的能力局限或其他考量而不愿提起私益诉讼;还有一些情形下,社会主体对公共资源的"搭便车"心理引发了公益受损时无人救济的"公地悲剧"。在上述两种情况中,私益主体和社会自治组织的力量薄弱以及公益诉讼法律制度的长期缺位,使其无法发挥有效维护社会公益的应然功能,因而产生了功能替代的客观需求。此时检察机关作为承载守法监督职能的主体,可以利用自身在调查取证和法律专业素养等方面的优势,消解私益主体和社会组织的救济失灵困境。此外,检察机关的公权力身份,有时还能够发挥促使公益侵害主体自觉承担责任或是达成和解或调解的潜在功能。

(二)生发原因之二:功利性目标与司法政策导向

除了社会发展状况的推动以及功能替代的客观需求之外,检察机关对某些功利性目标的追求是其积极开展民事公诉实践的核心动力来源。结合之前对民事公诉实证案例的分析结果可以发现,现阶段检察机关提起民事公益诉讼大多并非源于其对自身角色和使命定位等内在理念方面的更新,而是在相当程度上与追求政绩和声誉、发展创新和亮点工作、回应政府政策和社会热点事件等功利目的相关联,这虽然会减损检察机关在公益维护领域的应然功能,但却在客观上构成了检察机关积极尝试民事公诉的内部动力源。[①] 此外,国家的政治形势、治理策略和检察机关的相关政策为民事公诉制度的生发提供了外部助力。国务院 2006 年发布的《关于落实科学发展观加强环境保护的决定》在第 19 条提出了"研究建立环境民事和行政公诉制度"的倡导,这是在最高法否定检察机关民事公诉主体资格之后官方文件中首次提及民事公诉制度,也是决策层对该制度的首次明确鼓励和认可。与此同时,为了回应"践行科学发展观"、"参与社会管理创新"等国家治理战略,最高检察院通过发布司法政策性文件、召开座谈会等方式积极鼓励检察机关开展民事公诉的实验探索,从而进一步提升了各地检察机关进行功利性尝试的动力。

概言之,社会经济发展和体制转型所引发的新问题和新需求,是检察机关开始涉足民事公诉的客观背景和直接诱因;政府失灵以及私益主体和社会自治组织的弱势现状,是检察机关借助自身优势发挥功能替代角

[①] 参见刘加良:《解释论视野中的民事督促起诉》,载《法学评论》2013 年第 4 期;韩静茹:《社会治理型民事检察制度初探——实践、规范、理论的交错视角》,载《当代法学》2014 年第 5 期。

色的内在成因;对工作政绩、创新亮点等功利目标的实用主义追求,是检察机关突破现有规范进行制度外尝试的关键动力;而国家政策和司法政策的鼓励和推动,则为民事公诉制度的生发提供了有益的外部环境。

四、民事检调对接的生发原因探究

"检调对接"同样属于社会治理型民事检察权的"自发性"实现方式,不同于以弱势群体保护为目的的支持起诉,亦不同于以保护国家利益或社会公共利益为目的的督促起诉和民事公诉,民事检调对接以化解社会矛盾纠纷、息诉罢访为目标。在对该种制度的正当性以及运行限度进行分析前,有必要首先了解其生发的内在原因。

(一)表层诱因:"大调解"等司法政策的施行

近年来对民事调解的强化、"大调解"格局的提出和构建以及司法政策领域对服判息诉、建构和谐社会、加强社会管理机制创新等目标的追求,促使检察机关开始通过制度"嫁接"的方式,将调解这一本应适用于矛盾解决过程中的手段后置于生效裁判作出后的特殊程序即审判监督程序中。① 虽然一直没有法律位阶的依据且在 2012 年和 2017 年修法时仍旧未获认可,但近年来的一些司法解释和司法政策性文件对该制度给予了肯定和鼓励,这些外部的促动因素及其所提供的良好的发展环境,是民事检调对接制度得以生发并不断强化的直接原因。

具体来说,2010 年 2 月 5 日最高人民检察院在《关于深入推进社会矛盾化解、社会管理创新、公正廉洁执法的实施意见》的第 8 条明确提出要"建立健全检调对接机制",要求依托"大调解"工作体系来化解社会矛盾纠纷,对民事申诉案件积极支持和配合有关部门做好调解工作,并努力促成当事人和解,这与实践中存在的"外部对接模式"和"内部对接模式"相一致。在此基础上,"两高"《关于对民事审判活动与行政诉讼实行法律监督的若干意见(试行)》第 12 条以及最高人民检察院《关于加强人民检察院基层建设促进公正执法工作情况的报告》《"十二五"时期检察工作发

---

① 参见潘剑锋、刘哲玮:《论法院调解与纠纷解决之关系——从构建和谐社会的角度展开》,载《比较法研究》2010 年第 4 期;参见韩静茹:《社会治理型民事检察制度初探——实践、规范、理论的交错视角》,载《当代法学》2014 年第 5 期。

展规划纲要》第 25 条、《关于充分发挥检察职能参与加强和创新社会管理的意见》第 10 条中均对民事检调对接问题进行了倡导性规定;而 2012 年修订的《民事诉讼法》正式施行后,最高人民检察院在 2013 年出台的《民事诉讼监督规则(试行)》的第 55 条也对检察和解进行了规定。

(二)内在成因:息诉罢访与绩效考评

司法政策的鼓励和司法解释的认可式回应,仅仅是为检调对接制度的生发提供了外部动因和环境支持,然而这些表层诱因不足以解释为何检察机关会将诸种外部倡导内化为实践中越来越常用的工作机制,因此有必要拨开表象来探寻该种制度的内在成因。

首先,检察机关承担的息诉罢访任务以及公众对绝对真实的固执追求,是检调对接制度得以生发的内在原因之一。在一些申诉案件中,法院的裁判并不存在瑕疵,而是因为当事人自身的原因导致举证不利、失权等后果,进而使得裁判结果可能不符合客观真实。在这些情况的案件中,当事人缺乏对法律真实和程序公正的内在认同而是不遗余力的追求客观真实,使得其极可能不断申诉甚至转化为涉检信访,在此情形下,检察机关为了息诉罢访、避免群体性事件而越位成为了实体纠纷的解决主体,以期借助检调对接来平息申诉人的不满情绪。这不仅导致诉讼这一公力救济机制的实际运行结果被否定和推翻,也充分反映了检调对接机制在生发原因方面所带有的明显的功利性色彩,其"主要目的就在于从根本上实现矛盾纠纷的真正解决"①,进而避免检察机关自身因缠访或群体性事件而陷入风险和责任等困境之中。

其次,民行检察工作的绩效考评制度和制度创新需求是检察机关积极运用检调对接机制的内在动力。从民事检察权的内外部关系来看,司法公信力的衰弱现状导致申诉上访现象持续频发,检察机关作为启动再审程序的"便利"主体之一,不仅面临着来自申诉当事人的压力,还面临着检察机关内部考核指标的制约。抗诉率、抗改率、息诉率、群体性事件发生率等数据的存在和相对应的指标设置,在相当程度上迫使检察机关利用和解、调解等更为柔性化的方式解决申诉案件,从而尽可能弱化当事人

---

① 汤维建、徐全兵:《检调对接机制研究——以民事诉讼为视角》,载《河南社会科学》2012 年第 3 期。

之间、申诉人与检察机关之间、检察机关与法院之间的对抗关系①;同时也降低了考核结果对己不利的风险,因为在申诉审查环节达成和解的案件以及抗诉后再审时调解结案的案件,均有利于"美化"民事检察工作的考核结果。值得特别关注的是,我国《民事诉讼法》第209条对当事人申请检察监督之前置条件的设置,极可能因为将检察机关置于矛盾解决的末端而进一步刺激或迫使其借助检调对接这一异化、错位的制度来分流自身的压力、减少可能的责任承担。此外,与前述三种社会治理型民事检察制度的生发原因相类似,一些检察机关对工作亮点、创新成果等形式化政绩目标的追求,也构成了检调对接制度的催化剂之一。

五、民事执行检察协助的生发原因探究

相较于其他四种在实践中运用较为频繁的公权制约型民事检察制度,民事执行检察协助的适用范围和适用频率较低,且与此相关的司法解释或司法政策性文件也相对较少,但随着社会治理型民事检察权的不断发展以及强制执行法的单独立法,该种制度可能具有拓展的空间。为了能够准确合理地划定检察机关执行协助的适用范围,需要首先明晰该种工作方式的内在成因。

(一)"执行难"顽疾与外部协助需要

不同于作为公权制约型民事检察权之实现方式的民事执行检察监督,在执行检察协助领域,检察机关与执行法院之间呈支持和协作关系,而非监督与被监督的关系。与以"执行乱"问题为直接诱因的执行检察监督制度恰相反,执行检察协助的生发源于"执行难"问题的长期困扰和不断加剧。一方面,执行体制的缺陷、资源和人力配备的不足以及社会信用体系的缺位,导致执行法院长期处于心有余而力不足的尴尬境地;另一方面,不同类型的被执行人借助各式各样、不断更新的手段非法阻碍执行活动的顺利开展,致使执行法院在面对各种情形的内部或外部干预时无能为力。

在此背景下,相较于其他的执行协助义务主体,检察机关对于解决某

---

① 参见韩静茹:《社会治理型民事检察制度初探——实践、规范、理论的交错视角》,载《当代法学》2014年第5期。

些类型的"执行难"问题具有特殊的协助优势,具体来说:一是国家机关等特殊主体作为被执行人时的"执行难"问题。①在该种情形下,法院的法律地位和政治地位使其在执行过程中力不从心②,且常见类型的执行协助义务主体无力消解该类强势被执行人的不当干预,因此产生了对检察机关介入的需求。从法院和检察机关的宪法定位来看,虽然二者均属于人大监督领导下的平行的二级国家机关,检察机关并不享有比审判机关更高的地位,但其所享有的职务犯罪自侦权和公诉权等刑事检察权能,使其对特殊类型的执行干预主体具有潜在的威慑功能。由检察机关向这些强势被执行人发出检察建议,能够在相当程度上帮助法院抵御和排除对执行活动的不当干预。二是某些非公权主体作为被执行人时的"执行难"问题。在该种情形下,检察机关相较于其他执行协助主体所具有的公权力身份,可能间接发挥着协助执行的功能。具体来说,实践中法院在处理一些"难办"的执行案件时,会邀请检察机关向执行当事人、其他参与人进行解释和说服工作,缓解被执行人或相关参与人的抵触情绪,对试图抗拒执行的当事人形成威慑效应,从而预防或抑制可能发生的暴力抗拒执行行为。简言之,检察机关的公权力身份及其所享有的刑事检察权,使其在民事执行领域具备了特殊的协助优势,不同于其他类型的协助执行人所发挥的实现产权转移、防止财产被执行义务人转移等功能,公权制约型民事检察权对执行领域的介入,能够发挥消解外部强势干预、威慑抗拒执行行为等特有功能,从而构成了民事执行检察协助制度的根本成因。

(二)法检关系的理念更新与功能定位的混同

除了具备特有的协助能力外,一些理念和认识方面的因素也为执行检察协助制度的生发提供了动力。首先,从对法院与检察院之间关系认识的发展变化来看,随着公权制约型检察权的逐渐成熟和社会治理型民事检察制度的自生自发,法检之间的关系不再局限于之前的单向监督模式,而是开始融入协作主义、合作主义等新的理念,检察机关在一些法律

---

① 最高人民法院、最高人民检察院《关于在部分地方开展民事执行活动法律监督试点工作的通知》第 5 条规定:"对于国家机关等特殊主体为被执行人的执行案件,人民法院因不当干预难以执行的,人民检察院应当向相关国家机关等提出检察建议。"

② 参见陈瑞华:《公检法关系及其基本思路亟待调整》,载《同舟共进》2013 年第 9 期。

规范性文件中提出了"监督和支持人民法院依法行使审判权和执行权"①的目标,以期"正确处理好监督与支持、监督与配合、监督与制约的关系"②。该种从监督与被监督的"一元化"关系模式向监督与支持相结合的"二元化"关系模式的转变,不仅反映出了法检之间关系的新理念,同时也为执行检察协助的生发提供了观念上的指引和推动,并为相关研究提供了新的视角。

其次,执行检察协助的生发还与实务部门对民事检察权能类型的混淆相关联。由于未能明确区分公权制约型权能与社会治理型权能的性质差异,致使很多地方的检察机关将执行检察监督与执行检察协助相混淆,将本应归入执行协助的内容也视为执行检察监督的实现方式,将针对执行法院和执行义务人的干预行为不加区分的统称为"执行检察监督"。在此情境下,检察机关在积极开展民事执行检察监督工作的过程中,实际上有相当一部分实践属于执行协助而非公权制约性质的执行监督,但该种将执行义务人作为执行检察监督对象的混淆和偏误认识,在客观上促进了执行检察协助的开展。

第二节 社会治理型民事检察权的运行空间

所谓社会治理型民事检察权的运行空间,是指该类权能的适用范围和作用界域,作为以守法监督职能为正当性来源、以某些民事违法行为作为干预对象的权能类型,其运行空间与公权制约型民事检察权存在着本质差异,并且由于需要同时协调检察机关与守法监督对象之间的关系和检察机关与其他社会治理主体之间的关系,而使得该类权能的关系网络更为复杂。以下将以社会治理型民事检察权的本质属性和功能定位为出发点、以该类权能的五种实现方式为分析对象,通过探究检察机关与民事主体之间的关系、检察机关与法院之间的关系、权利与权力以及权力与权力之间的关系、私人利益与国家和社会公益之间的关系等,来尝试厘清社会治理型民事检察权的运行空间和适用限度,同时对五种民事检察制度、

---

① 《人民检察院民事诉讼监督规则(试行)》第4条。
② 《"十二五"时期检察工作发展规划纲要》第23条。

尤其是自发性制度的正当性进行评估，从而为之后提炼该类权能的基本原理和运行准则提供依据。

一、检察机关支持起诉的运行空间

检察机关支持起诉与民事主体诉权、法院审判权以及相类似制度的关系，是划定该类社会治理型民事检察制度运行空间的核心要素。通过对检察机关支持起诉与处分原则、诉讼平等原则、审判权独立行使原则等民事程序基本原则的关系进行剖析，能够从立体维度依托权利与权力、权力与权力的关系坐标来划定该类制度的运行界域；通过对检察机关支持起诉与立案监督、法律援助、诉讼代理、参与诉讼等制度的关系进行辨析，能够从平面维度判定检察权在该领域的功能限度，从而为之后评估现有实践的正当性、提炼制度运行的基本原理以及探寻现存问题的矫治方案提供基准。

（一）检察机关支持起诉与当事人诉权的关系

不同于实行国家追诉主义的刑事诉讼，民事诉讼以处分主义和当事人诉讼地位平等作为核心理念，从而与民事实体法领域的意思自治、主体平等理念相呼应，这就使得检察机关的支持起诉必然面临着侵犯私权主体诉权行使、打破诉讼当事人之间平等关系等质疑。对这些质疑的甄别和回应，既能够检验该种民事检察制度的正当性程度，也能够揭示该类制度的应然适用范围。

1. 检察机关支持起诉与处分原则的关系

民事诉讼以"不告不理"为核心特征，这不仅制约着民事诉讼程序的启动和法院审判权的行使，同时也排除了其他主体对涉纷当事人自由选择纠纷解决方式的干预。依此原理，无论是检察机关抑或其他权力或权利主体，均无权在纠纷当事人不愿行使诉权的情况下迫使或代替其行使诉权。与此不同，支持起诉制度的预设功能在于帮助那些遭受侵害并希望诉诸司法的社会弱势群体顺利启动诉讼程序，其中当事人的起诉意愿和对弱势群体的倾斜保护，是检察机关支持起诉的正当性基础。换言之，当处于弱势的民事主体具有起诉意愿并申请检察机关提供支持时，检察机关的支持起诉行为与处分原则的具体要求并不冲突，但实践中一些检察机关主动寻找支持起诉案源甚至劝说、"怂恿"民事权益遭受侵害的主体提起诉讼的行为,则超越了该种制度的正当范畴。此外,在通过检察机关的支持而启动诉讼程序后,被支持主体有权申请撤回起诉或达成和解后终结诉讼程序,对于这些处分程序权利或实体权利的行为,检察机关无权予以干预。

2. 检察机关支持起诉与当事人诉讼地位平等原则的关系

对检察机关支持起诉资格的另一质疑,是检察机关作为司法机关向原告提供起诉支持会导致当事人诉讼地位的失衡。① 在通常情况下,民事诉讼作为平等主体之间解决纠纷的公力救济路径,不允许作为中立裁判者的法院之外的其他公权力介入,以避免破坏当事人之间的平等对抗、避免国家对民事领域的过分干预。然而,诉讼地位平等原则是以当事人之间的形式平等作为基本假定的,其无法解决因为当事人之间过分的实质不平等而导致受侵害主体被迫放弃诉诸司法的意愿,无法解决侵权主体借助自身的强大实力而凌驾于被侵权者之上的不当得利问题。在此情形下,对弱势群体给予倾斜保护、矫正当事人之间的过分不平等状态便具有了必要性和正当性,检察机关支持弱势方起诉的行为非但不是对诉讼平等原则的破坏,反而是确保该原则切实践行的保障手段。但需要注意的是,检察机关对原告方的支持应当秉承客观立场并以恢复当事人之间诉讼地位的实质平等为限度,若超越了倾斜保护的正当范畴而导致矫枉过正,则必然酿成新的不平等从而背离了诉讼平等原则的基本要求。

(二) 检察机关支持起诉与法院审判权的关系

1. 检察机关支持起诉与审判权独立行使的关系

不同于审判检察监督和执行检察监督等公权制约型民事检察制度中检察机关与法院之间的监督与被监督关系,检察机关的支持起诉行为以社会治理权能为依据,因此其提交支持起诉意见书等行为对法院并无当然拘束力,亦无权依此干预法院的事实认定和法律适用,因而并不违背法院独立行使审判权的原则。但此时仍旧存有疑问的是:虽然检察机关在支持起诉时并不享有监督者的身份,但其对执法监督和守法监督职能的同时享有,使其可能在法院的裁判结果不利于被支持方即原告时,通过提

---

① 参见曾宪亚、郑永琦:《关于"支持起诉"工作的几点思考》,载《上海检察调研》2003年第3期。

出抗诉等方式来间接干预审判权的独立行使。鉴于此,为了避免检察机关借助自身的双重角色向法院施压,有必要采用内部机构分离的模式或者取消检察机关对其支持起诉案件的抗诉权,来避免对法院审判权的不当干预,避免检察机关超越支持的合理限度而异化为盲目追求胜诉结果的原告方的"同伙"。

2. 检察机关支持起诉与立案监督的关系

有学者比照刑事诉讼中检察机关的立案监督权,主张检察机关通过支持起诉的方式来发挥监督法院立案审查权的功能,从而化解民事诉讼领域长期存在的"立案难"问题。该种观点不仅混淆了两类属性迥异的民事检察权能,同时也忽视了民事检察权与刑事检察权的本质差异。首先,不同于以法院为监督对象的公权制约型民事检察制度,检察机关支持起诉属于社会治理型民事检察权的实现方式,其以帮助无力行使诉权的弱势群体有效诉诸法院为目标,而不同于旨在监督和规制法院违法行使立案审查权行为的立案检察监督。因此,忽略两类制度在性质和功能上的本质差异而主张由支持起诉这一社会治理型检察制度同时承载公权制约功能的观点,无疑是背离了民事检察权体系中权能分界的基本原理,导致制度的功能冲突和相互削弱。其次,刑事诉讼与民事诉讼在性质和原理上的本质差异,决定了不能照搬或效仿刑事检察制度来构建民事检察制度。不同于以公安机关作为监督对象的刑事立案检察监督制度,民事诉讼已经通过赋予当事人对不予受理和驳回起诉裁定提出上诉以及申请再审的权利,在诉讼程序内部设置了权利制约权力模式的立案审查权制约机制,因而在没有穷尽程序内部制约机制的情形下,检察机关不应干预法院的民事案件立案审查权。

(三)检察机关支持起诉与相类似制度的关系

在厘清了检察机关支持起诉与当事人诉权和法院审判权的关系之后,有必要进一步辨析该种制度与相类似制度之间的关系,从而划定各种制度的运行界限、明晰各种制度的功能关系。以下将以检察机关支持起诉制度的本质属性和功能定位为基准,对其与法律援助制度、诉讼代理制度以及参与诉讼制度之间的关系进行甄别。

1. 检察机关支持起诉与法律援助制度的关系

法律援助是公共法律服务体系的重要组成部分之一,依据《法律援助条例》的相关规定,法律援助以保障经济困难的公民获得必要的法律服务为目标,以向符合法定条件的经济困难公民提供法律咨询、代理、刑事辩护等无偿法律服务为基本方式,属于政府责任的范畴。由此可见,检察机关支持起诉与法律援助制度均体现了倾斜保护的理念、均具有帮助弱势群体的功能,但其在权能来源、本质属性、功能限度以及具体方式等方面均存有差异。

首先,二者在权能来源和行为主体方面存在不同。检察机关支持起诉以宪法赋予的守法监督职能为正当性依据,是法律监督权的具体实现方式之一;而法律援助则属于政府责任的履行方式之一,其由司法行政部门作为监督和管理主体、由律协作为协助主体。其次,二者的功能限度有所不同。不同于专司法律援助或提供法律服务的机构,检察机关以刑事公诉和司法监督等作为核心职能,民事支持起诉仅仅是其非核心职能中的一种创新性实践。最后,二者的具体实现方式不同,检察机关支持起诉的主要方式是帮助遭受侵害的民事主体顺利启动诉讼程序,其仅适用于民事诉讼领域;而法律援助在民事、刑事和行政诉讼领域均可适用,且具体方式包括了提供法律咨询、代理诉讼、刑事辩护等多种内容。

2. 检察机关支持起诉与诉讼代理制度的关系

围绕检察机关支持起诉时与被支持主体的关系问题存在不同的观点,目前的共识性认识是检察机关支持起诉时并不享有原告的主体资格,而由被支持主体作为当事人;但对于检察机关与诉讼代理人的地位异同问题一直混淆不清,有观点主张检察机关可以采用直接代理的方式对原告予以支持。① 笔者认为,检察机关支持起诉制度和民事诉讼代理制度虽然均具有向当事人提供法律帮助的表象,但在本质属性、主体关系和基本功能等方面存在本质性的差异,不应予以混淆或相等同。

首先,二者的权能来源和制度属性存在本质差异。诉讼代理分为法定代理和委托代理两种类型,其中法定诉讼代理人的权能来源于亲缘关系,委托诉讼代理人的权能来源于民事合同性质的委托授权,而检察机关支持起诉的权能则来源于社会干预理念下的公权监护。其次,二者的主

---

① 参见曾宪亚、郑永琦:《关于"支持起诉"工作的几点思考》,载《上海检察调研》2003年第3期。

体性质和相互关系存在本质差异。诉讼代理人可能是自然人也可能是非自然人,但其均不具备公权力主体的身份,且原告和被告均有权获得代理,当事人与代理人之间属于民事主体之间的代理与被代理关系;而检察机关则是以国家法律监督机关的身份、以公权性守法监督主体的身份支持起诉,有权获得该种支持的只能是原告,检察机关与原告之间属于公权主体与私权主体之间的支持与被支持关系。最后,二者的功能和权限存在本质差异。法定诉讼代理制度的功能在于保障无诉讼行为能力人能够切实行使诉讼权利,委托诉讼代理制度的功能在于向缺乏法律专业知识或参诉时间的当事人提供法律服务,以帮助其更好地维护自身的民事权益;而检察机关支持起诉则在于救助弱势群体、帮助受侵害的弱势群体接近司法。性质和功能的差异使得二者在具体权限方面存在着明显差别,法定诉讼代理人和经过特别授权的委托诉讼代理人,有权代理当事人处分其实体权利和程序权利,而检察机关则仅限于辅助当事人开启诉讼程序,其无权代替当事人参与诉讼程序或处分相关权益。

3. 检察机关支持起诉与参与诉讼制度的关系

不同于西方国家赋予检察机关对涉及社会公益或公序良俗的民事案件的参诉权,我国并未规定检察机关参与民事诉讼的权力,因此有学者主张用检察机关参与诉讼制度来代替支持起诉制度。① 笔者认为,虽然在某些情形下的确具备赋予检察机关民事参诉权的必要性和正当性,但支持起诉与参与诉讼并非相等同的概念,具体来说:首先,二者的功能定位有所不同。检察机关参与诉讼制度的预设功能在于维护国家和社会公共利益、避免公序良俗遭受损害;而支持起诉的功能在于保障社会弱势群体获得接近司法的机会。其次,二者的运行方式和具体内容有所不同。检察机关支持起诉时主要是在起诉环节提供帮助,而一般并不参与法庭调查和辩论,也无权对法院的事实认定和法律适用提出异议。此外,有必要说明的是,检察机关在支持起诉时的地位也不同于共同诉讼人,因为后者须与案件的诉讼标的具有直接利害关系,而检察机关与所争议的民事实体权利义务关系并无任何关联。

---

① 参见段厚省:《论检察机关支持起诉》,载《政治与法律》2004 年第 6 期。

二、民事督促起诉的运行空间

作为自发性的社会治理型民事检察制度,督促起诉以敦促特定主体及时行使民事诉权为行为方式,因而面临着侵犯诉权自治的质疑;大多数被督促的对象具有行政机关的身份,使得督促起诉的性质定位长期摇摆不定;而督促起诉在适用过程中与检察机关促成和解、支持起诉的相互交错,使得其与近似制度之间的关系混乱不清。鉴于此,有必要以相关质疑和实践中的异化现象为切入点,通过厘清检察机关督促起诉与被督促主体之间的关系、与相关联制度之间的关系以及与法院审判权之间的关系,来检验督促起诉制度的正当性并划定其应然的运行空间。

(一)督促起诉与被督促主体自治权和处分权的关系

1. 督促起诉与契约自由、处分原则的关系

如前所述,民商事领域遵循意思自治、契约自由,因而作为民事纠纷解决机制的民事诉讼亦采行诉权自治和处分主义,这就使得督促起诉这一运用公权力干预民事诉权行使的制度,在一定程度上突破了民事实体法和程序法领域的传统准则。

首先,从督促起诉与处分原则之间的关系来看,督促起诉以维护国家利益和社会公共利益为预设功能,检察机关无权在仅涉及民事私权益的情况下对相关主体是否起诉的选择权进行干预,这既是督促起诉的正当性基础又是划定其适用范围的基准,依此,检察机关介入民事领域干预诉权行使的对象应当限于对国家或社会公益具有直接管护义务的主体。不同于普通民事法律关系的主体,这些特定主体所承载的管护国有资产和社会公益的职责具有权责一致性、不可处分性等特点,因此在其怠于行使诉权而导致国家利益或社会公益受损时,检察机关作为国家的法律监督机关有权通过督促这些特定主体及时行使诉权,来避免或挽回国家利益和社会公益所遭受的损害。换言之,被督促主体之诉权的特殊性在于其超越了私益范畴而关涉国家和社会公共利益,这使得处分原则在此领域的适用受到限制,因此检察机关在该范围内的督促起诉行为并不违背处分原则的基本内涵。

其次,从督促起诉与意思自治、契约自由之间的关系来看,民商事活动的有序进行应当主要依赖市场规律和交易法则等内在机制,在未出现

市场失灵的情形时国家不应轻易介入。然而,实践中一些地方的检察机关针对集体经济组织不履行或怠于履行职责损害集体利益的情形、国有企业行使企业自主经营权而形成的民事法律关系等,也进行督促起诉,这种将集体利益与社会公益相混同、将国企权益与国家利益相等同的偏误认识,使得督促起诉的适用范围超出了正当界限,造成了国家公权力对社会民事活动的过分介入和越位干预。因此,对于集体组织、国有公司或国有控股公司的正常民商事活动,应当以遵循意思自治、契约自由等原则的方式,按照合同法、公司法的有关规定进行,检察机关作为公权主体不宜介入。[1]

2. 督促起诉与潜在被告的关系

实践中,被督促主体接受了检察机关的起诉建议之后,在其正式提起诉讼之前或是起诉后、法院开庭审理之前,一些地方的检察机关会促成双方当事人和解或者达成调解。从第二章中相关实证案例所反映的情况来看,检察机关的公权力身份及其所享有的刑事检察权,难免会对对方当事人产生间接的威慑作用,使得一些督促起诉的案件达成了诉前和解。这种将督促起诉与检察机关促成和解或调解叠加适用的做法,虽然产生了较好的功利性收效,但在此过程中检察机关实际上从原先的守法监督主体变为了纠纷解决的直接主体,因而超越了社会治理型民事检察权的应然运行界域,可能导致检察权对当事人处分权的不当干预。

此外,检察机关在督促起诉之前通常会调取相关的证据,用以证明国家利益或社会公益受损的客观事实,同时作为自身督促起诉的依据,这使得该种制度可能面临着损害当事人诉讼地位平等原则的质疑。借此,为了避免因检察权介入而打破民事诉讼程序的平衡结构,一方面,检察机关不应异化为被督促主体的证据调取工具,且检察机关所提供的证据对法院认定案件事实不应具有当然的证明力,而需要经过质证和认证等常规程序环节;另一方面,督促起诉的功能限度和目标在于促使相关的直接管护主体及时行使诉权、启动诉讼程序,在实现这一目的后检察机关不应继

---

[1] 参见傅国云:《论民事督促起诉——对国家利益、公共利益监管权的监督》,载《浙江大学学报(人文社会科学版)》2008年第1期;叶珍华:《民事督促起诉亟须厘清的几个问题》,载《人民检察》2009年第16期。

续介入,以避免破坏当事人之间的平等对抗。

(二)督促起诉与其他相类似制度的关系

1. 督促起诉与支持起诉的关系:应然与实然之间

无论是在实践领域抑或理论研究领域,对于督促起诉与支持起诉之间的关系一直缺乏明确的认识,具体来说,一些地方的检察机关对督促起诉与支持起诉的适用规则进行合并制定、将二者的实践数据进行一并统计,甚至在督促起诉之后叠加适用支持起诉;一些文献也将督促起诉与支持起诉作为相等同的概念交错使用。鉴于此,有必要从应然和实然两个角度对督促起诉与检察机关支持起诉之间的关系予以明晰,同时对实践中做法的正当性进行反思。

从督促起诉与支持起诉之间的应然关系来看,虽然二者均属于公权制约型民事检察权的实现方式,均以宪法赋予的守法监督职能为正当性基础并体现了国家干预理论的内涵,在客观后果上均具有矫正民事违法行为的效果,但二者在核心功能、规范依据、适用对象以及具体方式等方面的诸多差异,决定了其属于不同的民事检察制度。首先,从两种制度的预设功能方面来看,支持起诉以民诉法中的基本原则为依据,旨在发挥帮助弱势群体有效行使诉权的倾斜保护功能;而督促起诉则源于检察机关的守法监督职权,旨在通过督促特定主体及时行使诉权来发挥维护国有资产等国家利益和社会公共利益的功能。其次,从两种制度的适用对象和案件类型方面来看,支持起诉以社会弱势群体为对象,适用范围包括了侵犯人身权益或财产权益等性质的案件;而督促起诉则以对国有资产和社会公益负有直接管护职责的行政机关或国有单位作为对象,在适用范围上限于涉及国家利益和社会公共利益的案件。最后,从两种制度的适用条件和具体方式来看,支持起诉中的被支持主体是"欲为之而不能",检察机关在向其提供支持时须遵循意思自治和处分原则的基本要求;而督促起诉中被督促主体是"能为之而怠于为之",该种诉权的特殊性决定了其不得随意处分或放弃。①

虽然在应然层面上存在着诸多差异,但实践中的一些做法在异化支持起诉之应然功能的同时,导致督促起诉与支持起诉之间的实然关系出

---

① 参见张步洪:《构建民事督促起诉制度的基本问题》,载《人民检察》2010年第14期。

现了混乱和错位。具体来说,在检察机关督促起诉的过程中,作为被督促主体的行政机关或国有单位在接受督促建议后,常常会要求检察机关支持起诉,从而形成了督促起诉与支持起诉叠加适用的组合模式。从该种现象的生发原因来看,国资部门等被督促主体之所以要求检察机关支持起诉,并非因为这些享有行政权的强势主体无力获得法律服务抑或缺乏进行诉讼的经济能力[①],而是希望借助检察机关的地位和权能来辅助调查取证、提升己方胜诉的可能,或是发挥检察机关促成和解或调解的潜在功能。在并不存在弱势群体并且缺乏寻求支持的正当理由的情形下,该种督促与支持相叠加的做法从根本上背离了支持起诉的理论依据和正当性基础,将本应以弱势群体为适用对象的倾斜保护制度异化为了以强势主体为适用对象的"取胜工具"。这种督促后的强势支持不仅导致检察机关与相关管护主体之间的规制和督促关系异化为合作关系,造成角色混乱并削弱了检察机关对被督促主体后续行为的规制功能[②],还在相当程度上突破了当事人诉讼地位平等原则的起码底线,使得《民事诉讼法》总则中规定的支持起诉与实践中以强势主体为支持对象的附加性支持起诉,成为了两种符号相同但性质迥异的制度。

2. 督促起诉与督促采取行政措施的关系

在探讨检察机关督促起诉的性质问题时,存在着执法监督与守法监督的观点分歧,有论者以被督促者多为行政机关为由,主张将督促起诉的性质界定为公权制约型检察制度。该种观点的形成以及相关分歧的出现,实际上源于对督促起诉与督促采取行政措施、督促行政作为之间关系的混同。在督促起诉中,由于通常以国土资源、财政等国有资产的直接管护主体作为适用对象[③],从而形成了检察机关制约行政机关的表象,但这种制约并非指向行政机关的具体行政行为,而是以其怠于行使民事诉权的行为作为干预对象,此时行政机关是作为合同等民事法律关系中的一方当事人而成为督促对象,这就决定了检察机关督促起诉的性质和功能是干预特定主体的民事诉权,属于以守法监督职能为根据的社会治理型

---

① 参见段厚省:《论检察机关支持起诉》,载《政治与法律》2004 年第 6 期。
② 参见张步洪:《构建民事督促起诉制度的基本问题》,载《人民检察》2010 年第 14 期。
③ 参见宋凯利:《督促起诉:法律监督权的理性延伸及科学构建》,载《中国检察官》2013 年第 2 期。

民事检察制度。与此不同,实践中检察机关督促行政机关采取处罚或命令等行政措施时所指向的则是行政机关的违法行政行为,要求其为或不为一定的具体行政行为,在性质上属于检察权对行政权的执法监督,是检察机关对行政机关违法行政行为的监督,应当归入公权制约型检察制度的范畴。但由于此时并不牵涉民事法律关系抑或民事法律的实施,因此属于行政检察制度而非民事检察制度。① 概言之,在判断检察机关督促起诉制度的性质时,不能以被督促主体的法律地位作为唯一的衡量标准,还需要结合督促的起因、督促的客体和督促的目的等因素进行综合考量,不能因为督促起诉与督促采取行政措施在表象上的部分相似性,就忽略了二者在属性上的本质差异而造成认识的混同。

3. 督促起诉与国有资产监管制度的关系

为了明晰督促起诉在国有资产监管领域的应然地位和检察权在此领域的作用限度,有必要厘清检察机关督促起诉与国有资产监督管理制度之间的关系。从检察机关与行政机关的权限划分来看,行政机关承载着监督和管理国有资产的法定职责,是第一顺位的管护主体,在通常情况下外部主体无权干预行政机关的监管权及合法裁量权。依据《企业国有资产管理法》的相关规定,目前监管国有资产的常规方式主要包括:各级人大常委会听取政府关于国有资产监督管理情况的专项工作报告以及对法律实施情况进行执法检查;政府对其授权履行出资人职责的机构履行职责的情况进行监督;审计机关依法实施审计监督;社会监督。② 相较于这些法律明确规定的监管方式,检察机关督促起诉实际上属于通过干预诉权行使来维护国有资产的间接保护手段,检察机关在国家权力体系中的地位、权能范围以及客观能力,决定了其不应成为国有资产管护的核心主体或首位主体,亦非保障国有资产依法健康运营的治本之术。督促起诉这一自发性民事检察制度虽然获得了较好的运行实效,但从根本上消解现存问题并实现对国家利益和社会公共利益的充分保障,还有赖于国有资产监管制度自身的体系化完善,即通过制度内、常规性的制约和监督来

---

① 在民事案件审理中,检察机关督促采取行政措施的案例请参见 2010 年 12 月广州市中级人民法院审理的"蔡仕荣与吴财金股权转让纠纷上诉案"。

② 参见《企业国有资产管理法》第七章"国有资产监督"部分第 63 条至第 67 条的规定。

保障相关管护主体积极主动行使诉权、依法履行行政职责。

（三）督促起诉与法院独立行使审判权的关系

一般来说，督促起诉属于检察机关与被督促主体之间的关系，因而不应与审判权有所关联，但实践中检察机关将督促起诉与支持起诉的叠加适用、起诉后检察机关在审判过程中的协助调解等做法，使得督促起诉的适用在一些情形下可能与审判权独立行使原则的基本要求相冲突。

首先，在检察机关叠加适用督促起诉与支持起诉的情形下，将面临着与支持起诉相类似的角色冲突问题，即检察机关可能不当运用自己所享有的审判监督权向法院施压，以获得有利于被督促方也即被支持方的裁判结果。其次，在被督促方依照检察机关的建议而提起诉讼后，法院在审理案件的过程中可能邀请检察机关协助调解，此时检察机关同时扮演着督促主体、调解主体、审判监督主体等多重角色，这难免会对法院独立行使审判权造成潜在的影响，进而损害了法院的中立性和客观公正性。鉴于此，有必要调整检察机关的职能配置、矫正实践中的异化做法，来确保检察机关督促起诉与法院审判权独立行使之间的协调关系。具体来说，一方面，应当尽可能避免督促起诉与支持起诉的"嫁接"适用，在被督促方接受起诉建议之后检察机关即应退出相关程序，从而避免检察机关作为原告的支持者而影响法院的独立判断；另一方面，对于检察机关督促起诉的案件，应当避免法检之间的事先沟通并限制检察机关对该类案件的审判监督权，以防止检察机关利用双重角色来变相干预审判权的独立行使。

三、民事公诉的运行空间

在社会治理型民事检察权的五种实现方式中，民事公诉属于比较法资源最为充足、运行方式最具特色的制度，不同于支持起诉和督促起诉中对民事领域的外部干预模式，民事公诉中的检察机关处于当事人的地位并扮演着国家利益和社会公共利益的代表者和直接维护者。作为当事人适格的例外情形，在划定民事公诉制度的运行空间时需要首先厘清检察机关民事公诉权与实体权利主体之私诉权的关系、检察机关与其他民事公益诉权主体的关系以及检察机关在民事公益诉讼中与对方当事人和法院的关系，从而确保公益维护与私权保障、国家干预与意思自治之间的关系平衡。

(一)检察机关与其他诉权主体的关系

1. 检察机关民事公诉权与实体权利主体私诉权的关系

不同于普通民事诉讼中与诉争标的具有直接利害关系的原告,检察机关的民事公诉权并非源于实体法上的请求权基础,而是以法律监督权所内含的守法监督职能和公益维护职能作为正当性基础,这就使得检察机关在行使民事公诉权时可能与公益案件中直接遭受民事侵权的私益主体发生冲突或重叠关系,此时如何处理两类诉权相互之间的关系不仅决定着民事公诉制度的适用限度,也影响着检察权在此领域的作用方式以及相应的实体和程序规则配置。

针对检察机关民事公益诉权与实体权利义务主体私诉权之间的关系问题,目前主要有四种观点。一是"私益诉权优先说",认为检察机关的公益诉权不应剥夺或吸收被代表的直接利害关系人的诉权①,当两类诉权发生冲突时应当优先保障私权救济,并且检察机关在启动民事诉讼程序后应当通过公告等形式通知享有实体权益的当事人参加诉讼。② 二是"公益诉权优先说",认为检察机关提起民事公诉是阻断其他个人、组织机构就同一被告行使公益诉权的法定事由,但检察机关撤诉的,其他诉权主体有权另行起诉。③ 三是"实体原告依附说",认为"只有在检察机关怠于行使诉权的情况下,实体原告才可以自己行使诉权"④;在实体原告参加诉讼的情况下,其只能对检察机关的诉讼发挥支持或辅助作用,同时由实体原告全面承担诉讼的裁判结果。四是"并行不悖说",认为检察机关的公益诉权与直接遭受侵害的主体之私益诉权不存在冲突,因为检察机关提起民事公诉时能够主张的诉讼请求类型有别于实体权利义务主体,检察机关无权代表侵权行为的直接受害主体主张损害赔偿责任,对于该责任的追究由实体权利义务主体通过行使私益诉权予以实现。⑤ 2015 年

---

① 参见江伟、杨剑:《检察机关提起民事公益诉讼若干问题探讨》,载《国家检察官学院学报》2005 年第 5 期。

② 参见傅郁林:《我国民事检察的权能与程序配置》,载《法律科学》2013 年第 6 期。

③ 参见肖建国:《民事公益诉讼的基本模式研究——以中、美、德三国为中心的比较法考察》,载《中国法学》2007 年第 5 期。

④ 汤维建、温军:《检察机关在民事诉讼中法律地位研究》,载《武汉大学学报(哲学社会科学版)》2005 年第 2 期。

⑤ 参见蔡彦敏:《中国环境民事公益诉讼的检察担当》,载《中外法学》2011 年第 1 期。

《民诉解释》第288条的最新规定基本采纳了"并行不悖说"。

上述四种学说相互间的差异,实际上反映了不同主体对国家干预与公民自治、社会公益与民事私益之间关系的不同认识,其中"公益诉权优先说"和"实体原告依附说"更强调代表国家的民事公诉权在公共利益案件中的优先和主导地位,使得检察机关的公诉权获得了更为广阔的运行空间;"并行不悖说"有限地承认了私益诉权的排他性,将损害赔偿等私权救济事项排除在了民事公诉的干预范围之外;而"私益诉权优先说"则是最大限度地贯彻了民事实体法中的意思自治、私权自治理念,赋予了实体权利义务主体完整的私益处分权,同时限制了检察机关民事公诉权的行使范围。民事公益诉讼虽然在诸多方面不同于普通民事诉讼,但其所具有的民事性这一共性决定了公诉权的行使应当尽可能遵循民事活动的核心精神和基本理念,因此,当检察机关的民事公诉权与实体权利义务主体的私诉权发生冲突时,应以优先保障私权救济为宜,以避免国家对民事领域的过分介入以及国家和社会公益对私人权益的不当牺牲;同时,可以考虑以两类诉权之预设功能的差异为基准,通过调控诉讼请求的类型等方式,来消解二者可能发生的竞合或冲突。

2. 检察机关与其他民事公益诉权主体的关系

依据《民事诉讼法》第55条的规定,"法律规定的机关和有关组织"均有权提起民事公益诉讼,因此检察机关并非民事公益诉权的唯一享有主体,在此背景下,如何协调检察机关与行政机关和有关组织在诉权行使范围和行使顺位上的关系,便成为了划定民事公诉制度运行空间的又一要素。

对于检察机关与其他民事公益诉权主体之间的关系和顺位问题,目前形成了三种观点:一是"检察机关与社会团体并行说",该种观点认为基于实体法规定承载特定治理职能的行政主管机关不能作为民事公益诉讼的原告,其维护公益的方式限于行使行政权或提请检察机关提起公诉,并且在行政机关与侵权行为主体"合谋"酿成公益受损事件的情形下,行政机关还可能成为检察机关与民事公益诉讼合并提起的行政公益诉讼中的被告。①二是"检察机关优先说",认为检察机关的公益诉权应当优先于行

---

① 参见傅郁林:《我国民事检察权的权能与程序配置》,载《法律科学》2012年第6期。

政机关①,行政机关应主要通过行政手段来保护社会公益,而仅在极少的情形下能够提起公益诉讼。② 三是"检察机关后位说",该观点以辅助原则③为依据,认为检察机关在行使民事公益诉权的顺位上应当处于末位。④

检察机关与其他民事公益诉权主体之间的关系和顺位,实际上反映了国家公权力机构之间、公权力机构与社会组织之间的关系,也即检察权与行政权、国家干预权与社会自治权之间的关系。行政机关的职能定位以及实践中侵害公益事件的生发原因,决定了在很多情况下行政机关根本不具有行使公益诉权的意愿和动力;相较之下,有关组织作为社会自治力量的代表享有纠纷管理权⑤,应当逐渐培育成为社会公益维护的"主力军";而检察机关的法律地位、权能配置以及客观精力,决定了将其置于公益诉权行使顺位的末端更符合强化社会自治、减少国家干预等理念。值得肯定的是,2017 年修订的《民事诉讼法》契合了上述的顺位理念,依据其中第 55 条第 2 款的规定,检察机关仅在两种情形下才可以提起民事公益诉讼:一是其他享有公益诉权的主体不起诉;二是没有其他适格主体,也即检察机关是唯一的适格主体。

(二)检察机关与对方当事人、法院的关系

与普通民事诉讼相同,民事公益诉讼同样需要遵循当事人诉讼地位平等原则、辩论原则、审判权独立行使原则等民事程序的最基本准则,但是公益处分权的有限性、检察机关的宪政地位及其双重权能,使得如何认识检察机关与对方当事人、检察机关与法院之间的关系,成为了划定民事

---

① 参见肖建国:《民事公益诉讼的基本模式研究——以中、美、德三国为中心的比较法考察》,载《中国法学》2007 年第 5 期。

② 参见〔日〕伊藤真:《民事诉讼的当事人》,日本有斐阁 1978 年版,第 122 页。转引自张卫平:《民事公益诉讼原则的制度化及实施研究》,载《清华法学》2013 年第 4 期。

③ Yishai Blank, Federalism, subsidiarity, and the role of local governments in an age of global multilevel governance, *Fordham Urban Law Journal*, Vol. 37, No. 2(April 2010), pp.509−557. 转引自熊光清:《从辅助原则看个人、社会、国家与超国家之间的关系》,载《中国人民大学学报》2012 年第 5 期。

④ 参见韩波:《公益诉讼制度的力量组合》,载《当代法学》2013 年第 1 期;汤维建:《民行检察监督基本原则研究》,载《法治研究》2012 年第 8 期;肖建华、唐玉富:《论公益诉讼的理论基础与程序建构》,载《河南省政法管理干部学院学报》2008 年第 1 期。

⑤ 参见〔日〕伊藤真:《民事诉讼的当事人》,日本有斐阁 1978 年版,第 122 页。转引自张卫平:《民事公益诉讼原则的制度化及实施研究》,载《清华法学》2013 年第 4 期。

公诉制度运行空间以及进行其他制度和程序安排的核心要素之一。

1. 检察机关与对方当事人的关系

质疑检察机关民事公诉资格的论据之一,是检察机关的公权身份以及其同时享有的审判检察监督权会使其成为诉讼中的特权主体,从而背离了当事人诉讼地位平等原则的基本要求并导致诉讼结构的失衡。[①]

从检察机关在民事公益诉讼中的地位来看,虽然曾经围绕该问题展开了长期论战并形成了"法律监督说""双重身份说""公益代表说""国家监诉人说"以及"原告人说"等不同观点[②],但目前已经达成共识的是:检察机关提起民事公诉时处于原告的地位,与对方当事人享有同等的诉讼权利、承担同等的诉讼义务而并无任何特权。[③] 但对于检察机关同时作为原告和审判监督者的角色冲突问题及其对诉讼平等原则的损害程度,一直存在不同的认识并形成了两种观点:一种观点认为检察机关提起民事公诉时不应同时享有审判监督权,以避免造成当事人之间的实质不平等并减损审判监督的客观性[④];而另一种观点则认为检察机关与案件的诉讼标的没有任何利害关系,其双重角色相互间并不冲突[⑤],亦不会损害当事人之间的平等地位,因为赋予检察机关民事公诉权的目的本身就是要加强起诉方的力量[⑥],并且提起公诉与审判监督具有相同的性质和

---

① 参见杨秀清:《我国检察机关提起公益诉讼的正当性质疑》,载《南京师大学报(社会科学版)》2006年第6期;王福华:《我国检察机关介入民事诉讼之角色困顿》,载《政治与法律》2003年第5期;熬双红:《公益诉讼的反思与重构》,载《中南民族大学学报(人文社会科学版)》2007年第2期。

② 参见廖中洪:《检察机关提起民事诉讼若干问题研究》,载《现代法学》2003年第3期;廖永安:《论检察机关提起民事诉讼》,载《湘潭大学社会科学学报》2001年第2期;江伟、杨剑:《检察机关提起民事公益诉讼若干问题探讨》,载《国家检察官学院学报》2005年第5期。

③ 参见傅郁林:《我国民事检察权的权能与程序配置》,载《法律科学》2012年第6期;蔡彦敏:《中国环境民事公益诉讼的检察担当》,载《中外法学》2011年第11期;江伟、杨剑:《检察机关提起民事公益诉讼若干问题探讨》,载《国家检察官学院学报》2005年第5期。

④ 参见傅郁林:《我国民事检察权的权能与程序配置》,载《法律科学》2012年第6期;江伟、杨剑:《检察机关提起民事公益诉讼若干问题探讨》,载《国家检察官学院学报》2005年第5期。

⑤ 参见汤维建:《论检察机关提起民事公益诉讼》,载《中国司法》2010年第1期。

⑥ 参见参见肖建华、唐玉富:《论公益诉讼的理论基础与程序建构》,载《河南省政法管理干部学院学报》2008年第1期。

目标。①

与刑事诉讼中所面临的公诉权与审判检察监督权之间的冲突困境相类似,检察机关在民事公诉中同时作为原告和审判监督者的双重地位,的确存在着破坏诉讼结构平衡、导致原被告之间关系实质不平等的风险,那种认为二者之间不存在冲突的观点主要是因为没有区分检察权的两类权能,而将执法监督与守法监督相混同并得出了偏误结论。鉴于此,笔者认为有必要取消民事公诉案件中检察机关的审判检察监督权,或者对民事检察部门中承担公诉职能和诉讼监督职能的机构进行分立设置,从而尽可能消解检察机关的二元化权能对诉讼地位平等原则的损害。此外,有学者主张通过强化律师代理制度来平衡当事人的诉讼能力②,以期最大限度的保障平等原则在民事公诉领域的切实践行。

2. 检察机关民事公诉权与法院审判权的关系

不同于公权制约型民事检察制度中检察机关与法院之间的监督与被监督关系,民事公诉中的检察机关与法院之间属于当事人与裁判者的关系,因此检察机关无权对法院的事实认定和法律适用进行监督性干预。然而此时仍旧存有质疑的是,检察机关所享有的审判检察监督权是否会损害法院行使审判权的独立性和客观性,是否会导致审判者异化为原告的支持者、原告异化为准裁判者?同民事公诉与当事人诉讼地位平等原则之间的关系问题相类似,对该质疑的回应同样涉及如何认识检察机关的双重角色和二元权能,现有的"两权同栖"模式很可能影响审判独立和裁判中立价值的实现,因此与上述的处理方案同理,有必要限制检察机关在公诉案件中的抗诉权或是实行具体机构的职能分设,以避免当事人与裁判者的关系错位或角色异化。

(三)民事公诉与其他相关制度的关系

在从横向和纵向两个维度厘清了民事公诉领域中权利与权力、权力与权力之间的关系后,有必要对民事公诉制度与督促起诉、支持起诉、刑事附带民事诉讼等相近似制度之间的关系进行甄别,从而更为准确地界

---

① 参见陈桂明:《谈检察机关介入公益诉讼》,载《国家检察官学院学报》2005年第3期;肖建华:《论公益诉讼的理论基础与程序建构》,载《河南省政法管理干部学院学报》2008年第1期。
② 参见蔡彦敏:《中国环境民事公益诉讼的检察担当》,载《中外法学》2011年第1期。

定民事公诉制度的运行空间和适用范围。

1. 民事公诉与督促起诉、支持起诉的关系

同属公权制约型民事检察权的实现方式,民事公诉与督促起诉、支持起诉均体现了国家干预的理念、反映了守法监督的色彩,然而三者在核心功能、适用范围、适用对象以及运行方式等方面的差异,决定了应当明确划定其各自的功能界限并厘清相互间的应然关系,以避免制度设计上的功能重叠或相互削弱,并尽可能实现三者间合力的最大化。

首先,从民事公诉与支持起诉之间的关系来看,二者在核心功能和主体地位等方面存在明显差别。第一,不同于以维护国家利益和社会公共利益为目标的民事公诉制度,支持起诉以帮助弱势群体顺利提起诉讼为核心功能,因此其不一定与公益保护相关联,并且在很多情形下所支持的案件仅关涉特定主体的民事私权益。第二,检察机关在支持起诉时不享有诉讼当事人的地位,而是由被支持者作为原告;而在民事公诉中,检察机关处于原告的地位,享有与被告相等同的诉讼权利和诉讼义务。

其次,从民事公诉与督促起诉之间的关系来看,呈现出差异性与关联性相交错的特征。从差异性方面来看:第一,二者的适用范围有所不同,督促起诉适用于损害国有资产等国家利益或社会公共利益的案件,而民诉法对民事公诉之适用范围的现有规定主要限于环境污染案件和大规模消费者侵权案件,这就使得后者的适用范围窄于前者。第二,检察机关的地位和角色存在本质区别,在督促起诉中,无论被督促主体是否接受起诉建议,检察机关均不享有当事人的地位,而在民事公诉中检察机关处于原告的地位。第三,制度的运行方式有所不同,在督促起诉中检察机关通过向特定主体发出督促起诉意见书来促使其及时行使诉权,最终究竟是否启动诉讼程序由被督促主体享有决定权;而在民事公诉中,检察机关有权直接启动诉讼程序来维护国家或社会公共利益。而从共性方面来看,二者均具有维护国家利益和社会公共利益的功能,并且在适用范围上存在部分重合,这就使得两种制度具有了相当的关联性和联动性,并形成了"间接与直接结合型"和"相互独立型"两种观点。具体来说,前一种观点认为应当将督促起诉作为民事公诉的前置程序,检察机关仅在运用督促

起诉方式推动无效的情形下才直接提起民事公诉①;而后一种观点则认为民事督促起诉不是民事公诉的替代物,二者之间也不存在先后之序。②笔者认为,考虑到国有资产等监管部门对相关专业技术和政策的精通以及较为丰富的应变经验,对于督促起诉与民事公诉在适用范围上的重合部分,有必要采用督促起诉前置的模式,从而在最大程度上尊重监管部门的自主性和能动性、合理配置有限的民事检察资源。

2. 民事公诉与检察机关提起刑事附带民事诉讼的关系

依据《刑事诉讼法》第 99 条第 2 款的规定,在国家财产、集体财产遭受损失时,检察院在提起刑事公诉的时候可以提起附带民事诉讼。该种由检察机关提起的以维护国家财产和集体财产为目的的附带诉讼,虽然与民事公诉具有若干共同之处,但不应将二者简单等同。详言之,虽然两类诉讼在本质属性上均为民事性、检察机关均处于原告地位并且在适用范围上存在部分重合,但二者同时还存在着诸多差异:第一,制度功能有所不同,民事公益诉讼以维护国家利益和社会公共利益为功能,而检察机关提起刑事附带民事诉讼以维护国家财产和集体财产为目的,这两类财产与国家利益和社会公益的内涵之间存在本质差别。第二,检察机关提起诉讼的动因有所不同,民事公诉以出现了侵害国家利益或社会公益的民事违法行为作为起诉事由;而检察机关提起刑事附带民事诉讼的动因则是源于被告人的刑事犯罪行为。第三,诉讼的程序和运行方式不同,民事公诉采行独立的民事诉讼程序,而检察机关提起的刑事附带民事公诉对刑事程序具有依附性。概言之,虽然检察机关在提起民事公诉和刑事附带民事诉讼时均处于原告地位并且在适用范围上存在小部分重合,但二者在核心功能、诉讼动因以及程序模式等方面的差异,决定了其属于不同的、相并列的制度。

四、民事检调对接的运行空间与正当性质疑

虽然可能与审判检察监督或执行检察监督等公权制约型民事检察权

---

① 参见韩波:《公益诉讼制度的力量组合》,载《当代法学》2013 年第 1 期;汤维建:《民行检察监督基本原则研究》,载《法治研究》2012 年第 8 期;傅自云:《论民事督促起诉——对国家利益、公共利益监管权的监督》,载《浙江大学学报(人文社会科学版)》2008 年第 1 期。

② 参见刘加良:《解释论视野中的民事督促起诉》,载《法学评论》2013 年第 4 期。

能相关联,但无论是在内部对接模式抑或外部对接模式中,检察机关的调解或和解行为均直接指向当事人之间的实体权利义务关系并且以化解纠纷为根本目标,这就决定了检调对接制度的社会治理属性。然而,不同于以保护弱势群体或维护国家利益和社会公共利益为目标的其他社会治理型民事检察制度,检察机关在检调对接领域所实际发挥的纠纷解决功能,使其面临着背离权力属性、超越权能界限等正当性缺陷。鉴于此,本部分将首先以检调对接的实然运行空间为背景,对目前实践中各类做法的正当性进行评估,从而在此基础上划定该种制度的应然运行空间。

(一)民事检调对接的实然运行空间及其正当性反思

不同于通常意义上的调解,"检调对接"语境下的检察和解或检察调解发生在人民法院针对具体案件已经做出发生法律效力的终局裁判之后。依据第二章中检调对接的类型化进路,以下将对"内部对接模式"和"外部对接模式"的适用范围和运行方式进行正当性评估,从而为之后明晰检调对接制度的应然运行空间奠定基础。

1. 裁判合法时的检察和解或调解

当申诉人提出的申诉理由不符合提出抗诉或检察建议的法定条件,也即原裁判满足合法性要求而不存在监督事由时,检察机关在作出不支持监督申请决定的同时可能为了消解申诉方的抵触情绪、避免转化为涉检信访案件或者避免引发群体性事件,而促成当事人和解或调解。在该种情形中,由于原裁判并不存在违法情形,因此检察机关无权行使审判检察监督权,但也不同于常规意义上以维护和支持法院合法裁判为功能的服判息诉,此时的检察和解或调解以牺牲合法裁判的严肃性为代价来实现弱化对抗、停止上访等"自我保护"目的。那么,该种情形下达成的和解协议或调解协议究竟属于什么性质?其与生效裁判之间的关系如何?有学者主张将此种和解协议纳入司法确认的范畴以赋予其强制执行力,从而通过强化检察和解的法律效力来提升化解矛盾纠纷的效果[①];个别检察机关甚至通过内部规范的方式将检察和解协议纳入了司法确认的适用范围。笔者认为该种观点和做法不具有正当性,因为这一终局裁判作出

---

① 参见汤维建、徐全兵:《检调对接机制研究——以民事诉讼为视角》,载《河南社会科学》2012年第3期。

后形成的和解或调解协议仅具有相当于民事合同的效力,其本质上属于双方当事人对生效裁判文书中所确定的民事实体权利义务关系所进行的私权处分,在具有给付内容时,则与执行和解协议的性质相类似,而并不具有、更不应具有强制执行力,否则将严重损害法院裁判的既判力和司法的终局性及严肃性,并可能从反面激励当事人借助司法确认程序来随意推翻和践踏利用宝贵而有限的司法资源所作出的终局裁判。① 在实践中,除了对调解或和解协议之效力的偏误认识外,还存在着过分泛化检察机关在民事领域服判息诉任务的倾向,既然并不存在裁判权违法行使的情形,让检察机关这一与审判机关在职能划分上具有本质差异的主体来发挥解纷和服判的功能,显然缺乏正当性基础且与其权力性质相抵触。

2. 受理或审查申诉申请时的检察和解或调解

检察机关在受理和审查申诉申请的过程中,对于那些存在裁判瑕疵但无法适用抗诉的情形,以及虽然具备抗诉事由但双方当事人有和解可能的情形,会促成当事人达成和解或者引入外部对接力量进行人民调解。该种情形实际上牵涉检察机关对其审判监督职能的处分权问题:在符合提出抗诉或检察建议的情形时,检察机关可否通过自由裁量而放弃该种监督方式,转而促成和解或调解?持否定论的主体认为,由于公权力具有权责一体性、不可放弃或处分性,因此在符合抗诉条件时检察机关必须提出抗诉而不具有自由裁量的权力;而持肯定论的主体则认为,应当以纠纷的彻底解决为目标,赋予检察机关一定的选择权,从而尽可能采用有助于弱化当事人对抗情绪的方式来化解矛盾。仔细剖析以上争点后可以发现,否定论的预设前提是将不抗诉与不监督、不抗诉与放弃监督职责相等同,这显然是对抗诉与监督方式之间关系的单一、片面理解。笔者认为,在当事人自愿且不涉及国家利益或社会公共利益的情形下,可以赋予检察机关适度的裁量权,允许其利用抗诉之外的方式来促进当事人之间矛盾的彻底化解,但其通过裁量而放弃抗诉并不意味着其有权忽视实际上存在的、构成抗诉事由的审判权违法行使的行为,此时其应当采用启动再

---

① 参见韩静茹:《社会治理型民事检察制度初探——实践、规范、理论的交错视角》,载《当代法学》2014年第5期。

审程序之外的其他监督方式对相关的违法行为进行规制,从而兼顾了公权制约和资源优化配置的目标。① 但在此过程中检察机关不宜扮演调解主导者的角色,在将纠纷交由人民调解等外部对接主体之后,检察机关不应参与调解的过程,并且在当事人无法达成合意时应当恢复原先的审查程序并依法提出抗诉或检察建议。

3. 再审程序中的检察调解

不同于前两种发生在申诉审查环节的检察和解或调解,在检察机关已经向法院提出抗诉或再审检察建议并且再审程序已经启动之后,检察机关可能会应法院的要求而协助对当事人进行调解,以期使再审案件以调解的方式结案。在该种情形中,案件已经系属法院的管辖之下,检察机关的介入调解或促成和解实际上与通常程序中的邀请调解、协助调解具有相似性,但需要注意的是,不同于邀请特定组织或个人所进行的通常的协助调解,检察机关的公权身份以及其在申诉审查程序中的角色,决定了其不应作为依抗诉而启动的再审程序中的调解主体,否则不仅会间接损害民事检察权之核心功能的发挥,还可能因为同时作为监督者和纠纷解决者而影响其在申诉审查环节的客观性与中立性。②

概言之,在对民事检调对接的实然运行方式和适用范围进行正当性反思后可以发现,虽然在发生时间、适用情形以及行为效力等方面存在差异,但上述三类实践模式的最显著共性在于:检察机关的促成和解或调解行为均不具有公权制约的性质和功能,亦不涉及国家利益或社会公益维护,而是由检察机关扮演着民事实体纠纷的直接解决者甚至是"准裁判者"的角色。这就使得检调对接这一自发性制度在很多情况下超越了民事检察权的本质属性和应然权能,因而有必要重新界定该种社会治理型制度的运行空间,以矫正目前存在的正当性缺失、有违民事程序基本原理等问题。

(二) 民事检调对接的应然运行空间探究

针对民事检调对接制度在实然运行空间方面的正当性缺陷,本部分

---

① 参见韩静茹:《社会治理型民事检察制度初探——实践、规范、理论的交错视角》,载《当代法学》2014 年第 5 期。

② 同上。

将以社会治理型民事检察权的本质属性和应然功能为出发点,重新甄别和探究检察和解或检察调解与法院审判权以及当事人之间的关系,以期正确界定检调对接的应然运行空间、矫正目前的偏误认识和不当做法。

1. 检察调解或和解与法院审判权的关系

检调对接的守法监督属性决定了其与审判权之间并非监督与被监督的关系,具体来说,当检察机关认为生效裁判合法正确而向申诉人释法说理、服判息诉时,体现了检察权对审判权的支持和认可;当检察机关为了缓和申诉方不满情绪、避免缠访而在生效裁判合法正确的情况下进行检察和解或调解时,其行为在相当程度上冲击了法院裁判的严肃性和权威性;当生效裁判的确存有瑕疵或者满足抗诉条件时,检察机关的促成和解或调解行为发挥着直接解决实体纠纷的准裁判功能;而当检察和解或检察调解发生在再审程序中时,检察机关扮演着法院调解协助者的角色。在这四种情形中,检察机关与法院之间的关系始终围绕着服判息诉和解决纠纷两大目标展开,其中异化关系的出现也主要是源于未能正确分配检察权和审判权在实现这两大目标过程中的应然职责。详言之,对裁判结果之认同度和接受度的培育,应当蕴含在诉讼程序的进行过程中,通过诉权与审判权之间的有效互动和相互制衡来实现服判息诉、提升司法公信力等目标,因此需要扭转目前检察机关在此领域的角色错位,不应忽视问题的根源而将之前所有的矛盾都堆积到申诉这一最后环节,导致并不享有事实认定和法律适用权的检察机关成为实际上的"准审判者",进而在异化审判权与检察权之关系的同时,致使检察机关在某种程度上成为了损害司法裁判终局性、严肃性和稳定性的推手。①

2. 检察调解或和解与当事人的关系

在公权制约型民事检察权领域,检察机关与当事人之间的关系主要体现为后者向前者提供审判权或执行权的违法信息,检察监督权的行使对当事人的实体权利义务关系并不产生直接影响。与此不同,检察机关在受理和审查申诉申请过程中的促成和解或调解以及在再审程序中的协

---

① 参见韩静茹:《社会治理型民事检察制度初探——实践、规范、理论的交错视角》,载《当代法学》2014年第5期。

助调解，使得检察机关与当事人之间呈解纷主体与涉纷主体的关系，这一方面使得检察机关从公权制约主体异化为民事纠纷的直接解决主体，另一方面导致检察机关的角色混同和功能错位，可能变相激励当事人将检察机关作为满足自身诉求的第二裁判主体并加以不当利用。为了扭转检调对接领域检察机关与当事人之间关系的异化现状，除了适度的释法说理外，对于当事人双方有和解意愿的情形，检察机关可以中止申诉审查程序而由当事人自行和解，若其达成和解协议并申请撤回申诉，检察机关应当终结审查程序；对于当事人双方有寻求调解意愿的情形，检察机关可以中止申诉审查程序而将当事人交由人民调解委员会等外部调解组织，在当事人达成调解协议并申请撤回申诉时，检察机关应当终结审查程序。简言之，检察机关应当尊重申诉人和对方当事人的合意选择，但不应介入双方的和解亦不应直接作为调解主持者，以避免其异化为生效裁判作出后的另一公权力解纷主体和私权救济主体。

3. 检察机关在民事纠纷解决机制体系中的应然角色

在厘清了检调对接过程中检察机关与法院以及当事人之间的应然关系后，需要以检察权的本质属性和功能定位为指引，反思检察机关在化解社会矛盾纠纷领域的作用途径和合理限度。不同于审判机关，检察机关的性质定位决定了其并不承载直接解决民事纠纷的职能，而是通过其他路径间接发挥着维护社会管理秩序的功能。而目前民事检调对接实践中的一些具体做法，在相当程度上背离了检察机关权能配置的基本准则，这一方面源于对民事检察权基本理论的认识匮乏和功能定位偏误，另一方面源于绩效考评、避免追责以及司法政策等内外部因素的变相施压。《民事诉讼法》第209条将检察机关受理申诉置于最后一道环节，这可能导致民事检察部门成为矛盾堆积的终端并异化为息诉服判的专门机构。民事检察调解和检察和解在本质上属于纠纷解决行为，不属于民事检察权的应有之义，检察机关虽然承载着守法监督职能但其并非民事争议的解纷主体，直接救济民事私权不属于社会治理型民事检察权的正当实现途径。因此，违反权力和制度属性进行功能配置，不仅会导致主体角色的异化和错位，还会减损相关主体原有的基本职能及核心功能的应有效果，使得相互配合、相互协作、相互衔接的应然关系异化为相互冲突甚至相互消减的局面。质言之，让某种主体或制度不分层次、不加界限地承担多种相冲突、相矛盾的功能，或是让不同主体承担相重叠的功能，都不符合权力分配、权能分界以及资源合理配置的要求。①

五、民事执行检察协助的运行空间

民事执行检察协助属于自发性的社会治理型民事检察制度，以依法排除和制止不当干扰执行活动的违法行为、支持和协助执行权的顺利实现为目标。作为化解"执行难"问题的方式之一，执行检察协助制度的运行空间取决于检察机关与执行法院、执行程序当事人以及其他协助执行主体之间的关系。

（一）检察机关与执行法院以及其他协助执行主体的关系

1. 检察机关与执行法院的关系

在民事执行检察协助领域，检察机关与执行法院之间属于协助与被协助的关系，因此二者在总体目标上具有一致性，即确保执行程序的顺利、高效运行。当法院在依法行使执行权的过程中遭到了行政机关或其他地方势力的非法干预，或是出现了协助执行人违法抗拒执行、当事人及利害关系人恶意串通逃避或阻碍执行等情形，执行法院在无法借助自身享有的执行措施排除相关干预或阻碍行为时，可以申请检察机关协助执行。需要注意的是，依照执行程序的一般原理和基本假定，在通常情况下不需要执行程序之外的主体介入，因此执行检察协助的启动应当以法院的申请为前提，并且在协助的过程中需要严格遵守检察协助与法院执行权的功能边界，避免协助执行异化为替代执行。与此同时，执行检察协助只是化解目前执行难问题的可能路径之一，不应将之作为常态化、常用型的制度，而需要通过逐步培育执行权威、优化执行体系、完善执行制度和规则的配置，进而从根本上铲除"执行难"问题的生发土壤。

2. 检察机关与其他协助执行主体的关系

现行《民事诉讼法》并未明确规定检察机关的民事执行协助职能，作为一种实践先行的制度，需要处理好检察机关与被执行人所在单位、银行、信用合作社、资产登记管理部门等法定执行协助主体之间的关系，通

---

① 参见韩静茹：《社会治理型民事检察制度初探——实践、规范、理论的交错视角》，载《当代法学》2014 年第 5 期。

过明晰其各自的协助范围、协助方式和行为效力,来避免制度设置的重叠或空缺。首先,从协助范围来看,检察机关的法律地位和职能范围,决定了执行检察协助主要适用于被执行人为国家机关等特殊主体的执行难情形,以发挥检察机关对这些特殊执行义务人的守法监督功能。其次,从协助方式来看,不同于银行和信用社等执行协助主体所采用的扣留、提存、扣押、查询等措施,检察机关发挥协助功能的手段是向相关国家机关提出检察建议、进行调查以及移送案件线索等,也即以符合检察职能及其行使模式的方式予以协助。再次,从协助行为的法律效力来看,执行检察协助的效力主要在于排除妨碍和干扰,而不同于银行、信用合作社、资产登记管理部门等主体之协助行为所具有的直接变动财物所有权的效力。此外,检察机关对于其他协助执行义务人非法抗拒执行的行为或怠于协助的不作为行为,同样有权进行干预。

(二)民事执行检察协助与执行程序当事人的关系

首先,从执行检察协助与申请执行人之间的关系来看,虽然检察机关的协助行为在客观上将有利于申请执行人债权的实现,但是二者之间并不存在直接的法律关系。换言之,执行检察协助法律关系的双方主体是检察机关与执行法院,申请执行人并不是执行协助法律关系的主体,因此其无权申请检察机关协助执行。

其次,从执行检察协助与被执行人之间的关系来看,执行检察协助是检察院针对社会成员干扰法院执行活动的行为所实施的干预,在性质上属于司法协助[①],体现了法院与检察院两类公权力机关相互间的协作关系,其合力指向的对象即为被执行人。基于公权制约型民事检察权所承载的守法监督职能,检察机关有权在符合法定条件的情形下对被执行人妨碍、逃避或干扰执行的行为进行干预。而依据权责相一致的原理,当检察机关的违法协助执行行为对被执行人造成损害时,被执行人应当有权申请国家赔偿。

(三)民事执行检察协助与执行检察监督的关系

与检察机关在民事审判领域所可能具有的双重角色相类似,民事检察权的二元化权能结构使得检察机关在民事执行领域同样承载着双重职

---

① 参见傅郁林:《我国民事检察权的权能与程序配置》,载《法律科学》2012年第6期。

能:当其以监督执行权行使的合法性为目的而介入执行程序时,发挥着公权制约职能并以执行检察监督为实现方式;当其以保障执行权的顺利高效行使为目的而介入执行程序时,发挥着社会治理职能并以执行检察协助为实现方式。由此可见,执行检察协助与执行检察监督在权能性质、核心功能、主体关系、具体方式以及法律效力等方面均存在本质差异,因而在配置二者的启动条件、启动主体、权限范围以及运行空间时亦应有所不同。在实践中,一些地方的法院邀请检察机关对民事执行案件进行现场监督①,此时检察机关的到场监督实际上发挥着双重功能:一方面,能够监督法院执行行为的合法性,另一方面,可以对被执行人发挥威慑功能以及劝说和教育功能,从而促进执行程序的顺利进行。此处存有疑问的是,检察机关在同一执行案件中究竟应否同时扮演执行监督者和执行协助者的双重角色?笔者认为,当"两权同栖"时,检察机关与执行法院之间将交错存在着监督与被监督的关系和协助与被协助的关系,这无疑会使得以客观中立为本质特征的监督行为与以党派性和偏向性为本质特征的协助行为之间发生内在冲突;而在执行检察监督因被执行人申请而启动的情形下,这种混乱关系将更为复杂,即除了检察机关与法院之间的错综冲突关系外,检察机关与被执行人之间还交错存在着申请公权制约性监督关系和守法监督关系。鉴于此,有必要限制检察机关在同一民事执行案件中同时发挥公权制约和社会治理的功能,以避免两类权能的相互冲突甚至相互削弱。

第三节　社会治理型民事检察权行使的基本准则

在对检察机关支持起诉、督促起诉、民事公诉、检调对接和执行检察协助五种社会治理型民事检察制度的运行空间进行系统剖析后,能够发现其中所蕴含的一些具有普适性、规律性的原理和准则。对这些深层原理的提炼和抽象,不仅能够实现经验事实向理论模型的转化从而揭示出社会治理型民事检察权的基本原理,还能够运用这些基本原理和准则来

---

① 参见郑州市检察院民行处:《开展民事行政执行检察监督的实践与建议》,载《中国检察官》2005 年第 6 期。

矫治实践中的偏误做法、指明规范和制度革新的应然方向。相较于运行已久且极具中国特色的公权制约型民事检察权,基于社会管理职能的新型民事检察权在运行原理方面具有相当的特殊性和差异性,虽然均须遵循客观原则、合法原则等法律监督权的最基本原理,检察机关这一国家公权力机构对社会民事领域的介入和干预,使得社会治理型民事检察权的基本原理主要取决于国家、社会、公民个人三者之间在社会治理领域的关系模式和调整方式。依此,检察机关在行使社会治理型民事检察权的过程中,应当以辅助原则的思想精髓为指引,遵循社会自治和公民自治优先原则、有限适度干预原则以及避免角色冲突原则。此外,考虑到民事公诉制度相较于其他社会治理型检察制度在运行方式上的特殊性,本部分将对民事公诉的基本原理进行专门讨论。

一、客观合法原则

如前所述,客观性与合法性是法律监督权最基本的共通性特征,作为法律监督权两大权能类型之一的社会治理型民事检察权,自然须将客观原则和合法原则作为自身的基本准则。然而,社会治理权能在核心目标、运行空间以及实现方式上的特殊性,使得客观合法原则在该领域的基本内涵和践行路径较公权制约型检察权有所不同。

(一)客观原则与禁止角色冲突

法律监督权的本质属性决定了无论哪种类型的检察权能均须遵循客观性原理,其中执法监督的客观性来源于公权监督的中立性和公正性等最基本要求;而守法监督的客观性则来源于检察机关在进行社会管理时与相关民事行为或活动不存在利害关系。客观原则在公权制约型民事检察权领域的主要功能是保证审判独立、维护当事人诉讼地位平等,而实现这一目标的主要路径是禁止不当偏向和角色冲突。以下将结合社会治理型民事检察权的具体实现方式,来阐释客观原则的基本内涵与核心要求。

首先,检察机关在支持起诉时需要严格恪守其与当事人、诉讼代理人以及法律援助机构等主体之间的功能界限,避免异化为具有偏向性的原告方代理人或是盲目追求胜诉结果的自利性当事人。实践中,一些地方的检察机关在支持弱势群体起诉时会派员出庭,此时出席庭审的检察官不应同时享有审判监督者的权限,以防止检察机关利用双重职能向法院变相施压而背离了审判权独立行使原则的基本要求,同时也避免因矫枉过正而诱发新的实质不平等,致使本身处于实际强势的被告方陷入非正当的不利境地。其次,在运用督促起诉制度时,检察机关应当以客观立场为出发点来判断是否存在国有资产等国家利益受损的客观事实、是否存在直接管护主体怠于行使诉权的消极不作为情况,不能一味地偏袒国有资产而不当牺牲合法的民事私权益,更不能侵犯民事活动的契约自由和主体平等价值。与此同时,为了确保督促的客观性,不应将督促起诉与支持起诉叠加适用,更不应由检察机关同时担任督促者、支持者和审判监督者等多重角色。再次,虽然与刑事公诉中检察官所负有的客观义务不同,检察机关在提起民事公诉时仍需以契合民事诉讼程序基本原理的方式践行客观原则,一方面,处于原告地位的检察机关在提起民事公诉和行使诉讼权利的过程中应当诚信、客观,而不同于普通民事私益诉讼中盲目追求有利于己的裁判结果的原告;另一方面,检察机关不应同时作为原告和审判监督者,以避免其变相凌驾于审判者之上并损害当事人之间诉讼地位的平等性。第四,检察机关在受理和审查申诉申请的过程中若发现当事人之间存在和解的意愿或可能,其只能提出相关动议而不得站在申诉方的立场上变相强迫双方达成合意。此外,在进行民事执行检察协助的过程中,检察机关应当立足于客观立场来判断是否存在被执行人违法拒绝、躲避或妨碍执行的情况,不能忽视客观原则的要求而一味地偏向执行法院并盲目提供协助。

(二) 合法原则

依循国家公权力与民事主体私权利之间的应然关系以及私权自治、意思自治等民法基本原则,在缺乏法律明确授权的情况下,作为国家公权机构的检察机关不应随意介入民事领域,因此合法原则必然属于社会治理型民事检察权的基本准则之一。依据合法原则的基本内涵,检察机关在干预社会民事活动和民事行为时,必须具备法定依据并且遵循法定的范围、方式和程序,然而反观我国社会治理型民事检察制度的自生自发模式以及规范依据上的低位阶和混乱化现状,显然未能满足合法原则的基本要求,而有待在甄别和提取有益经验、剔除非正当内容的基础上予以法定化和规范化的建构,以扭转法律依据层次不齐、各地实务做法不一、缺乏稳定性和明确性等不良局面。

目前我国社会治理型民事检察权在合法性方面的缺陷主要表现为两种情况:一是仅具有抽象性的法典依据而缺乏明确、具体的制度和规则配置,例如检察机关支持起诉制度和民事公诉制度;二是仅具有司法解释或司法政策性文件的倡导性规定而缺乏法典层面的依据,例如督促起诉、检调对接以及执行检察协助。具体来说,首先,虽然《民事诉讼法》中规定了支持起诉原则,但并未明确赋予检察机关支持起诉的主体资格,亦无法从特别法中获得具体授权,这不仅导致检察机关的支持起诉尝试不具备充分的法律依据,还因为缺乏适用范围和具体方式上的法律约束而出现了不当扩张或错误利用等问题。其次,督促起诉虽然已经是各地检察实务中的常见做法,但《民事诉讼法》和相关司法解释中均无与此相关的规定,这使得督促起诉在适用范围、适用条件和法律效力等方面存在着弹性化、非规范化等缺陷。再次,与支持起诉的立法技术相类似,新《民事诉讼法》虽然正式确立了民事公益诉讼制度,但极为概括抽象的单条立法模式仍旧未能解决检察机关在主体资格方面的争议状态,亦无法依据检察权的性质和职能来配置相应的案件类型和诉讼程序。而检察和解则更是具有显著的任意化运作的特征,虽然相关司法解释对申诉审查环节的检察和解进行了简单规定,但具体的适用情形和程序阶段、适用条件和具体方式等内容均属空白。此外,执行检察协助同样仅规定在位阶较低的法律规范性文件中,而有待在单独制定强制执行法时予以规范。

二、辅助性理论与有限适度干预原则

社会治理型民事检察权最显著的特性在于以社会主体的民事行为或民事活动作为干预对象,而不同于以法院的审判行为和执行行为等公权力行为作为监督对象的公权制约型检察权,这一核心特征决定了检察机关在进行民事守法监督时必须要与社会治理的基本原理和理念精髓相契合,正确处理国家、社会、个人在此领域的权能分配和相互关系。在对五种社会治理型制度中检察机关与其他不同性质、不同地位的权利或权力主体间的关系进行剖析之后,可以发现:社会治理型民事检察权在运行过程中应当遵循辅助原则(principle of subsidiarity)和比例原则两项社会治理的核心基本准则①,其中前者要求检察机关发挥"国家补充功能"②,通过践行公民自治和社会自治优先的理念,来最大限度地尊重并培育个人理性和公共理性、避免检察权的不当干预并实现社会治理的"成本—收益"最优化;而后者则是指在需要社会治理型民事检察权介入的情形下,检察机关所采用的手段和介入的程度应当符合有限性、必要性、适度性和有效性的要求。

(一)辅助性理论与公民自治、社会自治优先原则

辅助性理论起源于天主教社会学的教义论,宗教庇护十一世在《四十年通谕》中对该理论的内涵进行了阐释③第二次世界大战后新自由主义的兴起使得天主教的该种辅助性思想逐渐世俗化并在公法领域得到了广泛适用,20 世纪 70 年代德国宪法学家彼得斯(Peters)通过对福斯多夫在 1959 年提出的生存照顾的辅助性理论进行发展,使得辅助性原则成为了规范个人、社会和国家之间关系的通说性准则,并且随着时代的发展而扩展适用于中央与地方的关系以及共同体与成员单位之间的关系。④ 辅助性原则主张国家和政府应当从"管制的主导者"走向"公共治理(governance)的辅助者"⑤,认为只有当公众和组织无法自主实现某种目标时,高一层级的组织才在出于保护目的的前提下介入,且该高一层级的组织须具备更好地完成该事务的能力。申言之,辅助性原则强调对自我负责精神和社会自治理念的尊重⑥,只有当社会不能凭己之力维持稳定时才允许国家权力的介入,以防止国家对社会和公民的不当干预并保障相关主体在穷尽其他手段时请求国家积极作为的权利,从而在尊重自治权的同时确保治理效益,实现国家和政府管制与社会自治、公民自治的适度均

---

① 参见翟小波:《"软法"及其概念之证成——以公共治理为背景》,载《法律科学》2007 年第 2 期。
② 参见陈新民:《公法学札记》,中国政法大学出版社 2001 年版,第 79 页;陈新民:《德国公法学基础理论》,山东人民出版社 2001 年版,第 189 页。
③ 参见〔法〕阿兰·佩雷菲特:《信任社会——论发展之缘起》,邱海婴译,商务印书馆 2005 年版,第 456 页。
④ 参见喻少如:《论行政给付中的国家辅助性原则》,载《暨南学报(社会科学版)》2010 年第 6 期。
⑤ 翟小波:《"软法"及其概念之证成——以公共治理为背景》,载《法律科学》2007 年第 2 期。
⑥ 参见詹镇荣:《民营化法与管制革新》,台湾元照出版公司 2003 年版,第 286 页。

衡,促进国家、社会、公民之间的关系协调,推动社会管理的良性循环。①

将辅助性原理的上述思想精髓运用于公权制约型民事检察权领域,可以提炼出公民自治和社会自治优先原则,依据该原则,检察机关应当尽可能少的干预其他主体的民事活动和民事行为,在出现损害国家利益、社会公共利益或者扰乱社会民事秩序的行为时,应当依照"最低而能解决问题"的原则,由最贴近问题并掌握着解决问题所需信息的主体予以处理,只有当公民自治、社会自治等方式均无法解决相关问题并且该特定问题属于公权制约型检察权能的治理范畴时,才允许检察机关以符合其权能属性和职能运行模式的方式予以介入。具体来说,首先,应当按照社会自治优先的理念矫正检察机关在民事支持起诉领域的地位和角色,从目前的"主力军"转变为"替补者",而由实体法中所规定的社会团体和组织作为支持弱势群体提起诉讼的核心力量,只有在穷尽了公民自治和社会自治性质的手段仍旧无法实现对弱势群体的倾斜保护时,才由检察机关予以介入并在法定职能的范围内提供支持。其次,在民事督促起诉领域,应当按照辅助原则中职权运作的次序性原理来处理检察机关与行政机关内部具体职能部门之间的关系,当承担国有资产监管职责的主体能够通过行政措施或是其他成本更低、效益更高的民事方式实现维护国家利益和社会公益的目标时,检察机关不应督促其提起诉讼,也不应干涉国有资产监管部门和国有单位依法行使的自治权和裁量权。再次,检察机关在行使民事公诉权时应当以社会自治优先、穷尽其他更优机制为原则,尊重并培育有关组织的自治能力和公共理性,只有当社会团体或组织无法有效行使民事公益诉权、其他机制无法发挥公益维护功能时,检察机关才直接提起民事公诉。这种将检察机关公诉权后置的顺位安排,不仅有助于培育公民理性和社会自治,还能够通过社会参与来发挥理性释放不满情绪、自发调整社会关系、降低社会治理成本和维稳成本等积极功能。而从检调对接制度与辅助性原理之间的关系来看,实践中的现有对接模式显然严重背离了辅助原则所要求的国家最小干预、公民自治优先等理念,检察机关应当尊重民事主体的自由选择、自我决定和自己责任,在通常情况下

---

① 参见熊光清:《从辅助原则看个人、社会、国家与超国家之间的关系》,载《中国人民大学学报》2012年第5期;韩波:《公益诉讼制度的力量组着》,载《当代法学》2013年第1期。

不再介入民事实体权利和义务的处分过程。此外,检察机关在协助民事执行时,同样要按照辅助性原理来安排自身与执行法院、其他执行协助主体之间的权限和顺位,只有当法院穷尽了执行权限内的法定手段仍旧不能排除执行妨碍情形并且不存在其他更为适宜的协助主体时,检察机关才能依据法院的申请以符合检察职能的方式提供协助和支持。

(二)有限适度干预原则

辅助性原理和公民自治、社会自治原则是处理检察机关与社会和公民在民事领域之相互关系的基本准则,在已经穷尽了公民自治和社会自治但仍需检察机关介入的情形下,公权制约型民事检察权的运行需要遵循有限适度干预的原则,也即按照比例原则中的适当性、必要性和均衡性原理,来确保该类权能之适用范围的有限性、干预程度的有限性和手段选择的适度性,保障干预的最小侵害性、方式与事项的适应性以及成本与收益的相称性。

首先,检察机关的支持起诉应当以依申请启动为原则、以遭受非法侵害的社会弱势群体为支持对象,不应向行政机关、国有单位等强势主体提供支持;在支持方式和具体内容上,应当主要限于帮助受侵害的弱势主体提起诉讼,以避免超越支持的正当限度而异化为代理行使实体处分权和程序处分权的诉讼代理人或共同诉讼人。其次,应当严格控制检察机关督促起诉的适用范围和法律效力,对于涉及集体经济组织以及国有企业一般民事活动的事项,检察机关无权干预相关主体的诉权自治,且检察机关的督促建议对被督促主体不具有强制力;在被督促主体接受建议而决定提起诉讼后,检察机关不应过多介入双方的实体权利义务关系,更不能借助促成诉前和解、劝说教育、主持调解等方式对相关主体变相施压。再次,检察机关行使民事公诉权时应当遵循适用范围的有限性和处分权的有限性,一方面,并非对于所有性质和类型的民事公益案件检察机关均享有诉权主体资格;另一方面,检察机关在行使公诉权时应优先保护实体权利义务主体的私权救济,并且在被告的确定、诉讼请求的类型等方面均无自由处分权。而在民事检调对接领域,检察机关的介入更应克制,对于有和解意愿的当事人,检察机关可以促成和解,但是仅限于意愿上的撮合而不介入实体权利义务的实际分配;对于有调解意愿的,可以交由人民调解委员会等诉外纠纷解决主体进行处理,而不能自己担任调解主体。此外,民事检察协助权的行使同样需要采用依申请启动的方式,并且只能以符合检察权的基本属性和职能内容的方式提供协助,避免越权协助或是将协助执行异化为替代执行。质言之,社会治理型民事检察权作为一种权力手段,不仅自身要遵循节制和适度的理念,亦不应加入过多的激励机制或科以不相适宜的政治任务,以避免相关制度异化为审判人员获取个体目标、检察机关获取部门利益的功利主义手段。①

三、民事公诉的基本原理别论

在社会治理型民事检察权的五种实现方式中,民事公诉制度最具特殊性:不同于在其他制度中所担任的支持者、督促者或协助者等程序外角色,检察机关需要以提起诉讼的方式来行使民事公诉权并作为诉讼程序中的原告。鉴于此,除了应当遵循合法原则、客观原则、辅助原则、有限适度干预原则等基本准则外,检察机关在行使民事公诉权时还应遵守民事诉讼程序的基本原则以及公益诉讼的一些特有原则。

(一) 与普通民事诉讼的共通性基本准则

相较于普通民事诉讼也即私益诉讼,民事公益诉讼虽然在程序功能、原告主体资格、诉讼标的、诉讼请求类型等方面具有特殊性和差异性,但检察机关作为原告时同样需要恪守民事诉讼程序的基本原则和一般原理,从而避免侵蚀平等对抗等核心理念的根基、防止检察机关诉讼地位的异化。因此,在配置民事公诉权时应当遵循当事人诉讼权利平等原则、辩论原则、诚实信用原则以及审判独立和裁判中立原则。②

首先,检察机关提起民事公诉时应当遵守当事人诉讼地位平等原则和辩论原则。具体来说,检察机关作为公益诉讼的原告与对方当事人平等地享有诉讼权利、承担诉讼义务,并且在适用法律上一律平等。在整个诉讼过程中,检察机关与对方当事人平等对抗,依循辩论原则的要求进行举证和质证,以期向法院证明己方的主张并获得公正的裁判结果;当不满意一审的裁判结果时,双方均有权向上级法院提起上诉。需要特别关注

---

① 参见潘剑锋、刘哲玮:《论法院调解与纠纷解决之关系——从构建和谐社会的角度展开》,载《比较法研究》2010 年第 4 期。
② 参见傅郁林:《我国民事检察权的权能与程序配置》,载《法律科学》2012 年第 6 期。

的是,民事检察权的二元化权能结构使得检察机关在作为原告提起民事公诉时,还享有监督审判权的公权制约权能,这种集当事人和监督者双重角色于一身的模式,极可能造成检察机关与对方当事人之间的实质不平等,因此在检察机关作为民事公益诉讼的一方当事人时,有必要取消其提出抗诉或再审检察建议的监督权能。其次,民事公诉程序应当遵循审判独立和中立原则,这是任何类型诉讼程序的共通性基本准则。一方面,不同于审判检察监督领域中检察机关与法院之间的监督与被监督关系,民事公诉中二者属于当事人与裁判者的关系、诉权与审判权的关系,法院不得因为检察机关的公权力身份及其所享有的公权制约职能而在认定案件事实和适用法律时有所偏倚。另一方面,民事公益诉讼由于涉及社会公共利益的维护而不同于完全实行辩论主义的私权诉讼,但法院对辩论主义与职权主义的衡平不能突破裁判中立原则的底线。

(二)民事公诉的特有原理

相较于民事私权诉讼中的原告,检察机关行使民事公诉权时须遵循有限处分这一特有原则。公益处分权的有限性主要源于社会公共利益本身的特性以及检察机关民事公益诉权来源的特殊性。具体来说,检察机关是否提民事诉讼、将谁作为被告需要受其法定职能的限制;检察机关提出何种类型的诉讼请求、主张法院给予何种方式的救济同样受到限制,不同于私权诉讼中多样化的诉求类型,检察机关提起民事公诉时的诉讼请求主要限于停止侵害、消除妨害、确认侵权等类型,通常其无权要求损害赔偿。除了上述几个方面的处分限制外,目前争议最大的问题是检察机关是否有权变更诉讼请求、是否有权和解或调解、是否有权撤回起诉。通过第二章中对相关实证案例的分析可知,实践中民事公诉案件调解结案的情形并不罕见,笔者同样并不否定检察机关的调解及和解权[①],但考虑到公益诉讼的示范效应、规则形成和政策发展功能以及对检察机关处分权的有效制约,可以考虑借鉴美国针对该问题而设置的公告评价(public notice and comment)[②]制度。

---

① 参见韩静茹:《社会治理型民事检察制度初探——实践、规范、理论的交错视角》,载《当代法学》2014年第5期。

② John C. Cruden & Bruce S. Gelber, Federal Civil Environmental Enforcement: Process, Actors, and Trends, 18 NAT. RES. & ENV'T. 10, 15 (2004).

第五章
民事检察权的二元化构造

在分别对公权制约型民事检察权和社会治理型民事检察权的实现方式、运行状况、现存问题、生发原因、运行空间以及基本原理等内容进行了系统和深入的研究之后,本章将继续依循之前的问题线索、运用从经验事实中所提炼出的相关原理,来剖析现存问题和困惑的主要成因、探寻相应的解决方案。在此基础上,借助系统论的视角对民事检察权的二元化权能结构体系进行内部关系与外部关系相结合的综合研究,以期厘清并协调各类民事检察权能内部诸种实现方式相互间的关系、两类民事检察权能相互间的关系以及民事检察权整体与国家权力体系和公民社会的关系。在完成了从制度到权能、从个体到系统、从微观到宏观、从内部到外部的分析研究后,将以民事检察权的负外部性为出发点,采用横向制约与纵向制约相结合、权利性制约与权力性制约相结合、预防性约束与惩戒性制裁相结合的模式来实现民事检察权制约机制的体系化建构,从而切实回应"谁来监督监督者""谁来制约治理者"的长期质疑。最后将依循"权限分界、权能分类、程序分层、案件分流"的进路,尝试提出我国民事检察权在理念和规范两个维度体系化更新的基本构想和总体方案。

第一节 民事检察权的问题成因与优化方案

以民事检察权的生发原因和运行空间为基础所提炼出的各类权能的基本原理和准则,不仅有助于推动民事检察权在基本理论方面的发展和完善,同时也为分析现存问题的内在成因、探寻相适应的解决方案提供了最佳路径。鉴于此,本部分将尝试运用这些基本原理和运行准则,对第二章中所揭示的问题和困惑进行成因分析并提出可能的解决思路或方案，从而为下一步采用系统论和关系论的视角对民事检察权展开更为深入的研究奠定基础。

一、公权制约型民事检察权的问题成因与优化方案

前文分别从法律规范、理论研究和实务运行三个层面，对公权制约型民事检察权领域所存在的主要问题和面临的困惑进行了梳理，以这些问题意识为线索，以下将对民事审判检察监督和民事执行检察监督方面的问题成因予以揭示，并提出与该类权能之基本原理相契合的解决方案。

（一）民事审判检察监督的问题成因与优化方案

1. 民事审判检察监督领域的问题成因

以公权制约型权能的本质属性和应然功能为出发点，结合审判检察监督的生发原因和运行空间，能够透视该领域现存问题和困惑的主要成因。首先，对审判检察监督的性质、功能以及作用限度的认识缺位或偏误是现存问题的最主要成因。具体来说，由于未能正确认识审判检察监督的公权制约属性，以及对有错必纠、追求绝对客观真实等传统理念的长期固守，导致在制度设计和司法实践中错误地将审判检察监督定位为以直接救济当事人私权为功能的权利救济机制，进而对审判检察监督的事由与当事人申请再审的事由进行了不加区分的同一设置，并依此主张检察机关对审判活动进行全面监督；由于未能认识到法律监督权的事后性、非实质处分性等基本特征，导致了有关同步监督与事后监督的认识分歧以及要求强化监督效力的盲目主张，一些地方的检察机关还尝试通过全程旁听庭审的方式来实现同步监督或所谓的预防性监督；由于未能厘清检察监督权与审判权各自的功能界限、运行空间以及相互关系，导致实践中出现了检察权不当干预审判权、法院无正当理由阻碍审判检察监督等情况，并生成了有违制度功能和原理的工作绩效考核指标。

其次，现有规范的概括粗疏、缺乏必要的条件控制和过程控制，是导致审判检察监督的运行实效偏离预设功能的主要原因。一方面，实体构成性规则和程序实施性规则的缺位或不完备，致使实践中因为缺乏具有可操作性的规范指引而面临着诸多困惑；另一方面，极为概括抽象的立法模式导致检察机关在进行审判监督时缺乏必要的制约机制，进而出现了实践方式多样不一、利用审判监督权寻租等问题。最后,对民事审判发展现状和社会客观需求的忽视以及对审判检察监督所可能存在的负面功能的过分夸大,是现存问题和争议的另一成因。对原教旨主义的固守、对西方理论和制度的盲从①,加之未能客观评估我国民事审判的水平以及审判检察监督的积极功能,致使有关"废除论""改良论""强化论"的分歧长期存在,并加深了理论研究与实践现状的鸿沟、弱化了理论成果对检察实务的供给能力。

2. 民事审判检察监督的优化方案

在明晰了民事审判检察监督领域的问题成因后,需要以之前提炼出的基本原理和运行准则为总体指引,来尝试探寻消解现存问题并推动制度优化的可能路径。总的来说,在民事审判检察监督的规范创设、制度革新以及实践运行过程中,应当以公权制约的本质属性和执法监督的功能定位为出发点,遵循合法原则、客观公正原则、穷尽程序内部制约原则、有限适度监督原则以及比例原则的基本要求。

首先,应当从理念上更新审判检察监督的本质属性和功能定位。作为以监督民事审判权依法公正行使为目标的公权制约性制度,审判检察监督必须符合法定性、客观性、公正性等法律监督权的本质属性,因此检察机关在进行审判监督时应当恪守监督程序公开、监督立场客观中立等要求,避免异化为当事人权益的救济工具并损害平等原则等诉讼程序的最基本原理。其次,检察机关在行使审判检察监督职能时应当遵循穷尽程序内部制约的原则。详言之,第一,应当优先发挥诉权对审判权的制约功能,将这种权利性制约作为确保审判权依法公正行使的核心手段和常态机制,在当事人能够借助程序参与权和权利救济机制对审判权进行制约的情况下,检察机关不应介入该种诉权与审判权之间的双向制衡关系。第二,应当优先发挥常规性监督机制的功能,作为与审判权相并列的同级国家权力,检察机关应当最大限度地尊重和鼓励法院利用自我监督机制来保障审判权的依法行使,从而培育审判权的内部自治、优化法检之间的关系模式。第三,应当严格遵守审判检察监督的事后性和补充性原则,这

---

① 参见陈瑞华:《诉讼监督制度改革的若干思路》,载《国家检察官学院学报》2009 年第 3 期。

既是法律监督权的应有之义,也是民事诉讼程序自组织原理的基本要求,因此只有当审判权违法行使的情形已经出现且无法通过权利性制约和法院内部自我监督予以矫治时,审判检察监督才能发挥功能替代作用,而不得同步监督或预先介入。

最后,检察机关在行使审判检察监督权时应当秉承谦抑性理念并遵循有限适度监督的原则。具体来说,在监督范围上,应当与审判权的专属性以及检察机关的监督权限和实际能力相适应,避免因为检察权对审判权之干预范围的不当扩张而引发角色异化等问题;在监督效力上,应当依循仅有程序性效力而无实质决定权这一法律监督的应然特质,避免检察机关凌驾于法院之上、避免检察监督权侵犯和瓜分审判权,并防止司法机关法律关系的混乱[①];在监督方式上,审判检察监督应当以依申请启动为原则、依职权启动为例外,虽然《民事诉讼法》将检察机关的抗诉事由与当事人申请再审的法定事由进行了同一化规定,但有必要依据具体事由的不同而附加启动方式的限制,即只有在涉及国家利益和社会公共利益时检察机关才能够依职权启动审判监督权;而在监督进程上,检察机关应当受当事人处分权的限制,通常情况下申诉人有权申请撤回监督申请。此外,检察机关在进行审判检察监督时还需遵循比例原则,以确保检察监督的适当性、必要性和均衡性。换言之,将比例原则的精神内涵融入到审判检察监督的制度设计之中,使得监督事由的配置与审判检察监督权的应然功能相适应、监督手段与监督对象相适应、监督成本与监督收益相适应,并有效衡平审判公正价值与程序终局性价值之间的关系。

(二)民事执行检察监督的问题成因与优化方案

1. 民事执行检察监督领域的问题成因

相较于审判检察监督,民事执行检察监督是 2012 年的新增制度,虽然之前已经有了不少的实验性尝试,但理论认识的不统一、法典规定的极度概括以及单独立法的尚未启动,使得该领域在实践中面临着诸多问题和困惑。首先,对执行检察监督之应然属性和功能定位的认识混淆,是导致监督范围争议、实务做法不一的最主要原因。对执行难与执行乱、执行检察协助与执行检察监督不加区分的讨论,使得执行检察监督的适用范

---

① 参见陈瑞华:《公检法关系及其基本思路亟待调整》,载《同舟共进》2013 年第 9 期。

围和对象等问题一直存有争议,从而出现了将执行乱问题也纳入执行检察监督范畴的错误认识,致使本应作为执行协助之规制对象的被执行人也被误当做执行检察监督的对象。其次,对民事执行程序与审判程序之间差异的忽视是现存问题和困惑的另一成因。虽然均属于公权制约性质的制度,执行检察监督与审判检察监督在运行场域和关系网络方面的差异决定了二者在适用范围、监督方式、程序模式以及法律效力等方面均存有不同。然而由于未能厘清两类运行场域也即审判程序与执行程序在价值侧重、基本原则、行使方式等方面的差别,出现了照搬审判检察监督的相关制度来充实执行检察监督的错误主张,进而阻碍了依据执行行为的特点和违法执行行为的具体情形来配置相适应的监督手段。最后,法律规范的配置未能及时回应实践中的探索成果以及客观需求,是导致目前执行检察监督工作缺乏体系性和规范性的主要原因。一方面,许多地方的检察机关开始运用纠正违法通知、到场监督、建议更换办案人等方式对民事执行活动进行监督,但不同地方的检察机关在监督范围和监督方式的选择上有所不同,导致实践做法缺乏最起码的一致性;另一方面,民诉法虽然正式确立了执行检察监督制度,但是由于完全没有提及监督的具体情形和手段等最为基本的制度要素,使得该种宣示性的规定无法扭转规范严重缺失的现状、无法回应实践对规范指引的迫切需求。

2. 民事执行检察监督的优化方案

围绕执行检察监督领域的现存问题和主要成因,需要依循公权制约型民事检察权的运行准则和基本原理来探寻相应的解决办法和优化路径。与审判检察监督的修正思路具有同质性,民事执行检察监督应当立足于公权制约的功能定位,按照自组织原理和谦抑性理念的精神内涵来进行规范创设并指导实践运行。

首先,检察机关在行使民事执行检察监督权时应当秉承客观公正的立场,作为独立于执行程序主体的外部公权力机关,其监督对象是执行法院及其执行行为,监督目的是保障执行权依法公正行使、维护国家的司法公信力,因此检察机关不是执行当事人的权利救济主体,而是承载着客观监督、中立监督的法定职责。其次,检察机关在行使民事执行检察监督权时应当遵循穷尽执行程序内部制约的原则,按照递进性、事后性、补充性的原理,来优先发挥当事人和利害关系人的执行程序参与权和执行救济权对法院执行权的制约功能;在权利性制约缺位或失灵的情形下,优先发挥执行法院内部的横向和纵向监督制约机制;只有当程序内的权利性制约和权力性制约均无法实现预设功能时,检察机关才予以介入。再次,检察机关在行使民事执行检察监督权时应当遵循有限适度监督的原则,在监督范围上,仅限于法院的执行行为而不包括被执行人的违法行为,并且不应将法院的合法裁量行为以及一般的执行瑕疵纳入监督范畴;在监督效力上,执行程序对效率价值的偏重追求以及检察建议的本身特质,决定了执行检察监督对法院不具有必然的强制约束力;在监督方式上,同样需要符合被动性的要求,在不涉及国家利益和社会公共利益时,检察机关不应在当事人未提出监督申请的情况下介入执行程序。最后,检察机关在行使执行检察监督权时应当遵循比例原则,按照执行程序的价值目标和执行行为的本质特性来划定监督对象并确定相适应的监督手段,从而确保监督手段与监督对象、监督方式与监督目的、监督成本与监督收益之间的适当性、必要性和均衡性,并最大化地协调执行公正价值与执行效率价值之间的关系。

二、社会治理型民事检察权的问题成因与优化方案

不同于运行时间、实践经验以及规范数量等均占优势的公权制约型民事检察权,社会治理型民事检察权具有显著的自生自发性、实现方式多样性以及实践模式非规范性等特征。之前已经对该领域五种实现方式的运行现状、主要问题以及正当性程度等问题进行了较为系统的探讨,本部分将以这些来源于经验事实的问题和困惑为对象,借助社会治理型权能的运行空间和应然原理来剖析现存问题的主要成因、探寻可能的矫正方案。

(一)法定性制度的问题成因与优化方案

1. 检察机关支持起诉的问题成因与优化方案

法律依据的抽象概括、功能定位的模糊不清以及实践运行的利益驱动,是检察机关支持起诉领域之现存问题的主要成因。首先,《民事诉讼法》在总则部分规定的支持起诉原则仅仅是明确了支持主体的类型,而并未明晰适用的情形、支持的方式和法律效果,相关实体法也并未规定检察机关支持起诉的权能和职责,这就使得检察机关的支持起诉实践面临着

合法性和正当性的质疑。其次,对支持起诉之预设功能和应然性质的认识分歧,使得实践中检察机关超越了保护弱势群体这一核心功能,而利用支持起诉制度来帮助行政机关等强势主体提高胜诉可能性。最后,很多地方以追求工作亮点和制度创新作为开展支持起诉的根本目的,这导致实践中的很多做法仅仅盲目追求新闻效益和工作政绩等功利性目标,而忽视了检察权的功能界限、超越了支持起诉的正当性基础。

在明晰了问题的主要成因之后,需要以社会治理型民事检察权的本质属性为出发点、以该类权能的基本原理为基准,来"对症下药"地探寻优化检察机关支持起诉制度的可能方案。首先,检察机关支持起诉应当以倾斜保护为正当性根据、以保障弱势群体有效行使诉权为核心功能,并且需要严格控制该种制度的适用范围,不可泛化"弱势群体"的内涵和外延。其次,检察机关支持起诉时应当遵循公民自治和社会自治优先的原则,这是矫正现有问题的关键。依据国家、社会、个人之间的关系原理,检察机关不应作为支持民事起诉的主力,更不应过多地介入民事主体的活动领域,而应当优先发挥消协、妇女保护组织、律协等社会团体或组织在保障弱势群体方面的积极功能。最后,检察机关支持起诉时应当遵循有限适度原则,对于确需检察机关提供支持的情形,其同样需要按照适当性、必要性和均衡性的要求来恪守支持者的角色定位,避免异化为共同诉讼人或原告的诉讼代理人,进而损害了当事人诉讼地位平等原则的最基本要求、突破了社会治理型民事检察权的功能界限。

2. 民事公诉制度的问题成因与优化方案

法典规定的过分抽象、与相近似制度的关系混乱以及功利主义取向的实践模式,是导致民事公诉领域现存问题的主要因素。首先,《民事诉讼法》对公益诉讼的单条式立法无法为检察机关提起民事公益诉讼提供具有可操作性的规范指引,亦未能提供判断何谓"社会公共利益"的标准,这使得检察机关可以针对哪些类型的案件提起诉讼、在诉讼中享有哪些权利义务、如何配置具体的程序和规则等均处于模糊状态。其次,由于未能厘清检察机关在维护社会公共利益领域的应然角色和功能界限,致使民事公诉、督促起诉、检察机关提起刑事附带民事诉讼等相近似或相关联制度之间的关系混乱不清,并进一步加剧了实践做法的弹性化和非规范性。最后,检察机关对民事公诉的实验性尝试在相当程度上是为了追求新闻效应和创新亮点等功利目标,这是导致现有案例缺乏可复制性、规范性和普适性的主要原因。该种利益驱动不仅减损了现有实践在经验积累和规范发展等方面的应有功能,还诱发了一些有违程序公正价值和诉讼程序基本原理的异化做法。

以上述的问题成因作为制度优化的主要方向,在对民事公诉制度进行规范配置和实践矫治的过程中,应当遵循辅助性原理和有限适度干预原则,同时融入普通民事诉讼的最基本原则和公益诉讼的特有原则。首先,依据社会治理型权能的辅助性理念,在出现损害国家利益、社会公共利益的民事行为时,应当优先通过公民自治或社会自治的方式予以救济,而将民事公诉置于补充性的后置顺位。其次,检察机关在行使民事公诉权时应当遵循有限适度原则,一方面要明确划定可以适用民事公诉制度的案件类型,避免检察权的越位或缺位并优先保障实体权利义务主体的私权救济;另一方面,不同于民事私益诉讼中当事人所享有的广泛处分权①,检察机关的民事公诉权实行有限处分,对于是否提起民事诉讼、将谁作为被告、提出何种类型的诉讼请求、主张法院给予何种方式的救济等内容,检察机关均不享有任意处分权。此外,作为唯一一种以直接提起民事诉讼的方式来行使检察权的民事检察制度,检察机关在进行民事公诉时同样要遵循当事人诉讼权利平等原则、辩论原则、诚实信用原则、审判独立和裁判中立原则等民事诉讼程序的共通性基本准则。

(二)自发性制度的问题成因与优化方案

1. 督促起诉的问题成因与优化方案

作为一项自生自发且具有明显功利主义价值取向的规范外民事检察制度,督促起诉领域现存问题的主要成因有二:一是对检察机关督促起诉的性质界定偏误,由于未能厘清督促起诉与督促采取行政措施之间的性质差异,使得一些主体将督促起诉作为公权制约性质的制度并依此进行规则设计。二是对检察机关在保护国有资产和社会公益领域的应然角色和路径的认识分歧,导致对督促起诉与民事公诉的异同及相互关系缺乏基本共识。为了扭转认识上的偏误并消解实践中的不当做法,应当以辅

---

① 参见董红卫:《方式与选择:民事检察监督改革的基本思路》,载《民事程序法研究》2006年第00期。

助性原理和有限适度干预作为检察机关督促起诉的运行准则。首先,按照职权运作的次序性原理,检察机关不应在国有资产监管主体能够通过行政措施或是其他民事方式履行管护职责时介入,以避免不当侵犯相关行政机关或国有单位的自治权和处分权。其次,在督促起诉的适用范围、运行阶段和法律效力方面应当遵循有限适度干预原则,对于涉及集体经济组织以及国有企业一般民事活动的事项,检察机关无权干预相关主体的诉权自治;检察机关的督促建议对被督促主体不具有强制力,在实现了敦促相关主体及时启动诉讼程序的目标后,检察机关不应介入当事人之间的实体权利义务关系。

2. 检调对接的问题成因与优化方案

如前所述,检调对接是公权制约型民事检察权的自发性实现方式中正当性缺陷最为严重的制度,这主要源于对检察权之功能不切实际的要求以及将本应由其他社会机制承担的社会管理任务强加给检察机关。具体来说,检察机关不应该承担直接解决民事纠纷的职能,虽然保障社会治理的有效性和有序性是各种公权力机关的共同职责,但不同的权力机关承担着相对独立的职能,因此在社会治理领域的功能分配和实现路径有所不同。民事检察和解或检察调解等做法虽然在名义上或初衷上使得检察机关能够承担部分的纠纷解决职能,从而有利于维护社会秩序的和谐稳定、有益于帮助法院分流案件并服判息诉,但对该种短期效益的盲目追求将极可能牺牲司法的权威性、独立性、专业性以及终局性等根基性价值,导致机关职能之间的重叠、混乱或错位。质言之,如果允许法律框架内的程序和制度与框架外的程序和制度混杂交错,甚至法律制度外的程序和制度可以随意推翻或凌驾于框架内的制度,法治的基础必将遭受严重冲击。鉴于此,应当以公民自治优先作为核心理念,按照谦抑性和有限性原则的要求来发挥民事检调对接机制的积极功能,最大限度地剥离其负外部性。检察机关在审查申诉申请的过程中,对于当事人有和解意愿的应当暂停审查程序而由当事人双方自愿达成合意;对于当事人请求调解的,应当交由外部调解组织予以主持,检察机关不能变相强迫当事人达成合意,也不能作为实体权利义务纠纷的调解主体。

3. 执行检察协助的问题成因与优化方案

相较于其他两种自发性社会治理型民事检察制度,执行检察协助制度的适用频率相对较低,该领域之现存问题的主要成因是未能区分执行协助与执行监督的性质差异、未能明晰检察机关的具体协助方式以及与其他协助主体的关系。其一,很多地方的检察机关在开展执行检察监督试点工作时,误将化解"执行难"问题一并作为了执行检察监督的预设功能并将被执行人的违法行为也纳入了规制范畴,进而背离了公权制约型权能的基本原理。其二,在执行程序的单独立法工作尚未正式启动的现状下,检察机关执行协助的适用情形、具体方式、法律效力以及与其他协助主体的职能分配等问题均处于模糊状态,使得执行检察协助的实践具有相当的任意性而缺乏必要的约束。鉴于此,应当立足于执行检察协助的社会治理属性进行相适应的制度设计和规则配备,并以有限适度干预、公民自治和社会自治优先原则作为检察机关提供执行协助的基本理念。执行法院在穷尽了执行权限范围内的措施仍旧无法完成执行任务时,可以申请检察机关以符合检察权之法定职能的方式提供协助,检察机关不得依职权主动介入,也不能超越检察权的职能范围和运行方式提供协助。

第二节 系统论视野下民事检察权的内外部关系研究

在二元化权能结构体系中,民事检察权作为一个系统整体,由公权制约型民事检察权和社会治理型民事检察权两个子系统所共同构成。该系统能否有效发挥预设功能、能否产出最优化的运行成果,不仅取决于各子系统内部具体要素的质量优劣,还与子系统内部各要素相互间的关系以及子系统相互间的关系是否协调密切相关。① "每个子系统之外的其他子系统构成了该子系统的环境"②,因此只有在子系统内部的各个要素之间有机配合、两个子系统相互之间的边界明晰且关系协调、民事检察权系统整体与外部运行环境相适应的情形下,才能够达致民事检察权的良性运转和功能最优化、合力最大化。依此原理,在从微观层面分析了民事检察权七种实现方式的问题成因并提出了初步的矫正方案后,需要借助系

---

① 参见〔德〕卢曼:《法律的自我复制及其限制》,韩旭译、李猛校,载《北大法律评论》(第2卷第2辑),法律出版社2000年版,第450页。
② 翟小波:《"软法"及其概念之证成——以公共治理为背景》,载《法律科学》2007年第2期。

统论的方法对民事检察权的内部关系和外部关系予以深入分析,以确保同一类权能系统内部各种实现方式相互之间的关系协调、两类权能相互之间在功能分化基础上的关系融洽,进而促使民事检察权系统与社会这一最具包容性的总系统相适应。依循该种理路,本部分将分别对公权制约型民事检察权的内部关系、社会治理型民事检察权的内部关系、公权制约型民事检察权与社会治理型民事检察权的相互关系以及民事检察权与社会治理系统整体之间的关系进行分析。

一、民事检察权各类权能的内部关系研究

公权制约型民事检察权与社会治理型民事检察权是两个功能相对独立的子系统,二者相互不可替代且在运行上相对封闭。依照卢曼的系统论原理,子系统内部呈递归性(recursiveness)交往关系[①],因此在对子系统相互间的关系展开研究之前,需要首先厘清子系统内部各要素相互间的关系,以确保其内部关系的有机性和协调性。以下将分别对公权制约型民事检察权的两种实现方式相互间的关系和社会治理型民事检察权的五种实现方式相互间的关系进行探讨。

(一)公权制约型民事检察权的内部关系

公权制约型民事检察权以审判检察监督和执行检察监督作为实现方式,二者在总体功能上的一致性、监督手段上的相似性以及运行空间上的差异性,使得该类权能的两种实现方式既相互关联又有所区别,因而有必要从制度和手段两个层面进行比较研究,以明晰两种制度之间的界限和衔接关系,厘清各种具体监督手段的适用对象和关系顺位。

1. 两种实现方式的相互关系:审判检察监督与执行检察监督

民事审判检察监督和执行检察监督作为公权制约型权能的两大实现方式,均以宪法授予的执法监督职能为正当性依据,以监督法院依法使权力、维护民事法律的正确统一实施作为总体目标,并且均将检察建议作为具体监督手段的种类之一。虽然在性质和功能上具有一致性,但审判程序与执行程序、审判权与执行权之间的诸多差异,使得两种实现方式在

---

① 参见〔德〕卢曼:《法律的自我复制及其限制》,韩旭译、李猛校,载《北大法律评论》(第2卷第2辑),法律出版社2000年版,第450页。

适用场域、监督对象、监督标准、监督方式和监督效力等方面均存有差异，并且在某些情形下可能发生交错关系，因而有必要以差异性作为切入点来剖析二者之间的相互关系，以期明晰其各自的运行范围和具体原理、避免认识和适用上的混乱或冲突。

首先，二者的适用场域和监督对象有所不同。民事审判检察监督以审判程序作为运行场域并以审判权作为监督对象，这使得检察机关在运用该种方式时主要与审判行为以及当事人的诉讼行为发生关联，因此需要遵循审判程序的基本原理和一般规律；而民事执行检察监督则以执行程序作为运行场域并以执行权作为监督对象，这使得检察机关在运用该种方式时主要与执行行为以及执行程序当事人和利害关系人发生关联，因此需要遵循执行程序的运行原理和基本规律。

其次，二者的监督标准有所不同，虽然均以确保法院公权力行为的合法性和正确性为目标，审判程序和执行程序在衡平公正与效率之间关系时的不同侧重、审判行为与执行行为在特质上的差异，直接决定了审判检察监督和执行检察监督在启动标准上的不同，并进一步影响了二者在适用范围和具体情形上的配置。不同于审判检察监督中将事实和证据问题、法律适用问题以及严重的程序性问题均纳入监督范畴的做法，在确定执行检察监督的适用标准时需要与执行程序对效率价值的偏重追求相契合，因此对于那些一般的执行瑕疵以及不符合监督成本与监督收益比例关系的情形，不应纳入执行检察监督的范畴。换言之，执行检察监督以合法性作为适用标准，在满足合法性要求的前提下，法院的执行行为是否属于最佳、最优、最合理的方式，并不属于执行检察监督的规制范畴，以避免检察监督权干预合法的执行裁量行为并阻碍执行效率的提升。

最后，二者的监督手段和法律效力有所不同。审判检察监督以抗诉、再审检察建议和其他检察建议作为具体手段，其中抗诉具有启动再审程序的强制力；而执行检察监督则通过各种表现形式的检察建议予以实现，这些检察建议对法院不具有必然的拘束力。此处尤其值得关注并且尚属于争议焦点的，是抗诉在执行监督领域的角色以及其对审判检察监督与执行检察监督的关系勾连。具体来说，抗诉的特质在于重启审判程序，按照审执分立的原理以及程序运行阶段的先后顺序，抗诉在功能上的该种特质决定了通常情形下其无需也无法适用于执行检察监督领域，但当执行检察监督的对象是违法的执行依据时,则存在了适用抗诉的需要,例如作为执行依据的判决书存在启动审判监督程序的法定事由,作为执行依据的调解书、支付令或司法确认裁定书等符合启动撤销程序的法定事由。在这些情形下,抗诉具有从根本上否定执行依据之执行力的效力,该种执行检察监督权的启动类似于现行的审判监督程序①,并引发了执行程序向审判程序倒流的特殊现象,而致使程序倒流的根本原因在于审判检察监督与执行检察监督在适用条件和监督事由上的重合,以及检察监督程序与撤销程序的重合。为了尽可能避免这种重合所可能引发的程序倒流或关系冲突,应当严格限制检察机关以执行依据违法为由提出抗诉的条件,只有在当事人或利害关系人已经在执行程序启动前及时寻求了司法救济但遭到法院违法拒绝时,以及存在检察机关依职权启动执行监督权的公益事由时,才允许在执行程序中适用抗诉。

2. 具体监督手段的相互关系

抗诉和检察建议是检察机关进行审判监督和执行监督的两大手段,其中抗诉是公权制约型民事检察权的特有手段,也是法典化时间最早的监督手段;而检察建议则属于实践先行的法典新设手段,其设立初衷在于"发挥检察建议的交流与沟通能力,弥补抗诉这一刚性化监督方式的局限性,实现检察监督机制体系的多元化、高效性、衔接性配置"②。为了保障监督手段与监督对象相适应以及监督手段相互间的关系协调,需要对抗诉与检察建议的关系、各种公权制约型民事检察建议相互间的关系进行探讨。

(1) 民事抗诉与检察建议的关系

前文已经对民事审判检察监督中的抗诉与民事执行检察监督中的抗诉之间的关系进行了讨论,在此基础上,将进一步分析审判程序中的抗诉与审判检察建议的关系以及执行程序中的抗诉与执行检察建议的关系。

抗诉属于诉讼性的刚性化法律监督路径,而"检察建议则属于非讼性的柔性化监督机制,这一核心差异决定了其在预设功能及制度特征方面

---

① 参见傅郁林:《民事执行权制约体系中的检察权》,载《国家检察官学院学报》2012年第3期。

② 韩静茹:《民事检察建议刍议——以与抗诉的关系为视角》,载《西南政法大学学报》2013年第1期。

的差异,并进而划定了其不同的适用范围"①。首先,需要厘清抗诉和检察建议在审判程序中的相互关系。依据审判检察建议的适用对象的不同,可以将之分为针对生效的判决、裁定、调解书的检察建议和针对审判程序中审判人员违法审判行为的检察建议,为了讨论的方便,此处将前者称为再审检察建议,后者称为其他检察建议。第一,从抗诉与再审检察建议的关系来看,二者在适用范围和监督事由上具有一致性,但在适用条件和法律效力方面有所不同:其中抗诉采用提高一级监督的"上抗下"模式,而再审检察建议则采用同级监督的模式,因此与作出生效裁判的法院同级的检察机关虽无权直接提出抗诉,但有权提出再审检察建议;而在监督手段的法律效力方面,不同于以引发再审程序为功能发挥路径的抗诉制度,再审检察建议属于一种非讼性的监督手段,其并不具有启动再审程序的必然效力,而主要是依靠检察机关与法院的沟通、交流和协商,来促使法院通过内部监督制度纠正裁判中的错误和违法情形,当再审检察建议获得法院认可时,其将由外部监督转化为法院决定启动再审的内部监督形态。② 第二,从抗诉与其他审判检察建议的关系来看,二者的适用范围和法律效力均有所不同。在适用范围方面,其他审判检察建议的适用情形明显广于抗诉的适用情形,对于无法适用再审救济的情形,例如法院运用特别程序作出的判决、违法的保全③或先予执行裁定、违法的罚款或拘留决定等,检察机关可以通过提出检察建议的方式来促使法院纠错。而在法律效力方面,检察建议的柔性监督特征决定了其对法院不具有程序上的强制约束力,并且两类监督手段在预设效力上本身就存有不同,其中抗诉的预设目标是启动再审程序,而其他检察建议由于多适用于无法通过再审纠错的情形,因此其预设目标主要是促使法院撤销裁定、作出某种行为、纠正违法行为或者撤销原判决并作出新判决等等,这也是其他审判

---

① 韩静茹:《民事检察建议刍议——以与抗诉的关系为视角》,载《西南政法大学学报》2013年第1期。
② 参见同上。
③ 实践中一些地方的检察机关已经开始运用检察建议的方式对民事保全措施进行检察监督,例如"菊娜不服乌拉特前旗人进法院保全措施检察建议案",载《民事行政检察精品案例选》(第一辑),中国检察出版社2014年版,第418—419页。该案当事人申请检察机关对法院的保全裁定进行监督,检察机关审查后发现,法院将申请人家庭仅有的11223元现金全部冻结,导致其无法维系基本生活,违反了相关司法解释的规定,遂向法院提出检察建议。法院采纳了检察机关的建议,及时裁定解除了冻结。

检察建议与再审检察建议的主要区别之一。

其次,需要厘清抗诉和检察建议在执行程序中的相互关系。不同于抗诉在审判程序中的频繁适用,在执行程序中抗诉属于例外性、非主流的监督手段,如前所述,检察机关仅能在执行依据违法且符合其他前置条件的情形下,才可以在执行程序中适用抗诉。抗诉与执行检察建议在适用范围上的显著差别源于执行程序本身的特质以及抗诉自身的功能限度,换言之,执行行为与审判行为在目标和方式上的本质差异决定了不能套用审判检察监督的手段来完成执行检察监督的职责;抗诉所具有的启动再审程序的核心功能决定了其在执行领域中基本不存在适用的空间和可能。因此,对于执行裁决违法、执行标的违法、执行措施违法、执行程序违法等常见的执行权违法行使的情形,检察机关只能通过纠正违法通知、建议更换办案人、建议暂缓执行等执行检察建议的方式来进行监督。

此外,除了在性质和功能、适用条件和具体事项以及法律效力等方面的殊异外,检察建议所具有的非讼属性和同级监督特征,决定了其与抗诉这一上级监督下级的诉讼性监督机制,在具体程序规则和运行模式等方面也有所不同。虽然二者均可依职权或依当事人申请而启动,但在具体的功能实现路径方面存在着本质差异。抗诉权的行使以提出抗诉书和开庭时派员出庭为形式要件,以满足法定的抗诉事由为实质要件,其主要通过重新启动对终局案件的审理程序,以诉讼化的方式来揭示原生效裁判中的严重违法情况,进而实现矫正和救济的目的。而检察建议则并不直接引发特殊性救济程序的启动,检察建议权的行使通常依赖于记载着法院裁判之违法事由、提出建议所依据的事实、建议的提出依据和具体内容及相关要求事项的检察建议书,在这一过程中,监督机关与审判机关通常会围绕建议书中所指出的具体问题进行交流、沟通和协商,从而促使法院通过自行提起再审或补正相应错误等方式,来维护司法裁判的公正性,保障当事人权益和社会公共利益。也就是说,抗诉权这一刚性化的监督机制,以审判监督程序这一诉讼化的路径来发挥作用,而检察建议这一柔性化的监督机制,则以检察机关与人民法院之间的沟通和协商等非讼化的路径来实现功能。①

---

① 参见韩静茹:《民事检察建议刍议——以与抗诉的关系为视角》,载《西南政法大学学报》2013年第1期。

（2）公权制约型民事检察建议的相互关系：分类与分层

公权制约型民事检察建议以法院的审判行为和执行行为作为监督对象，相应地形成了审判检察建议与执行检察建议两种类型，其中前者包括了再审检察建议和对审判人员违法行为的检察建议两种；后者包括了暂缓执行检察建议、纠正违法通知、建议更换办案人等具体种类。对于这些具体功能各异、表现形式多样的检察建议在适用对象、适用顺位和法律效力等方面的关系，《民事诉讼法》和司法解释均未予以规定，因而有必要结合公权制约权能的性质定位、运行空间和基本原理，尝试对公权制约型民事检察建议进行类型化、体系化的梳理。

首先，需要明晰审判监督领域各种检察建议相互间的关系，也即再审检察建议与对审判人员在审判程序中违法行为的检察建议之间的关系。虽然均以监督审判权的依法正确行使为目标、在法律效力上均不具有强制效力，但两种检察建议存在着一些重要差异：第一，二者的适用范围和具体情形不同，再审检察建议适用于已经发生法律效力且符合抗诉事由的判决和裁定以及损害国家利益、社会公共利益的调解书；而对审判人员违法行为的检察建议则依据违法行为的具体样态而适用于不同的具体情形，包括无法适用再审纠正的确有错误的判决和裁定、违法自愿或合法原则的调解协议、违法不予立案、适用错误的审判程序、违法保全或先予执行、违法使用支付令、违法中止或终结诉讼、违反法定审限、违法采取强制措施、送达方式违法以及审判人员尚未构成犯罪的违纪行为等。①第二，二者发挥功能的方式以及预期效果不同。再审检察建议以促使法院启动再审程序为目标，而针对审判人员违法行为的检察建议大多适用于无法通过再审程序予以纠正的情形，因此其通常以法院撤销错误裁定或措施、纠正某种违法行为或者积极作为等为目标。

其次，需要明晰执行监督领域各种检察建议相互间的关系，虽然均冠以"检察建议"的称谓，但根据具体监督事项的特性差异，执行检察建议的具体种类和表现形式也具有对应性和多样性。简言之，违法执行行为的不同具体情形决定了与之相对应的执行检察建议的不同种类。具体来说，当执行检察监督的对象是违法的执行裁决时，检察机关可以通过发出

---

① 参见《民事诉讼检察监督规则（试行）》第99条。

督促执行意见书、纠正违法执行意见书、暂缓执行意见书等执行检察建议的具体种类来实现监督目标;当法院的执行标的违法时,检察机关同样可以通过纠正违法执行检察建议的方式进行监督;当监督对象是违法的执行措施或违法的执行程序时,例如法院违法查封、扣押、冻结、拍卖、变卖财产,或者在采取执行措施前未依法发出执行通知、执行公告,检察机关可以通过纠正违法通知书等方式要求法院纠正这些违法行为。

最后,需要厘清审判检察建议与执行检察建议相互间的关系,这实际上涉及诉讼法意义上民事检察建议①的体系化建构问题。第一,从检察建议在审判程序和执行程序中的具体表现形式来看,审判检察建议包括再审检察建议和纠正审判违法行为的检察建议两种具体形式;执行检察建议则包括了纠正违法通知、建议更换办案人、督促执行意见、暂缓执行建议等具体形式。第二,从二者的预设功能和法律效力方面来看,审判检察建议以维护民事裁判的合法性和正确性、监督审判人员依法行使审判权为目标,其中再审检察建议在被法院接受时具有重启审判程序的效力,因此对既判力以及程序效率都可能具有较大影响;执行检察建议以监督法院依法行使执行权、维护国家公权力的权威性和公信力为目标,在相关建议获得法院认可时,具有矫正违法执行行为或违法执行程序的功能,其对执行效率的冲击力度相对较弱。第三,从二者的监督对象和配置模式方面来看,再审检察建议以生效的裁判文书或调解书作为监督对象、以启动再审程序为预期功能,这使得其在公权制约型民事检察建议体系中具有相当的特殊性。不同于以对事监督为主要功能的再审检察建议,其他审判检察建议和执行检察建议均具有对人监督与对事监督相结合、对文书监督与对具体行为监督相结合的特点,虽然此处的人和事、文书类型和具体行为等因为程序场域的不同而有所差异,但均呈现出监督对象的多样性、建议内容的多元化以及建议内容与监督对象的对应性。具体来说,

---

① 此处"诉讼法意义上民事检察建议"的称法是为了与 2009 年《人民检察院检察建议工作规定(试行)》中的检察建议相区分,前者以法院为建议的接收对象、以监督个案中审判权和执行权的依法正确行使为功能和目标;而后者则与民事诉讼具体案件无关,接收对象包括了行业主管部门、其他主管机关、公安机关、法院、刑罚执行机关等各类主体,主要发挥着维护社会秩序、帮助有关单位完善管理制度和工作质量等功能,是检察机关履行法律监督职责时的附带内容,因此不属于诉讼法意义上的检察建议。

针对审判程序中审判人员违法行为的检察建议可能表现为建议撤销错误的判决或裁定、建议立案、建议更换审判程序、建议撤销支付令、建议恢复诉讼程序、建议对审判人员进行纪律处分等具体形式;而执行检察建议同样因为违法执行行为的多样性而体现为各不相同的具体形态。

(二)社会治理型民事检察权的内部关系

相较于以法院作为专门监督对象的公权制约型权能,社会治理型民事检察权以某些民事违法行为作为干预对象、以维护民事领域的社会管理秩序为核心功能,其在适用领域和功能目标方面的特点,加之其自生自发、实践先行的生成路径,使得该类权能的实现方式具有多样性、广泛性、零散性等特点。作为西方国家检察机关的共通性权能,我国社会治理型民事检察权的特点在于其不仅发挥着保护国家利益和社会公共利益的功能,在某些情形下还被用于提供倾斜保护、化解社会矛盾纠纷或提供民事司法协助。其中检察机关支持起诉以保护弱势群体为具体功能,督促起诉和民事公诉以保护社会公共利益为具体功能,检调对接以化解社会矛盾为具体功能,而执行检察协助则以向法院提供司法协助为具体功能。这些不同的实现方式在具体功能上的多样性和泛化性,使得其相互之间可能并不一定存在密切关联,但其守法监督的本质属性和社会治理的共同目标,使得部分具体功能相同或适用范围有所重合的实现方式之间发生着不同程度的关联,因而需要厘清这些实现方式各自的功能界限以及相互间的适用顺位或衔接关系。

1. 检察机关支持起诉与民事公诉的关系

从应然角度来看,支持起诉制度的预设功能在于保护合法权益受到侵害并希望诉诸司法的社会弱势群体有效行使诉权;而民事公诉制度的预设功能则在于维护国家利益和社会公共利益。依此,两种制度在预设功能和适用范围上具有明显区别而不存在关系混淆的问题。然而从实然角度来看,支持起诉和民事公诉各自的一些特质以及实践中操作的偏误,使得二者在一些情形下可能发生关联或错位。

首先,"弱势群体"[①]和"社会公共利益"两项概念在内涵外延上的模

---

① 有学者将特殊群体的利益也即需要特殊保护的利益也纳入了公益的范畴,认为公益分为国家利益、不特定多数人的利益和需要特殊保护的利益三个层次,参见韩波:《公益诉讼制度的力量组合》,载《当代法学》2013年第1期。

糊性、抽象性和不确定性，使得支持起诉在某些情况下可能具有维护社会公共利益的功能，进而产生了两种制度在功能上的部分重合。详言之，当民事公益案件中的受害人同时也是社会弱势群体时，检察机关支持该类案件的受害人提起民事诉讼便同时具有了维护社会公益的功能，例如某环境污染侵权纠纷中，受害者是某农村地区的不特定多数农民，此时这些作为弱势群体的村民的利益便与社会公共利益具有了同质性。但需要特别注意的是，在界定弱势群体和社会公益各自的概念时要避免过分泛化的倾向，社会公共利益具有不可分性和公共性规模[1]，其牵涉不特定多数人的利益而不等于弱势群体的利益、众多人的利益或集体利益[2]，虽然某些情况下对弱势群体利益的保护与对社会公益的维护相重合，但不能因此认为凡是涉及弱势群体利益保护的案件均属于民事公益案件。举例来说，检察机关支持几十名农民工提起追索劳动报酬的民事诉讼，此时其发挥了保护弱势群体的功能，但此处的弱势群体利益并不属于民事公益诉讼意义上的社会公共利益，因此在该种情形下，检察机关仅有权支持起诉而无权提起民事公诉。此外，当弱势群体的利益与社会公共利益相重合时，便出现了如何处理支持起诉与民事公诉之间适用顺位的问题，依照前述的辅助性原理和公民自治、社会自治优先原则，此时检察机关应当优先适用支持起诉的方式，在该种方式无法实现维护社会公益的目的时，再由检察机关作为原告直接提起民事公诉。

其次，实践中作为民事公诉之变通手段的检察机关支持起诉，由于在一些情况下并不涉及弱势群体保护的问题，因而超越了支持起诉制度的应然适用范围。在检察机关直接提起民事公诉缺乏明确的法律依据且法院对检察机关的原告主体资格持否定态度的客观背景下，一些地方的检察机关通过支持民事公益案件中的受害人提起诉讼的方式，来间接实现维护社会公共利益的目标。该种变通做法虽然在相当程度上有助于维护和救济社会公共利益，但在很多案件中，检察机关的支持对象并非支持起诉制度本原意义上的"弱势群体"，因而超越了该种制度的应然功能界限。

---

[1] 〔美〕约翰·罗尔斯：《正义论》，何怀宏、何包钢、廖申白译，中国社会科学出版社1997年版，第257页。
[2] 参见张卫平：《民事公益诉讼原则的制度化及实施研究》，载《清华法学》2013年第4期。

鉴于此,在仅涉及社会公共利益而与保护弱势群体无关的情形下,检察机关可能有权通过督促起诉或民事公诉的方式来维护社会公共利益,但并不符合适用支持起诉制度的条件;而当案件同时涉及弱势群体利益和社会公共利益时,检察机关适宜采用"支持起诉前置、民事公诉后置"的干预模式。

2. 督促起诉与民事公诉的关系

在探究社会治理型民事检察权的运行空间时,已经对督促起诉与民事公诉之间的关系进行了初步讨论,在此基础上将结合社会治理型民事检察权的基本原理和运行准则,对二者的适用范围和关系顺位等争议问题予以进一步的研究。

首先,从督促起诉与民事公诉的适用范围来看,督促起诉以维护国家利益和社会公共利益为预设目标,在实践中该种制度主要发挥着保护国有资产的功能;而依据《民事诉讼法》第 55 条对民事公益诉讼制度的最新规定,民事公诉主要适用于环境污染、侵害众多消费者合法权益等类型的案件,以保护社会公共利益为预设功能。此时存有疑问的是,如何界定国家利益与社会公共利益之前的关系?民诉法中所称的"社会公共利益"是否包括了国家利益?是否对于所有损害社会公共利益的民事案件,检察机关均有权提起民事公诉?对这些问题的回答将直接决定督促起诉与民事公诉在适用范围和功能界域上的关系。第一,从国家利益与社会公共利益之间的关系来看,对此问题主要存在两种观点:一种观点认为公益包括了社会公共利益和国家利益两层含义,因此在本质属性上不存在差别[①];而另一种观点则认为虽然严格意义上的国家利益应当等同于公共利益,但是国家具有一些自身独立的利益因而与公共利益相分离。[②] 笔

---

① 参见颜运秋:《公益诉讼法律制度研究》,法律出版社 2008 年版,第 26—27 页;马怀德:《公益行政诉讼的原告资格及提起条件论析——以两起案件为视角》,载《中州学刊》2006 年第 3 期;宋朝武:《当代中国民事检察监督的变革方向与路径考量》,载《河南社会科学》2011 年第 1 期;韩波:《公益诉讼制度的力量组合》,载《当代法学》2013 年第 1 期;刘荣军:《督促起诉的公共性基础》,载《人民检察》2010 年第 14 期;肖建国:《民事公益诉讼的基本模式研究——以中、美、德三国为中心的比较法考察》,载《中国法学》2007 年第 5 期;孙谦:《中国的检察改革》,载《法学研究》2003 年第 6 期;汤维建:《民事诉讼法的全面修改与检察监督》,载《中国法学》2011 年第 3 期。

② 参见王太高:《公共利益范畴研究》,载《南京社会科学》2005 年第 7 期。

者认为,在我国尚未完成国家与社会之间关系和权限划分的现状下,加之我国在国体、政体以及经济体制模式等方面的特殊性,可以将国家利益纳入广义的社会公共利益的范畴之中。第二,从民事公诉制度与公益案件类型之间的关系来看,造成社会公共利益受损的案件具有种类多样性,包括了环境污染案件、国有资产流失案件、侵害自然资源的案件、消费者侵权案件、反垄断或不正当竞争案件、妇女权益保护案件等等。在民事公益诉权主体多元化的立法模式下,检察机关自身的专业能力和客观精力决定了应当依据公益诉权主体之性质的不同配以相适应的不同的案件类型,例如对于侵犯消费者权益或妇女权益等公益案件,优先由有关组织作为起诉主体,而对于涉及国有资产或自然资源的公益案件,则可以优先由检察机关作为起诉主体。由此可见,督促起诉的适用范围要广于民事公诉的适用范围。

其次,从督促起诉与民事公诉的适用顺位来看,虽然督促起诉的适用范围在总体上广于民事公诉,但是在许多情形下二者的适用范围相互重合,此时需要考虑如何处理两种制度在重合范围内的适用顺序问题。依据国家补充功能、辅助性原理以及比例原则的基本精神,对于适用范围重合的案件应当优先适用督促起诉制度,在督促起诉未果的情况下检察机关可以直接提起民事公诉,以符合监督手段与监督对象相适应、监督成本与监督收益相均衡的要求。此外,在适用范围非重合的情形下,督促起诉与民事公诉之间便不存在该种前后相继的关系,此时督促起诉不是民事公诉的必然前置程序;同理,检察机关也并非在任何督促起诉未果的情况下都有权提起民事公诉。

最后,从督促起诉与民事公诉的运行方式和法律效力方面来看,督促起诉以促使负有直接管护职责的主体及时行使诉权为直接目的,从而借此发挥维护国家和社会公益的间接功能;在督促起诉中检察机关并非案件的诉讼当事人,其督促意见仅具有检察建议的效力而不具有启动诉讼程序的强制力。而民事公诉则以维护社会公益为直接目标,不同于采用支持或督促等间接形式来发挥社会治理功能的制度,民事公诉中检察机关作为国家和社会公益的代表,以自己的名义直接向法院提起诉讼,其处于原告的地位并享有诉讼当事人的权利和义务。

3. 执行检察和解与执行检察协助的关系

当检察和解发生在民事执行程序的运行过程中时,当事人或利害关系人所达成的和解即为执行检察和解。作为民事检察和解的具体种类之一,执行检察和解以化解民事矛盾纠纷为直接功能,但其所具有的促使当事人自觉履行执行义务、推动执行程序顺利完结的客观效果,使其与同属公权制约型制度但以司法协助为具体功能的执行检察协助具有了表象上的相似性。简言之,当执行检察和解协议获得了当事人的自觉履行时,执行检察和解制度便具有了与执行检察协助相同的化解"执行难"的功能。

然而,不能仅仅因为两种制度在后果上的可能相同性就混淆了二者的适用范围和功能定位。首先,从执行检察和解与执行检察协助的适用情形和适用条件来看,执行检察和解通常发生在当事人向检察机关申请执行检察监督的过程中,通过检察机关的促成和解或主持调解,执行程序当事人或利害关系人达成了执行和解协议并随着协议的履行而做执行结案处理,有时执行检察和解也发生在检察机关对当事人的审判监督申请进行审查的过程中,其与执行和解最大的不同在于合意的达成过程中有无检察机关的介入。而执行检察协助则适用于法院已经穷经了所有的法定执行措施仍旧无法规制被执行人干扰或阻碍执行的情形,此时检察机关的执行协助行为直接指向被执行人的违法行为,二者之间属于规制与被规制的关系,而不同于执行检察协助中检察机关所扮演的和解促成者或调解主持者等中立角色。其次,从两种制度的直接目的和核心功能来看,执行检察和解的主要目的是化解当事人之间的矛盾纠纷,希望对执行根据不满的当事人能够通过合意处分裁判文书中所确定的实体权利义务关系,来平息对抗情绪、服判息诉并避免上访申诉或群体性事件。而执行检察协助则以化解"执行难"、协助法院顺利完成执行任务并维护执行权威作为直接目的,在此过程中检察机关通常不直接与申请执行人发生关系,更不涉及合意变更执行根据内容的问题。此外,从两种制度的正当性程度方面来看,在"执行难"问题长期困扰、法院执行能力有待提升的客观现状下,由检察机关以适当且适度的方式向执行法院提供执行协助具有相当的必要性和正当性;与此不同,执行检察和解使得检察机关实际上介入了当事人之间的实体权利义务关系分配过程,这不仅可能导致检察机关异化为纠纷的直接解决主体,也变相违反了执行程序中不适用调解的禁止性规定。

二、公权制约型民事检察权与社会治理型民事检察权的关系研究

按照系统论的基本原理,系统的功能是通过自身专门化的运作划定其与环境的边界,各个子系统之间既相互连接又相互独立并构成了自身之外其他子系统的运行环境;各子系统的封闭性与开放性相辅相成,其开放性以封闭性为基础,而封闭性的自生或复制又与开放状态下的外部环境相关。同理,公权制约型民事检察权和社会治理型民事检察权作为民事检察权系统的两个子系统,同样具有独立性与关联性并存、封闭性与开放性并存的关系特征,二者在以功能为坐标划定各自运行空间的同时,相互限定了对方的权能范围并构成了对方外部运行环境的组成部分。① 依此,公权制约和社会治理两项权能虽然在本质属性上具有一致性即均属于法律监督权,但两类权能在正当性来源、功能定位和运行空间等方面的差异,使得二者在某些情况下可能出现矛盾或发生冲突,因此需要对两类权能及其实现方式的相互关系进行系统梳理以保证其协调化运行,也即在实现各子系统自身优化的基础上,确保两个子系统相互间的界限明晰和关系协调。

(一)两类权能之实现方式的相互关系与角色冲突

公权制约型民事检察权以诉讼程序作为运行空间,而社会治理型民事检察权也以直接或间接的方式与诉讼程序发生关联,这使得两类权能在运行过程中可能因为运行场域和具体案件的同一,导致检察机关同时承载着双重职能并引发角色冲突等问题,进而给民事检察权的基本原理和诉讼程序的基本原则带来不同程度的损害风险。鉴于此,本部分将以公权制约型民事检察权的实现方式与社会治理型民事检察权的实现方式相互间的关系为切入点,来揭示两类权能可能发生冲突的情形并尝试提出适宜的化解方案。

1. 检察机关支持起诉与审判检察监督

检察机关支持起诉属于社会治理型民事检察权的实现方式,该种以

---

① 参见〔德〕卢曼:《法律的自我复制及其限制》,韩旭译、李猛校,载《北大法律评论》(第2卷第2辑),法律出版社2000年版,第450页。

帮助弱势群体有效行使诉权、顺利启动诉讼程序为具体功能的制度，可能在两个方面与检察机关的公权制约职能发生冲突，并面临着影响审判权公正独立行使、损害当事人诉讼地位平等的风险。首先，检察机关支持起诉可能与立案监督发生冲突。虽然民诉法并未明确赋予检察机关对民事立案的监督权，但相关司法解释已经将法院的起诉审查行为纳入了"对审判程序中审判人员违法行为的监督"范畴，允许其对法院不立案的行为提出检察建议[①]，这使得检察机关可能在其支持起诉的案件未获法院立案受理时，转而运用立案监督的方式向法院施压，在干涉法院立案审查权的同时异化为帮助原告方破解"立案难"问题的工具。而实践中的做法则更是证实了该种冲突的可能性，许多地方的检察机关在支持起诉时都会事先与法院进行协商沟通，以确保法院接受支持起诉并顺利立案。在此情形下，检察机关的支持起诉职能与公权制约性质的立案监督职能出现了相互冲突、相互削弱的问题，检察机关的支持起诉决定表明了其认为该案符合立案条件的倾向性意见，这种偏向性不仅影响了其进行立案监督时的客观性和中立性，还会诱使检察机关不当利用自身兼有的立案监督权来达成顺利支持起诉的目的，致使两类权能在混同交错的同时侵蚀了各自本应具备的积极功能。

其次，检察机关支持起诉可能与民事抗诉权发生冲突。实践中，很多地方的检察机关在支持起诉时会向法院提交《支持起诉意见书》并派员出庭参加庭审，在庭审中检察机关究竟属于原告方的支持者抑或同时作为支持者和审判监督者、检察机关对其支持起诉的案件是否享有抗诉权，对于这些问题理论界和实务界尚无共识性认识。但显而易见的是，如果允许检察机关同时作为具有党派性的原告支持者和以客观中立性为最起码要求的审判监督者，不仅必然面临角色冲突的质疑，还会损害审判权的独立行使和当事人诉讼地位的平等。详言之，一方面，检察机关的审判监督权使得法院在审理案件时难免有所顾虑，检察机关可能在裁判结果不利于被支持者也即原告时，利用抗诉权向法院施压；另一方面，检察机关利用执法监督职能来"壮大"支持起诉功能的异化做法，将使得原本处于强势地位的被告方陷入不利境地，进而背离了支持起诉制度提供倾斜保护、

---

① 参见《检察院民事诉讼监督规则（试行）》第 99 条第 3 项的规定。

维护实质平等的初衷并引发了新的实质不平等。

为了尽可能消减角色冲突问题、避免两类权能的关系异化,有必要限制检察机关在支持起诉时与法院事先沟通的做法,并禁止检察机关在支持起诉时针对法院是否立案提出检察建议,对于法院作出的不予受理或驳回起诉的裁定,原告可以通过提出上诉和申请再审等程序内的权利救济制度予以制约;检察机关在出庭支持起诉时不应同时享有审判监督者的身份,在裁判结果作出后亦不享有抗诉权,而只能通过当事人申请法院再审等方式来启动再审程序。概言之,检察机关在支持起诉时的意见偏向性、支持者与监督者的立场冲突性,使得检察机关在支持起诉时不应同时享有审判监督权,以避免检察建议和抗诉等公权制约性手段的功能异化,防止检察机关的双重角色对审判独立原则、诉讼地位平等原则造成损害。

2. 民事公诉与民事审判检察监督

相较于支持起诉,检察机关在提起民事公诉时的角色冲突问题最为严重,这也是民事检察权和刑事检察权在各自系统内部的权能关系方面所面临的同质性难题。不同于其他几种社会治理型制度中的非当事人地位,检察机关在民事公诉中的原告地位与其同时享有的审判监督者地位,将两类权能之间的冲突推向了极致:作为民事公诉案件的原告,检察机关与法院之间呈当事人与审判者的关系;作为民事审判的外部公权制约主体,检察机关与法院之间呈监督者与被监督者的关系。此种双重角色和双重地位之间的明显矛盾,一方面使得法院在作出不利于原告方的裁判时有所顾虑,担心此刻作为当事人的检察机关会在裁判生效后"变身"审判监督者,通过抗诉来推翻法院的裁判结果并对法官的工作绩效考核产生不利影响;另一方面,本身就具有公权力身份优势的检察机关所享有的审判检察监督权这一额外"武器",很可能造成当事人之间对抗筹码的不平等,进而打破了诉讼结构的平衡、阻碍了当事人诉讼地位平等原则的践行。

针对上述困境和质疑,有的学者主张否定检察机关的民事公诉权,仅赋予其审判监督等公权制约职能;有的学者以公权制约权能与社会治理权能同属法律监督权、检察机关承载着客观义务等为由,试图论证并不存在实质上的角色冲突;有的学者主张采用机构分立的模式,由不同的检察人员分别负责民事公诉和审判监督工作,从而化解公诉的当事人立场与监督的客观性立场之间的矛盾;还有的学者则主张取消检察机关对民事公诉案件的检察监督权,以打消法院的审判顾虑并维护当事人诉讼地位的平等关系。这四种观点分别从不同角度对民事检察权两类权能之间的关系问题进行了分析,其中第二种观点否定了角色冲突的存在,其他三种观点则是提出了不同的冲突处理办法,在表明本书的倾向性意见之前,有必要首先对现有观点的优劣之处进行比较分析。首先,检察机关的宪法定位、客观能力以及实践需求,决定了赋予检察机关民事公诉权的正当性和必要性,因此以角色冲突为由来否定检察机关的民事公诉权,存在着本末倒置、逻辑颠倒的论证缺陷。其次,作为社会治理型制度的民事公诉和作为公权制约型制度的审判检察监督,虽然在本质属性上均为法律监督权的具体实现方式,但法律监督权在权能结构上的二元化特征决定了总体性质上的一致性并不能消解职权功能上的差异和矛盾,因此在未厘清权能差异的前提下所进行的形而上的辩证分析,不仅难以否定角色冲突的客观存在,也不符合制度运行的实然状况。最后,"机构分设论"和"审判检察监督限制论"均具有相当的科学性且并不存在本质冲突,二者实际上是分别从民事检察的组织机构和制度设置两个层面提出了化解权能冲突的方案。鉴于此,笔者认为,应当依据民事检察权的权能类型对民事检察部门进行机构和人员的分立配置,由两个相对独立的内部机构和不同的检察人员分别承载公权制约职能和社会治理职能,同时限制审判检察监督在民事公诉案件领域的适用,从而最大限度地保障两类权能的相互协调运作,避免民事检察权对诉讼程序基本原理和一般规律的冲击。

3. 执行检察协助与执行检察监督

执行检察协助和执行检察监督是民事检察权的两类权能在执行程序中的实现方式,其中前者属于社会治理型制度,以化解"执行难"问题为目标;后者属于公权制约型制度,以规制"执行乱"问题为目标。在执行检察协助制度中,检察机关与执行法院之间是协助与被协助的关系,二者在立场和目标上相一致,检察机关的协助执行行为以被执行人等妨碍执行的主体为规制对象;在执行检察监督制度中,检察机关与执行法院之间是监督与被监督的关系,而执行程序的当事人或利害关系人则属于检察机关进行执行监督的信息提供者,二者之间属于申请者与执行监督者的关系。

检察机关在执行程序中的双重功能,使得某些情形下申请检察机关进行执行监督的被执行人可能同时也是法院申请执行检察协助所指向的对象,此时面对两种主体所提出的性质和功能均不相同且目的相对的申请,检察机关须遵照客观原则的要求对两类申请进行审查,正确判定是否存在执行法院违法行使执行权的情形、是否存在被执行人违法抗拒或阻碍执行的行为,从而决定究竟是提供执行协助抑或进行执行监督。在实践中,一些地方的法院为了破解执行难问题而邀请检察机关到场同步参与执行,从运行方式上来看,这种到场监督的做法实际上同时具有执行协助和执行监督的功能,但究竟能否保障具有偏向性和党派性的执行协助与要求客观中立性的执行监督之间相互协调,还有待实践的验证和反馈。

4. 民事诉讼检察监督与检察和解

除了在实现方式上的角色冲突和功能矛盾外,民事检察权在运行过程中还可能出现两类权能的转化或者是公权制约型权能向社会治理型权能的逃逸,诉讼检察监督与民事检察和解之间的运行关系为观察这一问题提供了最为直观的窗口。

首先,虽然诉讼检察监督和检察和解分属公权制约型制度和社会治理型制度,但检察和解对审判检察监督具有依附性,其通常发生在检察机关对当事人的监督申请进行受理和审查的过程中,换言之,没有当事人的申诉申请也就不会出现检察和解或检察调解。其次,检察机关在符合检察监督条件时的促成和解或主持调解行为,不仅与审判检察监督职能相冲突,还可能因为执法监督职能向守法监督职能的逃逸而放纵了法院的违法审判行为。具体来说,检察机关在对申诉人的监督申请进行审查时,其处于客观中立的监督者角色并以法院的裁判结果和审判行为作为对象;而检察机关在对申诉人及其对方当事人促成和解或进行调解时,其处于民事纠纷解决主体的角色并以当事人之间的实体权利义务关系为对象,因此检察和解虽然以审判检察监督为起因,但二者在权能类型和功能上具有根本差异,检察机关由审判监督者转化为了实际上的民事纠纷解决主体。而当法院作出的生效裁判的确具备检察监督的事由时,检察和解或检察调解的达成可能在客观上放纵了违法审判行为,实践中检察机关在因和解而终结申诉审查程序或放弃抗诉时,通常也未能以检察建议等不影响当事人个案结果的方式对相关的违法审判行为予以监督。再次,实践中法院邀请检察机关对因抗诉而启动的再审案件进行调解的做法,同样引发了地位冲突问题,由检察机关同时作为审判监督者和调解协助者,必然会影响检察监督的客观性和权威性。

针对上述的功能错位和角色冲突问题,应当在严格缩限检察和解适用范围的基础上,重新梳理诉讼检察监督与检察和解相互间的关系。第一,为了避免诉讼监督向检察和解的逃逸、避免盲目追求化解矛盾而架空监督功能,对于符合检察监督事由且当事人无和解或调解意愿的案件,检察机关应当依法提出抗诉或检察建议;对于符合检察监督事由但当事人自愿合意要求撤回申诉申请的,检察机关须受当事人处分权的制约,但其应当在不影响裁判结果的前提下,通过检察建议等方式对法院在审判程序中的违法行为提出纠正意见或内部纪律处分建议,以避免在之后的裁判中再出现类似的问题。第二,在审理再审案件的过程中应当禁止法院邀请检察机关协助调解,以避免检察机关与法院之间的监督与被监督关系转化为协助与被协助的关系,避免损害检察监督的客观中立性和严肃性。

(二)两类权能之具体手段的相互关系:民事检察建议的体系化梳理[①]

在对两类权能的实现方式进行比较分析后,有必要从更为微观的视角来厘清两类权能在具体手段方面的相互关系。相较于抗诉这一专属于公权制约权能的监督手段,民事检察建议在两类权能体系中均存在相应的适用空间,并以不同的方式和形态发挥着不同的功能。鉴于此,本部分将尝试采用新的分类模式对民事检察建议的整体结构进行类型化梳理,以期明晰公权制约型民事检察建议与社会治理型民事检察建议的相互关系,避免仅凭概念符号的相同性或相似性而忽视了两类检察建议在本质属性和核心功能上的根本差异。

1. 民事检察建议的内涵辨析与类型化梳理

作为一项脱胎于一般监督、后以刑事司法为主要适用场域的制度,检察建议近十余年来在民事司法领域经历了由单一到多样、由实验到规范、由监督到治理的发展过程。2012 年修订的《民事诉讼法》对民事检察建

---

① 参见韩静茹:《民事检察建议的分类重构与原理探寻》,载《大连理工大学学报(社会科学版)》2015 年第 1 期。

议的正式规定,实际上只是对该种在实践中早已存在的实验性、摸索性尝试①的法典化肯定,在2012年修订的《民事诉讼法》通过之前,最高人民检察院的许多规范性文件就已经提及了民事检察建议。② 然而无论是法典的新设规定抑或相关的司法解释,均未明晰民事检察建议的概念、适用对象、提出程序、具体内容、法律效力等最基本的要素,不同位阶的文本中存在着内涵不统一、类型界限模糊、位阶混乱等诸多问题,致使现有规范不仅难以发挥统一概念体系的功能,更是导致理论交流和实务操作无法在同一界域内展开。③

为了扭转在不同层面上交叉混杂适用"民事检察建议"这一相同符号的现状,有必要采用类型化的方法来明晰其内涵和外延。从现有的类型化成果来看,以规范依据的性质作为分类标准,可以将检察建议划分为一般意义上的检察建议和民事诉讼法意义上的检察建议④;以建议的主要功能作为分类标准,可以将之划分为法律监督型检察建议和服务型检察建议⑤;"以建议的具体对象和内容为类型化进路,可以将之划分为再审检察建议、针对其他程序中的违法行为提出的检察建议和针对审判机关不健全的制度漏洞提出整改意见的检察建议"⑥。这三种类型化进路虽然在相当程度上揭示了民事检察建议的范围,但却未能充分反映民事检察权的特质,鉴于此,本书尝试以民事检察权的权能类型作为分类标准,

---

① 实践中,检察监督方式的试点尝试除检察建议外,还包括纠正违法通知、建议更换办案人、移送有关机关处理等。
② 例如:2001年颁布的《检察院民事行政抗诉案件办案规则》在第八章对检察建议进行了专章规定,并采用列举的方式分别规定了检察院向人民法院(第47条)和其他有关单位(第48条)提出检察建议的情形;2009年11月13日颁布的《人民检察院检察建议工作规定(试行)》,通过十个条文对检察建议的概念、原则、适用范围和内容等事项进行了较为系统的规定;2010年8月印发的最高人民检察院《关于加强公诉人建设的决定》以及2011年7月22日发布的《"十二五"时期检察工作发展规划纲要》,提出了构建多元化、创新型检察监督机制格局的总体目标;2011年3月《关于对民事审判活动与行政诉讼实行法律监督的若干意见(试行)》和《关于在部分地方开展民事执行活动法律监督试点工作的通知》;等等。
③ 参见韩静茹:《民事检察建议刍议——以与抗诉的关系为视角》,载《西南政法大学学报》2013年第1期。
④ 参见廖中洪:《关于完善〈中华人民共和国民事诉讼法修正案(草案)〉——有关"检察建议"规定的若干问题》,载《西南政法大学学报》2012年第3期。
⑤ 参见万毅、李小东:《权力的边界:检察建议的实证分析》,载《东方法学》2008年第1期;姜伟、杨隽:《检察建议法制化的历史、现实和比较》,载《政治与法律》2010年第10期。
⑥ 韩静茹:《民事检察建议刍议——以与抗诉的关系为视角》,载《西南政法大学学报》2013年第1期。

将规范和实践中形态多样的民事检察建议划分为以执法监督为职能的公权制约型检察建议和以守法监督为职能的社会治理型检察建议两大类,其中前者由再审检察建议、对审判人员违法行为的检察建议、执行监督检察建议组成,后者由督促起诉、申诉中的和解检察建议、执行协助检察建议组成。值得关注的是,在实践中还存在着一种用于进行"类案监督"的检察建议,《民事诉讼监督规则(试行)》第112条将之称为"改进工作的检察建议",相较于其他几种公权制约型民事检察建议,该种检察建议同样以法院作为建议的接收对象,所不同的是其并非针对具体个案,而是针对多起民事案件中法院的同类错误或同类违法行为,例如法院对诉讼中同类问题适用法律不一致、法院在多起案件中适用法律存在同类错误、法院在多起案件中有相同违法行为。由此可见,该种用于类案监督的检察建议同样具有公权制约的性质,但由于并非个案监督因此不属于诉讼法意义上的检察建议;换言之,广义的公权制约型民事检察建议包括了诉讼法意义上的公权制约型检察建议和用于类案监督的公权制约型检察建议。

2. 公权制约型民事检察建议与社会治理型民事检察建议的关系

依循上述类型化进路,可以对民事检察建议的两大分支也即公权制约型民事检察建议与社会治理型民事检察建议的相互关系予以深入梳理,从而厘清与两类权能相对应的民事检察建议在本质属性、核心功能、适用主体、具体内容以及法律效力等方面的关系。

首先,从两类民事检察建议的本质属性和核心功能方面来看,公权制约型民事检察建议作为检察机关履行执法监督职能的具体手段,以监督法院正确行使审判权和执行权、维护民事法律的正确统一实施为预设功能;而社会治理型民事检察建议作为检察机关履行守法监督职能的具体手段,以维护社会公共利益和社会秩序为预设功能。其次,从两类民事检察建议的适用主体方面来看,公权制约型民事检察建议以法院作为接收主体,体现了检察机关对法院的公权性监督关系;而社会治理型民事检察建议的接收主体则是法院之外的社会民事主体,例如对国有资产负有直接管护义务的单位、民事实体法律关系的主体、负有执行义务的主体等等,简言之,法院是公权制约型民事检察建议的唯一接收主体,而社会治理型检察建议的适用对象则具有多样性。最后,从两类民事检察建议的具体内容方面来看,公权制约型民事检察建议以制约审判权和执行权为主要内容,通常包括建议法院启动再审程序、撤销错误裁定、纠正违法行为等具体内容;而社会治理型民事检察建议则依据适用对象的不同而在具体内容上有所差异,包括了督促相关主体提起民事诉讼、建议申诉人与对方当事人进行和解、要求被执行人依法履行债务等。此外,从两类民事检察建议的法律效力和运行效果方面来看,检察建议的柔性化和协商化特质决定了两类建议对接收对象均不具备强制拘束力,但由于功能、主体和内容的差异,两类检察建议在获得相关主体接受时将产生不同的效果。

在从多个层面对公权制约型民事检察建议与社会治理型民事检察建议的相互关系进行了系统梳理之后,需要链接之前提炼出的两类权能的基本原理和一般规律,来明晰两类民事检察建议的运行原理,进而为权能二元化背景下民事检察建议的体系化重构提供总体指引。具体来说,在核心理念方面,公权制约型检察建议的适用应当以尊重审判权和执行权的内部制约机制为前提,社会治理型检察建议的适用应当以支持和培育社会自治、公民自治为理念。在基本原理方面,公权制约型检察建议的构建和运行应当遵循合法性和约束力原则、内部制约机制优先原则、比例原则和谦抑性原则;社会治理型检察建议的构建和运行需要遵循有限性原则、防止角色异化原则、公民自治和社会自治优先原则、合法性与规范性原则。

(三)两类权能与检察机关的职能分层

在分别从实现方式和具体手段两个层面对民事检察权两项子系统的相互关系进行了探讨之后,有必要进一步思考检察机关纵向系统中不同级别的检察院在履行公权制约权能和社会治理权能时的分工问题,以确保民事检察权的权能性质与检察机关的职能分层相适应、民事检察的职能分配与各级检察机关的特有优势相适应,并促进民事检察资源的优化配置和效益最大化。

与诉讼管辖制度的建构原理相类似,不同等级的检察机关应当根据其监督能力和职责的不同,分别受理和办理不同类型、不同疑难程度或重要性程度的民事检察案件。① 首先,从检察机关在公权制约型民事检察权领域的职能分层来看,第一,民事抗诉所要求的提高一级监督模式,使

---

① 参见潘剑锋:《第一审民事案件原则上应由基层法院统一行使管辖权》,载《法律适用》2007年第6期。

得市一级和省一级检察院成为了履行抗诉职责的主力。在民事案件上诉率一直较高的现状下,大多数案件以中级法院作为终审法院,按照"上抗下"的制度设计,最便于了解案件情况的同级检察机关仅享有提请抗诉的权利,而提出抗诉的工作压力则上移至省级检察机关。诚然,抗诉所具有的推翻裁判既判力、启动再审这一"紧急通道"的特殊效力,决定了应当将抗诉权赋予级别较高的检察机关,然而我国现行法律规范将事实问题、证据问题、法律适用问题和程序问题均纳入了抗诉事由,这就使得本应以法律适用问题作为监督重点的高层级检察机关,在很多情形下不得不处理事实问题和证据问题,这显然不符合检察机关职能分层的应然原理。第二,民事检察建议所具有的同级监督特性,不仅拓展了基层检察机关在审判检察监督领域的功能,还使其成为了执行检察监督的主力。一方面,基层检察院在符合法定条件时,有权对一审调解结案的民事案件以及审判人员在审判程序中的违法行为提出检察建议;另一方面,依照相关司法解释的规定,对执行活动的检察监督由执行法院所在地的同级检察院管辖①,而依据《民事诉讼法》第224条的规定,第一审法院或与第一审法院同级的被执行财产所在地法院是执行活动的关系主体,这使得基层检察机关成为了大多数民事执行案件的监督主体。其次,从检察机关在社会治理型民事检察权领域的职能分层来看,结合第二章中的实证案例,支持起诉、督促起诉和执行协助的主体通常为基层检察院;提起民事公诉的主要是市级检察机关和基层检察机关;而进行检察和解或检察调解的是受理申诉申请的检察机关,因此主要是市级检察机关。

通过对检察机关在两类权能中的职能分层模式进行梳理,能够发现其中的一些规律并揭示出有待进一步完善的地方。从职能分层的实然现状来看,除了采用提高一级监督的民事抗诉外,其他各种民事检察制度都以同级检察机关作为适用主体,其中基层检察机关是执行检察监督和支持起诉、督促起诉、执行协助的主力;民事抗诉主要由市级和省级检察机关承担;而民事公诉和民事检察和解的主力则是市级和基层检察机关。由此可见,基层检察机关虽然不享有抗诉权,但是构成了社会治理型民事检察制度的核心主体,在民事守法监督领域扮演着重要角色。由基层检

---

① 参见《检察院民事诉讼监督规则(试行)》第13条。

察机关作为承载守法监督职能的主体,既符合便利性的要求也与基层检察机关的客观能力和职能侧重相一致,但目前存有问题的是审判检察监督领域的职能分配模式,虽然这在相当程度上源于民事抗诉事由本身设计的不合理,但为了实现民事检察资源的最优配置、发挥高层级检察机关的特有优势,应当扭转抗诉领域职能分配的"倒三角"结构,由市级检察机关作为审查事实问题、证据问题和程序问题的核心主体,省级检察机关和最高检察院则应将工作重心置于针对法律适用问题的抗诉上。概言之,应当按照不同级别检察机关在组织结构和客观能力方面的特点,结合民事执法监督和民事守法监督在制度和功能上的内在特质,对不同级别的检察机关在民事检察领域的权限划分和职能配置予以科学安排,以确保职能分层模式与制度要求和实际能力相契合、民事检察资源的实际投入与运行成效相适应。

三、民事检察权的外部关系

依据卢曼的系统论,子系统与整体社会系统之间是功能性的关系[①],因此在对公权制约型民事检察权和社会治理型民事检察权各自的内部关系以及两类权能相互间的关系予以明晰后,需要将视域扩展到社会系统整体,来研究民事检察权与社会总系统之间的关系,从而明晰民事检察权的外部环境和运行边界,并确保其与外部其他系统之间的功能融洽和有机衔接。以下将按照由近及远、由中观到宏观的进路,依次对民事检察权与检察权系统整体、民事检察权与其他国家公权力以及民事检察权与社会治理系统之间的关系进行探究。

(一)民事检察权与检察权系统整体的关系

检察机关作为我国法定的法律监督机关,以执法监督和守法监督作为其权力运行的场域,以公权制约和社会治理作为其共通性权能。然而,当这一权力介入到不同类型的司法程序中并与不同性质的实体法律关系和诉讼法律关系发生接触时,则需要通过不同的程序轨道和程序环节、遵循不同的理念和原则、借助不同的制度和规则,来彰显其权力性质并发挥

---

① 参见〔德〕卢曼:《法律的自我复制及其限制》,韩旭译、李猛校,载《北大法律评论》(第2卷第2辑),法律出版社2000年版,第450页。

预设功能。这就使得刑事检察权、民事检察权与行政检察权因各自运行场域的不同而呈现出诸多的本质差异。总的来说,三类诉讼程序在调整对象和基本原则方面的差异,决定了检察权在不同性质的诉讼程序中所需遵循的基本理念和程序原理有所差异;三类程序在诉讼法律关系主体方面的差异,决定了检察权行使对象、权力界域和介入程度的不同;三类程序在审理对象、证明标准、证据规则等方面的差异,决定了检察权在介入阶段、介入条件、介入方式以及权能效力等方面的不同。以下将分别对民事检察权与刑事检察权、民事检察权与行政权的关系问题进行深入讨论,进而在揭示三类检察权之相对独立性的基础上,论证权属分化和机构分立的正当性与必要性。

1. 民事检察权与刑事检察权的关系厘清:对民事检察刑事化的反思

首先,民事诉讼与刑事诉讼在调整对象、价值目标和基本原则方面的差异,决定了民事检察权与刑事检察权在权力范围、程序角色和行使频率等方面的本质差异。① 民事诉讼以解决平等主体之间的财产权益和人身权益纠纷为目标,与民事实体法中的意思自治原则相一致,民事诉讼采行不告不理和处分原则,因此民事程序具有相当的封闭性,主要依赖诉权与审判权、诉权与诉权相互间的动态制约来推动程序的依法公正运行,在通常情况下不应允许其他外部公权力介入,这就决定了公权制约型民事检察权只能在程序内部制约机制失灵的前提下才可以介入诉讼程序,以保障审判权的依法正确行使。同样源于民事活动的私益性和自治性特征,通常情况下检察机关也不应干预社会的民事活动,只有当相关民事行为牵涉国家利益或社会公共利益时,社会治理型民事检察权才能有条件的介入民事领域。与此不同,刑事诉讼以追诉犯罪、维护国家和社会秩序为目标,不同于民事侵权,"犯罪是孤立的个人反对统治关系的斗争"②,因此实行国家追诉主义和罪刑法定原则。检察机关作为国家追诉权的垄断主体贯穿于刑事诉讼程序的全过程,对于构成犯罪的社会行为予以积极干预。由此可见,规制犯罪行为是刑事检察权的核心内容,其介入条件与社会治理型民事检察权所要求的公益原则存在性质差异;在刑事领域,检

---

① 参见潘剑锋:《从民事审判权谈民事审判方式改革》,载《法学家》2000年第3期。
② 《马克思恩格斯全集》(第3卷),人民出版社1965年版,第379页。

察机关垄断刑事案件的公诉权而成为刑事诉讼的必备主体也即刑事公诉权的唯一享有主体;而在民事领域,检察机关并非民事公益诉权的唯一主体,也不应成为制约民事审判权和执行权的常态主体。

其次,民事诉讼与刑事诉讼在诉讼法律关系主体和诉讼分权机制方面的差异,决定了民事检察权与刑事检察权在行使条件、行使方式和职能内容等方面的本质差异。在民事诉讼中,由当事人和法院构成诉讼主体,其中法院作为公权力主体居中裁判;而在刑事诉讼中,国家专门机关包括法院、检察院和公安机关,这就凸显了对公权力行为之合法性进行监督的必要性。两类诉讼程序在参与主体类型方面的不同,决定了公权制约型民事检察权与公权制约型刑事检察权在适用对象和职能内容方面的差异,前者以法院作为监督对象、以审判检察监督和执行检察监督为职能内容;后者则以法院、侦查机关、刑罚执行机关等多种公权力主体为监督对象,以侦查监督、审判监督、量刑监督、执行监督和对未决羁押的监督等为职能内容。

最后,民事诉讼与刑事诉讼在所涉利益和法律后果方面的本质差异,决定了民事检察权与刑事检察权在介入必要性和介入程度方面的本质差异。刑事审判权的行使及其所生成的裁判,将直接关涉公民的生命权和自由权等最基本的权利,因此保障人权、依法定罪量刑具有极端的重要性,"为了维护法律的正确实施,检察机关应当对所有违反实体法和违反法律程序的审判活动,都给予重视,并通过诉讼监督途径督促审判机关予以纠正。这是检察机关、检察官履行所谓客观义务的理论基础"[1]。而民事审判权的行使受处分原则的制约并以法律真实为目标,因此公权制约型民事检察权的行使应当遵循有限、谦抑原则,不同于刑事检察权的价值侧重。

然而,虽然存在着上述诸多方面的本质差异,但在理论研究和规范制定过程中仍旧存在着程度不同的唯刑事论倾向,在一些情形下造成了民事检察刑事化的扭曲现象。具体来说,在理论研究过程中,常常因为无视处分原则与国家追诉原则、意思自治原则与国家干预原则之间的本质差异,而忽略检察机关在民事司法领域和刑事司法领域的不同角色和应然

---

[1] 陈瑞华:《诉讼监督制度改革的若干思路》,载《国家检察官学院学报》2009年第3期。

功能,进而套用刑事检察理论来解读和分析民事检察理论问题。例如,将刑事公诉权这一社会治理型权能与民事审判检察监督这一公权制约型权能相混淆,主张将民事诉讼中的当事人也纳入民事审判检察监督原则的规制范围;将检察机关代表国家追诉犯罪的积极理论应用到民事检察领域,主张检察机关对民事司法程序的全面积极介入。在规范制定过程中,忽略民事检察制度与刑事检察制度在运行原理、具体功能和适用对象上的差异,盲目照搬刑事检察制度来完善民事检察制度。例如提出效仿刑事执行检察监督权的实现方式来配置民事执行检察监督的具体措施;主张仿照刑事诉讼中检察机关的二审抗诉权,赋予检察机关对一审民事裁判提出抗诉的权力;主张按照刑事立案检察监督的模式,赋予检察机关对民事案件的立案监督权[1];等等。上述的错位认识或异化做法,不仅模糊了刑事检察权与民事检察权二者间的应有界限和功能差异,更是阻碍了民事检察权的独立发展,可能造成民事检察权的不当扩张或不当缺位。

2. 民事检察权与行政检察权的关系——对民行检察合一的反思

首先,民事诉讼与行政诉讼在调整对象和诉讼法律关系主体方面的本质差异,决定了民事检察权与行政检察权在客体和适用对象方面的不同。以"民告官"为特征的行政诉讼采行被告恒定的原则,因此行政诉讼的当事人双方虽然在形式上平等,但却无法改变原告方为非公权主体而被告方为行政机关的客观事实,双方在实体地位、司法资源和诉讼手段上的天生不平等,导致被告很容易对原告形成压力。[2] 这就使得公权制约型民事检察权与公权制约型行政检察权的监督对象有所不同,前者的监督对象是法院,而后者则包括了以法院为对象的行政诉讼检察监督和以

---

[1] 实践中存在一些民事立案检察监督的案例,其中一些还被实务部门归为"典型案例"或"优秀案例"。例如:最高人民检察院 2014 年 9 月公布的 2012 年《民事诉讼法》修订后民事审判检察监督典型案例第 7 件:"云南省昆明市某区人民法院不予立案违法行为监督案",最高人民检察院将之归入"对审判人员违法行为的监督",该案 15 名原告将建筑劳务有限公司诉至法院,要求其支付劳务费,法院以被告不适格为由不予立案且未向起诉方送达不予立案裁定书,检察院审查后认为起诉方的起诉符合法律规定,遂向法院发出检察建议,要求尽快解决立案问题,法院采纳了检察建议并于 2013 年 12 月 17 日立案。此外,还有一些立案监督的案例被最高人民检察院民行厅选入了"精品案例"辑,参见"本溪市平山区北台镇金田采石场不服辽宁省本溪市平山区人民法院不予立案检察建议案",载《民事行政检察精品案例选(第一辑)》第 420 页。上海市人民检察院 2014 年的工作报告中也将加强民事立案监督作为工作亮点之一。

[2] 参见陈永生:《检察机关参与行政诉讼比较研究》,载《云南法学》2000 年第 3 期。

行政机关行政行为为对象的其他行政检察监督权。需要特别强调的是，行政诉讼检察监督的对象只能是法院，不要将公权制约型行政检察权与行政诉讼检察监督权相等同，后者只是前者的具体种类之一。①

其次，民事诉讼与行政诉讼在程序功能、价值目标和基本原则方面的本质差异，决定了民事检察权与行政检察权在行使目的和行使方式上的不同。民事诉讼遵循处分原则、原被告处于平等地位，以解决民事纠纷为主要目标；而行政诉讼则以审查具体行政行为的合法性为目标，为了平衡原被告之间在诉讼地位上的实质不平等，行政诉讼采用了举证责任倒置、案卷排他主义等特殊的程序规则设计，这就使得民事审判权与行政审判权在行使方式和具体要求上有所差异，诉权主体对审判主体的制约能力以及审判主体对原被告的制约能力亦有所差异，进而影响了检察权的介入条件和具体方式。换言之，作为审判者的法院与作为被告的行政机关二者间的微妙关系，加之原被告之间在诉讼地位上的实质不平等，使得检察权介入的必要性和实际功能均不同于民事诉讼。在行政权一支独大的客观现状下，有时审判权的违法行使可能"事出有因"，即法院考虑到自身在人财物方面对地方政府的依赖性而未能依法裁判，此时检察机关通过行使行政诉讼检察监督权而介入程序，可能间接发挥着抵御行政权对审判权不当干预的功能。②

最后，民事诉讼与行政诉讼在基本原则、运行原理以及规则现状方面的本质差异，决定了民事检察权与行政检察权在适用范围、适用条件和监督原理方面的不同。民事诉讼以私权法律关系作为争议对象，以当事人诉讼地位平等、当事人处分主义作为基本原则；而行政诉讼以行政行为的合法性作为争议对象，对此当事人不享有处分权，且原被告之间不具有平等属性，这就决定了行政诉讼检察监督权与民事诉讼检察监督权的启动

---

① 对于《行政诉讼法》中规定的行政诉讼检察监督原则的适用范围问题，学界存在不同的观点，可概括为"狭义说"和"广义说"两种主要观点，前者将行政诉讼检察监督权与行政检察权相区分，认为行政诉讼检察监督权的适用对象仅限于法院；后者则认为行政诉讼检察监督原则的适用对象包括法院、审判员、当事人及其他行政诉讼参与人，甚至可以包括被诉行政行为有关的其他任何行政机关、组织和个人。参见姜明安：《行政诉讼中的检察监督与行政公益诉讼》，载《法学杂志》2006年第2期。本书持"狭义说"。

② 参见杨奕：《论民事行政诉讼检察监督体制的独立化发展》，载《中国人民大学学报》2012年第5期。

条件、监督内容和监督方法等应当有所不同。加之行政诉讼程序和制度规则的长期粗疏和滞后现状、程序内救济机制的欠发达,使得检察机关介入行政诉讼领域的需求可能更大;而对于以意思自治和程序自治为核心理念的民事诉讼程序,检察权的介入条件应当更为严格。

虽然存在着上述诸多方面的本质差异,民事检察与行政检察在机构设置和执法理念上仍旧采行合一模式,这不仅使得行政检察在理论研究和规范制定上呈现出明显的民事化倾向,同时影响了行政检察权应有功能的充分发挥。具体来说,第一,实践中检察机关在对行政诉讼进行法律监督时,由于缺乏明确的法律依据,通常会参照民事诉讼检察监督的程序及规范,无法反映行政检察监督与民事检察监督在本质属性、诉讼原理和运行规律等方面的差异,更难以反映行政诉讼检察监督矛盾冲突的实质。① 第二,民事申诉案件的数量一直较多,在合署办公、人员共用的情况下,检察机关缺乏精力和动力对行政诉讼进行检察监督,导致民行检察部门在职能分配上的不均衡即"重民轻行"。② 针对这些弊端,2010 年 9 月 27 日在山东省新泰市召开的"全国部分地区检察机关行政工作座谈会"将民事行政检察机构的分设提上了议事日程,从最高人民检察院到基层检察机关都将逐渐开展对民事行政检察机构的分设工作。③ 截至 2011 年,全国已有 6 个省级检察院的民事、行政检察机构分设④,这在一定程度上说明实务部门开始关注和重视民事检察权与行政检察权之间本质差异。然而遗憾的是,2014 年修订的《行政诉讼法》⑤仍旧未能扭转行政检

---

① 参见杨奕:《论民事行诉讼检察监督体制的独立化发展》,载《中国人民大学学报》2012 年第 5 期;徐日丹:《全国部分地区检察机关行政检察工作座谈会召开》,载《检察日报》2010 年 9 月 28 日。

② 相关的实务数据能够在一定程度上反映出民行检察工作的不平衡状态:2003 年至 2007 年,全国检察系统民行检察部门共提出抗诉 64351 件,其中行政抗诉案件为 2381 件,仅占全部抗诉案件的 3.7%。参见王鸿翼:《谈民事行政检察权的配置》,载《河南社会科学》2009 年第 2 期。

③ 参见杨奕:《论民事行诉讼检察监督体制的独立化发展》,载《中国人民大学学报》2012 年第 5 期。北京市人民检察院已经采行了民事检察处与行政检察处分设的模式,参见北京市人民检察院官网的"市检察院机构"部分,网址:http://www.bjjc.gov.cn/bjoweb/sjyjg/index.jhtml,访问时间:2013 年 8 月 2 日。

④ 参见王鸿翼:《民事行政检察工作的发展历程与展望》,载《人民检察》2011 年第 12 期。

⑤ 《行政诉讼法》于 1989 年由第七届全国人大第二次会议通过,1990 年 10 月 1 日起实施,之后一直未予改。2014 年 11 月 1 日第十二届全国人民代表大会常务委员会第十一次会议通过《关于修改〈中华人民共和国行政诉讼法〉的决定》,修正后的《行政诉讼法》于 2015 年 5 月 1 日起施行。

察依赖于民事检察的偏误定位、未能体现行政检察制度的独立性,其对行政诉讼检察监督制度部分的修改系参照《民事诉讼法》的相关修改进行,在《草案说明》中明确表示"修改的《民事诉讼法》细化了检察机关对民事诉讼的监督,建议参照《民事诉讼法》,增加规定……";《行政诉讼法》第101条规定:"法院审理行政案件,关于……检察院对行政案件受理、审理、裁判、执行的监督,本法没有规定的,适用《中华人民共和国民事诉讼法》的相关规定。"

3. 民事检察权独立性、专业化发展的路径——权属分化与机构分立

通过以上的对比分析可以发现,民事法律关系、刑事法律关系、行政法律关系在性质、主体、客体、内容等方面的差异,决定了民事、刑事、行政三种司法程序在价值目标、基本原则、调整对象、程序功能和程序结构等方面的诸多差异,进而影响着民事检察权、刑事检察权和行政检察权在不同类型司法程序中的配置原理、行使原则、权能限度和作用方式。刑事诉讼所要解决的实体问题依法追诉犯罪,以保障刑法的正确实施及社会秩序的稳定,因此其遵循罪刑法定、国家追诉等特有原则;民事诉讼法所要解决的实体问题是平等的民事主体之间因财产关系和人身关系而产生的权利义务争议,以保护当事人合法的民事权益,维护民事经济往来的正常秩序,该种私权性的实体关系决定了其以处分原则作为最具特色的基本原则;行政诉讼法所要解决的实体问题是公民、法人和其他组织与行政机关之间因具体行政行为而发生的争议,以实现对行政行为合法性的有效监督,通过纠正违法行政行为来维护国家的行政管理秩序,因此其以合法性审查、不得适用调解等作为特有原则。实体法律关系在性质和基本原则方面的差异,使得检察机关在介入不同类型的程序领域时,必须首先遵循该类程序的核心价值和基本原理,这就决定了三类检察权虽均以法律监督作为本质属性,但在各自的运行场域中呈现出具体属性和功能侧重等方面的差异,因而有必要按照权属分化、机构分立的路径来配置和完善各类检察权及其相应制度。然而反观我国检察制度的演进历程和实践样态,在"唯刑事论"的偏误理念下,检察权曾被长期等同于刑事检察权,这不仅可以透过《检察院组织法》中对检察机关职权的"刑法化"规定予以揭示,还体现在我国检察理论和检察制度研究的主要内容、发展脉络及现有成果等方面。对刑事检察理论和职权的偏重关注,导致民事检察权领域

的理论研究水平长期处于欠发达状态,且时常出现将刑事检察权的原理和规律以及具体的刑事检察制度不加区分地适用于民事和行政检察的异化做法。而从司法实践的客观现状来看,虽然早已实现了刑事检察与民事行政检察的部门分立,但从工作理念、基本原则、基本制度到具体制度、具体规则及相关程序细则,均尚未实现真正的分化。此外,从检察机关内部机构的结构和关系方面来看,民行检察部门合一设立的模式,使得二者在人员、组织、机制、程序和方针等方面均采用同一化的配置方式。在此情形下,同民事检察与刑事检察之间的依附和混同关系相类似,对民事诉讼与行政诉讼在核心功能、基本原则、诉讼模式、审理对象、审理限度等方面之本质差异的忽视,同样会导致行政检察权因为缺乏必要的独立性而难以在契合自身特性的前提下发挥应有的功能。简言之,检察权在刑事、民事和行政领域的不同角色和预期功能,决定了需要分别为其配置相适宜的职能内容、制度规则和程序细则,以确保三类检察权能够在遵循各类司法程序之基本原理和一般规律的基础上,依循其各自的检察原理发挥相适应的积极功能。而该目标的实现,须以刑事检察、民事检察、行政检察在权属上的分化和机构上的分立为基本前提,也只有这样,才能够反过来促进其在各自场域中的专业化、规范化和科学化发展,这也恰与社会发展进步所要求的专业化分工相契合。

4. 民事检察权与刑事、行政检察权的衔接

从民事检察权与刑事检察权的衔接和关联来看,主要体现在线索移送、提供协助和潜在保障三个方面。首先,从二者的信息共享和线索移送关系来看,依据2009年最高人民检察院《关于完善抗诉工作与职务犯罪侦查工作内部监督制约机制的规定》、2012年9月最高人民检察院民事行政检察厅和职务犯罪预防厅联合下发的《关于认真学习贯彻修改后民事诉讼法开展以"维护司法权威、促进司法公正"为主题的民事诉讼领域职务犯罪专题预防工作的通知》以及《民事诉讼监督规则(试行)》的相关规定,民事检察部门与职务犯罪侦查等刑事检察部门之间存在着案件线索的双向移送关系。具体来说,民事检察部门在履行审判检察监督和执行检察监督等职责的过程中,如果发现审判人员和执行人员涉嫌职务犯

罪的,应当及时将犯罪线索和相关材料移送本院职务犯罪侦查部门[①];检察机关相关职能部门在办案过程中发现法院审判人员、执行人员有贪污受贿、徇私舞弊、枉法裁判等违法行为,可能导致原判决、裁定错误的,应当及时向民事检察部门通报;民事检察部门在办理民事诉讼检察监督案件的过程中,如果发现诉讼当事人及利害关系人的恶意诉讼或恶意调解等行为可能构成刑事犯罪的,应当将犯罪线索和相关材料移交本院的相关职能部门;检察机关在督促起诉时,如果发现对国有资产负有监管职责的主体存在渎职等涉嫌犯罪的行为,或者是在协助法院执行时发现被执行人的抗拒、阻碍执行行为可能构成刑事犯罪的,应当将线索和材料移送本院相关职能部门。[②] 其次,从二者的潜在保障关系来看,除了上述的信息共享和线索移送等衔接关系外,在一些特殊情形下,刑事检察权还具有保障民事检察权之运行实效的潜在功能或倒逼功能,例如在督促起诉时,检察机关的督促建议虽然不具有强制执行力,但是相关被督促主体可能考虑到检察机关同时享有的职务犯罪侦查权和刑事公诉权而接受检察机关的建议并提起诉讼;当执行案件中的被执行人是国家机关等特殊主体时,检察机关为了协助执行而发出的执行检察建议虽然不具有强制执行力,但其同时享有的职务犯罪侦查追诉权往往能够倒逼这些特殊的被执行人履行执行义务。最后,从二者的协作关系方面来看,在刑事公诉部门办理刑事附带民事诉讼案件的过程中,可以要求民事检察部门协助对其中的民事赔偿问题进行调解;而在检察机关提起刑事附带民事诉讼时,民事检察部门与刑事公诉部门同样会在证据收集和出庭公诉等方面相互配合与协作。概言之,民事检察权与刑事检察权在各自权责明晰的前提下,借助内部情况通报、信息共享、线索移送、潜在保障、相互协作等方式予以衔接,从而在合理划界、明确分工的基础上实现二者的有机协作和效能最大化。

从民事检察权与行政检察权的相互关系方面来看,相较于刑事检察

---

① 2014年9月最高人民法院公布的典型案例第6件即肯定了民事检察部门与刑事检察部门之间的衔接协作关系,请参见"湖南省某县人民法院民事审判二庭副庭长刘某等人违法行为监督案"。该案中检察机关在办理一起申请民事监督案件时发现相关人员的骗保行为以及法院审判人员的受贿行为,于是及时将案件线索移送给了本院反渎职侵权部门,相关人员已经分别以涉嫌受贿罪、民事枉法裁判罪和涉嫌行贿罪、妨害作证罪、民事枉法裁判罪等罪名被移送起诉。

② 参见《检察院民事诉讼监督规则(试行)》第113条的规定。

权,行政检察权与民事检察权发生关联的情形并不很多,通常仅限于社会治理型民事检察制度领域,其中主要涉及民事督促起诉与督促采取行政措施等行政检察建议的关系,以及行政机关作为民事执行案件的被执行主体时,检察机关的民事执行协助与行政检察制度之间的关系。受自身知识储备水平和论题重点的限制,对此问题暂不展开进一步的讨论。

(二)民事检察权与社会治理系统的关系

在厘清了民事检察权在检察权整体系统中的地位及其与其他性质检察权的相互关系后,将把民事检察权置于总系统也即社会治理系统之中,从国家权力与公民权利的划分、公权力与公权力的划分两个层次,来反思民事检察权与公民自治和社会自治的关系、民事检察权与其他国家公权力之间的关系,以期明晰民事检察权在整个社会控制体系中的应然角色和地位。

1. 民事检察权与社会自治、公民自治的关系

检察权身兼社会治理和公权监督两项职能,其中社会治理职能源于国家的社会治理权并以整个社会事务为客体。从应然层面来看,在政府国家与市民社会之间界限清晰的前提下,应由公民自治和社会自治作为维护社会秩序合法稳定、社会事务良性运转的核心路径,国家只是在市民社会功能失灵的情形下才遵循最小干预的理念来实现社会治理目标,并且不同的政府部门仅以与其权力性质相吻合的方式履行社会治理职能。

然而反观我国的实然现状,在尚未完成国家权力与公民权利的第一层划分的背景下,一方面,在民事司法程序的运行过程中本应成为核心的权利制约权力机制缺位或失灵,国家权力结构体系中的各机关均在代表人民、政府即人民的政体模式下发挥着保障公民权利的功能;另一方面,国家干预主义的长期存在致使公民自治、社会自治始终难以发育成型,由国家公权力机关发挥着本应由公民个人或社会组织承载的社会事务管理职能并进一步加深了该种路径依赖。具体到民事检察权领域,在国家与市民社会二元化结构缺位的现状下,当公民的民事程序权益或实体权益遭受司法权侵害时,诉讼权利保障机制的完备性和实效性不足、加之公民自治能力和诉讼能力的客观弱势,导致民事检察权常常被异化为救济民事主体私权益的直接力量;当社会公共利益遭受侵害时,社会自治能力的

弱势以及相应制度的缺位,使得民事检察权再次扮演了积极主动的功能替代角色。

　　为了扭转上述的错位现象、矫正民事检察权与社会自治和公民自治之间的关系,有必要借助国家权力与社会治理的关系理论以及民事检察权的基本原理,来重新思考民事检察权与公民权利和社会权利的关系问题。首先,从公权制约型民事检察权与公民自治之间的关系来看,诉讼检察监督权和当事人的诉权均具有制约民事司法权的功能,前者以维护民事司法的公正性为制约目标,后者则以获得有利于己的裁判结果为制约目的,但国家利益与私人利益在总体目标上的一致性以及民事程序的处分主义特性,决定了诉权对审判权的制约才是保障民事司法统一性与合法性的根本路径。虽然在现阶段检察机关的功能替代作用不可或缺,但从长远发展的角度来看,强化诉权对审判权的制约功能、强化程序参与和诉权救济等权利性制约机制,才是确保民事诉讼程序和执行程序依法良性运转的应然方案和治本之术。换言之,相较于加强导入外在权力因素、强化民事检察监督力度的"添附式"方案,培育并壮大公民自治的能力、完善当事人诉讼权利的配置并提升其实际诉讼能力,才是优化民事司法程序的标本兼治路径。其次,从社会治理型民事检察权与公民自治和社会自治之间的关系来看,经济主体的自利性取向、社会公共资源的非排他性以及国家和社会公益与私人利益之间的冲突可能性,使得国家需要以不同的方式对社会事务予以干预和调整,然而不同于对社会秩序具有严重影响且不得任意处分的刑事法律关系,民事法律关系的意思自治特性决定了社会力量和公民个人应当成为民事领域社会治理的首位主体和核心力量。诚然,在我国公民权利和社会权利之作用界限不明、社会团体和自治组织能力不足、社会主体理性缺乏且依赖公权干预的客观背景下,检察权对社会民事事务的介入发挥了较为积极的功利性作用,但不能因为该种功能替代方案的存在就忽视了社会自治和公民自治的应然功能,更不能因此而进一步弱化甚至放弃对社会理性和公民理性的培育。无论是在社会公共利益维护、弱势群体倾斜保护抑或社会秩序维护等方面,尊重并强化社会自治和公民自治的能力与实效,才是最契合国家权力与社会权利的权限划分原理、最利于实现社会治理成本与治理收益之关系平衡、最有助于促进社会系统自发式良性运转的方案,进而最终生成国家干预、社会自治与公民自治三者间协调化运作的模式。

2. 民事检察权与其他国家公权力的关系

在从国家与市民社会的关系层面厘清了民事检察权与公民自治和社会自治的关系后,需要进一步探究民事检察权在国家权力系统中的地位和角色,也即从权力分工与权力制约的层面来分析民事检察权与立法权、行政权以及司法权的关系。

在我国议行合一的结构框架下,国家的最高权力机关同时享有立法权,由其授权检察机关、法院和行政机关在社会控制这条"流水线"上相对分工、平行作业、各司其职,各自承担自身在社会治理体系中的一部分职能。但不同于西方三权分立模式下司法权所享有的质疑其他平行权力的最后防线地位,在极具中国特色的司法监督模式下,检察机关作为国家的专门法律监督机关处于权力流水线上的最后一道质量检测关口,发挥着弥补整条流水线上内置分权制约机制之不足的功能,享有挑战其他平行权力的特殊权限。[①] 然而,检察机关与法院和行政机关在地位上的平等性和并列性,决定了检察机关虽然被置于质检环节的末端并在表象上成为了"法官之后的法官",但在整个社会控制体系中,法官仍旧保留了作为"整个社会事务的法官"的地位[②],行政机关亦然仍旧处于社会事务和公共利益的直接管护者地位,因此,民事检察权在运行过程中必须遵照该种模式来处理与司法权和行政权的关系。

首先,从公权制约型民事检察权与民事审判权之间的关系来看,审判检察监督和执行检察监督的适用范围和运行方式直接影响着民事司法监督体制的模式以及法院在国家权力体系中的地位,因此检察机关在对审判权和执行权进行公权性监督时,应当恪守法院独立行使审判权原则的起码底线,对于属于法院合法裁量权和自治权范畴的事项、属于法院能够通过内部自我监督制约予以纠正的事项,检察机关不应介入和干预,以避免监督异化为替代、公权制约异化为私权救济,防止民事检察监督与其预设功能背道而驰并扭曲为削弱法院权威性和公信力的因素。其次,从社会治理型民事检察权与行政权之间的关系来看,检察机关与行政机关在

---

① 参见傅郁林:《我国民事检察权的权能与程序配置》,载《法律科学》2012年第6期。
② 同上。

职能分工上的差异决定了二者在社会公益维护领域的不同任务和履职方式,行政机关作为行政权的专属主体,通过各种抽象行政行为和具体行政行为来发挥社会治理和公益维护的职能;检察机关作为民事守法监督职能的享有主体,通过干预特定的民事违法行为来发挥维护社会秩序和公共利益的功能。但不同于检察权在刑事领域所承载的不可替代的社会治理职能,检察机关的权力分工决定了其通常情况下不应作为公益维护的直接主体,而应当尽量发挥行政机关的直接管护职能。

总的来说,在一元多立的体制下,不同的国家公权力机关在社会治理系统中依托不同的路径发挥着不同的具体功能,具体到民事检察权领域,需要理性认识检察机关与最高国家权力机关的关系、民事检察权与民事司法监督模式的关系、公权制约型民事检察权与法院审判权和执行权的关系以及社会治理型民事检察权与行政权的关系,以避免检察机关超越自身权限边界而损害了司法权和行政权的功能发挥,进而影响了国家公权力系统整体的运行效果。质言之,民事检察权在发挥监督或制约功能时应当以维护法院和行政机关在各自权限范围内的权威为宗旨,进而从总体上维护国家的法制统一。①

第三节 民事检察权的滥用与防范

"一切有权力的人都容易滥用权力,这是一条万古不易的经验,有权力的人们使用权力一直到遇有界限的地方才休止。"②与法院的情况相类似,检察机关也面临着司法腐败、人员素质低下、执法理念偏误等问题的困扰,并"存在权力寻租和追求业绩等利益驱动"③,因此,正如审判权和执行权需要依法接受监督和制约一样,民事检察权作为公权力的一种,同样须受权力制约原理的规制,以回应"谁来监督监督者"的长期质疑。④之前在第三章和第四章中已经通过探究民事检察权的运行空间明晰了权力行使的应然界限,在此基础上,本节将以民事检察权的局限性和负外部

---

① 参见傅郁林:《论最高法院的职能》,载《中外法学》2003年第5期。
② 〔法〕孟德斯鸠:《论法的精神(上)》,张雁深译,商务印书馆1982年版,第154页。
③ 范愉:《司法监督的功能及制度设计(上)》,载《中国司法》2004年第5期。
④ 参见陈瑞华:《看得见的正义》(第2版),北京大学出版社2013年版,第172页。

性为切入点,依循条件控制与过程控制相结合、内部制约与外部制约相结合、权利性制约与权力性制约相结合的路径,来尝试搭建起预防性、补救性和制裁性机制"三位一体"的民事检察权制约机制体系。

一、民事检察权制约机制体系化建构的总体思路

民事检察权以执法监督和守法监督为预设功能、以维护民事司法的公正性和统一性为总体目标,然而,公权力的本质以及民事检察权的固有局限,使得其同样存在着被滥用的风险并可能与权能设置时的初衷背道而驰。[①] 藉此,如何确保民事检察权以恪守本质属性、功能定位和作用边界的方式运行,如何确保各类权能以符合基本原理的方式在应然的运行空间中发挥积极功能,便成为了建构民事检察权制约机制体系时的核心问题。为了确保制约机制的实效性和科学性,在进行具体的制度设计前,需要首先明晰民事检察权违法滥用现象的可能成因以及对之进行规制的必要性,并结合民事检察权的功能目标和本质特性提炼出建构制约机制时应当遵循的基本原则,进而廓清民事检察权制约机制体系的总体架构。

(一)民事检察权的滥用与规制必要

关于刑事检察权监督制约机制的研究早已出现且相对趋于成熟,相较之下,民事检察权的制约问题则长期处于被忽视的地位。诚然,刑事检察权的行使与基本人权保障之间的紧密关联使得有效制约刑事检察权具有了相当的重要性,但民事检察权与司法终局性、审判独立性、诉权自治性等核心要素之间的密切关系,决定了对该种性质的检察权进行体系化制约同样具有必要性和紧迫性。鉴于此,笔者将以公权力的固有局限和民事检察权的负外部性作为切入点,来揭示民事检察权被滥用的主要原因以及对之进行规制的必要性。

扩张性、侵犯性和易被滥用性是公权力的普适性特征,这些固有局限致使民事检察权在运行过程中可能产生与预期功能相背离的负面效应,进而危及了民事检察权的正当性基础、阻碍了民事司法公正目标的实现。首先,民事检察权的滥用可能导致司法腐败问题进一步恶化。与法院可能利用审判权或执行权进行权力寻租相类似,在缺乏完善的条件控制和

---

① 参见张卫平:《民事诉讼检察监督实施策略研究》,载《政法论坛》2015 年第 1 期。

过程控制的情形下，检察机关的工作人员很可能借助规范和程序上的缺陷，利用审判检察监督权和执行检察监督权为自身谋取非法利益，致使原本以规制法院司法腐败问题为预设功能的民事检察监督权异化为了滋生新腐败的温床。其次，民事检察权的滥用可能损害民事司法的公正价值和效率价值。具体来说，检察机关作为与法院同级的国家公权力机构，同样面临着行政化管理方式的限制和党政部门的干预，因此过分夸大民事检察权在维护司法公正、排除外部干预等方面的功能，很可能导致民事检察权沦为地方当局谋求地方保护利益的又一工具；不当扩张检察机关的监督范围和抗诉事由，不仅严重损害了民事裁判的稳定性和可预测性，导致当事人之间的民事权利义务关系长期处于不确定状态，还会因为频繁的重启程序和程序倒流而增大运行成本并减损程序效率。最后，民事检察权的滥用可能损害审判权的独立性和权威性。国家公权力机构之间的职能分工以及不同性质的公权力自身的本质特性，决定了民事检察权的行使必须恪守应然的权限边界，然而，绩效考核和工作政绩等功利目标的驱动、功能定位和执法理念的偏误，使得检察机关在行使民事检察权时可能逾越了自身的功能界限而侵入了本应属于审判权和执行权依法独立自治的范畴。这一方面导致法院在事实认定和法律适用方面的专属权遭受了非正当质疑，引发了检察权替代或瓜分审判权的扭曲现象；另一方面，检察机关的过分干预可能变相激励当事人进行上访申诉、挑战裁判的终局性，在放纵无理缠访的同时进一步减损了裁判的严肃性和法院的权威性及公信力，而申诉的高昂物质成本和精力成本，使得当事人对于启动再审并获得有利于己的结果具有更高的期待，一旦再审结果与自己的预期方式不相符则必然加剧其对司法的不信任和抵触情绪，更可能引发过激行为或群体性事件。此外，民事检察权的滥用可能侵犯私权自治和社会自治。具体来说，抗诉等公权制约型民事检察制度的滥用将不当限制甚至剥夺当事人的处分权；对事实问题和证据问题的全面介入可能致使检察监督权异化为申诉方当事人的权利救济力量，进而损害了当事人诉讼地位的平等；在制度创新和工作亮点等利益因素的驱动下对社会治理型民事检察权的泛化运用，不仅背离了意思自治、私权自治等民事领域的核心原则，更是不利于公民理性和社会理性的培育与发展，阻碍了国家与公民社会二元化结构的形成。

概言之，与其他国家公权力所面临的滥用风险及其相应的负面后果相一致，民事检察权同样可能因为缺乏必要的监督制约而出现不当行使和违法滥用等情形，并对民事司法的公正和效率价值、法院的权威性和公信力、当事人的处分权和平等性、公民和社会的自治能力等造成损害，这些负外部性的客观存在充分证明了对民事检察权进行体系化制约的正当性和必要性。

（二）民事检察权制约机制建构的基本原则

按照权力制约机制建构的一般原理，制约对象的性质和功能决定了制约机制的模式和结构，制约机制的配置应当有利于制约对象之积极功能的有效实现。同理，民事检察权制约机制的建构和运行不仅要符合权力制约的一般原理，亦应以民事检察权的性质、功能和运行原理为基准，在防止民事检察权违法滥用的同时，促进其预设功能和正面效应的充分落实。依此，在建构民事检察权的制约机制体系时，应当遵循以合法和适度为准则、以保障民事司法公正为目标的原则，权力性制约与权利性制约相结合的原则以及预防性、补救性和制裁性制约相结合的原则。

1. 以合法和适度为准则、以保障民事司法公正为目标的原则

民事检察权以合法原则、客观公正原则、有限适度原则等作为运行准则和基本原理，以维护民事法律的正确统一实施、保障民事司法的公正性作为功能和目标，因此，民事检察权的制约机制应当保障和推动这一根本目标的实现。

首先，民事检察权以合法性和客观公正性为前提和原则，因此相应的监督制约应当以民事检察权行使的违法性作为要件和标准。国家专门法律监督机关的宪法定位并不意味着检察机关具有凌驾于被监督对象之上并为所欲为的特权，作为与法院和行政机关相平行的同级国家机构，检察机关在行使民事检察权时必须以合法性为基准，无论是公权制约型检察权抑或社会治理型检察权，都需要遵循法定的启动条件和方式、法定的适用范围和具体情形、法定的运行程序和法律效力；无论是以执法监督者的身份抑或守法监督者的身份履行民事检察职责，均需立足于客观公正的立场、遵守诚信原则的基本要求。因此，民事检察权的合法性也是监督和制约机制的适用条件和评价标准，当出现民事检察权违法行使的情形时，应当通过检察系统内部的监督制约机制予以补救，或是通过检察系统外

部的权力性或权利性制约机制予以纠正、干预或制裁。

其次,民事检察权以维护民事司法公正为根本目标,因此相应的监督制约应当有利于检察机关以契合谦抑性、比例性和辅助性等理念的方式实现这一目标。如前所述,建立民事检察权制约机制的主要目的是解决民事检察权的滥用问题,评价是否存在滥用行为的标准是其合法性或违法性,然而,我国民事检察制度在立法层面的粗疏和不完备现状、在实践层面的自生自发特性,使得民事检察权制约机制在判断和评价相关行为的合法性时面临着诸多困难,因此需要提供相适宜的基本原则和政策倾向。结合民事检察权的基本功能和特质以及之前提炼出的两类民事检察权能的基本原理,制约机制的建构和运行应当谋求民事检察的适度性与有效性之间的衡平。其一,在公权制约型民事检察权领域,一方面,审判权独立行使、处分主义、程序的自组织原理等决定了民事检察监督权应当尽可能少的介入诉讼程序和执行程序,仅在穷尽程序内部制约机制仍旧无法实现司法公正的目标时才能以符合检察职能的方式进行干预,因此公权制约型民事检察权的制约机制需要确保诉讼检察监督权在穷尽了程序内部救济时才适度介入;另一方面,立法对抗诉等监督事由的抽象性、概括性规定,使得检察机关在进行诉讼监督时难免需要运用裁量权,为了平衡无度裁量与过度制约之前的矛盾关系,应当在完善立法、减少规范中空白和漏洞的同时,为检察机关裁量权的行使设置条件控制和程序控制,确保民事检察权的制约机制既能够压缩检察机关的裁量空间,又不会削弱民事检察监督的实效性。其二,在社会治理型民事检察权领域,一方面,民事主体意思自治、社会自治优先、辅助性原理等决定了应当严格限制检察机关对民事活动的干预范围,因此社会治理型民事检察权的制约机制需要确保公民自治和社会自治性质的制度在适用顺位上优先于民事检察制度;另一方面,有关检察机关支持起诉和民事公诉的规范极为粗疏,而督促起诉、检察和解和执行协助等自发性制度尚无法典依据,这导致各种社会治理型民事检察制度在适用过程中缺乏规范性和统一性,为了平衡制度运行的规范性与对社会需求的回应性之间的关系,应当通过立法对诸种实践先行的制度予以选择性认可,明晰其各自的适用条件和具体程序,以使公权制约型民事检察权的制约机制既能够防止检察机关民事守法监督职能的不当扩张,又不会影响该类权能的正面效益。

2. 权力性制约与权利性制约相结合的原则

作为制约对象的权力的运行空间及其关系网络,决定着制约机制的掌控主体和可能方式。民事检察权以民事审判程序、民事执行程序以及其他民事活动场域为运行空间,在此过程中可能与法院、诉讼当事人、执行程序当事人和利害关系人以及其他民事实体权利义务关系主体等发生不同形式的关联,这就决定了民事检察权的制约机制应当同时包括了来自公权力的监督制约和来自私权利的制约。

首先,从民事检察权的权力性制约机制来看,有学者依据诉讼上权力分立的不同理念提出了三种监督制衡方案,一种是审判权与检察权之间的相互动态制约模式,第二种是上级权力监督模式,第三种是国会监督模式,这三种方式实际上反映了不同层级的检察机关相互间的关系以及检察权与其他国家公权力之间的关系。具体到民事检察领域,第一,检察机关和法院在国家权力体系中的平等和并列地位,决定了公权制约型权能中民事检察权与审判权和执行权之间不应仅限于单向监督的关系,而应当是双向的制约关系。一方面,为了防止检察监督权凌驾于法院之上并实际上替代审判权或执行权,应当仅赋予检察监督权以程序性效力而由法院享有实质决定权和最终裁判权;另一方面,为了及时规制检察监督权的滥用,作为被监督者的法院对于检察机关的违法监督行为或不当监督意见应有权提出异议。而在社会治理型民事检察权领域,当检察机关作为原告提起民事公诉时,其与法院之间属于诉权与审判权之间的双向互动制约关系。第二,在我国一元多立的结构模式下,检察机关虽然是国家的专门法律监督机关但却并不享有最高监督权,因此其在行使法律监督权时还须自觉接受来自人大及其常委会的监督。第三,检察机关的组织结构和检察一体制,决定了上下级检察机关之间是领导与被领导的关系,对内要求上命下从、对外要求权力行使的整体统一,因此检察机关在行使民事检察权时还需接受来自本系统内部的横向制约和纵向制约。

其次,从民事检察权的权利性制约机制来看,虽然不同于审判权和执行权制约机制体系中的权利性制约原理和相应方式,民事检察权在运行过程中同样需要接受来自权利的制约。在公权制约型权能领域,民事诉讼检察监督权在通常情形下应当依当事人申请而启动,当事人应有权参与检察机关的审查程序并表达自己的意见,并且在不损害国家和社会公共利益的情形下,申诉人可以要求撤回监督申请并终结相关程序。在社会治理型权能领域,检察机关支持起诉须受被支持者选择权和处分权的制约;检察机关提起民事公诉时不享有完整的处分权;促成检察和解或进行检察调解时,应受当事人意思表示的制约。

3. 预防性、补救性和制裁性制约相结合的原则

在明晰了划定民事检察权制约目标、制约标准和制约主体的基本原则之后,还需要进一步揭示有关制约时机和制约方式的基本原则。依循权力制约机制的建构原理,一个健康完备的民事检察权制约机制体系应当是防范性制约、补救性制约与制裁性制约相结合的机制体系,并且各类制约机制和具体制约手段的配置应当满足相称性原则的要求,即由制约对象或事项的具体特征来决定制约的权限、范围、方式、时机和程序等,以确保制约方式和制约手段与民事检察权滥用行为的发生原因、严重性程度以及损害后果等要素相适应。

首先,通过条件控制和过程控制相结合的方式来发挥预防性制约的功能。一方面,对各类民事检察制度的适用条件、参与主体、具体情形和运行程序等基本内容予以细化,从根本上规范民事检察权的行使范围和干预程度、缩小检察机关的裁量空间;另一方面,完善民事检察部门的自我核查制度以及本院其他权威部门的监督提示,配置公开、透明的权力运行程序,从源头上防范和威慑滥用民事检察权的行为。其次,通过权力性制约与权利性制约相结合的方式来发挥补救性制约的功能。在法律规范缺失或不完备、检察机关内部的横向制约机制未能发挥应有防范功能的情形下,通过检察系统内部的纵向监督机制、来自法院的外部权力性制约机制以及当事人的异议权和程序参与权等权利性制约机制,来及时纠正违法的民事检察行为、避免或消除权力滥用的不良后果。再次,通过纪律处分与职务犯罪追究相结合的方式来发挥制裁性制约的功能。在对事监督的基础上,对检察机关工作人员违法滥用民事检察权并造成严重损害后果的行为,通过纪律处分或移送职务犯罪侦查部门等方式予以制裁性、惩戒性制约,从而在契合相称性原则的同时间接发挥潜在威慑和一般预防等功能。

(三)民事检察权制约机制的总体框架

在论证了对民事检察权进行监督制约的正当性和必要性,并围绕民

事检察权的性质功能和内在特质提炼出了建构制约机制的基本原则后,能够透视出我国民事检察权制约机制的总体结构框架,从而为制约机制的具体建构奠定基础并设定路径。

首先,以制约权的来源作为第一层分类标准,可以将民事检察权制约机制体系划分为内部制约机制与外部制约机制两大分支,其中内部制约机制是指来源于检察系统内部的监督制约,而外部制约机制则是指来自于检察权之外的其他权力或权利的监督制约。其次,以制约权的享有主体和性质作为第二层分类标准,可以将民事检察权的内部制约机制进一步划分为检察机关的内部横向制约机制和检察机关的内部纵向制约机制两种;可以将民事检察权的外部制约机制划分为外部权利性制约机制和外部权力性制约机制两种,其中前者包括了来自私权利的制约和部分社会性制约,后者包括了来自法院审判权和执行权的制约以及来自人大或党政部门的制约。概言之,我国的民事检察权制约机制体系以内部制约与外部制约相补充、权利性制约与权力性制约相协作、横向制约与纵向制约相结合为特点,以实现预防性制约、补救性制约和制裁性制约的"三位一体"功能为目标。以下将按照两个层次的分类标准所搭建起的体系架构,分别对民事检察权内部制约机制和外部制约机制的具体建构进行深入探讨。

二、民事检察权内部制约机制的具体建构

民事检察权的内部制约机制是指来源于检察机关系统内部的监督制约机制,包括了检察院内部的横向制约和来自上级以及最高人民检察院的纵向制约。从我国现有规范来看,除了《人民检察院组织法》和《检察官法》的概括性规定外,《民事诉讼监督规则(试行)》对公权制约型民事检察权的内部监督制约机制进行了初步细化,但仍旧存在着三方面的缺陷:第一,规范粗疏且缺乏体系化,对条件控制、过程控制和后果责任的规定大范围缺失;第二,民事检察部门缺乏基本的内部分权和机构分立,尚无针对社会治理型民事检察权的制约机制;第三,民事检察监督的程序设置缺乏公开性和完整性,预防性和补救性制约机制不足且行政化色彩明显。鉴于此,本部分将在现有规范的基础上结合上述三方面的缺陷,尝试提出民事检察权内部制约机制的具体建构方案。

（一）检察机关的内部横向制约

依循民事检察权制约机制建构的基本原则，检察机关的内部横向制约机制应当满足预防性、补救性和制裁性制约相结合的要求，因此，具体的制约方式包括了内部分权和机构分立、本院相关部门的预防性或补救性制约、其他预防性制约机制以及对违法违纪行为的惩戒机制。

1. 内部分权与机构分立

民事检察权在权能结构方面的二元化特质、两类权能在性质和运行模式等诸多方面的差异以及角色冲突所可能造成的不良后果，决定了应当采行公权制约型民事检察职能与社会治理型民事检察职能相对分离的分权模式，并依此进行机构分设。如前所述，某些情形下民事检察权的两类权能在同一案件中会发生冲突，出现检察机关利用诉讼监督职能保障社会治理权能的异化现象，并损害检察监督的客观中立性、审判权行使的独立性和当事人诉讼地位的平等性。为了从源头上防范因角色冲突而引发的民事检察权滥用行为，有必要在民事检察部门内进行机构分立，由相对独立的两个机构分别负责民事诉讼检察监督工作和社会治理型民事检察工作，以避免权力的过分集中所蕴含的滥用风险。需要特别强调的是，为了确保分权的实效性和机构分立的实质性，不仅要在名义上更新民事检察部门的内部结构，还要按照两类职能的核心功能和运行规律配以相适应的工作规则、办案流程和考评机制，从而避免两类职能的"名分实合"并发挥两个机构相互间的监督制衡关系。

除了民事检察部门的内部分权外，还应当实行民事检察案件在受理、办理、管理方面的权限分立和部门分设。《民事诉讼监督规则（试行）》对此进行了初步规定，即由控告检察部门负责受理民事诉讼监督案件、由民事检察部门负责办理案件并由案件管理部门负责对诉讼监督案件进行管理。具体来说，由控告检察部门对诉讼监督申请进行审查并决定是否受理，对于其决定受理的案件连同相关材料移送本院民事检察部门进行办理；民事检察部门应当将案件办理结果书面告知控告检察部门；由案件管理部门对民事诉讼检察监督案件的受理和办理情况进行监督和管理。采用受理部门与办理部门相分离的模式，一方面可以避免因权力过分集中而引发的权力寻租风险，使得控告检察部门与民事检察部门能够相互制约；另一方面，有助于民事检察部门将主要精力集中在案件的实质性审查方面,从而符合案件分流、职能分工、资源优化配置的基本要求。

2. 本院相关部门的预防性或补救性制约

在完成了内部分权和机构分立等防范性制约之后,需要发挥检察机关内部相关部门的监督制约功能,以保障权能分立和机构分设的预设初衷能够有效落实。依据制约主体和具体方式的不同,可以将本院相关部门的制约分为案件管理部门的监督制约和本院其他权威部门的制约两种。

首先,是案件管理部门对民事诉讼监督案件的预防性和补救性监督制约,从制约对象来看,包括了对办案期限、办案程序、办案质量的预警性制约和监督管理;从具体内容来看,包括了流程监控、案后评查、统计分析、信息查询和综合考评等。[①] 具体来说,对于民事检察办案部门或办案人员错误或不当使用法律文书、无正当理由未按法定期限办结案件、侵害当事人或诉讼代理人诉讼权利、未依法对民事审判及执行活动中的违法行为进行监督等情形,案件管理部门应当及时提出纠正意见,并依据违法情节的严重程度决定是否进行案件流程监控。与此同时,案件管理部门是民事检察工作绩效考评的负责主体,作为检察机关内部制约的主要方式之一,《检察官法》在第八章专章规定了检察官考核制度,并在其中第26条强调了重点考核工作实绩,然而从民事检察工作的现行考评机制来看,盲目追求数字化管理、指标的设置与权能的本质特性以及案件的复杂性和多样性不相符,导致检察机关在办理案件时偏离了应然目标而以符合考核指标体系为导向。为了追求抗诉率、抗改率等功利性统计数据而背离了民事检察权的基本运行原理,引发了实践中一些超越检察权限、违法基本准则的异化做法,使得本应发挥权力制约功能考评机制成为了民事检察权违法或不当行使的潜在推手。鉴于此,有必要在更新制度定位、矫正执法理念的基础上,以民事检察权的本质属性、功能特质和运行规律为出发点来修正现有的绩效考评指标,弱化对数字的盲目追求而加强对办案程序和办案质量的考核,以期发挥考核制度应有的威慑和激励功能。

其次,是来自本院其他权威部门的监督制约,其中包括了民事检察部门内部案件集体讨论制度的制约、民事检察部门负责人的监督、检察委员

---

① 参见《检察院民事诉讼监督规则试行》第105条。

会的监督制约以及检察长的领导监督。具体来说,第一,民事检察部门办理诉讼检察监督案件应当经过集体讨论,由参与讨论的人员对案件事实、适用法律和处理建议等发表意见并说明理由,通过该种方式形成的处理意见能够防范个人的权力滥用或权力寻租。第二,民事检察部门的负责人有权对集体讨论形成的处理意见进行审核并报检察长批准;提出再审检察建议或执行检察建议时,应当经检察委员会决定①,由此发挥了检察长和检委会对民事检察工作的预防性制约功能。第三,检察机关向法院提出监督意见后,"发现监督意见确有错误或者有其他情形确需撤回的,应当经检察长批准或者检察委员会决定予以撤回"②,从而实现了对民事检察权的补救性制约功能。

3. 其他预防性制约机制

按照制约机制的建构原理和经济规律,预防性制约机制的配置越完善、所发挥的实际功效越强,该制约体系的运行成本就越低、效益就越高,因此,需要扭转我国在民事检察权预防性制约机制领域的贫瘠现状。除了前述的权力分立、流程监控、集体讨论和审核批准等预防性制约方式外,提升民事检察监督程序的公开性和透明性、强化检察文书说理制度、提升检察人员的综合素养等,是更为有效、更符合程序公正要求的预防性制约机制。

首先,从程序的公开性和参与性方面来看,2015年最高人民检察院《关于全面推进检务公开工作的意见》要求强化案件信息公开、检察政务公开和检察队伍信息公开③;而《民事诉讼法》并未提及检察机关行使诉讼检察监督权的具体程序,实践中各地检察机关的实际操作模式更是混乱不一,这使得程序规范在制约检察权滥用方面的应有功能被严重抹杀。相较之下,2013年的《民事诉讼监督规则(试行)》将公开原则确立为检察机关办理民事诉讼监督案件的基本原则之一,并对检察监督案件的受理、审查、调查核实、听证、具体处理方式等内容进行了初步规定,但尚未完成审查程序的体系化建构,因此有待进一步的完善。其次,从民事检察文书

---

① 参见《人民检察院民事诉讼监督规则(试行)》第88条第2款和第103条的规定。
② 《人民检察院民事诉讼监督规则试行》第114条的规定。
③ 参见徐盈雁:《最高人民检察院:检察机关将重点公开办案过程信息》,载《检察日报》2015年3月2日。

的说理制度方面来看,无论是以法院作为接收对象的抗诉书、各类民事检察建议书以及支持起诉书,抑或是以申诉人为接收对象的各种通知书或决定书,均应通过强化检察机关的说理义务来促进检察人员的心证公开、处理方案的理由和结果公开,从而一方面制约检察人员在行使民事检察权时的任意性和肆意裁量,另一方面可以提升相关主体对检察机关处理方案或意见、建议的认可度和可接受度。最后,从民事检察人员的内在约束与权力制约之间的关系来看,除了各种制度的外在性制约外,决定民事检察权行使质量的关键因素是人力资源的总体水平,因此有必要通过完善民事检察部门的人员配置和分类管理、加强专业素养和职业道德培训以及不断更新执法理念等方式,来提升民事检察工作人员的自我约束意识和执法水平,进而从根源上杜绝权力滥用和权力寻租等问题的出现。此外,2014 年起,北京和上海开始尝试创设跨行政区划的检察院,重点处理跨地区的重大民行诉讼监督案件,以期规范检察权的依法公正行使、保证国家法律的正确统一实施。

4. 对违法违纪行为的惩戒机制

除了上述的预防性或补救性制约机制外,检察机关的内部制约机制体系中还包含着对民事检察部门工作人员违法违纪行为的制裁性问责机制,其主要通过纪律处分、追究职务犯罪以及错案责任追究制度等予以实现。依据《民事诉讼监督规则(试行)》第 6 条的规定,检察院办理民事诉讼监督案件实行检察官办案责任制,办理案件的检察人员在具备法定情形时应当自行回避。与对法官的行为要求相一致,检察人员在办理民事诉讼监督案件时不得接受当事人及其诉讼代理人的请客送礼,不得违反规定会见当事人及其诉讼代理人,否则应当依据《检察官法》第十一章有关惩戒制度的规定,对相关检察人员给予警告、记过、记大过、降级、撤职、开除等处分;检察人员在办理民事检察案件过程中若存在收受贿赂、徇私枉法等行为,应当移送本院刑事检察部门依法追究法律责任。

相较于在滥用权力的行为发生前或发生时就及时予以制约的预防性和补救性机制,纪律处分和刑事责任追究等惩戒机制具有事后性、惩罚性的特点,能够发挥潜在的后续威慑功能,但其作为制约机制体系中的最后一道防线,应当尽量处于备而不用的状态。换言之,防范和规制民事检察权滥用的主要路径和治本之术是对民事检察权的行使条件和运行程序进行细化配置,通过条件控制和过程控制来发挥预防性和补救性制约的核心功能,而纪律处分和刑事责任追究等惩罚性的后果问责机制,虽然是制约机制体系中不可或缺的组成部分,但不应成为主导性机制。

(二) 检察机关的内部纵向制约

除了检察机关本院内的各种横向监督制约机制外,在检察机关系统中还存在着纵向的监督制约装置,这是由不同层级检察机关之间的领导与被领导关系以及检察一体化特质所决定的。依据《宪法》、《人民检察院组织法》和《民事诉讼监督规则(试行)》的相关规定,民事检察权的内部纵向制约机制主要包括上级检察院的撤销或变更权、指令纠错权、交转权以及备案制度、案件请示制度、检察案例指导制度等。

首先,依据宪法和组织法的规定,上级检察院有权领导下级检察院的工作,因此上级检察院发现下级检察院的民事检察监督错误或不当时,有权指令下级检察院撤回,下级检察院应当执行,以此来发挥纵向的补救性制约功能。其次,上级检察院可以将受理的民事检察监督案件进行转办或交办,接受交办案件的下级检察院在作出决定前应当报请上级检察院审核同意;检察机关在提出再审检察建议或执行检察建议时,应当将建议书报上一级检察院备案,从而发挥纵向的预防性制约功能。再次,依照《民事诉讼监督规则试行》第 118 条的规定,各级检察院对适用法律确属疑难、复杂,本院难以决断的重大民事诉讼监督案件,可以向上一级检察院请示,该种请示制度兼具指导和制约的功能。此外,相较于针对具体个案的纵向制约机制,检察案例指导制度对于民事检察权的行使同样具有相当的制约作用。依据 2010 年最高人民检察院《关于案例指导工作的规定》的相关内容,民事抗诉案件属于指导性案例的适用范围,检察机关通过发布该类指导性案件,既可以指导民事检察部门正确处理疑难或新类型的民事抗诉案件,又可以在现行法律规定较为原则或不够明确具体的案件中制约检察裁量权的运用,并对之后的相类似案件发挥后续示范和客观拘束功能。

三、民事检察权外部制约机制的具体建构

检察机关系统内部的监督制约机制虽然在信息来源、成本和效率等方面具有优势,但是对部门利益、办案人员自身利益的自利性考量,致使内部制约机制难免存在着客观中立性不足、缺乏监督动力等缺陷,需要外部制约机制予以弥补。依据制约权主体和制约方式性质的不同,可以将民事检察权的外部制约机制分为权利性制约和权力性制约两种,前者是指当事人的处分权、程序参与权和救济权等对民事检察权的制约;后者则是指来自法院的反向制约以及人大和人大常委会对民事检察权的监督。

(一)民事检察权的外部权利性制约机制

虽然不同于民事诉讼程序中诉权与审判权之间的动态双向制约关系,检察权在介入民事领域时同样需要遵守民事程序的基本法理和民事活动的基本准则,并且在检察权的行使过程中可能以不同方式对民事主体的程序权利或实体权利产生影响,因此民事检察权同样应当接受来自权利的制约。

首先,从公权制约型民事检察权的权利性制约机制来看,该类权能的执法监督功能决定了其并非当事人权益的救济机制,而是以法院的公权力行为作为监督对象、以维护民事司法的公正性为目标,但由于其以民事审判程序和民事执行程序作为运行场域,因此检察机关在进行民事检察监督的过程中同样应受当事人处分权和程序参与权的制约,从而与民事程序的基本法理相吻合。第一,民事检察监督权的启动应受当事人的权利性制约,以防范检察机关对民事程序的过分干预。虽然民事诉讼法在规定抗诉事由时并未以依申请或依职权作为标准来进行分类设置,但抗诉所具有的重启程序的效力以及由此对个案裁判结果的可能影响,决定了在不涉及国家利益和社会公共利益的情形下,检察机关不应依职权主动提出抗诉,以避免在双方当事人已经接受裁判结果的情况下打破原本已处于稳定状态的权利义务关系。第二,民事检察监督程序的进程应受当事人处分权的制约。在检察机关受理了当事人的监督申请并进行审查的过程中以及检察机关已经审查完毕并决定提出抗诉时,申诉人有权因为与对方当事人达成了和解协议或其他原因而要求撤回监督申请,此时除非相关案件存在损害国家利益或社会公共利益的情形,否则检察机关应当终止审查程序或放弃提出抗诉。第三,民事检察监督案件的审查程序应受当事人程序参与权的制约,从而发挥预防性和补救性制约的功能。虽然并非私权救济制度,但是检察机关对诉讼监督案件的审查会对申诉人及另一方当事人的权益产生间接影响,因此该种审查程序应当符合程序公正原则的最基本要求,以公开、透明的方式保障当事人的程序参与权和意见表达权,防止检察机关"暗箱操作"所可能诱发的权力滥用和非法寻租等问题。具体来说,当事人有权申请检察人员回避并对回避决定享有复议权;检察院在审查案件时应当听取当事人的意见,并且在转办或交办案件时及时将相关情况告知当事人;对于需要举行听证的案件,应当提前告知当事人听证的时间和地点,在听证过程中当事人享有陈述监督请求、事实和理由的权利,有权对对方当事人提交和检察院调查取得的证据发表意见,有权在听证结束前发表最后意见并拒绝在听证笔录上签字,从而通过实质性的程序参与来制约检察机关的案件审查权和处理权。

其次,从社会治理型民事检察权的权利性制约机制来看,该类权能以守法监督为功能、以规制社会中的某些民事违法行为为目的,因此检察机关在行使权力的过程中应当遵循意思自治、公民自治和社会自治优先等民事领域的基本原则。第一,检察机关在支持起诉时应当依申请而介入,并且最终是否提起诉讼、主张何种诉讼请求、是否接受调解或进行和解、是否撤回起诉、是否提出上诉等均由被支持主体享有决定权和处分权,检察机关不得予以代替或进行干预。第二,检察机关在督促起诉时必须恪守维护公益的目标,以检察建议为本质属性的督促意见并不具有强制效力,对于相关主体诉权自治范畴的事项,被督促主体有权拒绝检察机关的起诉建议。第三,检察机关在提起民事公诉时须受实体权利义务关系主体的限制以及其他享有民事公益诉权资格的主体的限制,一方面,检察机关应当优先私权益的救济,且无权代替实际遭受侵害的主体主张损害赔偿责任;另一方面,检察机关应当遵守提起民事公益诉讼的主体顺位,在有关组织或其他国家机关更适宜提起诉讼时,检察机关不得越位提起民事公诉。第四,检察机关在进行检察和解或检察调解时更是要受当事人选择权和处分权的制约,对于是否启动和解或调解、是否达成协议、协议的具体内容如何等,检察机关均须尊重当事人的自愿合意,不得干预或变相强迫当事人接受自己的方案。第五,检察机关在向法院提供执行协助时,如果相关协助行为违法或错误并给被执行人造成了损害,应当赋予权益遭受侵害的主体向检察机关主张国家赔偿责任的权利,以发挥补救性制约的功能。

而从更为泛化的层面来说,依据《宪法》第 41 条的规定,对于检察机关及其工作人员违法行使民事检察权的行为,公民均享有提出批评和建议、提出申诉、控告或检举的制约权利。此外,检察机关可以通过组织听证来发挥社会性制约的功能,依据《民事诉讼监督规则试行》第 57 条的规定,检察院审查民事诉讼案件时可以在确有必要的情形下组织听证并邀请人民监督员、人民调解员、专家学者等社会人士参加听证,这些主体在一定程度上具有对民事检察权进行社会性制约的功能。

(二) 民事检察权的外部权力性制约机制

除了民事主体的程序选择权、处分权、参与权、赔偿请求权等民事检察权的外部权利性制约机制外,检察机关还应当接受来自法院和立法机关的外部权力性制约,其中以来自法院并针对具体个案的权力性制约为主,以来自人大及其常委会的抽象性监督为辅。

1. 来自法院的权力性制约

从法院对公权制约型民事检察权的制约来看,我国的检察权并不具有凌驾于法院审判权和执行权之上的权限和地位,作为相互平行的国家公权力,检察监督权的事后性特征使得检察机关在表面上似乎成了"法官之后的法官",但是最终的决定权和裁判权仍旧由法院享有[①],因此公权制约型民事检察权除了受其自身权限范围的制约外,还直接受到来自其所挑战的审判权和执行权的反向制约。简言之,在民事诉讼检察监督领域,检察机关与法院之间并非单向的监督关系而是属于双向的制约关系。

首先,民事检察监督权在效力方面的特征反映了法院审判权的反向制约功能。具体来说,民事抗诉虽然具有启动再审程序的强制效力,但该种强制力仅具有程序性功能而并无实质处分功能,法院在因抗诉而启动民事再审程序后,对再审案件的事实认定和法律适用仍享有独立判断权和最终决定权,检察机关的抗诉理由和倾向性处理意见对法院并无强制拘束力,以避免民事检察监督权异化为准裁判权,防止检察监督权对审判权的瓜分甚至替代。而以协商性为特征的民事审判检察建议和执行检察建议则更是体现了法院对检察监督权的制约作用,对于是否接受检察机关的相关意见或建议,法院享有决定权。其次,法院有权通过对检察机关违法或违纪的监督行为提出建议或异议来发挥权力性制约的功能。依据

---

① 参见傅郁林:《我国民事检察权的权能与程序配置》,载《法律科学》2012 年第 6 期。

《民事诉讼监督规则试行》、《关于对民事审判活动与行政诉讼实行法律监督的若干意见（试行）》以及《执行活动法律监督试点通知》的规定，法院有权对检察机关违反法律或检察纪律的监督行为提出建议，并且在对检察机关的书面回复意见有异议时，可以通过上一级法院向上一级检察院提出，上一级检察院认为法院的建议正确时，应当要求下级检察院及时纠正。

从法院对社会治理型民事检察权的制约来看，在检察机关提起民事公诉时，其作为当事人处于原告的地位，因此检察机关与法院之间属于诉权与审判权的双向动态制约关系，此时法院的审判权须受检察机关合法处分权的制约；检察机关的诉讼行为须受法院诉讼指挥权和案件管理权的制约，并受法院裁判结果的拘束。在检察机关向法院提供民事执行检察协助时，二者之间属于民事司法协助的关系，但检察机关执行协助的启动以法院提出申请为必须前提，并且在协助范围和协助内容上应受法院协助申请的限制，以避免协助执行异化为替代执行。

2. 来自人大及其常委会的监督

在我国议行合一、一元多立的体制结构下，检察机关作为国家的专门法律监督机关并不享有最高监督权，依据《宪法》第 3 条第 2 款和第 133 条的规定以及《人民检察院组织法》第 10 条第 1 款的规定，检察机关由人民代表大会产生并对它负责、受它监督；最高人民检察院对全国人民代表大会和全国人民代表大会常务委员会负责并报告工作；地方各级人民检察院对本级人民代表大会和本级人民代表大会常务委员会负责并报告工作。由此可见，检察机关的民事检察权应当受人大及其常委会的监督，但是不同于来自法院的权力性制约，该种来自立法机关的监督并不针对具体个案，而是按照《各级人民代表大会常务委员会监督法》的规定，通过听取和审议检察院的专项工作报告、检查法律法规的实施情况、对规范性文件进行备案审查、询问和质询、对特定问题进行调查等方式来发挥监督功能。因此，人大及其常委会无权干预检察机关对民事个案的监督和处理，相较于法院对民事检察权的制约性和补救性制约，该种来自立法机关的监督应当恪守其在范围和方式上的有限性，以避免借监督之名行干涉之实。

第四节 我国民事检察权体系化更新的总体构想

三十余年来,检察权在民事司法领域的角色和地位一直在理论争议、实务创新、司法政策以及立法修正的相互碰撞下交错发展。从最初受原苏联影响而构建的中国特色民事检察权能,到逐步介入国家利益和社会公共利益维护而在形式上与西方国家检察权呈现出某种表象共性的非传统检察权能;从以抗诉为法定手段的"一元化"民事检察制度,到实践中再审检察建议、纠正违法通知、建议更换办案人、督促起诉、直接提起民事公益诉讼等"创新式"、规范外、多元化制度的萌发;从立法初期的原则性规定和简单制度条文,到法定抗诉事由的扩充、检察建议和执行检察监督等"实践先行式"制度的法典化确立……在客观需求催生实务创新、司法政策促动权能转型、实践经验推动立法修正的一系列演进历程中,同样交杂着社会发展和经济体制转型、司法改革的启动和发展等外部环境因素。对比法律规范与实务样态、理论争点与立法动向、国内制度与域外经验,其中的一致性与不一致性、同质性与表象相似性均为反思和优化中国的民事检察权提供了有益的视角。鉴于此,本部分将在整合之前研究成果的基础上,依循"权限分界、机构分立、权能分类、程序分设、职能分层、案件分流"的进路,尝试提出我国民事检察权体系化更新的总体方案,以期推动民事检察权的角色重整、理念更新、制度变革和未来优化。

一、民事检察权的角色重整与理念更新

规范的科学设计和制度的有效践行,离不开基本原则和科学理念的指引;对民事检察权的角色定位和基本原理的认识水平,将直接决定相关制度、程序和规则的配置质量。鉴于此,在对民事检察权体系化革新的总体路径进行提炼之前,需要结合已经获得的理论模型和初步结论,从宏观层面对民事检察权的角色定位和基本理念进行升华式总结,从而为革新方案的生成提供思想指导和方向指引。

(一)民事检察权的再定位:二元化权能结构下的角色矫正

在分别从理论、规范和实践三个维度对民事检察权进行了系统剖析后可以发现,该领域之现存问题和困惑的根本成因在于未能全面认识民

事检察权的本质属性与核心功能、未能理性界定民事检察权在民事司法程序领域的角色和地位。一方面,宪政法理与程序法理的脱节,致使对检察机关的宪政地位、"法律监督"的内涵外延以及检察权的法定职能长期缺乏深入系统的认识,检察权、检察监督权、法律监督权、诉讼监督权等核心概念被不加区分的交替混乱使用;另一方面,理论研究与检察实践的脱节,致使那些自生自发且不同于传统民事检察制度的新型机制,一直未能获得与其本质属性相契合的理论供给和制度支撑。为了扭转上述局面,本书将根本法、组织法和程序法相链接,将理论研究与实务现状相融合,搭建起了民事检察权的二元化权能模型并厘清了公权制约型民事检察权与社会治理型民事检察权的功能差异,从而完成了民事检察权角色重整和地位更新的第一步。

在完成权能分类的基础上,实现民事检察权角色重整的第二项步骤是科学划定各类权能的运行空间。首先,公权制约型民事检察权以宪法意义上法律监督权的执法监督职能为正当性基础,以维护民事司法的合法性和统一性为预设功能,因此其只能将法院作为监督对象、将民事审判权和民事执行权作为监督客体。这一权能定位不仅明晰了程序法意义上作为基本原则的民事诉讼检察监督的基本内涵,更是矫正了将民事检察权等同于民事检察监督权、将当事人及其他诉讼参与人也纳入检察监督权规制范畴的错误认识。其次,社会治理型民事检察权以宪法意义上法律监督权的守法监督职能为正当性基础,以维护公共利益和社会秩序为预设功能,因此其将某些民事违法行为作为"监督"对象、将民事主体的社会事务作为干预客体。这一权能定位不仅揭示了检察权与检察监督权的范围差异、诠释了民事检察权的完整内涵,更是矫正了将守法监督与执法监督混为一谈并进行相同的程序和制度配置的错误做法。

实现民事检察权角色重整和地位矫正的第三项步骤则是理性反思各项权能在其运行场域中的功能限度和作用程度。首先,需要重新反思公权制约型民事检察权在维护民事司法公正性和统一性方面的应然角色。如前所述,审判检察监督和执行检察监督的深层成因是民事程序内制约机制的缺位或失灵,检察监督权是作为功能替代物而介入民事程序领域的,并且在运行过程中可能会与审判独立、处分原则、平等原则以及裁判既判力、程序稳定性等民事诉讼程序的基本原理和一般规律发生冲突。

由此可见，化解民事司法不公、规制司法腐败并提升审判和执行质量的治本之术是逐步完善程序内的制约装置，充分发挥诉讼当事人和执行程序当事人对法院审判权和执行权的动态制约功能。民事程序的内在特质以及民事检察监督权的客观能力和固有局限，决定了检察监督这一功能替代项目并非消解民事司法领域现存问题的根本办法，而仅属于特定时期的后置性解决方案之一。因此，需要扭转那种过分夸大检察监督的制度功效、盲目强化监督范围和监督力度的偏误观点，从而推动公权制约型民事检察权的角色归位。其次，需要重新评估社会治理型民事检察权在维护公共利益和社会治理秩序方面的应然角色。如前所述，支持起诉、督促起诉、民事公诉、检察和解等守法监督型制度的自生自发，主要是源于我国社会自治能力的不足以及检察机关对工作政绩的功利性追求，这些实践先行的制度虽然在运行过程中取得了不同程度的良好收效，但可能导致检察机关在社会治理领域之功能的不当扩张并且不利于社会自治和公民自治能力的培育。因此，在批判性地肯定社会治理型民事检察制度的积极功能的同时，需要矫正将检察机关视为社会治理的首位主体或是将检察机关作为社会自治的替代物等错误认识，从而使得检察机关能够以符合自身权力属性和职能模式的方式发挥社会治理的功能。

概言之，公权制约权能与社会治理权能的二元划分为民事检察权的角色重整奠定了基础，在此之上，应当依循两类权能各自的正当性来源和功能定位来分别划定相应的运行空间和作用限度，从而矫治将两类权能相互混杂并盲目扩张民事检察权作用界域的错误做法。

(二) 民事检察权的理念更新

在对民事检察权的角色和功能进行了重新定位后，有必要结合各类权能的基本原理和运行准则，对民事检察权的核心理念予以更新，从而一方面扭转原先的一些片面认识或错误观点，另一方面为民事检察权的体系化革新提供总体指引。

首先，民事检察权作为法律监督权在民事领域的体现，应当以合法、客观和公正作为两类权能的共通性理念，并尊重民事程序的基本原理和一般规律。具体来说，第一，无论是在履行执法监督职能抑或守法监督职能时，检察机关均应依据法律的明确授权，在法定的范围内以法定的程序和方式行使权力；同时应当严格控制民事检察部门为了回应社会客观需求而在规范外所进行的制度实验,并通过新增或修正的方式对实践中较为成熟的制度给予法律化认可。凡是名不正则言不顺、言不顺则事不成,鉴于社会治理型民事检察权的自发性和实验性特征,亟需在该领域践行合法性理念,从制度上确立相关制度的合法地位,从而为各种制度提供应有的社会认同和制度保障,使之能够在全国范围内规范化、普适化和统一化的运行。① 第二,无论是作为中立的诉讼监督者、法院的协助者、民事公诉中的原告抑或原告方的支持者,检察机关均应恪守客观、公正的执法理念。作为与监督客体和诉争标的均无利害关系的国家法律监督主体,检察机关在进行审判监督和执行监督时并非申诉人的利益代言人,而是通过客观审查审判行为、裁判结果和执行行为的合法性及正确性,来服务于维护司法公正和法制统一的目标;检察机关在进行民事守法监督时并非民事纠纷的直接解决主体抑或实体权利义务人的代理人,而是作为国家利益和社会公共利益的代表、立足于客观立场对民事违法行为进行干预;无论是在运用公权制约型制度抑或社会治理型制度时,检察机关均应以程序公开为原则并保障当事人的参与权和表达权,从而践行程序公正和实体公正的基本理念。

其次,民事检察权的两类权能在运行空间和性质功能等方面的根本差异,决定了还需要遵循一些特有的执法理念。详言之,检察机关在行使公权制约型民事检察权时应当以自组织原理和谦抑性原理作为核心理念。在启动诉讼检察监督权时须恪守穷尽程序内部制约、程序自足性解决优先的理念,遵循权利制约权力优先、常规性监督优先、检察监督事后性和补充性等原则;在介入民事程序领域后须恪守有限适度的理念,遵循监督范围的有限性、监督效力的适度性、检察监督的被动性等原则;在选择监督方式和具体手段时须恪守适当性、必要性和均衡性的理念,遵循监督对象与监督手段相适应、监督方式与监督目的相契合、监督成本与监督收益相均衡的原则。而检察机关在行使社会治理型民事检察权时应当以公民自治和社会自治优先作为首要的执法理念,并遵循辅助性原则和有限适度干预原则。在需要对弱势群体予以倾斜性保护时,应当优先由实

---

① 参见潘剑锋、刘哲玮:《论法院调解与纠纷解决之关系——从构建和谐社会的角度展开》,载《比较法研究》2010 年第 4 期。

体法规定的社会团体或组织作为支持起诉的主体,检察机关则处于功能补充的地位;在督促起诉时要确保干预范围的有限性和干预力度的适度性,避免对民事主体意思自治和契约自由的不当侵犯;在提起民事公诉时应遵守检察机关公诉权的适用范围和主体顺位,维护与其他诉权主体之间的辅助性和递进性关系;在民事检调对接领域须理性认识自身在化解社会矛盾纠纷过程中的应然角色和干预方式,严守有限适度原则的要求;而在提供执行检察协助时,同样应当以穷尽法院的执行措施和其他的协助方案为前提,并以符合检察职能内容的方式进行协助。

概言之,检察机关在行使民事检察权的过程中应当以合法、客观公正、节制谦抑、有限适度等作为核心理念,遵循"依法监督与尊重诉讼程序特性并重""监督与支持相结合""纠错与尊重相结合"等基本准则,从而逐步培育检察机关与法院之间相互制衡的新模式和新理念。

二、民事检察权体系化革新的总体路径

在完成了民事检察权的角色重整和理念更新后,将以此作为制度设计和规则配置的指导方针,在体系化整合本书各章节的研究成果的基础上,尝试依循"分界、分立、分类、分设、分层和分流"的路径来完成民事检察权的体系化革新。

(一)权限分界与机构分立

权限分界和机构分立是对民事检察权进行系统革新的第一步,其中权限分界包括了民事检察权与行政权、司法权的权属分界和民事检察权与刑事检察权、行政检察权的边界划分两方面内容;机构分立则包括了民事检察部门与行政检察部门的分立和民事检察部门内部诉讼监督职能与社会治理职能的机构分设两项内容。

首先,从权限分界层面来看,主要涉及民事检察权在国家公权力体系中的地位和民事检察权在检察权整体系统中的地位。第一,在民事检察权与法院审判权和执行权的分界方面,检察监督的行使范围和监督程度均应契合维护民事司法公正和统一的核心目标,在权力行使过程中必须尊重审判程序和执行程序的基本原理、尊重审判权和执行权行使的一般规律,在满足法院独立行使审判权原则的基本要求的同时,避免对法院裁判权和合法裁量权的不当干预,避免引发检察监督权替代或变相瓜分审

判权等问题,进而实现合法有效监督与尊重法院自治之间的关系衡平。第二,在民事检察权与行政权的分界方面,主要关涉两类公权力在社会治理领域的权限划分问题。在督促起诉、民事公诉和执行协助等方面,社会治理型民事检察权具有弥补行政失灵、督促行政作为等功能,但为了防止民事检察权与行政权的功能重叠或交错,应当维护行政机关在社会治理领域的前置顺位和公益代表的角色,将行政权作为规制社会中民事违法行为并救济国家和社会公共利益的优先性、常态性力量,民事检察权仅在行政机关消极不作为或违法作为等失灵情形下才发挥辅助性的补救或替代功能。第三,在民事检察权与刑事检察权、行政检察权的分界方面,如前所述,三种性质的检察权在价值目标、基本原则、权能限度、调整对象、作用方式以及程序功能和结构等诸多方面的根本差异,决定了不应照搬刑事检察权的理论和制度来充实民事检察权,亦不应套用民事检察权的规范来指导行政检察的实践,虽然在某些情况下民事检察权可能与刑事检察权发生衔接关系,但应当首先确保三类检察权在运行边界和规范配置方面的相互独立性。

其次,从机构分立层面来看,包括了部门分立和内部机构分立两方面内容。一是要完成检察部门"二分法"向"三分法"的转变,即在目前刑事检察部门与民行检察部门分别设立的基础上,进一步实现民事检察部门与行政检察部门的分别设立,并按照民事检察权和行政权各自的内在特质配以相适应并相独立的工作人员、工作流程和制度规则,从而推动检察工作的专业化发展。二是要完成民事检察部门内部工作机构的分设,通过将诉讼监督职能与社会治理职能相分离,既可以解决角色冲突和相互削弱等问题,又可以促进民事检察工作的分工细化。此外,在进行部门分立和机构分设的过程中,应当提升民事检察领域的人力资源质量,扭转目前人员配备不足、综合素养水平不高、工作经验积累不多等困境。

(二)权能分类与程序分设

权能分类、空间分化和程序分设是民事检察权体系化革新的第二步,其中权能分类包括了公权制约型权能与社会治理型权能的相对独立和关系协调,空间分化涉及两类七种民事检察制度在各自运行空间方面的界限,而程序分设则是指依循两类权能各自的性质以及各种检察权实现方式的具体功能来配置相适应的运行程序。

首先，在民事检察权的权能分类与关系协调方面，要以法律监督所包含的执法监督和守法监督两类职能作为类型化基准，明晰民事诉讼法意义上检察监督的公权制约属性和实践中许多自生自发制度的社会治理属性。在厘清民事检察权与民事检察监督权之间包含与被包含关系的基础上，准确界定公权制约型民事检察权与社会治理型民事检察权在核心功能、基本原理、适用范围、规制主体、运行方式和法律效果等方面的差异。与此同时，针对诉讼监督职能与民事公诉、支持起诉等守法监督职能之间的角色冲突问题，需要采用机构分立和限制两类权能的同时适用等方案，来最大限度地避免检察机关因同时承载双重职能而对审判独立性、监督客观性和当事人平等性的损害，并保障检察权与审判权、检察权与执行权、检察权与诉权以及检察权与程序主体内部关系的协调。

其次，在民事检察权的空间分化与程序分设方面，涉及两类民事检察权能在程序配置原理上的分化以及各种民事检察制度在具体程序方面的特性。第一，在公权制约型民事检察权的程序配置方面，审判程序和执行程序在价值选择、核心功能、主体关系、运行方式和法律效果等方面的差异，决定了应当依循两类程序的特质来分别配置审判检察监督程序和执行检察监督程序，其中审判检察监督程序应当更加侧重当事人的程序参与权和意见表达权，而执行检察监督程序则应当更加侧重对执行裁量权的尊重和对执行效率的保障。第二，在社会治理型民事检察权的程序配置方面，五种实现方式在具体内容和预设功能上的不同，决定了该类权能在程序配置方面的多样性。具体来说，在配置检察机关支持起诉的程序时，需要明确适用条件、支持方式、文书形式、是否需要派员出庭等内容；在配置督促起诉的程序时，应当完善检察机关督促意见的说理性并明晰被督促主体的及时回复义务；在配置民事公诉程序时，既要满足民事诉讼程序的一般原理和基本要求，又要依据民事公益案件的特性和检察机关的身份特殊性，对诉讼请求类型、管辖制度、能否反诉、证据规则、裁判方式等内容予以专门设计；在配置检调对接的程序时，应当依据内部对接模式和外部对接模式各自的特点进行规则设计，以最大限度地确保当事人的自愿性；而在配置民事执行检察协助的程序时，应当对适用条件、介入时间、协助方式、行为效力以及法律后果等要素予以明晰。

(三）职能分层与案件分流

职能分层、案件分流和关系衔接是民事检察权体系化革新的第三步，其中职能分层是指不同层级的检察机关在履行公权制约职能和社会治理职能时的分工问题；案件分流包括了民事检察监督案件受理部门的分流功能、前置程序的分流功能、检察机关的纵向案件分流功能以及社会自治机制的分流功能；而关系衔接则涉及各种公权制约型民事检察制度的顺位关系以及民事检察与刑事检察的衔接方式。

首先，在民事检察权的职能分层方面，第一，应当侧重高级别检察机关在诉讼检察监督领域的功能发挥，尤其是对法律适用问题以及新型疑难案件的监督，以期发挥检察监督在规则宣示和规范发展等方面的深层潜在功能；而对于涉及事实和证据问题的事项，一方面应当减少检察监督权对法院事实认定的干预，另一方面应当由最便于了解案情、最便于信息反馈的检察机关进行监督，从而适度矫正"上抗下"模式所导致的抗诉职能"倒三角形"的扭曲结构。第二，应当侧重基层检察院等较低级别的检察机关在守法监督领域的功能发挥，尤其是在支持起诉、督促起诉和执行检察协助等方面，低级别的检察机关最便于获得相关信息，并且其自身的专业能力和职能特长也与该类职能的内在要求相吻合。简言之，应当依据各级别检察机关在职能分配方面的应然模式和各类民事检察制度的运行特点，来合理安排检察机关在不同权能领域的职能分工，以期实现民事检察资源的最优化配置。

其次，在民事检察的案件分流和关系衔接方面，一是要发挥检察机关系统内的横向分流和纵向分流功能，其中横向分流是指民事诉讼监督案件的受理部门也即控告检察部门在对监督申请进行审查并决定是否立案时的过滤功能，对于那些不符合申诉的形式要件或者其他积极或消极要件的申请，应当在审查立案阶段即予以排除，从而防止不具备实质审查必要性的案件流入民事检察部门。而纵向分流则是指上下级检察机关在办理民事案件时的分流功能，即通过级别管辖规则和转办、交办等制度来对不同层级的检察机关在办理民事案件方面的负荷进行微调。二是要发挥前置程序或其他替代性制度的分流功能，2012年修订的《民事诉讼法》将当事人向法院申请再审确立为申诉的前置程序，从而在防止多头重复申请的同时发挥了案件分流的功能；与此相类似，按照穷尽程序内部制约的原则,在当事人能够通过提出上诉权、提出第三人撤销之诉等权利救济机制实现制约功能的情形下,不应启动民事检察权。三是要发挥社会自治性制度的分流功能,这主要体现在社会治理型民事检察权领域,即应当优先发挥社会团体或组织在支持起诉、民事公诉、检调对接和执行协助等方面的功能,从而在帮助检察机关分流案件负担的同时,逐步培育和强化社会自治的意识及能力。此外,考虑到民事检察部门与刑事检察部门在职务犯罪信息或其他犯罪信息等方面的交集关系,有必要依托案件线索移送、信息共享、分工协作等机制来实现民事检察权与刑事检察权的有机衔接和合力最大化。

综上,在检察理论研究和检察制度发展的新时期,须在汲取共通性、普适性原理的基础上,依托权限分界、机构分立和权能分类来逐渐实现民事检察权在基本理论和基本制度方面的体系化、独立化构建,扭转将检察权等同于刑事检察权、将检察权能等同于执法监督权能的偏误理念。在此基础上,以民事检察权的应然功能和角色定位为指引,依循空间分化、程序分设、职能分层和案件分流的路径,来逐步培育诉权、审判权和执行权、检察权之间的协调关系,推动民事检察权之监督职能、公益维护职能、其他社会治理职能的科学化、正当化、规范化和法治化践行。

结语
我国民事检察权的未来走向展望

在按照从经验事实到基本原理、从问题意识到成因分析的研究范式提出了民事检察权体系化革新的总体思路之后,值得进一步思考的是:我国的民事检察权在未来的发展过程中可能面临哪些新的挑战和考验?该种极具中国特色的法律制度究竟还能走多远?为了初步回应这一主要依赖于实践反馈的问题,本书以民事检察理论、规范和实践的客观现状为出发点,采用发展论的视域来评估民事检察权的发展规律并预测其未来走向,从而在明晰了"从何而来""位于何处"的基础上,展望民事检察权将向何处。

首先,民事检察权在生发规律和内在原因方面的功能替代特性,决定了其与民事司法水平以及社会自治能力之间的此消彼长关系。我国民事审判和民事执行在总体水平方面的劣势为检察权介入民事程序领域提供了空间和可能,但随着民事司法水平的不断提升、诉权保障力度的不断强化、公民诉讼能力的不断改善,民事检察权发挥公权制约功能的空间和需求将逐步缩小。同理,我国由于未能完成国家权力与公民权利的划分、未能形成政治国家与公民社会的二元化结构,致使公民自治和社会自治的意识及能力均较弱,从而为检察权干预社会民事事务提供了空间。但随着经济体制改革的不断推进、社会团体或组织的日益兴起和发展壮大、社会自治性制度的逐步确立,民事检察权发挥社会治理功能的空间和需求亦应逐步缩小。

其次,民事程序的自组织原理、诉讼程序和执行程序的内在特质以及民事检察权的客观局限,决定了外部的权力制约并非保障民事司法公正和统一发展的治本之术,亦非提升司法质量和司法权威性的长久性方略。

一方面,民事检察权与诉讼法理、执行法理以及民事领域活动准则之间的紧张关系,加之检察机关在实际能力和干预动力方面的局限性,决定了民事检察权在制约审判权和执行权方面的有限性;另一方面,民事诉讼结构的自身特质和民事司法程序的相对封闭性,决定了程序内部的权利性制约和法院的自我监督才能够全程化、动态化地保障程序的合法有序运行,而民事检察权作为来自程序外部的干预力量,存在着"治标不治本"的缺陷。因此,扭转目前民事司法发展困境的根本方式应当是完善诉权与审判权的权限配置模式、强化程序内主体的相互制约功能、优化程序内部的救济机制,并且随着程序内装置的不断完善以及缺位或失灵现象的逐步减少,民事检察监督权将逐渐转为备而不用的角色。而在社会治理型检察权领域,对于那些不具有可替代性的功能,检察机关应当发挥其特有优势,例如某些类型的民事公益诉讼、督促起诉等,而对于其他具有可替代性的功能,检察机关应当随着社会自治、公民自治以及社会诚信体系的生发和完善而逐步退位。

最后,"2012年对《民事诉讼法》的全面修订,在体现实践与立法间互动关系的同时,也标志着检察权在民事司法领域的新契机"[①]。在立法工作已经初步完成的当下,需要结合制度运行的经验事实,将研究视角和研究方法从立法论领域转向解释论领域,从而帮助新设制度和原有制度能够在契合民事司法程序之本质特性和基本原理的前提下,以适当的方式发挥其预设功能。民事检察权在理论、规范和实践三个层面的客观样态,在揭示其各自领域中所存在的主要问题的同时,也从侧面反映了三者间的牵连关系:契合检察权之基本原理和一般规律的理念,能够为规范创设和修正提供正确的总体方针和基本原则;较为完备的实体构成性规则和程序实施性细则,能够为司法实践的统一化、规范化运行提供明确的行为依据;而实践对制度效能的检验、评估和反馈,又能够为理论和规范的优化提供实证根据和反向推动力。简言之,民事检察权之正面功用的最大化发挥,有赖于民事检察理论、规范和实践"三位一体式"的优化与良性互动。

---

① 韩静茹:《社会治理型民事检察制度初探——实践、规范、理论的交错视角》,载《当代法学》2014年第5期。

总而言之，民事审判监督权的确在维护司法公正和统一方面发挥了相当程度的积极作用，然而，在以诉权和审判权为"中轴"的民事程序领域，该种由诉讼主体之外的公权机关，通过刚性化手段推翻终局裁判之既判力的特殊性、非常态制度，并非从源头上规制审判权和执行权违法行使问题的根本路径。在诉权主体因主客观原因而无法达成有效制约审判权行使的理想状态时，自然会产生对制度外因素的需求，而我国检察机关作为宪法授权的"国家法律监督机关"，加之特定的历史背景和社会传统，便成为了外部制约的供给主力。然而，在探索解决司法不公问题的路径时，必须以问题的根本成因为出发点，因此，强化诉权保障、完善诉讼权利配置、优化程序制度设计等能够培育诉权与审判权相互制衡能力的方案，才是契合民事司法规律、具有可持续性的"锦囊"。换言之，应当通过逐步完善诉权行使手段、培育诉权主体运用诉讼权利的实际能力，来使民事检察权逐渐淡出对审判权的公权制约性监督，或者处于备而不用的威慑状态，并最终达致由诉权与审判权双向制约和互动来实现司法公正目标的局面。而以我国非传统民事检察制度近十年来的实务情况为依据，同时参考域外国家检察权在民事领域的共通性职能，可以考虑重整检察机关在民事司法领域维护国家利益、社会公共利益的权能，例如系统完善其在支持起诉、督促起诉、民事公诉和执行检察协助等领域的功能发挥。当然，无论是在公权制约领域抑或社会治理领域，都需要理性衡平检察权与诉权、检察权与审判权、检察权与执行权之间的关系，需要协调检察机关与行政机关、检察机关与社会团体乃至公民个人之间的关系，从而形成国家适度介入和治理、社会自治与公民自治相结合的理想局面。

图表目录

图一　中国民事检察权的最新框架概览
图二　民事检调对接类型化
图三　民事审判权制约机制体系结构
图四　民事执行权制约机制体系结构

表一　1991—2014年全国检察机关民行抗诉案件情况
表二　1991—2013年全国法院审理民事审判监督案件情况
表三　1994—2014年全国检察机关提出抗诉和再审检察建议数
表四　2007—2009年全国各省区市检察机关提出再审检察建议数
表五　全国各地检察机关监督恶意诉讼（调解）的情况统计
表六　部分省份民事执行检察监督数据
表七　部分省份民事执行检察监督的规范性文件
表八　全国各地检察机关支持起诉的情况统计
表九　检察机关支持起诉规范性文件
表十　检察机关提起（参与）民事公益诉讼规范性文件
表十一　检察机关民事督促起诉规范性文件
表十二　2005—2014年全国各省份检察机关民事督促起诉数据统计
表十三　2005—2013年全国各省份检察机关检察和解数据统计

附录一　美国州检察总长办公室的常规组织结构图
附录二　民事审判检察监督案例列表

附录三　检察机关支持起诉的民事案件列表
附录四　民事公益诉讼案例列表
附录五　各地检察机关民事督促起诉案例列表

附录一 美国州检察总长办公室的常规组织结构图
（generic state attorney general's office organization）

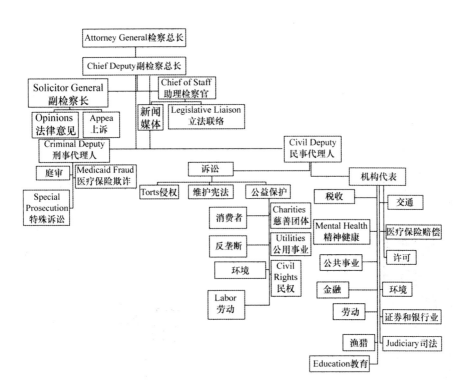

附录二 民事审判检察监督案例列表

案件	监督机关	监督意见	监督结果	其他情况
北京孚信永得国际拍卖有限公司与北京敏捷净化系统有限公司财产损害赔偿纠纷抗诉案	最高人民检察院、北京市人民检察院	(1)法律适用错误:法院强制拍卖的性质认定;(2)回避了案件重要事实,责任承担确有错误,裁判明显不公	最高人民法院受理最高人民检察院抗诉后指令北京市高院再审;再审法院接受了全部抗诉意见,撤销原一、二审判决并改判	两审终审后,一审被告/二审上诉人向北京市人民检察院申请监督,北京市人民检察院审查后向最高人民检察院提请抗诉
天津开发区荟菁华实业发展有限公司与河南省建筑安装工程有限公司建设工程施工合同纠纷抗诉案	最高人民检察院、天津市人民检察院	(1)终审判决认定基本事实缺乏证据证明;(2)终审判决适用法律确有错误	最高人民法院受理最高人民检察院抗诉后,指令天津市高级人民法院再审;天津高院接受抗诉意见,撤销了原一二审判决并依法改判	一审被告/二审上诉人向天津市人民检察院申诉,天津市人民检察院审查后向最高人民检察院提请抗诉;涉诉标的额较大
李云华、何永龙与上海巴士四汽公共交通有限公司、中建八局基础设施建设有限公司道路交通事故人身损害赔偿纠纷抗诉案	上海市人民检察院	适用法律错误:不构成共同侵权	上海市高级人民法院受理抗诉后,裁定提审本案;接受了全部抗诉意见并进行改判	一审原告/二审上诉人向检察机关申诉
青岛九方集团有限公司与上海陆海建设有限公司建设工程施工合同纠纷抗诉案	最高人民检察院、山东省人民检察院	(1)认定案件基本事实缺乏证据证明:法院采信了具有严重程序瑕疵的鉴定意见;(2)适用法律错误	最高人民法院受理抗诉后指令山东省高级人民法院再审;再审法院接受了抗诉意见并依法改判	一审原告/二审被上诉人申诉,山东省人民检察院提请最高人民检察院抗诉

(续表)

案件	监督机关	监督意见	监督结果	其他情况
毕本立与李国臣借贷纠纷抗诉案①	郑州市人民检察院	原判决认定事实的主要证据是伪造的;原审当事人虚构借款事实提起诉讼	郑州市中级人民法院受理抗诉后,指令郑州市中原区法院再审;再审法院完全采纳了抗诉意见,撤销原判、驳回原审原告的诉讼请求	原审一审即生效,案件当事人企图利用虚假诉讼来推翻先前已生效的刑事判决;检察院在抗诉的同时,以涉嫌妨碍作证罪、帮助伪造证据罪将原审原被告移送公安机关处理。本案体现了检察机关内部不同部门相互间的协作
中国农业银行股份有限公司重庆渝中支行与重庆雨田房地产开发有限公司借款、抵押担保合同纠纷抗诉案	最高人民检察院、重庆市人民检察院	(1) 对协议性质的认定违背了当事人的真实意思表示,进而导致法律适用错误;(2) 案件主要事实缺乏证据证明,亦缺乏法律依据;违约损害赔偿的计算方法	最高人民法院受理抗诉后亲自再审,采纳了抗诉意见,撤销原一二审判决并依法改判	一审被告/二审上诉人提出申诉申请;重庆市人民检察院提请最高人民检察院抗诉
王洪全与沙湾区嘉农镇加华村6组征地补偿费分配纠纷抗诉案	四川省人民检察院	(1) 认定事实不清:村民身份有无的判断;(2) 适用法律错误	四川省高级人民法院受理抗诉后指令乐山市中级人民法院再审;采纳了抗诉意见,撤销二审判决、维持一审判决	二审被上诉人提出申诉;本案涉及公民基本权利,案件事实较清、法律关系较简单,需要考虑法院判决与村民自治的关系

---

① 该案获得了媒体的诸多关注,参见《虚假诉讼,怎能"洗白"财产来源》,载《检察日报》2010年4月22日;《制造百万欠款掩盖巨额不明财产》,载《河南法制报》2009年12月16日。

（续表）

案件	监督机关	监督意见	监督结果	其他情况
东莞德兴实业发展有限公司与郑文达、白瑞玲等人债权债务纠纷抗诉、检察建议案	广东省人民检察院、江门市人民检察院、惠州市人民检察院、茂名市人民检察院	（1）法院诉讼保全程序违法，查封金额远超过案件诉讼标的额；针对财产保全措施违法提出了检察建议；（2）针对广东省法院系统对诉讼保全申请和担保审查不严格的问题，提出了改进工作检察建议；（3）同时发现存在虚假诉讼：与法院沟通的同时移送涉嫌诈骗罪的犯罪线索	（1）完全接受了检察建议，对超标的额查封的财产进行解封；（2）广东省高级人民法院自行启动再审，对虚假诉讼问题进行了处理，裁定撤销原一二审裁判，指令东莞市中级人民法院按照一审程序重新审理	属系列案件，标的额大、跨多地域且涉及虚假诉讼，成立了三级检察机关组成的办案组/一体化办案机制、整合全省检察资源、充分发挥地市级检察院的同级监督功能，广泛进行调查核实
北京科霖医学技术研究所、徐屹、谢湘桂与北京万福特科技有限责任公司侵犯专利权纠纷抗诉案	最高人民检察院、北京市人民检察院	认定事实和适用法律均错误：终审判决依据等同原则认定侵权成立	最高人民法院受理抗诉后指令北京市高级人民法院再审，再审法院完全采纳了抗诉意见，认为不构成侵权并驳回了原告诉讼请求	一审被告、二审被上诉人提出申诉；北京市人民检察院向最高人民检察院提请抗诉

（续表）

案件	监督机关	监督意见	监督结果	其他情况
奥伊尔投资管理有限责任公司与霸州华泰堂制药有限公司债券转让合同纠纷抗诉案	最高人民检察院、北京市人民检察院	(1)适用法律错误；(2)案件的主要事实认定错误；违反了合同约定；(3)认定案件事实缺乏证据；直接照搬对本案当事人无拘束力的已生效裁判；(4)法院未依法履行调取证据的职责，且有新证据足以推翻终审判决	最高人民法院受理抗诉后指令北京市高级人民法院再审；再审法院撤销了原一二审裁判并依法改判，驳回了原告的诉讼请求	一审被告、二审上诉人提出申诉；北京市人民检察院提请最高人民检察院抗诉
田彦珍与许铁柱、杨振良民间借贷纠纷抗诉案	天津市人民检察院	认定基本事实缺乏证据；是否为夫妻共同债务；是否有承担债务的意思表示	天津市高级人民法院受理抗诉后指令天津市第一中级人民法院再审，其裁定撤销一二审判决、发回天津市河北区人民法院重审	一审被告、二审上诉人提出申诉
秦皇岛隆威房地产发展有限公司与韦国林买卖合同纠纷抗诉案	河北省人民检察院	案件主要事实缺乏证据证明：是否隐瞒重要事实、误导消费者；是否构成合同欺诈	河北省高级人民法院受理抗诉后，裁定秦皇岛市中级人民法院审理；审理过程在秦皇岛中级人民法院的主持下双方达成调解协议	一审被告、二审上诉人提出申诉
衡水冲击波广告有限公司与河北华鼎嘉房地产投资顾问有限公司广告发布合同纠纷抗诉案	河北省衡水市人民检察院	适用法律错误：不存在约定解除和法定解除的事由	经审委会讨论决定，完全接受了监督意见，撤销原判、依法驳回原告诉讼请求	原审被告提出申诉；原审一审即生效

(续表)

案件	监督机关	监督意见	监督结果	其他情况
邢台市长城建筑装饰公司与邢台市东围城路城市信用社借款合同纠纷抗诉案	邢台市人民检察院、邢台市桥东区人民检察院	（1）送达方式违法：应当直接送达却违法使用公告送达；（2）申诉人申诉时提供了足以推翻原判决的证据	邢台市桥东区人民检察院立案审查申诉后，提请邢台市人民检察院抗诉；再审法院完全采纳抗诉意见，撤销原判、驳回原告诉讼请求	原审被告提出申诉；一审直抗，未上诉的原因是原审法院公告送达并缺席判决，导致被告收到执行通知书时才知道存在一审判决
山西省祁临高速公路有限公司、山西晋城路桥有限公司与介休市瑞峰建材开发有限公司、介休市张兰镇田堡村村委会水井损害赔偿纠纷抗诉案	山西省人民检察院	（1）认定事实的主要证据系伪造；（2）审判人员审理该案时有受贿、枉法裁判行为；二审审判长涉嫌受贿罪、民事枉法裁判罪、滥用职权罪，已被移送审查起诉	完全采纳抗诉意见，撤销一二审判决、驳回原告诉讼请求	一审被告、二审上诉人提出申诉；晋中市人民检察院提请山西省人民检察院抗诉；民行部门办理该案的同时将审判人员收受当事人贿赂的线索移送侦查部门
中国石油天然气股份有限公司山西销售分公司、中国石油天然气股份有限公司山西销售分公司太原第七加油站与王跃文、王金锁买卖合同纠纷抗诉案	山西省人民检察院	（1）纠纷定性错误导致法律适用错误：应为民间借贷纠纷而非预付油款纠纷；（2）认证错误：没有采信能够认定本案基本事实的主要证据	完全采纳抗诉意见，撤销原一审判决和部分二审判决、依法部分改判	一审被告、二审上诉人提出申诉；太原市人民检察院提请山西省人民检察院抗诉

(续表)

案件	监督机关	监督意见	监督结果	其他情况
建平岩出天然气有限公司与建平顺业市政公用工程有限责任公司燃气安装项目经理部承揽合同纠纷抗诉案	辽宁省人民检察院	(1)案件定性错误:应为建设工程施工合同纠纷而非承揽合同纠纷;(2)适用法律错误:诉讼主体资格的判定依据;(3)认定案件事实缺乏证据	再审法院调解结案	一审被告、二审上诉人
通化县二轻工业供销公司与王文秀房屋确权纠纷抗诉案	吉林省人民检察院	(1)认定案件事实的主要证据不足;(2)适用法律错误:机械理解和适用司法解释	吉林省高级人民法院受理抗诉后提审了本案,撤销原一二审判决,发回通化县法院重审	一审被告、二审上诉人提出申诉
董玉芹与赵伟光、中国人寿保险股份有限公司图们支公司保险代理纠纷抗诉案	吉林省延边朝鲜族自治州人民检察院	适用法律错误:举证责任分配不当	采纳抗诉意见进行了改判,并对与该案案情相同的另外27个申诉人的案件也进行改判	本案涉及弱势群体保护:退休职工的养老保险金
黑龙江省牡丹江监狱与牡丹江市城郊农村信用联社兴隆信用社、牡丹江市华侨房地产开发建筑有限责任公司抵押担保借款合同纠纷抗诉案	黑龙江省人民检察院	(1)认定案件事实缺乏证据;(2)适用法律错误:抵押合同的效力	采纳了抗诉意见,裁定撤销原二审判决和再审判决,维持原一审判决	牡丹江市中级人民法院已经依当事人申请进行了再审,之后当事人又申诉

(续表)

案件	监督机关	监督意见	监督结果	其他情况
孙振海与王根才、张淑梅民间借贷纠纷抗诉案	黑龙江省人民检察院	(1) 认定案件基本事实缺乏证据证明:以破碎的借条认定还款义务; (2) 适用法律错误:当事人适格的判断	黑龙江省高级人民法院受理抗诉后,指令大庆市中级人民法院再审;完全采纳抗诉意见,撤销二审判决、维持一审判决	一审被告、二审被上诉人
佳木斯市和平建筑工程公司与佳木斯隆达房地产开发公司、中国建设银行股份有限公司佳木斯分行拖欠工程款纠纷抗诉案	佳木斯市人民检察院	适用法律错误:是否成立连带责任	完全采纳抗诉意见,对再审判决进行部分改判	一审即生效,且法院已经依当事人申请进行了再审;当事人对再审判决不服,向检察院申诉
上海市浦东汽车运输有限公司与中国人民财产保险股份有限公司杭州市分公司保险代位求偿权纠纷案	上海市人民检察院	(1) 认定案件的事实依据不足:是否享有代位求偿权; (2) 判决的法律依据不足:是否需要划分过错比率	上海市高级人民法院受理抗诉后指令上海市第一中级人民法院再审;再审法院完全采纳抗诉意见,裁定撤销原一二审判决、发回浦东新区法院重审,重审时调解结案	一审被告、二审上诉人提出申诉
上海圣雪投资有限公司与上海乐贝尔餐饮管理有限公司、上海蒙宇餐饮管理有限公司租赁合同纠纷抗诉案	上海市人民检察院第二分院	涉嫌恶意串通、虚构协议,企图通过虚假诉讼来逃避债务履行;原审判决认定基本事实缺乏证据证明,且认定案件事实的主要证据系伪造	上海市第二中级人民法院提审后裁定撤销原判、发回静安区法院重审;重审时将利害关系人追加为第三人,认定双方虚构的合同无效,不予支持当事人起诉	原审利害关系人提出申诉申请,本案为恶意诉讼,当事人双方恶意串通、虚构合作关系,企图逃避对案外人的债务履行义务

(续表)

案件	监督机关	监督意见	监督结果	其他情况
司万锦等56户297人与连云港市海州区锦屏镇新海村委会、何守传土地承包合同纠纷抗诉案	连云港市人民检察院	适用法律错误：合同效力的判断	连云港市中级人民法院受理抗诉后指令海州区人民法院再审，再审一审判决维持原判，当事人上诉后再审法院撤销了原审判决和再审判决，改判合同无效	原审利害关系人申诉；属于群体性民事申诉案件，涉案当事人人数多、牵涉维稳问题，且争议土地关涉农民安身立命之本
徐州清平纸业有限公司与江苏汇森人造板集团总厂租赁合同纠纷抗诉案	江苏省人民检察院	江苏省铜山县人民检察院在查处职务犯罪案件时发现了问题并将线索移送给徐州市人民检察院；徐州市人民检察院提请江苏省人民检察院抗诉，理由是法院认定案件基本事实的证据系伪造	江苏省高级人民法院指令徐州中院再审，再审法院撤销原判、驳回原告诉讼请求；之后徐州中级人民法院撤销了执行裁定书	本案属于虚假诉讼：非国有企业向国有企业高管行贿，后双方恶意串通虚构民事法律关系、伪造证据，借助诉讼侵吞国有资产千万余元
宏厦投资建设有限公司与武汉青青商业管理咨询有限公司等担保合同纠纷抗诉案	浙江省人民检察院	(1) 认定案件事实的主要证据是伪造的；(2) 认定事实错误	浙江省高级人民法院受理抗诉后指令杭州市中级人民法院再审；再审法院采纳了抗诉意见，裁定撤销原判、驳回原告起诉	执行过程中案外人向检察机关提出申诉；本案当事人依托虚假诉讼的方式逃避执行

(续表)

案件	监督机关	监督意见	监督结果	其他情况
朱威威与浙江大学医学院附属第二医院医疗事故损害赔偿纠纷抗诉案	浙江省人民检察院	（1）采信证据错误、举证责任分配错误；（2）事实认定缺乏证据证明	浙江省高级人民法院受理抗诉后提审本案,再审过程中经法检两家多次调处,当事人双方达成和解,后申请人以纠纷已全部解决为由申请撤回申诉并获准许,法院裁定终结再审程序	一审原告、二审上诉人提出申诉
戴卫东与叶珍平水、王叶芸、王老九、何月芳、黄山金桥生态科技工业园区项目建设领导组、黄山市黄山区耿城镇人民政府公共场所施工损害赔偿纠纷抗诉案	安徽省黄山市人民检察院	（1）对案件主要事实的认定缺乏证据证明；（2）适用法律错误:民事法律关系定性错误；（3）原判决违反法定程序,可能影响案件的正确判决:违法追加共同被告	黄山市中级人民法院受理抗诉后裁定再审,在再审过程中调解结案	一审判决作出后当事人没有提出上诉

（续表）

案件	监督机关	监督意见	监督结果	其他情况
叶丽英与泉州国联房地产开发有限公司商品房预售合同纠纷抗诉案	最高人民检察院、福建省人民检察院	（1）认定案件事实的主要证据不足；（2）适用法律错误	福建省高级人民法院受理抗诉后指令泉州市中级人民法院再审，再审法院认为抗诉理由不成立，判决维持原判；申请人不服再审判决，再次向检察机关申诉，福建省人民检察院遂提请最高人民检察院抗诉，最高人民法院受理抗诉后指令福建省高级人民法院再审，最终裁定撤销原再审判决和一、二审判决、发回泉州市丰泽区人民法院重审	一审原告、二审上诉人提出申诉
徐理考、杨伟兵与高伯文、罗新根、南昌市骏通客车有限公司等合伙纠纷抗诉案	南昌市人民检察院	（1）程序违法：在缺乏充分证据证明被告下落不明的情况下使用公告送达并缺席判决；（2）将未经质证的证据作为定案依据；（3）原告的诉讼请求已过诉讼时效	南昌市中级人民法院受理抗诉后指令青山湖区法院再审；法院撤销了院一审判决、驳回原告诉讼请求	本案一审即发生法律效力

(续表)

案件	监督机关	监督意见	监督结果	其他情况
常席林与叶威武借款合同纠纷抗诉案	江西省人民检察院	因举证责任分配错误,导致适用法律错误、认定案件事实错误	完全采纳抗诉意见,江西省高级人民法院受理抗诉后进行再审,撤销原再审和一、二审判决,驳回原告诉讼请求	二审上诉人提出申诉;法院已经依当事人申请进行了再审,再审维持原判,因此当事人又向检察机关申诉
门其华、雒凤美与广饶县供电公司工伤赔偿纠纷抗诉案	山东省人民检察院、山东省东营市人民检察院	适用法律错误	第一次抗诉启动再审后,法院维持原判;第二次抗诉启动再审后,山东省高级人民法院裁定撤销原一二审判决,发挥广饶县人民法院重审,对此重审判决当事人均未上诉;后在执行过程中当事人达成和解协议	两次抗诉:原审一审即生效,当事人申请检察机关抗诉,检察机关抗诉后再审维持原判,当事人对再审的一审判决提出上诉,再审的二审判决仍旧维持原判;之后当事人再次向检察机关提出申诉
中国建筑第三工程局有限公司与刘丰增、濮阳市物华房地产开发有限公司承揽合同纠纷抗诉案	河南省濮阳市人民检察院	(1)适用法律错误; (2)认定案件事实的证据系伪造; (3)剥夺了当事人的辩论权;因送达程序违法导致当事人未能参加诉讼	撤销了部分原判决,进行了部分改判,接受了抗诉意见	未上诉,在一审判决生效后申请检察监督

(续表)

案件	监督机关	监督意见	监督结果	其他情况
黄瑞敏等人与高彦龙民间借贷纠纷抗诉案	河南省周口市人民检察院	当事人为了对"小产权房"办理房产登记手续而虚构借款关系、伪造证据进行虚假诉讼,因此民事调解书违反了国家的土地管理制度、损害了国家利益	完全认可检察机关抗诉理由,撤销原调解协议,对原审原告的起诉按撤诉处理	检察机关在办理其他案件过程中自行发现该案件中的虚假调解问题
湖南鸿亚农业发展有限公司与袁定业、长沙蔚都有限责任公司、易蔚明财产损害赔偿纠纷抗诉案	湖南省人民检察院	适用法律错误:法院认定第三人侵害债权的侵权行为构成要件及标准过于宽松,背离了第三人侵害债权制度的立法精神	湖南省高级人民法院受理抗诉后提审本案,再审判决撤销原一二审判决,驳回原告的诉讼请求	本案所涉法律问题缺乏明确的法律规定
广州市润树贸易有限公司与广东海外留学培训学校、广州灏晟贸易有限公司租赁合同纠纷抗诉案	广东省人民检察院	理解和适用法律错误	完全认可抗诉理由,撤销原二审判决、维持原一审判决	原终审判决经审委会讨论后作出
韦仕军、高明东、韦善基与象州县佳绫饲料有限责任公司产品质量损害赔偿纠纷抗诉案	广西壮族自治区人民检察院、广西壮族自治区来宾市人民检察院	(1)案件基本事实的认定缺乏证据证明;(2)适用法律错误	采纳了检察机关的抗诉意见,撤销原一二审判决并依法改判	来宾市人民检察院提请广西壮族自治区人民检察院抗诉

(续表)

案件	监督机关	监督意见	监督结果	其他情况
石德礼、黄玉和与黎思南等道路交通事故人身损害赔偿纠纷抗诉案	海南省人民检察院	适用法律错误：应适用城镇居民标准还是农村居民标准	再审过程中法庭主持调解并达成调解协议，制作调解书结案	
杨廷燕、周兴华与重庆市永川区人民医院医疗服务合同纠纷抗诉案	最高人民检察院、重庆市人民检察院	适用法律错误：案件法律关系的性质认定错误	第一次抗诉启动再审后，法院维持原终审判决；第二次抗诉启动再审后，撤销了原再审和一二审判决，并依法改判	两次抗诉，第二次提请最高人民检察院抗诉
李乐明等75人与重庆虹桥煤业有限责任公司确认公司决议无效纠纷抗诉案	重庆市人民检察院	(1) 适用法律错误；(2) 认定案件事实缺乏证据	再审调解结案	申诉人人数众多
重庆市江北区寸滩街道羊坝滩村白院墙农村经济合作社与陈民兵农村承包合同纠纷抗诉案	重庆市人民检察院、重庆市人民检察院第一分院	(1) 认定事实错误；(2) 适用法律错误：承包方式的认定	重庆市高级人民法院受理抗诉后指令重庆市第一中级人民法院再审，再审法院判决撤销二审判决，维持一审判决	
富顺县东湖镇久泰村一组与彭雪兰侵权纠纷抗诉案	四川省自贡市人民检察院	(1) 原审判决认定案件事实的主要证据不足；(2) 适用法律错误：适用了案发当时尚未生效施行的法律	自贡市中级人民法院受理抗诉后，指令富顺县法院再审，撤销一审判决，驳回原告诉讼请求，当事人双方均未对再审判决提出上诉	一审即生效

(续表)

案件	监督机关	监督意见	监督结果	其他情况
郭丽萍、张政与贵州省城乡建材建筑开发公司商品房买卖合同纠纷抗诉案	贵州省人民检察院	(1)认定事实明显错误；(2)适用法律错误	贵州省人民检察院受理抗诉后指令贵阳市中级人民法院再审，完全接受抗诉意见，撤销二审判决、变更一审判决	贵阳市人民检察院提请贵州省人民检察院抗诉
陈震与贵州省城乡建材建筑开发公司商品房预售合同纠纷抗诉案	贵州省人民检察院、贵阳市人民检察院	认定的基本事实缺乏证据证明	贵州省高级人民法院指令贵阳市中级人民法院再审，部分采纳抗诉意见并进行相应的改判	贵阳市人民检察院提请贵州省人民检察院抗诉
施从伟等127户业主与保山官房房地产开发有限公司商品房预售合同纠纷抗诉案	云南省人民检察院	(1)适用法律错误：当事人双方是否都存在违约行为；(2)适用法律不当：对违约金数额的计算方法	云南省高级人民法院全面提审了该127件系列案，全部调解结案，其中124件制作调解书，剩下3件庭外和解后撤回申诉	本案为127件系列案，是云南省人民检察院近年来受理的涉案人数最多、社会影响最大、矛盾最集中的申诉案件；检察机关积极促成当事人调解，以避免群体性上访
甘肃路桥建设集团有限公司与祁艳、刘立峰劳务费纠纷抗诉案	甘肃省人民检察院	(1)认定案件主要事实的证据不足；(2)适用法律错误；(3)判决超过了诉讼请求的范围	完全采纳抗诉意见，撤销原一二审判决、驳回原告诉讼请求	

（续表）

案件	监督机关	监督意见	监督结果	其他情况
林新义与甘肃省安县货运配载服务站、甘肃省泰安县货运配载服务站第八分站、任斌居间合同纠纷抗诉案	甘肃省人民检察院	认定案件事实错误;判决结果有违公平原则和诚实信用原则	甘肃省高级人民法院受理抗诉后将案件交由天水市中级人民法院再审,部分采纳抗诉意见,撤销原一二审判决并依法改判	
莫郁沁等4人与天水市秦州区玉泉镇伏羲路村民委员会承包地征收补偿费纠纷抗诉案	甘肃省人民检察院	(1)认定案件主要事实的证据不足;(2)适用法律不当	甘肃省高级人民法院受理抗诉后,将案件交由天水市中级人民法院审理;经审委会讨论后,采纳抗诉意见,撤销原一二审判决并依法改判	本案涉及农民利益保护
孙永瑞与范四新、靳群牛、青海省华侨装饰设计有限公司损害股东权益纠纷抗诉案	青海省人民检察院	(1)认定案件事实缺乏证据;(2)适用法律错误:是否违反了忠实义务;(3)认定事实错误	完全支持抗诉意见,撤销原二审判决、维持一审判决	公司纠纷中的权益衡平
李少斌与马丽红房屋买卖合同纠纷抗诉案	宁夏回族自治区人民检察院	案件基本事实缺乏证据证明	宁夏高级人民法院受理抗诉后提审本案,支持抗诉理由,撤销院二审判决、维持一审判决	

(续表)

案件	监督机关	监督意见	监督结果	其他情况
宁夏利莱达园林绿化工程有限公司与徐建海、李佐新买卖合同纠纷抗诉案	宁夏回族自治区人民检察院	（1）案件主要事实缺乏证据证明：是否形成购销合同关系（2）认定事实错误	完全采纳了抗诉理由，再审法院撤销原一二审判决、驳回原告起诉	
姜伯涛与徐玉坤承包合同纠纷抗诉案	新疆生产建设兵团农八师检察分院	（1）法律适用错误；（2）认定的基本事实缺乏证据证明	全面采纳了抗诉意见并相应改判	法院已经依当事人申请进行了再审；当事人对再审判决不服，遂申请检察机关抗诉
李盈庭与蔡记兵、湖南宁乡花明公路运输有限公司人身损害赔偿纠纷抗诉、检察建议案	长沙市人民检察院、宁乡县人民检察院	一起案件出现了两份民事判决（1）立案审查时违反法律规定，放纵了虚假诉讼；（2）未严格审查诉讼代理人的代理资格和代理权限；（3）违法缺席判决；（4）送达方式违法；（5）合议庭评议方式违法：冒用合议庭成员签名	再审法院采纳抗诉意见；宁乡县人民检察院同时向县人民法院发出检察建议书，建议其加强立案监督、加强对法官的监督并防止虚假诉讼；检察机关还向保险公司发出检察建议，建议其完善保险理赔程序	抗诉、调查渎职行为、检察建议三种手段相结合，在监督错误判决和执行裁定的同时，查处渎职法官
扬州大学与南京高熊视野有限公司合作协议纠纷检察建议案	最高人民检察院	（1）认定案件的基本事实缺乏证据证明；（2）判决与当事人的诉讼请求不符	最高人民法院收到再审检察建议后裁定再审，撤销原一二审判决、发回江苏省高级人民法院重审	最高人民检察院向最高人民法院提出再审检察建议

(续表)

案件	监督机关	监督意见	监督结果	其他情况
北京建工四建工程建设有限公司与北京御川房地产开发有限责任公司、北京天石恒房地产开发有限公司借款合同纠纷检察建议案	北京市东城区人民检察院	民事调解涉嫌虚假诉讼,当事人借助虚假调解协议来转移财产,从而规避对案外人的执行义务。检察机关提出再审检察建议	北京市东城区人民法院收到再审检察建议后裁定再审,再审过程中重新达成调解协议并制作新调解书	原审调解结案,案外第三人申请检察机关对调解书进行监督
卢俊龙与大同市南郊区口泉乡三脚沟煤矿合同纠纷检察建议案	山西省人民检察院	(1)适用法律错误:是否已过诉讼时效;(2)案件主要事实缺乏证据证明;(3)责任判定缺乏法律依据	山西省高级人民法院认可再审检察建议,再审后撤销二审判决、维持一审判决	山西省人民检察院向山西省高级人民法院提出再审检察建议
内蒙古鄂托克前旗新宇化工有限公司清算小组与毛春慧借款合同纠纷检察建议案	鄂托克前旗人民检察院	当事人恶意串通达成诉讼调解协议,协议内容违反法律规定	鄂托克前旗人民法院受理并采纳了再审检察建议,启动再审程序后撤销原调解书	原审调解结案;清算组向检察机关申请监督
海南某投资有限公司与海南某天然保健品有限公司股权转让合同纠纷抗诉案①	海南省检察机关	(1)法院判决认定事实错误:一方当事人在审判中隐瞒了重要事实;(2)申请人在判决生效后发现了可以推翻原判决的新证据	完全接受抗诉意见,撤销了二审判决	原审原告对二审判决不服而向检察机关申请监督

---

① 本案为最高人民法院2014年9月25日公布的修法后民事审判检察监督典型案例。

(续表)

案件	监督机关	监督意见	监督结果	其他情况
湖北刘某与苏某、武汉某园林工程公司、湖北某置业公司生命权、健康权、身体权纠纷抗诉案①	湖北省检察机关	法律适用错误：是否构成连带责任	完全采纳抗诉意见并依法改判	原审原告在两审终审后向法院申请再审，但被驳回，之后向检察机关申请监督
陕西刘某与杨某离婚后财产纠纷再审检察建议案②	陕西省检察机关	（1）违法缺席判决；（2）送达方式违法：不符合公告送达的适用条件	法院根据再审检察建议启动再审程序，撤销原判中错误部分并依法改判	未说明原审原告在向检察机关申诉前是否向法院申请再审
闫惠萱申诉北京市门头沟区工会劳动争议抗诉案	北京市人民检察院、北京市高级人民检察院	（1）终审裁定认定本案属于人事争议并裁定不予受理，认定事实的主要证据不足，适用法律错误；（2）终审裁定不利于保护劳动者的权益，对劳动者一方明显不公	北京市高级人民法院受理抗诉后指令一中院再审，再审法院撤销原裁定、指令石景山区人民法院审理	当事人闫某不服二审裁定，向北京一中院申请再审，一中院驳回了其再审申请；闫某遂向北京市人民检察院申诉
周立柱申诉冶金工业信息标准研究院劳动争议抗诉案	北京市人民检察院	（1）终审判决认定周立柱支付房租水电费的主要证据不足；（2）适用法律错误：计算经济补偿金时未将其加班费计入其中	北京市高级人民法院受理抗诉后，指令北京市第二中级人民法院再审，再审法院部分采纳了抗诉意见	原审原告未申请法院再审直接向检察机关申诉，受理申诉的检察机关在审查过程中由下级检察院的协助审查

① 本案为最高人民法院2014年9月25日公布的修法后民事审判检察监督典型案例。
② 同上。

(续表)

案件	监督机关	监督意见	监督结果	其他情况
闫华申诉中国化学工程重型机械化公司劳动争议抗诉案	北京市人民检察院	原判决认定案件事实的主要证据不足	再审调解结案	本案系国有企业固定工转制过程中发生的劳动争议
于荣芹申诉勾印忠、北京安行运输有限公司、北京市密云水库管理处交通事故人身损害赔偿纠纷抗诉案	北京市人民检察院	认定案件事实的主要证据不足,对证据的审核判断有失公平	再审法院完全采纳了抗诉事由并进行了相应的改判	
展恩柱申诉刘守如道路交通事故人身损害赔偿纠纷抗诉案	北京市人民检察院	(1) 程序严重违法:一审由派出法庭助理审判员作出,且出具了三个版本的判决书;二审审查的版本与送达当事人的版本不同(2) 审执不分且执行数额与交付申请执行人数额不同(3) 认定案件事实的主要证据不足	再审法院认可了抗诉意见,裁定撤销一二审判决,发回大兴区人民法院重审	检察机关不仅提出了抗诉,同时向原审法院发出了针对审判人员违法的检察建议,同时向渎职检察部门移送了案件线索
李莉申诉林冠离婚纠纷抗诉案(针对财产分割部分)	北京市人民检察院	(1) 认定事实的主要证据明显不足;(2) 适用法律错误:对于房屋使用权的判决违反离婚诉讼中照顾子女和女方权益的原则	北京市高级人民法院受理抗诉后,指令一第一中级人民法院再审;再审法院裁定撤销部分终审判决和部分一审判决,将财产部分发回海淀区人民法院重审	北京市人民检察院一分院提请北京市人民检察院抗诉

(续表)

案件	监督机关	监督意见	监督结果	其他情况
张利贞申诉张德林等四人继承纠纷抗诉案	北京市人民检察院	(1) 适用法律错误；(2) 认定事实的主要证据不足	北京市第一中级人民法院再审后裁定撤销原判、发回重审；重审时采纳了抗诉意见	
李秀玉申诉芦兴旺承包经营权纠纷抗诉案	北京市人民检察院	(1) 适用法律错误；(2) 同案不同判：北京市第一中级人民法院在当地同类案件中作出不同判决	北京市高级人民法院受理抗诉后指定第一中级人民法院再审，再审法院认可了抗诉理由，撤销原判并依法改判	本案涉及弱势群体利益保护
张桂春申诉刘瑞亮土地互换合同纠纷抗诉案	北京市人民检察院	适用法律错误：确认互换土地协议效力时适用法律错误	北京市高级人民法院指令北京市第一中级人民法院再审，再审法院部分采纳了抗诉事由	该案当事人多年里不停向有关部门申诉，并在判决生效后企图再次起诉；检察机关抗诉事由与申诉人请求不一致
杨枫申诉张宝春财产权属纠纷抗诉案	北京市人民检察院	(1) 终审判决认定事实的主要证据不足，适用法律错误；(2) 终审法院严重违反法定程序，影响案件正确判决	再审法院撤销二审判决并依法改判，认可了抗诉事由	抗诉的同时向某银行支行提出了检察建议，建议该行"按照有关规定严肃处理相关人员，同时积极采取措施完善相关制度，加强内部人员管理，杜绝此类事件再次发生，避免该行的信誉和经济利益受损"

(续表)

案件	监督机关	监督意见	监督结果	其他情况
徐全宝申诉王秀敏相邻关系纠纷抗诉案	北京市人民检察院	(1) 认定事实的主要证据不足；(2) 适用法律错误	北京市高级人民法院指令北京市第二中级人民法院再审；再审法院撤销了部分一二审判决并依法改判，认可了抗诉理由	
中国汽车工业总公司申诉钱维平、赵红、王永强、陆源宇、轻鑫工程建设投资咨询有限公司财产权属纠纷抗诉案	北京市人民检察院	原审法院认定案件性质不当，适用法律错误	北京市高级人民法院指令北京市第一中级人民法院再审，再审法院采纳了抗诉意见	本案系针对法院主管的问题抗诉；北京市人民检察院一分院提请北京市人民检察院抗诉
张朝阳申诉李贵明、北京鑫尊置地房地产经纪有限责任公司房屋买卖合同纠纷抗诉案	北京市人民检察院	(1) 适用法律错误；(2) 判决显失公平，导致一方当事人获得了超出合同约定的额外利益	北京高级人民法院受理抗诉后，裁定北京市第一中级人民法院再审；再审法院完全采纳了抗诉意见	
北京京都宝岛眼镜有限公司申诉北京金悦物业管理有限责任公司租赁合同纠纷抗诉案	北京市人民检察院	适用法律错误，割裂了两个租赁合同的关联性	北京高级人民法院受理抗诉后指令北京市第一中级人民法院再审；再审法院与抗诉机关的意见一致	

（续表）

案件	监督机关	监督意见	监督结果	其他情况
张朝银申诉北京华建房地产有限公司及张永海等第三人居住权纠纷抗诉案	北京市人民检察院	（1）认定事实的主要证据不足；（2）适用法律错误	北京市高级人民法院受理抗诉后函转北京市第二中级人民法院，第二中级人民法院审理后撤销原判发回重审，重审法院采纳了抗诉意见	该申诉人已经申诉多年
于荣富申诉北京大光明电器有限公司腾退房屋纠纷抗诉案	北京市二分检	程序违法；送达方式违法，不符合公告送达的适用条件	北京市第二中级人民法院受理抗诉后指令丰台区人民法院再审，再审法院完全采纳了抗诉事由并相应改判	
袁桂娣申诉北京市华远房地产股份有限公司房租纠纷抗诉案	北京市二分检	认定事实和适用法律错误	北京市第二中级人民法院指令丰台区人民法院再审，再审法院以二分检的抗诉理由为依据，主持当事人达成了和解协议	
中国第二十二冶金建设公司申诉北京王府花园开发公司追索工程款纠纷抗诉案	北京市人民检察院	（1）认定事实的主要证据不足；（2）适用法律错误；（3）违反法定程序，影响案件正确判决；剥夺当事人质证权，违反证据适用规则	北京市高级人民法院指令北京市第一中级人民法院再审；再审法院部分采纳抗诉意见	

（续表）

案件	监督机关	监督意见	监督结果	其他情况
张淑玲、王志国申诉王志强、魏凤权其他承揽合同纠纷抗诉案	北京市人民检察院	认定事实缺乏证据证明	北京市高级人民法院指令北京市第二中级人民法院再审，再审法院主持双方当事人达成调解协议："双方纠纷至此彻底解决，双方不得就此再行诉讼"	
祝天忠申诉席铁林建筑工程承包合同纠纷抗诉案	北京市人民检察院	终审判决在认定应付工程款的事实上存在错误	再审法院采纳了抗诉意见	
王在船申诉安徽鲁班建设投资集团有限公司劳务合同纠纷案	北京市人民检察院	（1）认定事实的主要证据不足；（2）适用法律错误；举证责任分配错误	再审法院采纳了抗诉意见，裁定撤销二审裁定、维持一审判决	本案涉及农民工合法权益维护
赵玉芹申诉王岩民间借贷纠纷抗诉案	北京市人民检察院	（1）认定事实缺乏证据证明；（2）严重违反程序	再审认可了抗诉理由，裁定撤销二审判决、维持一审判决	
北京市鑫达万顺设备安装工程有限公司申诉北京金建开建筑装饰工程有限公司其他所有权及与所有权相关权利纠纷抗诉案	北京市人民检察院	（1）认定事实的主要证据不足；（2）适用法律错误	再审调解结案	

（续表）

案件	监督机关	监督意见	监督结果	其他情况
重庆市中佳实业有限公司申诉建设部科技发展促进中心借款合同纠纷抗诉案	北京市人民检察院	认定事实的主要证据不足,缺乏事实和法律依据	再审庭审后,检察院向再审法院提交了出庭意见书,进一步阐明抗诉意见,且与再审法官交换了意见,并对双方当事人依法释理,经检法共同工作,当事人调解结案	本案被评为北京市民事行政检察十佳精品案件
李向澄申诉北京怀柔科太科技开发公司欠款纠纷抗诉案	北京市人民检察院二分院	(1) 程序违法:原审法院适用简易程序审理案件;(2) 认定事实的主要证据不足	再审撤销原判、驳回原告起诉,采纳了抗诉意见	一审判决生效后向检察机关申诉,未经上诉
中国建设银行城西支行申诉四通集团公司、四通集团财务公司证券纠纷抗诉案	最高人民检察院	(1) 认定事实的主要证据不足;(2) 适用法律错误:应否适用《担保法》;保证责任形式的判断	最高人民法院指令北京市高级人民法院再审,采纳了抗诉意见	本案自起诉至再审法院改判,历时7年
南洋商业银行有限公司申诉中国国际企业合作公司担保合同纠纷抗诉案	最高人民检察院	适用法律确有错误	采纳了抗诉意见并依法改判	最高人民检察院受理申诉后将案件交由北京市人民检察院办理;本案是近年来北京市检察机关提请最高人民检察院抗诉、北京市高级人民法院再审改判的标的最大的案件

（续表）

案件	监督机关	监督意见	监督结果	其他情况
北京市万铁顺物资经销处申诉北京力华驰机电设备有限公司票据付款请求权纠纷抗诉案	北京市人民检察院一分院	适用法律错误	第一中级人民法院指令海淀区人民法院再审,再审法院维持原判,万铁不服判决,在北京市海淀区人民检察院的支持下向第一中级人民法院上诉,第一中级人民法院撤销了海淀区人民法院判决	本案中检察机关支持当事人对再审一审判决提出上诉
北京市创天律师事务所申诉中国东方资产管理公司诉讼代理合同纠纷抗诉案	北京市人民检察院	适用法律错误,有悖民事活动中的公平、等价有偿原则	再审法院采纳了抗诉意见,依法改判	北京市人民检察院一分院提请北京市人民检察院抗诉
阎艺方申诉北京海淀科保科技发展有限公司、上海普润贸易有限责任公司代理权纠纷抗诉案	北京市人民检察院	适用法律错误	再审法院采纳了抗诉意见并相应改判	
北京仁创铸造有限公司申诉王永祥运输合同纠纷抗诉案	北京市人民检察院	（1）认定案件事实的主要证据不足;（2）适用法律错误	再审法院完全采纳了检察机关的抗诉意见	
华泰财产保险股份有限公司申诉北京金统领汽车驾驶学校保险合同抗诉案	北京市人民检察院二分院	认定事实和适用法律错误:保险合同的效力判断	再审认可了抗诉意见,驳回了原告诉讼请求	

(续表)

案件	监督机关	监督意见	监督结果	其他情况
刘秀琴申诉北京市京工友谊时装厂不当得利纠纷抗诉案	北京市人民检察院	(1)适用法律错误:法律关系定性错误;(2)认定案件事实的主要证据不足	再审法院采纳了抗诉意见,撤销二审判决、维持一审判决	
中国农业银行申诉西安永固纸袋长不当得利纠纷抗诉案	北京市人民检察院	(1)认定案件事实的主要证据不足;(2)适用法律错误	再审法院采纳了抗诉意见	
姚毅申诉北京市大恒医疗设备有限公司计算机软件著作权权属纠纷抗诉案	最高人民检察院	(1)认定案件事实的主要证据不足;(2)适用法律错误		
新疆伊犁众建房地产开发有限责任公司诉伊犁哈萨克自治州公路旅客运输服务中心合作开发房地产合同纠纷抗诉案①	新疆维吾尔自治区人民检察院、最高人民检察院	(1)认定的基本事实缺乏证据证明;(2)适用法律错误;(3)漏判	最高人民法院受理抗诉后提审了该案,部分认可抗诉意见,撤销二审裁判、部分维持一审判决	当事人向最高人民法院申请再审单倍驳回申请,之后向新疆维吾尔自治区检察院申诉,新疆维吾尔自治区检察院审查后提请最高人民检察院抗诉
农民日报社诉潍坊新东方艺术学校财产损害赔偿纠纷抗诉案②	山东省人民检察院、最高人民检察院	(1)判决程序违法:没有追加共同被告;(2)认定事实缺乏证据证明,判决结果显失公平	最高人民法院受理抗诉后提审该案,部分认可的抗诉意见,撤销二审判决和一审判决并依法改判	山东省人民检察院提请最高人民检察院抗诉

---

① 参见《最高人民检察院公报》2013年第4号(总第135号)。
② 参见《最高人民检察院公报》2013年第3号(总第134号)。

(续表)

案件	监督机关	监督意见	监督结果	其他情况
广西壮族自治区丝绸进出口公司诉广西安和投资置业有限公司等债权转让合同纠纷抗诉案①	广西壮族自治区人民检察院、最高人民检察院	认定事实和适用法律错误	最高人民法院受理抗诉后提审该案,再审后撤销原一二审判决并依法改判,即采纳了抗诉意见	丝绸公司向广西壮族自治区人民检察院提出申诉,广西壮族自治区人民检察院立案审查后提请最高人民检察院抗诉
山东省昌邑市华星矿业有限责任公司诉姜光先股东资格确认和公司盈余分配权纠纷抗诉案②	山东省人民检察院	认定事实错误:是否投资到位、是否具有股东资格	最高人民法院受理抗诉后指令山东省高级人民法院再审;采纳了抗诉意见,再审后撤销了一审和二审判决,判决驳回原告的诉讼请求	山东省人民检察院受理当事人申诉并审查后,提请最高人民检察院抗诉
桂林市基本建设领导小组旧城改造办公室诉中国工商银行桂林分行借款合同纠纷抗诉案③	广西壮族自治区人民检察院、最高人民检察院	(1)终审判决认定的事实缺乏证据证明;(2)适用法律错误	最高人民法院受理抗诉后裁定提审该案,再审后进行部分改判,认可了抗诉意见	旧城改造办在二审判决作出后向广西壮族自治区人民法院申请再审,被决定不予立案再审,遂向检察机关申诉,广西壮族自治区人民检察院审查后提请最高人民检察院抗诉

---

① 参见《最高人民检察院公报》2011年第4号(总第123号)。
② 参见《最高人民检察院公报》2010年第3号(总第116号)。
③ 参见《最高人民检察院公报》2010年第4号(总第117号)。

(续表)

案件	监督机关	监督意见	监督结果	其他情况
王言峰诉山东栖霞市电业局等人身损害赔偿纠纷抗诉案①	山东省人民检察院、最高人民检察院	认定案件事实的主要证据不足,判决确有错误	最高人民法院受理抗诉后提审了该案,再审后撤销一二审判决并依法改判,即采纳了抗诉意见	山东省人民检察院受理并审查申诉后,提请最高人民检察院抗诉
武汉宝捷投资顾问有限公司诉中国农业银行安陆市支行债权转让纠纷抗诉案②	湖北省人民检察院、最高人民检察院	适用法律错误	最高人民法院受理抗诉后将案件交由湖北省高级人民法院再审,认可了抗诉事由,撤销二审判决、维持一审判决	湖北省人民检察院受理申诉并审查后,提请最高人民检察院抗诉;在再审裁判书中明确载明"最高人民检察院的抗诉理由成立"
青岛啤酒股份有限公司诉青岛宏隆商贸有限公司、李龙、崔红购销合同抗诉案③	山东省人民检察院	终审判决认定事实的主要证据不足	最高人民法院受理抗诉后指令山东省高级人民法院再审,采纳了抗诉意见,撤销了二审判决、变更了一审判决	山东省人民检察院受理并审查申诉申请后,提请最高人民检察院抗诉;在再审判决书中明确载明"最高人民检察院抗诉有利,应予支持"
株洲硬质合金集团有限公司诉中国光大银行长沙华升支行、中国建设银行股份有限公司株洲市分行、茶陵县大蒜制品厂借款担保合同纠纷抗诉案④	湖南省人民检察院、最高人民检察院	(1)再审判决认定事实错误;(2)再审判决适用法律错误	最高人民法院受理抗诉后裁定提审该案,再审后部分撤销再审判决并进行改判	法院已经依当事人申请进行了再审,合金集团不服再审判决而向湖南省人民检察院申诉

① 参见《最高人民检察院公报》2009年第6号(总第113号)。
② 参见《最高人民检察院公报》2008年第1号(总第102号)。
③ 参见《最高人民检察院公报》2008年第5号(总第106号)。
④ 参见《最高人民检察院公报》2007年第4号(总第99号)。

（续表）

案件	监督机关	监督意见	监督结果	其他情况
最高人民检察院按审判监督程序提起抗诉的唐山市新华金属屋顶成型安装有限公司诉丰润县冀东建材大世界开发公司等建筑安装工程合同纠纷案①	河北省人民检察院、最高人民检察院	（1）再审判决认定事实错误；（2）再审判决适用法律错误	最高人民法院受理抗诉后提审了该案，认可了抗诉理由，撤销再审判决、原二审判决和部分原一审判决，并相应改判	终审判决生效后，河北省高级人民法院自行裁定再审，新华公司不服再审判决而向河北省人民检察院申诉，河北省人民检察院受理并审查后提请最高人民检察院抗诉
最高人民检察院按审判监督程序提出抗诉的成都泰华房地产开发有限公司与四川远通物业管理有限责任公司房屋租赁纠纷案②	最高人民检察院、四川省人民检察院	（1）违反法定程序：判决内容超出当事人诉讼请求范围；（2）认定事实的主要证据不足	最高人民法院受理抗诉后进行再审，部分认可了抗诉意见，部分撤销再审判决和原一二审判决	二审判决作出后，当事人向最高人民法院申诉，最高人民法院指令四川省高级人民法院再审；远通公司不服再审判决，向四川省人民检察院申诉，四川省检审查后提请最高人民检察院抗诉
最高人民检察院按照审判监督程序提出抗诉的海南金岗实业投资公司诉吉林省国土资源开发实业总公司合作开发地产项目合同纠纷案③	最高人民检察院	（1）认定事实错误；（2）适用法律错误；（3）与之前生效的吉林省高级人民法院的调解书相矛盾	最高人民法院受理申诉后提审该案，撤销二审判决、部分撤销一审判决并依法改判	吉林国土局不服终审判决，向最高人民检察院申诉

---

① 参见《最高人民检察院公报》2006年第4号（总第93号）。
② 参见《最高人民检察院公报》2005年第3号（总第86号）。
③ 参见《最高人民检察院公报》2005年第4号（总第87号）。

(续表)

案件	监督机关	监督意见	监督结果	其他情况
桂林市安居物业管理公司与中国农业银行玉林分行城郊支行存单兑付纠纷抗诉案①	最高人民法院、广西壮族自治区人民检察院	(1)认定事实错误；(2)适用法律错误	最高人民法院受理抗诉后进行再审，部分撤销原判决并相应改判	广西壮族自治区人民检察院受理并审查申诉后，提请最高人民检察院抗诉
最高人民检察院按照审判监督程序提出抗诉的包头市方通物资有限责任公司诉包钢建筑安装工程公司拖欠建筑安装工程款纠纷案②	内蒙古自治区人民检察院、最高人民检察院	(1)认定案件事实的主要证据不足；(2)适用法律错误	最高人民法院受理抗诉后指令内蒙古高级人民法院再审，采纳了抗诉意见，撤销二审判决、部分撤销一审判决并相应改判	
重庆经纬典当行诉重庆红河物业发展有限责任公司、重庆市渝北区龙溪通用材料经营部、重庆春益房地产开发有限公司借款合同纠纷抗诉案③	重庆市人民检察院、最高人民检察院	(1)认定事实不清；(2)适用法律错误	最高人民法院受理抗诉后指令重庆市高级人民法院再审；再审撤销了二审判决、维持一审判决	重庆市人民检察院提请最高人民检察院抗诉
中国银行杭州市开元支行诉浙江外事旅游汽车公司、杭州银河贸工(集团)公司借款合同纠纷抗诉案④	最高人民检察院、浙江省人民检察院	适用法律错误：合同效力的认定	最高人民法院受理抗诉后进行再审，部分采纳抗诉意见	浙江省高级人民法院已经依申请裁定再审，开元支行不服再审判决，向浙江省人民检察院申诉，浙江省人民检察院受理并审查后，提请最高人民检察院抗诉

---

① 参见《最高人民检察院公报》2005年第1号(总第84号)。
② 参见《最高人民检察院公报》2006年第1号(总第90号)。
③ 参见《最高人民检察院公报》2004年第3号(总第80号)。
④ 参见《最高人民检察院公报》2003年第5号(总第76号)。

(续表)

案件	监督机关	监督意见	监督结果	其他情况
广东省肇庆市经贸发展总公司诉辽宁轻型飞机公司、辽宁沈阳轻型飞机制造厂、中国建设银行沈阳开发区支行拖欠货款纠纷抗诉案①	最高人民法院、广东省人民检察院	认定事实错误导致法律适用错误	最高人民法院受理抗诉后提审该案,认可了抗诉事由,部分维持再审判决、部分撤销再审判决	广东省高级人民法院已经依当事人申请进行了再审;当事人对再审判决不服,向广东省人民检察院申诉;广东省人民检察院审查后提请最高人民检察院抗诉
重庆市渝北区水电建设总公司诉中国银行重庆渝北支行借款合同纠纷抗诉案②	最高人民检察院	(1)认定事实错误;(2)实体处理违反法律规定	最高人民法院受理抗诉后提审该案,认可了抗诉事由,部分撤销再审判决并相应改判	一审判决生效后,重庆市第一中级人民法院依当事人申请进行了再审;水电总公司不服再审判决,向最高人民检察院申诉
上海申合进出口有限公司诉日本国伊藤忠商事株式会社国际货物买卖合同纠纷抗诉案	最高人民检察院	(1)认定事实证据不足;(2)适用法律错误	最高人民法院受理抗诉后裁定江苏省高级人民法院再审;完全认可抗诉理由,部分撤销二审判决并相应改判	再审裁判文书中明确载明"最高人民检察院的抗诉理由成立,予以采纳"
浙江商业银行诉宁波经济技术开发区(中土畜)广信贸易公司、中光(宁波)实业有限公司委托开证代理合同纠纷抗诉案	浙江省人民检察院、最高人民检察院	认定事实和适用法律均有错误	最高人民法院受理抗诉后指令浙江省高级人民法院再审;再审后撤销二审判决、部分撤销一审判决	浙江省人民检察院立案审查申诉后,提请最高人民检察院抗诉

---

① 参见《最高人民检察院公报》2003年第3号(总第74号)。
② 参见《最高人民检察院公报》2003年第1号(总第72号)。

(续表)

案件	监督机关	监督意见	监督结果	其他情况
四川省绵阳市涪城区农村合作基金会诉施碧武、四川长兴实业集团有限公司借款合同担保纠纷抗诉案①	四川省人民检察院、最高人民检察院	适用法律错误	最高人民法院受理抗诉后指令四川省高级人民法院再审；认可了抗诉理由，部分维持再审判决、部分撤销再审判决并相应改判	四川省高级人民法院已经依当事人申请进行了再审，涪城基金会不服再审判决向四川省人民检察院申诉；四川省人民检察院审查后提请最高人民检察院抗诉
黄兆明、林楚香、黄和峥诉王勇勇、李兴忠股权转让和合作投资纠纷抗诉案	最高人民检察院	（1）认定事实错误；（2）适用法律错误	最高人民法院受理抗诉后提审该案，部分认可抗诉理由，撤销一二审判决并依法改判	当事人向最高人民检察院申诉后，最高人民检察院将该案交由河北省人民检察院审查
上海三泷房地产开发有限公司诉中国建设银行上海市浦东分行、上海市申浦对外技术投资总公司借款担保纠纷抗诉案②	最高人民检察院	（1）认定事实的主要证据不足；（2）适用法律错误	最高人民法院受理抗诉后函转上海市高级人民法院再审，采纳了抗诉理由，再审判决维持原一审判决、撤销二审判决	
中国电子租赁有限公司诉无锡湖光电炉厂、中国建设银行锡山市支行借款担保合同纠纷抗诉案③	最高人民检察院	认定事实错误	最高人民法院受理最高人民检察院提出的抗诉后，指令北京市高级人民法院再审；认可了抗诉理由，撤销了一二审判决并依法改判	

---

① 参见《最高人民检察院公报》2002年第1号(总第66号)。
② 《最高人民检察院公报》2001年第5号(总第64号)。
③ 《最高人民检察院公报》2001年第3号(总第62号)。

(续表)

案件	监督机关	监督意见	监督结果	其他情况
湖北健康(集团)股份有限公司与武汉大学化学化工研究所联营合同纠纷抗诉案①	湖北省人民检察院	(1)法律适用错误;(2)认定事实的主要证据不足	湖北省高级人民法院再审后认定了抗诉理由,撤销一二审判决并依法改判	本案为同级抗;再审判决书中明确载明"湖北省人民检察院抗诉理由成立,本院予以支持"
中国建设银行荆州市沙市支行与荆州市轻工物资供销总公司借款纠纷抗诉案②	荆州市人民检察院、湖北省人民检察院	(1)认定主要事实错误;(2)适用法律不当	湖北省人民法院受理抗诉后进行再审,完全采纳抗诉意见,撤销一二审判决并依法改判。	荆州市人民检察院提请湖北省人民检察院抗诉;再审裁判文书中直接载明"湖北省人民检察院抗诉理由成立"
新疆五家渠金达公司与新疆准噶尔贸易大厦拖欠货款纠纷民事抗诉案	新疆农六师检察分院、新疆生产建设兵团人民检察院	认定事实和适用法律均有错误	兵团法院接受抗诉后指令农六师中级人民法院再审,认可了抗诉理由,撤销二审判决、维持一审判决。	农六师检察分院审查后提请生产建设兵团人民检察院抗诉;再审裁判文书中明确载明"抗诉机关抗诉理由成立,予以支持"
湖南省靖州苗族侗族自治县城市信用社诉杨隆璋借款抵押合同纠纷案③	靖州县人民检察院、怀化地区检察分院	认定案件主要事实的证据不合法;相关鉴定意见应属无效	怀化地区中级人民法院受理抗诉后指令靖州县人民法院再审;采纳了抗诉理由,撤销一审判决并依法改判	靖州县人民检察院提请怀化地区检察院抗诉

---

① 参见《最高人民检察院公报》2001年第2号(总第61号)。
② 参见《最高人民检察院公报》2001年第1号(总第60号)。
③ 参见《最高人民检察院公报》2000年第5号(总第58号)。

（续表）

案件	监督机关	监督意见	监督结果	其他情况
赵世才诉赵维钧房屋产权及人身损害赔偿纠纷民事抗诉案	甘肃省陇南分院、甘肃省人民检察院	适用法律错误	甘肃省高级人民法院受理抗诉后裁定陇南地区中级人民法院再审,再审法院维持原判;之后甘肃省人民检察院向甘肃省高级人民法院发出再审检察建议,法院接受了建议并提审该案,撤销再审判决、部分维持原判决	陇南地区中级人民法院提请甘肃省人民检察院抗诉;抗诉理由未获再审法院认可,之后又提出再审检察建议并启动了二次再审
十堰市北方物资贸易有限责任公司与中国农业银行十堰市三堰支行、十堰市堰茂物产总公司借款担保合同纠纷抗诉案①	十堰市人民检察院、湖北省人民检察院	适用法律确有错误	湖北省高级人民法院受理抗诉后,指令十堰市中级人民法院再审,认可了抗诉理由,部分改判	十堰市人民检察院提请湖北省人民检察院抗诉
毛顺清、龙福臣诉梅正仙遗赠扶养协议纠纷抗诉案②	贵州省人民检察院	认定事实和适用法律确有错误	第一次抗诉启动再审后,再审判决与抗诉理由不一致,贵州省人民检察院对再审判决提请最高人民检察院抗诉,最高人民法院受理最高人民检察院抗诉后,依法部分改判	两次申诉并抗诉

---

① 参见《最高人民检察院公报》2000年第2号(总第55号)。
② 参见《最高人民检察院公报》2000年第5号(总第58号)。

(续表)

案件	监督机关	监督意见	监督结果	其他情况
重庆市房地产管理局九龙坡分局诉重庆市金昌商务公司房屋买卖合同纠纷抗诉案①	四川省人民检察院、最高人民检察院	适用法律确有错误	最高人民法院受理抗诉后提审了该案,认可了抗诉意见,撤销再审和一二审判决、依法改判	四川省高级人民法院依当事人申请进行了再审;当事人不服再审判决向四川省人民检察院申诉;四川省人民检察院提请最高人民检察院抗诉
天津市塘沽区杭州道城市信用合作社与中国兵工物资中南公司、武汉燕兴开发公司、中国燕兴武汉公司赔偿纠纷抗诉案②	湖南省人民检察院	原判缺乏法律依据;认定事实错误	湖南省高级人民法院收到抗诉后提审该案,完全采纳了抗诉理由,撤销原判、驳回原告诉讼请求	同级抗诉:湖南省检察院向湖南省高法抗诉;在再审裁判文书中明确载明"湖南省检察院的抗诉理由成立"
申克增诉吉林省华侨企业公司联营合同纠纷抗诉案③	吉林省人民检察院、最高人民检察院	(1) 认定事实的主要证据不足; (2) 适用法律错误	最高人民法院受理抗诉后再审,裁定撤销原判,发回吉林省高级人民法院重审;吉林省高级人民法院重审时采纳了抗诉意见,依法作出新判决	吉林省人民检察院提请最高人民检察院抗诉

---

① 参见《最高人民检察院公报》1999年第2号(总第49号)。
② 参见《最高人民检察院公报》1998年第3号(总第44号)。
③ 参见《最高人民检察院公报》1998年第1号(总第42号)。

(续表)

案件	监督机关	监督意见	监督结果	其他情况
西昌市双双美容美发厅与刘华应聘合同纠纷抗诉案①	凉山州人民检察院、四川省人民检察院	认定事实错误、证据不实	四川省高级人民法院受理抗诉后指令凉山州中级人民法院再审,采纳了抗诉意见,撤销一二审判决并依法改判	凉山州人民检察院提请四川省人民检察院抗诉
黑龙江首例承包纠纷抗诉案②	黑龙江省龙江县检察院、黑龙江省齐齐哈尔市人民检察院	原判认定事实与客观情况明显不符	完全认可抗诉理由,裁定撤销原判、发回重审	在再审裁判文书中明确载明"检察院抗诉理由成立"
甘肃省人民检察院首例民事抗诉案③	甘肃省检察院	(1)认定事实和使用证据明显偏差;(2)适用法律错误	甘肃省高级人民法院再审后认可抗诉理由,撤销一二审判决、发回重审	同级抗诉:甘肃省人民检察院向甘肃省高级人民法院提出抗诉

---

① 参见《最高人民检察院公报》1997年第1号(总第37号)。
② 参见《最高人民检察院公报》1993年第1号(总第17号)。
③ 参见《最高人民检察院公报》1992年第2号(总第14号)。

附录三 检察机关支持起诉的民事案件列表

年份	支持主体	当事人情况		案件类型	支持方式	案件结果	备注
		原告	被告				
2010	昆明市人民检察院	昆明市环保局	三农农牧有限公司	环境污染侵权纠纷案（2011）云高民一终字第41号		两审终审。一审法院认为：昆明市人民检察院支持起诉符合《中华人民共和国民事诉讼法》第15条之规定。昆明市环保局起诉要求三农公司承担侵权赔偿金，是公益诉讼代表社会提起的诉讼，诉讼利益应当归于社会。昆明市人民政府制定了《昆明市环境公益诉讼救济专项资金管理暂行办法》，建立了"昆明市环境公益诉讼救济专项资金"，对环境公益诉讼涉及的资金进行专项管理。因此，三农公司承担公益诉讼救济的赔偿金应当向"昆明市环境公益诉讼救济专项资金"支付，用于大龙潭水治理。二审庭审中，昆明市人民检察院指派检察员李光辉，莅立松出庭支持昆明市环保局的诉讼，原审支持起诉人昆明市检察院的意见与昆明市环保局的意见一致。驳回上诉，维持原判	云南检察机关首例环境公益诉讼支持起诉案

(续表)

年份	支持主体	当事人情况 原告	当事人情况 被告	案件类型	支持方式	案件结果	备注
2010	海口市美兰区人民检察院①	当地保护区管理局	对环境执法抵触情绪较大的养殖大户李某等人		建议起诉+支持起诉	调解结案：李某与保护区管理局签订了调解协议，自愿将养殖场搬出保护区，而保护区给予了他一定的补偿。本案中检察机关依行检察科工作人员即支持原告起诉，又扮演着被告、宣传环保政策，促成双方当事人达成共识的角色	美兰区人民检察院民行科建议保护区管理局选择对环境执法抵触情绪较大的养殖大户李某等人，向为起诉对象，向海口市中级人民法院提起全省首例环境公益诉讼，并作出了检察机关支持起诉的决定
2011	浙江省海宁市人民检察院	车祸中死亡的无名氏	车祸肇事方	侵权损害赔偿纠纷	无名氏在车祸中死亡，因联系不到家属，无法讨回公道。根据《海宁市道路交通事故社会救助基金暂行办法》的规定，海宁市人民检察院采取支持海宁市道路交通事故社会救助基金管理领导小组办公室起诉的方式，维护"无名氏"的权益②	法院于9月30日进行审理，在调解上，双方达成一致协议，由被告人赔偿死者赔偿金共计562505元，死者的其余损失暂不处理	这是海宁市人民检察院成功办理的全国无名氏被害人案件

① http://news.sina.com.cn/o/2013-09-12/063028195104.shtml。
② 蔡海飞：《海宁市检察院支持起诉为无名氏被害人讨回公道》，载"浙江检察网"2011年10月1日。

（续表）

年份	支持主体	当事人情况		案件类型	支持方式	案件结果	备注
		原告	被告				
2010	浙江省嘉兴市南湖区人民检察院	直接受到环境污染侵害行为的当地居民	南湖区七星镇家饰佳橱柜厂	环境侵权损害赔偿	根据南湖区人民检察院和南湖区环保局联合会签的《关于环境保护公益诉讼的若干意见》，于2009年12月情况下，将此案取行政手段无果的察院。南湖区检察院在受理此案件后，立即进行调查与居民对该厂提起诉讼	诉前和解而未进入起诉阶段，在诉前调查取证的过程中，检察官对该厂负责人未某进行法制教育，使他认识到生产经营的违法性。于2010年1月20日出具保证书，环保部门现在七星镇政府验收确认，并由检察机关、搬离现在的厂址，甘愿接受处罚。之后未某立即书条款履行相关承诺	本案中环保局分别采用了监察，要求整改；发出意见书等方式。于但未有收效，于是将案件移送检察机关。检察机关决定支持移送检察机关直接受理居民起诉。在检察机关介入并进行调查的情况下，侵权方立即作出承诺和保障，并按期履行。因此未进入诉讼程序
2010	浙江省遂昌县人民检察院	浙江省遂昌县农村信用合作联社	徐石法、吴法泉	金融借款合同纠纷案（2010）丽遂商初字第725号		缺席判决。"本院认为……被告徐石法、吴法泉未到庭参加诉讼，也未向本院提供证据，视为其放弃抗辩。检察机关支持起诉有理。"	

（续表）

年份	支持主体	当事人情况		案件类型	支持方式	案件结果	备注
		原告	被告				
2005	重庆市巫山县人民检察院	巫山县官渡食品经营站关闭清算组	刘良元等	房屋转让合同纠纷	巫山县国有资产管理中心发出巫检山检民建（2005）第1号检察建议书，建议其按有关规定与相关部门协商暂缓合同的履行，督促其必要时采取诉讼程序确认转让行为无效，以防止国有资产流失。巫山县国有资产管理中心及时函告巫山县经济贸易委员会处理相关事宜。因关闭清商无果，巫山县检察院依据《民事诉讼法》规定的法律监督职责及支持起诉原则，于2005年5月16日向巫山县人民法院送达山检民支诉字（2005）第1号支持起诉意见书，依法支持关闭清算组诉请法院判决其与刘良元等签订的房屋转让合同无效，撤销其与刘良元签订的房屋转让合同	一审：巫山县人民法院作出（2005）山民初字第660号民事判决关闭清算组要求撤销其与刘良元签订的房屋转让合同的诉讼请求。 二审：重庆市第二中法民终字第150号民事判决认定事实和适用法律错误，应予纠正。（2006）渝二中法民终字第150号民事判决。撤销巫山县人民法院（2005）山民初字第660号民事判决，撤销上诉人刘良元与被上诉人关闭清算组于2004年8月18日签订的房屋转让合同	为保护国有资产而支持起诉，且先通过检察建议的方式督促有关部门通过宣告合同无效，但宣告合同无效之后检察机关决定支持起诉

(续表)

年份	支持主体	当事人情况 原告	当事人情况 被告	案件类型	支持方式	案件结果	备注
2008	重庆市云阳县人民检察院	代腾美等79人（系农民工和下岗工人）	重庆泰顺服装有限公司	劳务合同纠纷	依申请而启动：2008年6月19日，代腾美等79人申请检察机关支持其起诉。检察机关经审查认为：原告系相关弱势群体，缺乏相关法律知识，应予支持。2008年6月26日，重庆市云阳县人民检察院向重庆市云阳县人民法院分别发出了79份支持民事起诉意见书	云阳县人民法院收到支持起诉书后依法受理，对数告公司的设备予以保全并公开开庭审理的案件，判决泰顺公司支付拖欠的79名职工的工资23万余元，并承担案件受理费和财产保全费	本案中检察机关的支持起诉促进了法院的依职权保全，因为实践中法院极少会依职权保全
2010	重庆市巴南区人民检察院	常州黎明玻璃幕墙工程有限公司	重庆美仑房地产开发有限公司	建设工程施工合同	（2010）巴民初字第2137号	基本支持了原告的诉讼请求	独任制简易程序审理未载明的理由①该检察院支持起诉的同类案件：重庆市美明塑钢门窗有限公司诉重庆美仑房地产开发有限公司建设工程施工合同纠纷案（2010）巴民初字第2138号—简易程序审理

① 常州黎明玻璃幕墙工程有限公司诉重庆美仑房地产开发有限公司建设工程施工合同纠纷案（2010）巴民初字第2137号。

（续表）

年份	支持主体	当事人情况		案件类型	支持方式	案件结果	备注
		原告	被告				
2010	重庆市巴南区人民检察院	陈世碧	重庆华陶瓷业有限公司	追索劳动报酬纠纷案	重庆市各级法院都不将支持起诉机关列在首部。仅在正文中提到。检察机关对该系列案件进行了支持起诉,即涉及不同劳动者针对同一被告提出的诉讼①	重庆市巴南区人民检察院支持起诉,简易程序独任制审理,后发现案情复杂,于是转为普通程序审理。基本支持了原告的诉讼请求②	未载明支持起诉的理由
2009	重庆市巴南区人民检察院	陈祥彬	重庆豪达物业发展有限公司	商品房预售合同纠纷	支持了一系列普通共同诉讼串案③;这一系列案件中原告的委托代理人都是法律援助中心律师	缺席审理;支持了原告的诉讼请求④	

① 串案:陈治咨诉重庆华陶瓷业有限公司追索劳动报酬纠纷案(2010)巴民初字第2714号;黄发英诉重庆华陶瓷业有限公司追索劳动报酬纠纷案(2010)巴民初字第2718号;李仁杰诉重庆华陶瓷业有限公司追索劳动报酬纠纷案(2010)巴民初字第2711号;庞恩梅诉重庆华陶瓷业有限公司追索劳动报酬纠纷案(2010)巴民初字第2710号。
② 陈世碧诉重庆华陶瓷业有限公司追索劳动报酬纠纷案(2010)巴民初字第2712号;何岸君诉重庆华陶瓷业有限公司追索劳动报酬纠纷案(2010)巴民初字第2709号;简宗英诉重庆华陶瓷业有限公司追索劳动报酬纠纷案(2010)巴民初字第2719号;刘甫诉重庆华陶瓷业有限公司追索劳动报酬纠纷案(2010)巴民初字第2715号;熊志禄诉重庆华陶瓷业有限公司追索劳动报酬纠纷案(2010)巴民初字第2716号。
③ 串案:代黄云诉重庆豪达物业发展有限公司商品房预售合同纠纷案(2009)巴民初字第714号;何桂祥诉重庆豪达物业发展有限公司商品房预售合同纠纷案(2009)巴民初字第711号;李波诉重庆豪达物业发展有限公司商品房预售合同纠纷案(2009)巴民初字第713号;刘新华诉重庆豪达物业发展有限公司商品房预售合同纠纷案(2009)巴民初字第720号;丁贵春等诉重庆豪达物业发展有限公司商品房预售合同纠纷案(2009)巴民初字第699号;何甫诉重庆豪达物业发展有限公司商品房预售合同纠纷案(2009)巴民初字第724号;李永革诉重庆豪达物业发展有限公司商品房预售合同纠纷案(2009)巴民初字第700号;罗开芬等诉重庆豪达物业发展有限公司商品房预售合同纠纷案(2009)巴民初字第716号。
④ 陈祥彬诉重庆豪达物业发展有限公司商品房预售合同纠纷案(2009)巴民初字第695号。

（续表）

年份	支持主体	当事人情况		案件类型	支持方式	案件结果	备注
		原告	被告				
2009	重庆市巴南区人民检察院	黄世全	重庆豪达物业发展有限公司等	房屋拆迁安置合同纠纷(2009)巴民初字第669号	重庆市巴南区人民检察院支持起诉。以上案件原告的委托代理人均为法律援助中心律师	支持了原告的诉讼请求	支持的类案：罗某诉重庆豪达物业发展有限公司等房屋拆迁安置合同纠纷案(2009)巴民初字第673号；许恋诉重庆豪达物业发展有限公司等房屋拆迁安置合同纠纷案(2009)巴民初字第666号
2010	重庆市綦江县人民检察院	何明全	张洪亮	生命权、健康权、身体权纠纷案	由綦江人民检察支检民支(2010)1号检察意见书支持起诉，但未出庭支持起诉	原告经鉴定为轻伤；被告辩称，对原告请求赔偿的损失费用无异议，同意赔偿。但暂时无赔偿能力，等今后出狱以被告张洪亮犯故意伤害罪判处有期徒刑1年①	本案实际上是刑事案件完结之后的民事诉讼，只不过没有附带而已；VS检察机关提起刑事附带民事诉讼限于维护国家利益和集体利益

① 何明全诉张洪亮生命权、健康权、身体权纠纷案(2010)綦法民初字第963号。

(续表)

年份	支持主体	当事人情况 原告	当事人情况 被告	案件类型	支持方式	案件结果	备注
2010	重庆市綦江县人民检察院	支行		金融借款合同纠纷	綦江县人民检察院支持起诉,但未派员出庭	简易程序审理,缺席判决	涉及二十多起申案,均以支行为原告提起的不同被告的金融借款合同纠纷,均支持起诉
2010	重庆市璧山县人民检察院	江某	重庆璧山县某公司	劳动争议纠纷	璧山县人民检察院就本案,向本院提交了《支持起诉意见书》	部分支持了原告的诉请	申案:廖某诉重庆璧山某公司劳动争议纠纷案(2010)璧民初字第2088号
2010	重庆市璧山县人民检察院	刘某	某公司	劳动争议纠纷(2010)璧民初字第2837号	检察机关未派员出庭,璧山县人民检察院就本案向本院提交了《支持起诉意见书》		
2010	重庆市璧山县人民检察院	彭某	某某有限公司	劳动争议纠纷案(2010)璧民初字第3008号	璧山县人民检察院就本案向本院提交了《支持起诉意见书》	简易程序独任制审理;支持了原告的诉讼请求	

(续表)

年份	支持主体	当事人情况		案件类型	支持方式	案件结果	备注
		原告	被告				
2010	重庆市璧山县人民检察院	夏某	中铁某局集团有限公司	劳动争议纠纷案(2010)璧民初字第2817号	璧山县人民检察院就本案,向本院提交了《支持起诉意见书》。简易程序审理	支持了原告的诉请	支持起诉的同类案件:向某诉中铁某局集团有限公司劳动争议纠纷案(2010)璧民初字第2814号;肖某诉中铁某局集团有限公司劳动争议纠纷案(2010)璧民初字第2816号;谢某诉中铁某局集团有限公司劳动争议纠纷案(2010)璧民初字第2813号
2010	重庆市璧山县人民检察院	熊某	重庆市璧山某煤焦有限责任公司	劳动争议纠纷(2010)璧民初字第2068号	璧山县人民检察院就本案,向本院提交了《支持起诉意见书》	简易程序审理后转为普通程序	支持的同类案件:易某某诉重庆璧山某煤焦有限责任公司劳动争议纠纷案(2010)璧民初字第2066号

(续表)

年份	支持主体	当事人情况		案件类型	支持方式	案件结果	备注
		原告	被告				
2010	重庆市大渡口区人民检察院	蒋建宇	重庆冠赛机车制造有限公司	追索劳动报酬纠纷案（2010）渝法民初字第1568号	重庆市大渡口渝检民诉字（2010）第20号支持民事起诉意见书提出了支持原告提起民事诉讼的意见。裁判文书中载明："上述事实，工资表、原告的陈述，重庆市大渡口区人民检察院支持起诉意见书等证据在卷为凭，足以认定。"	缺席审理原告代理人为法律援助中心律师	支持了其他同类案件：林梅诉重庆冠赛机车制造有限公司追索劳动报酬纠纷案（2010）渝法民初字第1593号；尹宁双诉重庆冠赛机车制造有限公司追索劳动报酬纠纷案（2010）渝法民初字第1571号
2008	江苏省睢宁县人民检察院	信用联社	县某公司	返还贷款案	检察官经过大量取证、厘清案中多重法律关系后，决定支持信用联社起诉某公司，并追加杨某作为共同被告①	调解结案：开庭审理阶段，在法院的主持下，三方终于达成协议。被拖大9年之久的贷款本息全部收回后，信用联社给检察院送来锦旗表示感谢职工给检察院送来锦旗表示感谢	
2013	江苏省常州市新北区人民检察院	常州市环境公益协会（民间公益组织）	某化工有限公司	非法倾倒固体废物损害赔偿纠纷	新北区人民检察院积极介入上述案件的调查，并支持常州市环境公益协会起诉，求偿环境修复的相关费用②		

① 2008年江苏省睢宁县检察院支持信用联社起诉案。
② 《常州：支持起诉 助力环境公益》，载"江苏检察网"2013年9月3日，网址：http://www.js.jcy.gov.cn/susongjiandu/201309/t1286683.shtml。

（续表）

年份	支持主体	当事人情况		案件类型	支持方式	案件结果	备注
		原告	被告				
2012	江苏省常州市新北区人民检察院	常州市环境公益会		环境污染损害赔偿	在了解到新北区西夏墅镇水塔口村发生非法倾倒化工废渣事件后，该院迅速派出业务骨干跟踪案件进展，与常州市环保协会联系探索开展环境公益诉讼。最终，相关责任单位一次性赔偿废物处置费等损失总计151.7万元①		如今，这种"协会作为原告、检察机关支持起诉"的公益诉讼模式，已经成为常州市环境公益维权的常态化机制。目前常州检察机关正在办理支持环境公益协会提起公益诉讼6件
2013	湖南省浏阳市人民检察院	田某	某品牌（中国）投资有限公司、湖南某某电器有限公司浏阳店	产品责任纠纷（2013）浏民初字第00177号	浏阳市人民检察院支持起诉意见（法律依据和性质认定（案略）……）因该案中的商家行为可能频繁到其他不特定消费者的合法权益，具有社会普遍性，依据《中华人民共和国民事诉讼法》第15条之规定，特支持原告田某对被告某品牌（中国）投资有限公司浏阳店提起诉讼，请依法判处	一审判决结果：支持退货，对于双倍赔偿，赔礼道歉等主张未予支持。因为认定成立欺诈消费者的行为，足够的证据证明没有此外，案件受理费由两被告各承担一半②	支持起诉机关浏阳市人民检察院检察员陆美珍、陶剑到庭参加诉讼。法院裁判文书在首部列了支持起诉机关和检察员。在裁判文书中载明了检察机关的支持起诉意见

① 《常州：支持起诉，助力环境公益》，载"江苏检察网"2013年9月3日，网址：http：//www.js.jcy.gov.cn/susongjiandu/201309/t128683.shtml，最后访问时间2017年10月。
② 田某诉某品牌投资有限公司等产品责任纠纷案（2013）浏民初字第00177号。

（续表）

年份	支持主体	当事人情况 原告	当事人情况 被告	案件类型	支持方式	案件结果	备注
2013	湖南省浏阳市人民检察院	何某	浏阳市某镇某采石场	劳动报酬纠纷	在判决书首部列了支持起诉机关。检察机关未出庭支持	本案简易程序独任制审理，缺席判决。法院支持了原告的诉请①	支持的同类案件：游某诉浏阳市某采石场追索劳动报酬纠纷案（2013）浏民初字第00777号
2012	湖南省长沙市芙蓉区人民检察院	蔡某某	某科技股份有限公司	劳动争议纠纷（2012）芙民初字第2216号	派两名检察员出庭，判决书未载明支持起诉的理由，在首部列了检察员②机关和检察员，支持起诉的了其他普通共同诉讼申案③		支持的其他同类案件：黄某某诉某某科技股份有限公司劳动争议纠纷案（2012）芙民初字第2215号；李某某诉某某科技股份有限公司劳动争议纠纷案（2012）芙民初字第2213号；唐某某诉某某科技股份有限公司劳动争议纠纷案（2012）芙民初字第2214号案

① 何某诉浏阳市某镇某采石场追索劳动报酬纠纷案（2013）浏民初字第00785号。
② 蔡某某诉某某科技股份有限公司劳动争议纠纷案（2012）芙民初字第2216号。
③ 支持起诉的其他申案：刘某某诉某某科技股份有限公司劳动争议纠纷案（2012）芙民初字第2212号；留某某诉某某科技股份有限公司劳动争议纠纷案（2012）芙民初字第2210号。

（续表）

年份	支持主体	当事人情况 原告	当事人情况 被告	案件类型	支持方式	案件结果	备注
2012	湖南省吉首市人民检察院	劳动者何华	湖南省吉首汽车销售公司	劳动争议纠纷	文书中专列了原审支持起诉机关：吉首市人民检察院	串案；一审判决结案，二审均调解结案	支持的同类案件：湖南省吉首汽车销售公司与彭情劳动争议纠纷上诉案（2012）州民一终字第103号；湖南省吉首汽车销售公司与王蒙劳动争议纠纷上诉案（2012）州民一终字第101号；湖南省吉首汽车销售公司与郭玲玲劳动争议纠纷上诉案（2012）州民一终字第102号
2012	湖南省吉首市人民检察院	吉首市峒河办事处大田社区四组全体村民	屈辉胜	合同纠纷（2012）州民一终字第18号	检察院李启明出庭支持公诉	本案原审原告为该社区四组的全体村民，委托代理人是吉首市护权法律服务所的法律工作者 二审法院认为原审漏列当事人，可能影响案件正确判决，裁定撤销原判发回重审	

（续表）

年份	支持主体	当事人情况 原告	当事人情况 被告	案件类型	支持方式	案件结果	备注
2012	湖南省吉首市人民检察院	潘某	龙某	产品销售者责任纠纷	原审支持起诉机关吉首市人民检察院。上诉审中同样派员出庭参加诉讼		
2011	湖南省岳阳市人民检察院	中国农业发展银行岳阳市分行营业部	岳阳市银湖米业有限公司	金融借款合同纠纷	岳阳市人民检察院检察员毛恒峰，许含玲到庭支持起诉。湖南省岳阳市人民检察院支持起诉意见称：原告与被告的债权债务关系明确，因被告没有按照合同约定如期履行还款义务，其行为构成违约，现被告已停止经营，原告要求被告偿还欠款本息的诉讼请求应予支持		湖南省浏阳市和岳阳市均在裁判文书中载明了检察机关支持意见，其他省份则基本没有
2010	河南省平顶山市汝州市人民检察院	杜松浩	洛阳市红根建筑安装工程有限公司，刘玉良	劳动争议纠纷	派检察员一名出庭支持起诉	本案原告在给被告施工时被提升机撞伤头面部，导致眼睛残疾。基本支持了原告的诉请	在首部分别列明了支持起诉机关和出庭支持检察员（检察员一名）①

① 杜松浩诉洛阳市红根建筑安装工程有限公司，刘玉良劳动争议纠纷案（2010）汝民初字第 532 号。

(续表)

年份	支持主体	当事人情况		案件类型	支持方式	案件结果	备注
		原告	被告				
2010	河南省洛阳市宜阳县人民检察院	宜阳县财政局	宜阳县豫翔红星陶瓷有限公司	借款合同纠纷案（2010）宜民二初字第9号	出庭人员：尹会明，宜阳县人民检察院检察员	支持了原告诉讼请求	
	河南省濮阳市范县人民检察院	范县辛庄供销合作社	葛孔伟等	租赁合同纠纷	文书省部专列了支持起诉机关；申案：葛土才等与范县辛庄供销合作社租赁合同纠纷案。范县法院（2009）范民初字第00047号民事判决—（2009）濮中法民一终字第465号	一审判决作出后被告上诉，法院裁定：原审认定事实不清，证据不足，裁定撤销原判发回重审	
2009	河南省濮阳市范县人民检察院	范县辛庄供销合作社	王士友等	一般财产所有权纠纷上诉案（2009）濮中法民一终字第466号		原审被告提起上诉。二审法院认为原审认定事实不清，证据不足，裁定撤销原判，发回重审	
2010	河南省汝州市	马金旺、于俊英	马红星	赡养纠纷案（2010）汝民初字第1215号		原审人现在年老多病没有生产能力。支持了原告的诉请	

(续表)

年份	支持主体	当事人情况		案件类型	支持方式	案件结果	备注
		原告	被告				
2010	河南省汝州市人民检察院	戎明正、周玉玲	磨书振、肉海军、杨新奇、杨收、张庙记	债权纠纷一因调解协议生效的债权,即不履行调解协议而起(2010)汝民初字第1097号		原告无委托代理人,被告不履行调解协议(原纠纷是建筑工地工伤导致死亡)。支持了原告的诉讼请求	
2011	南京市溧水县人民检察院	农村信用合作联社洪蓝信用社	王世明等	借款合同纠纷(2011)溧商初字第86号	溧水县人民检察院以溧检民支诉[2011]5号支持起诉书支持原告溧水县农村信用合作联社洪蓝信用社诉被告王世明、马红松借款合同纠纷一案;检察机关未派员出庭	支持了原告的诉讼请求	类似案件:溧检民支诉[2011]7号支持起诉专列书了支持起诉机关,法定代表人及其委托代理人(两名检察员),法院最终支持了原告的诉请。溧检民支诉[2011]8号在首部专列了支持起诉机关,法定代表人及其委托代理人及两名检察员,且与上面案件的检察员一致,法院支持了原告的诉请

附录四 民事公益诉讼案例列表

年份	当事人		案件基本情况	诉讼请求	案件结果	备注
	原告	被告				
2002	浙江省浦江县人民检察院	浦江县良种场、金华一通拍卖有限公司、洪素琴等	浦江县良种场本单位（国有事业单位）将一处价值上百万的房产以60万低价拍卖给个人,后因检察机关介入调查而未办妥过户手续。浦江县人民法院3次开庭审理了该案,检察机关提起诉讼目的是维护国有资产。（原浦江县国有资产管理局已在县级机构改革中被撤销,成为县财政局的一个内资综合科,不能成为独立的诉讼主体）	浦江县人民检察院于2002年6月12日向浦江县人民法院提起民事诉讼,请求法院依法制裁被告浦江县良种场、金华一通拍卖有限公司、洪素琴等的民事违法行为判决这一房地产买卖的民事行为无效	双方争议焦点在于检察机关是否有原告资格。法院判决：确认浦江县良种场签订的《拍卖成交确认书》和《房地产买卖合同》无效；对一通拍卖公司向浦江县良种场收取的3.72万元佣金、以及5个买受人恶意串标、各买受人所得的2.5万元非法所得依法没收,并各处500元罚款	浙江省首例民事公诉案件

（续表）

年份	当事人 原告	当事人 被告	案件基本情况	诉讼请求	案件结果	备注
2010	中华环保联合会携手贵州省贵阳市公众环境教育中心	乌当区定扒造纸厂	乌当区定扒造纸厂生产废水污染了南明河及其下游长江的重要支流乌江。贵州省清镇市人民法院环保法庭受理了该案	请求法院判令被告立即停止向河道排放污水，消除生产废水对其下游南明河及乌江产生的危害等	2010年12月30日，清镇市环保法庭在贵阳市乌当区公开开庭审理了此案。环保法庭经审理，一审判决被告立即停止向河道排放工业污水，消除对南明河的危害，并判决被告支付原告为搜集证据支付的合理费用及本案担保产生的分析检测费用、诉讼费等	贵州本土民间环保组织提起的首例环境公益诉讼。近两年来全国法院受理的4件环境公益诉讼案件中，清镇市环保法庭就占了3件。本案是环保法庭成立以来受理的第四件公益诉讼
2007	贵阳市两湖一库管理局	贵州天峰化工公司	贵阳市清镇环保法庭受理。被告位于安顺地区，在生产磷铵过程中产生的大量磷石膏废渣均堆放于厂区以北约3公里的磷石膏尾矿库内，污染了红枫湖上游的羊昌河	原告要求被告停止污染侵害	法院判令被告立即停止使用该磷石膏尾矿废渣场，并要求在2008年3月31日前采取相应措施，排除该磷石膏尾矿废渣对环境的妨碍，消除对环境的影响	

（续表）

年份	当事人		案件基本情况	诉讼请求	案件结果	备注
	原告	被告				
2008	贵阳市人民检察院	熊金志、雷章、陈廷雨	贵阳市清镇环保法庭审理被告在阿哈水库一级保护区范围内毁坏植被、违规修建房屋	原告要求被告停止侵害，排除危害，拆除在水库乌龟山上违法修建的房屋，恢复水库乌龟山上被毁坏的植被2000余平方米	经法院调解，双方达成调解协议，被告同意拆除房屋和附属设施，并恢复乌龟山上的植被，若被告未在规定期限内拆除房屋和附属设施，则原告有权申请法院强制执行	本案属于检察机关作为调解协议的一方主体，放弃了部分诉讼请求
2011	曲靖市中级人民法院		2012年6月，距离云南省曲靖市铬渣污染事件过去整整一年后，两家民间环保组织针对造成污染的两家企业提起了环境公益诉讼			

（续表）

年份	当事人		案件基本情况	诉讼请求	案件结果	备注
	原告	被告				
1997	河南省方城县人民检察院	买卖协议的双方当事人	1996年2月13日，方城县独树镇工商管理所经县工商局同意，将一处两层三座的房产以10万元的价格卖给该镇东村二组汤卫东。方城县人民检察院了解此事后认为，这片土地及房产属于国家划拨给工商所办公用房产，方城镇东村二组与独树镇工商所的房产买卖行为违法。同年5月13日，方城县人民检察院委托县土地局、国资局和房地产评估事务所对该房产进行了评估，认为工商所的拍卖价导致国有资产流失21602.80元	方城县人民检察院及时向盛市院请示回报，得到了盛市院领导的大力支持，并且给予了具体的指导。经过盛市、县三级检察机关的探索、研究，最终依据我国《宪法》有关条文规定，以买卖协议的双方当事人为被告，于1997年9月向方城县人民法院提起民事公诉，请求法院确认买卖协议无效	1997年12月3日方城县人民法院作出判决，判决两被告买卖房产契约无效，案件受理费及其他有关费用由两被告负担	该案称为"公益诉讼鼻祖"①。该案的成功办理，首开检察之先河，全国各大新闻媒体和网站均有不同侧面的报道。该案的诞生，引领了全国检察机关公益诉讼工作的开展

---

① http://news.qq.com/a/20080331/000838.htm.

(续表)

年份	当事人		案件基本情况	诉讼请求	案件结果	备注
	原告	被告				
2002	天津市海洋局、渐进式渔政渔港监督管理处	芙费尼特航运公司、伦敦汽船互保协会	天津市海事法院受理。由于"塔斯曼海"油轮发生溢油师傅,导致渤海湾西岸的海洋渔业资源和生态环境遭受严重破坏	天津市海洋局请求赔偿海洋生态损失9830余万元、天津市渔政海港监督管理处请求赔偿代渔业资源损失1830余万元	法院判决两被告连带赔偿天津市海洋局海洋环境容量损失及相关调查、评估费用等共计1000余万元。判决两被告连带赔偿天津市渔政渔港监督管理处和调查评估源损失和渔业资费等共计1500余万元	
2003	山东省德州市乐陵市人民检察院	金鑫化工厂	乐陵市人民法院审理	原告请求法院判决被告停止侵害、排除妨碍,消除危险	法院判决被告化工厂自行拆除污染设施,停止侵害,消除危险	
2003	四川省南充市阆中市人民检察院	群发骨粉厂	阆中市人民法院受理	要求被告停止侵害,并在1个月内改进设备,直至排出的烟尘、噪声、总悬浮颗粒物不超过法定浓度限值标准为止。	法院审理后认为,被告排放的污染物在一定程度上对周边群众的工作、生活构成了侵害,生活,判决支持原告的诉讼请求	

（续表）

年份	当事人		案件基本情况	诉讼请求	案件结果	备注
	原告	被告				
2008	广州市海珠区人民检察院	新中兴洗水厂、主陈忠明	广州市海事法院受理。被告违法排污造成石榴岗河水域污染	要求赔偿环境污染损失和费用	法院审理后认为，石榴岗河水属于国家资源，检察机关作为国家的法律监督机关，有权就其违法行为提起诉讼，判决被告赔偿环境污染的损害合计费用117289.2元	
2009	广州市番禺区人民检察院	涌东染革皮整厂	广州市海事法院受理。被告排废水造成还与陆源污染	原告起诉要求被告立即停止侵害环境行为，承担环境污染损失费用	法院判决支持原告的所有诉讼请求	
2009	江苏省无锡市锡山人民检察院	李某、刘某	无锡市锡山区人民法院审理。被告盗伐护宁高速公路锡山段景观林带的杨树19棵，共计3.9立方米	要求原告承担恢复原状的民事责任	法院判决被告二人在1个月内，在指定范围内补种相同树龄的杨树19棵，并从植树之日起管护一年六个月。由无锡市锡山区农林局负责监督	本案实质上不应纳入公益诉讼范畴。

(续表)

年份	当事人		案件基本情况	诉讼请求	案件结果	备注
	原告	被告				
2009	中华环保联合会	江苏江阴港集装箱有限公司	无锡市中级人民法院受理	要求被告立即停止对公共环境利益的侵害；消除对无锡市、江阴市饮用水水源地和取水口的威胁	在法院主持下双方达成调解协议	
2010	昆明市环保局	三农农牧有限公司	昆明市中级人民法院审理；昆明市人民检察院支持起诉。二审驳回上诉，维持原判	要求被告停止对环境的侵害，赔偿为大龙潭污染所发生的全部费用	法院判决被告立即停止侵害公益诉讼；向"昆明市环境公益诉讼救济专项资金"支付人民币417.21万元；向"昆明市环境公益诉讼救济专项资金"支付评估费人民币132520元	

(续表)

年份	当事人 原告	当事人 被告	案件基本情况	诉讼请求	案件结果	备注
2008	湖南长沙望城县人民检察院	长沙坪塘水泥有限公司	望城县法院审理。沙坪塘水泥有限公司由于噪音大、空气污染严重，村民对此反应很大。在掌握该水泥公司确实对周边造成严重污染的一手材料，望城县检察院向望城县人民法院提起了公益诉讼	请求判令被告停止噪声、振动和空气污染侵害，改进设备，达到环保要求；由被告承担全部诉讼费	法院依法受理该案后，水泥公司董事会立即召开会议，制定振动、噪音整改方案并积极要求和解。同年6月12日，法院对此案调解结案。水泥公司承诺将在1年内投入千万元整改，每年补偿花扎街村49户居民6万余元，并逐年增加补偿标准	对受害村民直接给付＋对个人的损害赔偿
2008	江西省新余市人民检察院	李某、曾某夫妇	1999年底，李某、曾某夫妇与仙女湖管委会达成协议，开发经营岛屿，其又在岛屿上圈养起梅花鹿，母鹿不断繁殖幼鹿，高规模达到了六七十头，污染了仙女湖，严重影响第三水厂取水口的水源质量	请求法院判令度假山庄和梅花鹿养殖公司两名被告承担特殊侵权责任，停止排放污染物，立即拆除养鹿厂，消除对新余市民健康侵害的危险	李某夫妇没有参加庭审，双方达成调解协议，花园山庄确保在2009年3月6日前，所在旅游景点的全部达标，排放完成梅花鹿养殖厂搬迁	江西省首例环境公益诉讼

（续表）

年份	当事人 原告	当事人 被告	案件基本情况	诉讼请求	案件结果	备注
2009	江西省九江市星子县人民检察院	某石材厂		请求法院判决被告成惠石材厂停止排放污水，并限期进行治理，改善石材厂周围环境，消除对鄱阳湖水质威胁	在法院协调下，双方达成调解协议，被告承诺在协议签订之日起整改完成前停止一切生产活动，并于10月30日前建成环保部门认可的污水处理设施	
2009	重庆市南川区人民检察院	双赢化工厂	从2005年4月投产以来，一直将磷铵石膏渣沿河露天堆放，未采取必要的防水、防渗透和相应的废水处理措施，导致断面凤嘴江流域出现磷含量严重超标，水质遭受持续污染	原告请求判令被告立即停止侵害，排除危险并承担害，诉讼费	双方达成调解协议：被告在调解书送达之日起6个月内，完成对渣场渗滤液的收集处理，实现达标排放，同时采取绿化措施，在10个月内启动磷石膏综合利用，消除环境污染，若不能实现协议内容，将由有关部门代履行	检察机关接受调解

（续表）

年份	当事人 原告	当事人 被告	案件基本情况	诉讼请求	案件结果	备注
2010	重庆市璧山县人民检察院	重庆欧某畜禽类养殖专业合作社		请求判令被告停止对璧山县壁男河流域大塘村段水域环境及耕地的侵害，排除妨害，回复原状，赔偿损失总计115.48万元	被告认识深刻，态度好且及时停资筹措积极，恢复原状。双方达成调解协议，被告于2010年6月27日前将璧山县大塘村流域的鸭类等污染物清除，赔偿1.5万元，案件受理费被告承担	检察机关接受调解
2010	广州市番禺区人民检察院	番禺博朗五金厂		要求被告立即停止违法排放污水等一切破坏水域环境的行为；被告承担将未经处理的废水直接排入番禺区大石街大维涌大石水道造成的环境影响经济损失费等各项费用共计人民币79500元	法院判决被告立即停止违法排放废水破坏水环境的行为，承担水环境影响经济损失79500元，逾期加倍给付，支付延迟债务利息	

（续表）

年份	当事人		案件基本情况	诉讼请求	案件结果	备注
	原告	被告				
2012	广州市番禺区人民检察院	当地的一家食品企业		原告要求被告立即停止超标排放锅炉废气等的行为；承担造成大气超标排放造成的环境经济损失共计人民币146932.8元；承担本案的案件受理费		本案是番禺区人民检察院提起的第三起环境公益诉讼
2010	广州市白云区人民检察院	白云区养猪场经营者梁中强	被告无工商执照和排污许可，将未净化处理的污水违法排入河体，造成环境污染	请求判令被告立即停止违法排放污水等的行为；承担破坏水环境经济损失费共计人民币1047335元及案件受理费。原告申请书，请求法院裁定责令被告停止侵害	白云区人民法院裁定：被告需立即停止侵害。白云区人民法院判决：被告立即停止侵害；被告赔偿水资源和环境影响经济损失费共1044720.25元，由白云区人民检察院受偿后上交国库；被告负担案件受理费	同类案件：2010年广州市白云区人民检察院诉养猪场经营者杜加华

(续表)

年份	当事人		案件基本情况	诉讼请求	案件结果	备注
	原告	被告				
2011	浙江省平湖市人民检察院	嘉兴市绿谊环保服务有限公司等	2010年9月至10月间，嘉兴市绿谊环保服务有限公司在未依法取得危险废物经营许可证的情况下，接受海宁四家制革公司委托，将含铬污泥倾倒在平湖市当湖街道大胜村林角好桥西南侧的池塘内，该区域为平湖市饮用水水源二级保护区。平湖市环保局接到群众举报后对此案予以立案调查，并于2011年4月8日对嘉兴市绿谊环保服务有限公司作出限期清除污泥、罚款50000元的行政处罚。为防止污染的扩大和发生，平湖市政府及环保等相关部门采取了排除妨害的措施，清除了污泥，付出了巨额经费和人力、物力	平湖市人民检察院以公益诉讼原告身份，请求法院判令五被告赔偿因环境污染造成的直接经济损失计人民币54.1万余元，同时承担案件诉讼费	平湖市人民法院采用简易程序开庭。嘉兴市绿谊环保服务有限公司、海宁蒙努集团有限公司派出代理人出庭应诉，其余三被告均无正当理由缺席。平湖市人民检察院与嘉兴绿谊等五有限公司正式达成了和解协议：嘉兴绿谊环保服务有限公司支付因环保污染造成的直接经济损失541373元，并承担案件诉讼费4607元。平湖市法院在审查协议后出具调解书	

(续表)

年份	当事人		案件基本情况	诉讼请求	案件结果	备注
	原告	被告				
2012	浙江省海宁市人民检察院	海宁市於氏龙电雕制版有限公司	2012年7月4日,海宁市环保局、市公安局联合执法时发现这一严重环境违法行为	要求法院判令海宁市於氏龙电雕制版有限公司立即停止向雨水管道内排放未经处理的电镀废水,拆除集水池内私设暗管,排除妨碍,消除危险		

附录五 各地检察机关民事督促起诉案例列表

年份	检察机关	督促对象	案件基本情况	督促方式和内容	案件结果	备注
2010	海南省海口市美兰区人民检察院	海南省国营某农场	海南某淀粉制品有限公司拖欠海南省国营某农场土地转让款245.82万元,时间长达16年之久,农场多次追索未果	美兰区人民检察院民行科了解情况后,及时发出民事督促起诉书,督促国营某农场依法向美兰区人民法院提起民事诉讼	海南某淀粉制品有限公司将所欠土地转让款本息及违约金共697万余元还给国营某农场,诉讼以调解结案	
2010	浙江省新昌县人民检察院	浙江省新昌县国土资源局	浙江省新昌县人民检察院督促新昌县国土资源局诉震宇玩具有限公司案,追回未按约支付的国有土地使用权出让金	新昌县人民检察院发现震宇公司自2000年从国土局受让国有土地使用权后,未按约支付土地出让金,至今尚拖欠850014元及相应的滞纳金。为保护国有资产,防止国资流失,新昌县人民检察院及时发出督促起诉意见书,督促国土局向震宇公司提起诉讼	2010年6月21日,新昌县人民法院收到回函,督促起诉支持起诉的新昌县震宇玩具有限公司建设并使用地依法判决回收国土局出让土地85万余元及相应的滞纳金	督促起诉与支持起诉叠加适用

（续表）

年份	检察机关	督促对象	案件基本情况	督促方式和内容	案件结果	备注
2010	浙江省青田县人民检察机关	浙江省青田县国土资源局	浙江某房地产公司拖欠国有土地使用权出让金	为保护国有资产不受侵犯，维护社会公共利益，青田县人民检察院在追踪调查后，及时督促青田县国土资源局加大催缴力度。该局在收悉督促起诉意见书后高度重视，积极配合检察院开展工作	本着保护企业正常发展的精神，考虑到公司资金运转的实际困难，青田县人民检察院与县国土资源局经过沟通联系，决定采取督促起诉为主、诉前协商还款促起诉法律为辅的原则，在告知其督促起诉意见书规定的6个月期限内分期缴清拖欠的3.922亿人民币。这一处置方式也增强了公司配合工作的积极性，该公司分别于今年1月、4月清偿了所有拖欠的3.922亿人民币的土地出让金	丽水市2010年涉案金额最大的督促起诉案。检察机关督促起诉+诉前协商分期支付土地出让金+自觉按期完全履行

（续表）

年份	检察机关	督促对象	案件基本情况	督促方式和内容	案件结果	备注
2009	浙江省嵊泗县人民检察院	嵊泗县财政信用开发公司	2009年年初，嵊泗县人民检察院在走访中了解到，嵊泗县财政信用开发公司登记在册的出借财政资金累计达3500余万元，且大部分处于催收呆账状态。虽然证实嵊泗县财政信用开发公司及主管财政部门通过完善各项工作机制，运用各种行政手段向借款人进行催讨，但由于出借时间久远，超过诉讼时效，当事人赖账等原因，单纯的行政催讨效果甚微，如再不采取更加有效措施，极有可能导致大量国有资产流失	嵊泗县人民检察院在积极与县财政局沟通联系，深入了解国有资产的运行状况、制作有关国有资产流失的细目表的同时，决定采取督促起诉为主、诉前协商还款为辅的追讨方案，及时向嵊泗县财政信用开发公司发出督促起诉建议。同时，嵊泗县人民检察院坚持有限介入原则，多次配合嵊泗县财政信用开发公司找到他们款人申明利害关系，向他们告知检察督促起诉工作的法律后果，短期内追回大量国有资产	嵊泗县人民检察院2009年先后共向县财政信用开发公司发出的10件督促起诉的检察建议均得以落实，共挽回国家经济损失100余万元	诉前协商和解的方式结案 已办理同类型案件10例

（续表）

年份	检察机关	督促对象	案件基本情况	督促方式和内容	案件结果	备注
2009	浙江省温州市文成县人民检察院	温州市珊溪水利枢纽管理局	温州市珊溪水利枢纽管理局与胡方统签订《温州市珊溪水库水产养殖承包合同》后，胡方统既没有按照协议要求投放净化、改善水质用的鳙鱼、鲢鱼苗，也没有按期支付首期承包款，可能存在国有资产流失现象。并且可能对珊溪水库水质造成影响。珊溪水库是温州市八个县（市、区）500多万人的饮用水源，是温州人民的"大水缸"，关系到全市人民的切身利益	文成县人民检察院在查清事实的基础上，依法行使民事行政督促起诉权，多次召集珊溪水利枢纽管理局、温州拍卖行有限公司、文成分公司，文成县招投标中心，究得人胡方统进行沟通协商，分析基本案情，阐明胡方统的义务和国有资产的不可侵犯性，表明检察机关保护国有资产、保护珊溪水库水质的重要决心。通过晓之以理，动之以情，胡方统最终承诺及时履行合同，马上投放鱼苗，并与温州市水利枢纽管理局达成补充协议	诉前协商和解	

（续表）

年份	检察机关	督促对象	案件基本情况	督促方式和内容	案件结果	备注
2011	上海市青浦区人民检察院	青浦区夏阳街道办事处等几家污染单位	刑事判决作出后，上海市青浦区人民检察院发现，污染案造成公共财产损失38万余元，但是相关受损单位并未提起民事诉讼	青浦区人民检察官多次上门耐心解释、听取意见。经过有效的沟通，最终上海市堤防设施管理处和青浦区河道水闸管理所和青浦区卫生管理所3家镇环境角成为首批督促起诉的单位。上海市青浦区人民检察院也向这3家单位制发了督促起诉检察建议书，还在检察建议中为几家单位详细说明了起诉应注意的相关事项。这几家单位诉至法院，检察机关又与法院、看守所等部门内开商，最终确定在看守所内开庭审理案件。几家单位与顾某均同意以调解方式结案	在法院主持下调解结案，被告共计赔偿夏阳街道办事处等几家清污单位5万余元污染治理费用	上海检察机关督促起诉的全市首例环境污染案件

（续表）

年份	检察机关	督促对象	案件基本情况	督促方式和内容	案件结果	备注
2011	广东省清远市阳山县人民检察院	阳山县供电局		分管检察长在走访中获悉，在梁某、何某、谢某等涉嫌某某盗窃放火一案中，梁某等人的违法行为给县供电局造成重大物质损失，而县供电局在案件移送检察机关审查起诉后仍未提起刑事附带民事诉讼。为避免国有资产的流失，阳山县人民检察院向县供电局发出了督促起诉意见书。县供电局对检察机关放意见高度重视，对因梁某等人放火造成经济损失4万多元提起刑事附带民事诉讼	阳山县人民法院判决梁某等人在承担刑事责任的同时，赔偿附带民事诉讼原告人县供电局经济损失46815元	全市首宗民事督促起诉案件
2006	江苏省徐州市睢宁县人民检察院	睢宁县的两家超市	睢宁县两家"超市"违法收取职工"上岗保证金"。该案维护了近千名劳动者合法权益		在睢宁县人大的大力支持下，睢宁县检察院以两"超市"为被告，向法院提起公益诉讼，最终以诉前和解方式为职工追回"上岗保证金"200余万元，取得了较好的法律效果和社会效果	

（续表）

年份	检察机关	督促对象	案件基本情况	督促方式和内容	案件结果	备注
2012	海南省儋州市人民检察院	海南省儋州西培农场西庆分场	2012年8月，海南省儋州市人民检察院在对西培农场西庆分场进行民事督促起诉案件线索排查中，发现部分职工长期拖欠分场土地承包款200余万元，存在国有资产流失风险，遂向西庆分场发出30份民事督促起诉书		经督促，西庆分场将不愿缴纳土地承包款的20名非农场职工起诉至法院。截至2013年3月，西庆分场已收回土地承包款共计35万元	

参考文献

中文著作

[1] 陈瑞华:《看得见的正义》(第2版),北京大学出版社2013年版。
[2] 陈瑞华:《论法学研究方法》,北京大学出版社2009年版。
[3] 陈瑞华:《程序正义理论》,中国法制出版社2010年版。
[4] 程汉大主编:《英国法制史》,齐鲁书社2001年版。
[5] 樊崇义主编,陈国庆、种松志副主编:《检察制度原理》,法律出版社2009年版。
[6] 傅郁林:《民事司法制度的功能与结构》,北京大学出版社2006年版。
[7] 黄东熊:《中外检察制度之比较》,台湾文物供应社1986年版。
[8] 季美君:《中澳检察制度比较研究》,北京大学出版社2013年版。
[9] 姜伟:《中国检察制度》,北京大学出版社2009年版。
[10] 蒋德海:《控权型检察制度研究》,人民出版社2012年版。
[11] 黎敏:《西方检察制度史研究——历史缘起与类型化差异》,清华大学出版社2010年版。
[12] 李昕编:《俄罗斯民事检察制度研究》,中国检察出版社2012年版。
[13] 林钰雄:《检察官论》,学林出版社1999年版。
[14] 刘东平、赵信会、逯其彦:《人民检察院组织法修改研究》,中国检察出版社2013年版。
[15] 刘方:《新中国检察制度史概略》,法律出版社2013年版。
[16] 刘清生:《中国近代检察权制度研究》,湘潭大学出版社2010年版。
[17] 《列宁全集》第36卷,人民出版社1977年版。
[18] 潘剑锋:《民事诉讼原理》,北京大学出版社2001年版。
[19] 裘索:《日本国检察制度》,商务印书馆2011年版。

[20]全国人大常委会法制工作委员会民法室编:《中华人民共和国民事诉讼法条文说明、立法理由及相关规定》,北京大学出版社2012年版。

[21]孙光骏:《检察文化概论》,法律出版社2012年版。

[22]孙加瑞:《民事检察制度新论》,中国检察出版社2013年版。

[23]孙谦:《检察:理念、制度与改革》,法律出版社2004年版。

[24]孙谦主编:《人民检察制度的历史变迁》,中国检察出版社2009年版。

[25]孙谦主编:《中国特色社会主义检察制度》,中国检察出版社2009年版。

[26]万毅:《台湾地区检察制度》,中国检察出版社2011年版。

[27]王桂五主编:《中华人民共和国检察制度研究》,中国检察出版社2008年版。

[28]王戬:《不同权力结构模式下的检察权研究》,法律出版社2011年版。

[29]王利明:《司法制度研究》,法律出版社2000年版。

[30]王莉:《民事诉讼与检察监督》,中国检察出版社2012年版。

[31]王顺义:《检察学论集》,法律出版社2013年版。

[32]王伟华:《澳门检察制度》,中国民主法制出版社2009年版。

[33]王玄玮:《中国检察权转型问题研究》,法律出版社2013年版。

[34]王学成:《民事检察制度研究》,法律出版社2012年版。

[35]魏武:《法德检察制度》,中国检察出版社2008年版。

[36]谢怀栻:《德意志联邦共和国民事诉讼法典》,法律出版社1984年版。

[37]谢鹏程:《前苏联检察制度》,中国检察出版社2008年版。

[38]谢如程:《清末检察制度及其实践》,上海人民出版社2008年版。

[39]徐汉明等:《当代中国检察文化研究》(修订版),知识产权出版社2013年版。

[40]徐军:《检察监督与公诉职能关系论》,中国人民公安大学出版社2010年版。

[41]许尉:《日本检察制度概述》,中国政法大学出版社2011年版。

[42]颜运秋:《公益诉讼法律制度研究》,法律出版社2008年版。

[43]杨心宇、〔俄〕谢尔盖.沙赫赖等:《变动社会中的法与宪法》,上海三联书店2006年版。

[44]曾宪义:《检察制度史略》,中国检察出版社1992年版。

[45]张鸿巍:《美国检察制度研究》(第2版),人民出版社2011年版。

[46]张思卿:《检察大辞典》,上海辞书出版社1996年版。

[47]张文山、李莉:《东盟国家检察制度研究》,人民出版社2011年版。

[48]甄贞等:《检察制度比较研究》,法律出版社2010年版。

[49]甄贞主编:《民事行政检察优秀抗诉案例选编》,法律出版社2009年版。

[50]朱孝清、张智辉主编:《检察学》,中国检察出版社2010年版。

[51]最高人民检察院民事行政检察厅编:《民事行政检察精品案例选(第一辑)》,中国检察出版社 2013 年版。

[52]《中国法律年鉴(1988—2014)》,(由中国法学会主管主办、中国法律年鉴编辑部编辑),中国法律年鉴出版社每年 7 月出版。

中文译著

[1]〔苏联〕A. 克列曼:《苏维埃民事诉讼》,王之相、王增润译,法律出版社 1957 年版。

[2]〔苏联〕C. T. 诺维科夫:《苏联检察系统》,中国人民大学苏联东欧研究所译,群众出版社 1980 年版。

[3]〔法〕E. 迪尔凯姆:《社会学方法的准则》,狄玉明译,商务印书馆 1995 年版。

[4]〔美〕R. K. 默顿:《社会理论和社会结构》,唐少奇、齐心译,译林出版社 2006 年版。

[5]〔俄〕IO. E. 维诺库罗夫:《检察监督》(第 7 版),刘向文译,中国检察出版社 2009 年版。

[6]〔苏联〕阿布拉莫夫:《苏维埃民事诉讼》,中国人民大学审判法教研室译,法律出版社 1956 年版。

[7]〔法〕阿兰·佩雷菲特:《信任社会——论发展之缘起》,邱海婴译,商务印书馆 2005 年版。

[8]〔美〕安吉娜. J. 戴维斯:《专横的正义——美国检察官的权力》,李昌林、陈川陵译,中国法制出版社 2012 年版。

[9]〔德〕奥特马·尧厄尼希:《民事诉讼法》(第 27 版),周翠译,法律出版社 2003 年版。

[10]〔德〕茨威格特、克茨:《比较法总论》,潘汉典等译,法律出版社 2003 年版。

[11]〔苏〕高尔谢宁:《苏联的检察制度》,陈汉章译、王之相校,新华书店 1949 年版。

[12]〔日〕谷口安平:《程序的正义与诉讼》(增补本),王亚新、刘荣军译,中国政法大学出版社 2002 年版。

[13]〔英〕哈耶克:《自由秩序原理》(上),邓正来译,三联书店 1997 年版。

[14]〔美〕杰弗瑞. A. 西格尔、哈罗德. J. 斯皮斯:《正义背后的意识形态:最高法院与态度模型(修订版)》,刘哲玮译,北京大学出版社 2012 年版。

[15]〔英〕里约翰·爱德华兹:《皇家检察官》,周美德等译,中国检察出版社 1991 年版。

[16]《苏俄民事诉讼法典》,梁启明、邓曙光译,刘家辉校,法律出版社 1982

年版。

[17]〔德〕罗森贝克、施瓦克、哥特瓦尔德：《德国民事诉讼法》，李大雪译，中国法制出版社 2007 年版。

[18]〔法〕孟德斯鸠：《论法的精神》（上册），张雁深译，商务印书馆 1963 年版。

[19]〔美〕米尔伊安·R.达玛什卡：《司法和国家权利的多种面孔——比较视野中的法律程序》，郑戈译，中国政法大学出版社 2004 年版。

[20]〔英〕尼尔·麦考密克、〔奥〕奥塔·魏因贝格尔：《制度法论》，周叶谦译，中国政法大学出版社 1999 年版。

[21]〔德〕尧厄尼希：《民事诉讼法》，周翠译，法律出版社 2003 年版。

[22]〔德〕英戈·穆勒：《恐怖的法官——纳粹时期的司法》，王勇译，中国政法大学出版社 2000 年版。

[23]《苏俄民事诉讼法典》，张文蕴译，王之相校，人民出版社 1948 年版。

中文论文

[1] 北京市门头沟区人民检察院课题组：《民事申诉案件检察和解相关理论难题的解析及规则构建设想》，载《法学杂志》2010 年第 2 期。

[2] 卞建林：《关于人民检察院组织法修改的若干思考》，载《人民检察》2005 年第 13 期。

[3] 蔡福华：《民事检察理论若干问题辨析》，载《人民检察》2001 年第 2 期。

[4] 蔡彦敏：《中国环境民事公益诉讼的检察担当》，载《中外法学》2011 年第 1 期。

[5] 曹呈宏：《"监督"考》，载《华东政法大学学报》2008 年第 5 期。

[6] 曹国华、陶伯进：《农民工劳资纠纷司法救济的困境与破解——检察机关支持起诉的视角》，载《河北法学》2012 年第 6 期。

[7] 常怡、唐力：《民事再审制度的理性分析》，载《河北法学》2002 年第 5 期。

[8] 常怡：《民事行政裁判执行的检察监督》，载《法学家》2006 年第 4 期。

[9] 陈彬、覃东明：《关于建立我国支持诉讼制度的构想》，载《政法学刊》1986 年第 3 期。

[10] 陈光中：《刑事诉讼中检察权的合理配置》，载《人民检察》2005 年第 13 期。

[11] 陈桂明、周冬冬：《检察和解的若干思考》，载《法学杂志》2010 年第 4 期。

[12] 陈桂明：《检察机关参与民事诉讼浅探》，载《西北政法学院学报》1987 年第 2 期。

[13] 陈桂明：《民事检察监督之存废、定位与方式》，载《法学家》2006 年第 4 期。

[14] 陈桂明：《民事检察监督之系统定位与理念变迁》，载《政法论坛》1997 年第

1 期。

[15] 陈磊:《浅谈检察机关提起刑事附带民事诉讼的几个问题》,载《中国法学》1990 年第 2 期。

[16] 陈瑞华:《从经验到理论的法学方法》,载《法学研究》2011 年第 6 期。

[17] 陈瑞华:《公检法关系及其基本思路亟待调整》,载《同舟共进》2013 年第 9 期。

[18] 陈卫东:《我国检察权的反思与重构——以公诉权为核心的分析》,载《法学研究》2002 年第 2 期。

[19] 陈兴良:《从"法官之上的法官"到"法官之前的法官"》,载《中外法学》2000 年第 6 期。

[20] 陈永生:《论检察官的客观义务》,载《人民检察》2001 年第 9 期。

[21] 陈永生:《论检察机关的性质》,载《国家检察官学院学报》2001 年第 2 期。

[22] 陈作彬:《80 年代巴西政治经济变革及其前景》,载《拉丁美洲研究》1988 年第 4 期。

[23] 崔敏:《为什么检察制度屡受质疑——对一篇重要文章中某些观点的商榷》,载《法学》2007 年第 7 期。

[24] 邓晓静、蔡虹:《论检察机关的证据调查权——以民事抗诉为中心》,载《政治与法律》2010 年第 4 期。

[25] 段厚省、郭宗才:《既判力与民事抗诉机制的冲突与协调》,载《人民检察》2006 年第 7 期。

[26] 段厚省:《论检察机关支持起诉》,载《政治与法律》2004 年第 6 期。

[27] 樊崇义:《一元分立权力结构模式下的中国检察权》,载《人民检察》2009 年第 3 期。

[28] 范虹、卢铁峰:《对检察机关民事审判监督两个争议问题的管见》,载《现代法学》1988 年第 1 期。

[29] 范愉:《司法监督的功能及制度设计(上)——检察院民事行政案件抗诉与人大个案监督制度的制度比较》,载《中国司法》2004 年第 5 期。

[30] 傅国云、胡卫丽:《民事检察和解的适用与程序设计》,载《人民检察》2013 年第 7 期。

[31] 傅国云:《民事督促起诉职能的实践与发展》,载《人民检察》2010 年第 14 期。

[32] 傅国云:《民事检察监督若干焦点问题——以修改后的民事诉讼法为对象》,载《法治研究》2013 年第 9 期。

[33] 傅国云:《民事检察调解——法律监督中的替代性纠纷解决方法》,载《浙江

大学学报(人文社会科学版)》2012年第4期。

[34] 傅郁林:《民事执行权制约体系中的检察权》,载《国家检察官学院学报》2012年第3期。

[35] 傅郁林:《我国民事检察权的权能与程序配置》,载《法律科学》2012年第6期。

[36] 傅郁林:《我国审判监督模式评析与重构》,载《人大研究》2004年第4期。

[37] 葛琳:《两大诉讼法修改与检察制度的完善研讨会综述》,载《国家检察官学院学报》2013年第1期。

[38] 顾问、金晨曦:《检察机关支持起诉制度之构建》,载《法学杂志》2008年第4期。

[39] 国家检察官学院课题组:《新〈民事诉讼法〉视野下民事执行检察监督制度研究》,载《中国司法》2013年第8期。

[40] 韩波:《公益诉讼制度的力量组合》,载《当代法学》2013年第1期。

[41] 韩成军:《俄罗斯检察制度变迁对我国检察制度改革的启示》,载《中州学刊》2011年第2期。

[42] 韩成军:《公平审判权与民事诉讼检察监督》,载《河南社会科学》2011年第1期。

[43] 韩成军:《检察权配置基本问题研究》,载《河北法学》2011年第12期。

[44] 韩成军:《新〈民事诉讼法〉对民事诉讼检察监督的拓展与规制》,载《河南社会科学》2012年第12期。

[45] 韩大元:《宪法文本与检察机关的宪法地位》,载《法学》2007年第9期。

[46] 韩红兴:《世界检察制度产生和发展的理论评析》,载《政治与法律》2006年第1期。

[47] 韩启军:《"检调对接":实践中的理性思考——以泰州市两级检察机关工作为例》,载《改革与开放》2013年第1期。

[48] 郝银钟:《检察机关的角色定位与诉讼职能的重构》,载《刑事法评论》1999年第4期。

[49] 郝银钟:《评检察机关法律监督合理论》,载《环球法律评论》2004年第4期。

[50] 何兵、潘剑锋:《司法之根本:最后的审判抑或最好的审判?——对我国再审制度的再审视》,载《比较法研究》2000年第4期。

[51] 何勤华、王思杰:《西方检察权发展简论》,载《人民检察》2012年第11期。

[52] 何勤华:《检察制度的诞生与民主法治的进步》,载《人民检察》2011年第20期。

[53] 洪浩、邓晓静:《公益诉讼中检察权的配置》,载《法学》2013年第7期。

[54] 扈纪华：《关于民事诉讼中的检察监督问题》，载《河南社会科学》2011年第1期。

[55] 黄旭东、胡晓霞：《论民事检察和解的理性与完善》，载《西南大学学报（社会科学版）》2010年第6期。

[56] 检察权配置管理研究课题组：《我国检察权配置和管理体制的理性审视与完善构想》，载《华东政法大学学报》2008年第6期。

[57] 江伟、段厚省：《论检察机关提起民事诉讼》，载《现代法学》2000年第12期。

[58] 江伟、李浩：《民事诉讼检察监督若干问题探讨》，载《人民检察》1995年第6期。

[59] 姜伟、杨隽：《检察建议法制化的历史、现实和比较》，载《政治与法律》2010年第10期。

[60] 蒋德海：《"以法律监督为本质"还是"以控权为本质"？——兼论中国检察机关的职权配置》，载《河南社会科学》2011年第2期。

[61] 蒋德海：《论我国检察机关的双重国家权力》，载《复旦学报（社会科学版）》2010年第5期。

[62] 蒋集跃、梁玉超：《存在未必合理——支持起诉原则的反思》，载《政治与法律》2004年第5期。

[63] 金园园：《深入研究两大诉讼法修改不断推进检察制度发展完善——第十四届全国检察理论研究年会观点述要》，载《人民检察》2013年第11期。

[64] 雷长彬：《民事检察制度发展的结构转型》，载《人民检察》2013年第11期。

[65] 李浩：《处分原则与审判监督——对第7号指导性案例的解读》，载《法学评论》2012年第6期。

[66] 李浩：《目的论视域中的民事执行检察监督对象解读》，载《法商研究》2011年第2期。

[67] 李茂勋：《民事检察活动的原则》，载《政治与法律》1987年第5期。

[68] 李挚萍：《环境公益保护视野下的巴西检察机构之环境司法》，载《法学评论》2010年第×期。

[69] 廖中洪：《检察机关提起民事诉讼若干问题研究》，载《现代法学》2003年第3期。

[70] 刘本荣：《基于诉权的再审与基于检察监督权的再审》，载《法治研究》2013年第7期。

[71] 刘根菊、官欣：《俄罗斯联邦检察权的改革及借鉴》，载《华东政法学院学报》2004年第4期。

[72] 刘加良：《解释论视野中的民事督促起诉》，载《法学评论》2013年第4期。

[73] 刘荣军:《督促起诉的公共性基础》,载《人民检察》2010 年第 14 期。

[74] 刘铁流:《检察机关检察建议实施情况调研》,载《人民检察》2011 年第 2 期。

[75] 刘向文、王圭宇:《俄罗斯联邦检察机关的"一般监督"职能及其对我国的启示》,载《行政法学研究》2012 年第 1 期。

[76] 刘学在:《巴西检察机关提起民事公益诉讼制度初探》,载《人民检察》2010 年第 21 期。

[77] 龙双喜、冯仁强:《宪政视角下的中国检察权——兼议法律监督权与公诉权的关系》,载《法学》2004 年第 11 期。

[78] 龙宗智:《相对合理主义视角下的检察机关审判监督问题》,载《四川大学学报(哲学社会科学版)》2004 年第 2 期。

[79] 卢曼:《法律的自我复制及其限制》,韩旭译,李猛校,载《北大法律评论》第 2 卷第 2 辑。

[80] 马登科:《论我国民事检察监督的改革走向——以世界司法改革浪潮为视野》,载《云南行政学院学报》2006 年第 3 期。

[81] 马小军:《巴西 1988 年宪法的出台及其特征》,载《拉丁美洲研究》2003 年第 3 期。

[82] 潘度文:《民事检察在民事诉讼中的空间及路径探讨》,载《法学家》2010 年第 3 期。

[83] 潘度文:《我国检察权在民事上诉中的运行空间》,载《人民检察》2010 年第 11 期。

[84] 潘剑锋、刘哲玮:《论法院调解与纠纷解决之关系——从构建和谐社会的角度展开》,载《比较法研究》2010 年第 4 期。

[85] 潘剑锋:《程序系统视角下对民事再审制度的思考》,载《清华法学》2013 年第 4 期。

[86] 齐树洁:《环境公益诉讼原告资格的扩张》,载《法学论坛》2007 年第 3 期。

[87] 秦勤:《论民事再审检察建议的价值、困境与制度完善》,载《河南社会科学》2013 年第 10 期。

[88] 施鹏鹏:《法国检察监督制度研究——兼与中国的比较》,载《暨南学报(哲学社会科学版)》2010 年第 5 期。

[89] 石少侠:《论我国检察权的性质——定位于法律监督权的检察权》,载《法制与社会发展》2005 年第 3 期。

[90] 石少侠:《我国检察机关的法律监督一元论——对检察权权能的法律监督权解析》,载《法制与社会发展》2006 年第 5 期。

[91] 宋朝武、黄海涛:《外国民事检察制度初探》,载《人民检察》2001 年第 11 期。

[92] 宋朝武:《民事执行检察监督:理念、路径与规范》,载《河南社会科学》2009年第2期。

[93] 宋小海:《民事抗诉制度的程序法定位——基于修改后民事诉讼法的分析》,载《中外法学》2010年第4期。

[94] 孙加瑞:《再审检察建议的司法适用》,载《中国检察官》2013年第18期。

[95] 孙建昌:《促成执行和解在民事检察中的运用》,载《人民检察》2000年第6期。

[96] 孙谦:《〈检察监督〉评介——中俄检察之比较》,载《人民检察》2010年第1期。

[97] 孙谦:《中国的检察改革》,载《法学研究》2003年第6期。

[98] 汤维建、温军:《检察机关在民事诉讼中的职权配置研究》,载《法学家》2010年第3期。

[99] 汤维建、徐全兵:《检调对接机制研究——以民事诉讼为视角》,载《河南社会科学》2012年第3期。

[100] 汤维建:《论中国民事行政检察监督制度的发展规律》,载《政治与法律》2010年第4期。

[101] 汤维建:《民行检察监督基本原则研究》,载《法治研究》2012年第8期。

[102] 汤维建:《民事诉讼法的全面修改与检察监督》,载《中国法学》2011年第3期。

[103] 田凯、单民:《论公诉权与法律监督权的一致》,载《法学评论》2006年第4期。

[104] 田平安、李浩:《中国民事检察制度的改革与完善》,载《现代法学》2004年第1期。

[105] 童兆洪:《司法权概念解读及功能探析》,载《中共中央党校学报》2004年第2期。

[106] 万毅、李小东:《权力的边界:检察建议的实证分析》,载《东方法学》2008年第1期。

[107] 万毅、毛建平:《一体与独立:现代检察权运行的双重机制》,载《河北大学学报(哲学社会科学版)》2004年第2期。

[108] 汪建成、王一鸣:《检察职能与检察机关内设机构改革》,载《国家检察官学院学报》2015年第1期。

[109] 汪建成:《论诉讼监督与诉讼规律》,载《河南社会科学》2010年第6期。

[110] 汪建成、孙远:《论司法的权威与权威的司法》,载《法学评论》2001年第4期。

[111] 王福华:《对我国检察机关提起民事诉讼的质疑》,载《上海交通大学学报(哲学社会科学版)》2003年第3期。

[112] 王福华:《我国检察机关介入民事诉讼之角色困顿》,载《政治与法律》2003年第5期。

[113] 王桂五:《列宁法律监督理论研究》,载《检察理论研究》1993年第2期。

[114] 王桂五:《试论检察机关在民事诉讼中的法律地位》,载《政法论坛》1989年第3期。

[115] 王鸿翼:《论民事行政检察权的配置》,载《河南社会科学》2009年第2期。

[116] 王鸿翼:《民事行政检察工作的发展历程与展望》,载《人民检察》2011年第12期。

[117] 王建国:《列宁检察权思想的中国化及其当代价值研究》,载《河北法学》2013年第10期。

[118] 王建国:《列宁一般监督理论的制度实践与借鉴价值》,载《法学评论》2013年第2期。

[119] 王立、宗源:《前苏联检察制度的几个问题——兼论对中国检察制度发展的启示》,载《法学杂志》2010年第9期。

[120] 王莉:《检察机关提起、参与民事公益诉讼的法理基础》,载《人民检察》2011年第14期。

[121] 王社坤:《检察机关在环境公益诉讼中的法律地位及作用调研报告》,载《中国环境法治(2012年卷上)》。

[122] 王亚新:《民事审判监督制度整体的程序设计——以〈民事诉讼法修正案〉为出发点》,载《中国法学》2007年第5期。

[123] 王亚新:《执行检察监督问题与执行救济制度构建》,载《中外法学》2009年第1期。

[124] 〔美〕维拉.兰格、莱夫:《大陆法及英美法制度中的公共利益问题:检察官的作用》,载《环球法律评论》1989年第1期。

[125] 吴建雄:《检察机关业务机构设置研究》,载《法学评论》2007年第3期。

[126] 吴建雄:《检察业务考评制度的反思与重构——以检察官客观公正义务为视角》,载《法学杂志》2007年第6期。

[127] 吴英姿:《检察机关介入民事诉讼的原则与限度——以支持起诉为切入点》,载《检察日报》2007年6月12日。

[128] 夏邦:《中国检察体制应予取消》,载《法学》1999年第7期。

[129] 肖建国:《民事公益诉讼的基本模式研究——以中、美、德三国为中心的比较法考察》,载《中国法学》2007年第5期。

[130] 肖建国:《民事强制执行与检察监督》,载《国家检察官学院学报》2013 年第 1 期。

[131] 肖建国:《民事再审事由的类型化及其审查——基于解释论的思考》,载《法律适用》2013 年第 4 期。

[132] 肖建国:《民事执行中的检法关系问题——民事执行检察监督法理基础的另一种视角》,载《法学》2009 年第 3 期。

[133] 谢鹏程:《论检察机关内部机构的设置》,载《人民检察》2003 年第 3 期。

[134] 谢鹏程:《论检察权的性质》,载《法学》2000 年第 2 期。

[135] 谢佑平、燕星宇:《我国检察权性质的复合式解读》,载《人民检察》2012 年第 9 期。

[136] 熊光清:《从辅助原则看个人、社会、国家与超国家之间的关系》,载《中国人民大学学报》2012 年第 5 期。

[137] 熊跃敏、赵宁:《检察机关提起民事诉讼:法理、价值及其程序建构》,载《河北法学》2005 年第 1 期。

[138] 徐鹤喃:《检察改革的一个视角——我国检察机关组织机构改革论略》,载《当代法学》2005 年第 6 期。

[139] 徐美君:《司法监督与司法独立的衡平》,载《中国法学》2003 年第 1 期。

[140] 杨立新:《民事行政诉讼检察监督与司法公正》,载《法学研究》2000 年第 4 期。

[141] 杨荣馨:《略论强制执行的检察监督》,载《人民检察》2007 年第 13 期。

[142] 杨秀清:《我国检察机关提起公益诉讼的正当性质疑》,载《南京师大学报(社会科学版)》2006 年第 6 期。

[143] 叶珍华:《民事督促起诉若干问题研究》,载《河北法学》2010 年第 3 期。

[144] 张步洪:《构建民事督促起诉制度的基本问题》,载《人民检察》2010 年第 14 期。

[145] 张步洪:《民行抗诉程序中检察机关的调查取证权》,载《人民检察》1999 年第 8 期。

[146] 张春雨、张翠松:《检察制度发展改革应处理好的几个问题——以 1978 年以来民行检察监督制度的发展变迁为视角》,载《人民检察》2011 年第 9 期。

[147] 张华:《检调对接机制研究》,载《法学杂志》2012 年第 10 期。

[148] 张清、武艳:《新〈民事诉讼法〉图景下我国民事检察制度研究——以中美民事检察类型化分析为切入点》,载《西南政法大学学报》2013 年第 3 期。

[149] 张卫平:《民事诉讼检察监督实施策略研究》,载《政法论坛》2015 年第 1 期。

[150] 张卫平:《民事公益诉讼原则的制度化及实施研究》,载《清华法学》2013年第4期。

[151] 张卫平:《民事再审:基础置换与制度重建》,载《中国法学》2003年第1期。

[152] 张智辉:《法律监督三辨析》,载《中国法学》2003年第5期。

[153] 张智辉:《检察改革宏观问题研究》,载《人民检察》2005年第7期。

[154] 章礼明:《检察机关不宜作为环境公益诉讼的原告》,载《法学》2011年第6期。

[155] 赵晓耕、刘涛:《论中华人民共和国检察监督职能的形成与发展》,载《法学家》2006年第3期。

[156] 甄贞、宋沙:《法国检察机关的职能与最新发展》,载《人民检察》2012年第1期。

[157] 甄贞:《检察机关内部机构设置改革研究》,载《河南社会科学》2013年第1期。

[158] 周理松:《法国、德国检察制度的主要特点及其借鉴》,载《人民检察》2003年第4期。

[159] 周佩:《检察机关支持民事行政起诉的受理范围》,载《人民检察》2003年第4期。

[160] 朱孝清:《检察理论研究30年的回顾和展望》,载《人民检察》2008年第16期。

[161] 朱孝清:《中国检察制度的几个问题》,载《中国法学》2007年第2期。

[162] 邹建章:《论民事诉讼监督法律关系》,载《中国法学》1997年第6期。

[163] 最高人民检察院法律政策研究室:《我国民事检察的功能定位和权力边界》,载《中国法学》2013年第4期。

英文文献

[1] Antonio Gidi, Class Actions in Brazil: A Model for Civil Law Countries, 51 Am. J. Com(2003).

[2] Azul America Aguiar Aguilar, Institutional Changes in the Public Prosecutor's Office: The Case of Mexico, Chile and Brazil, *Mexican Law Review*, Vol. Ⅳ, No. 2.

[3] Benjamin L. Liebman, A Populist Threat to China's Courts?, in *Chinese Justice: Civil Dispute Resolution in Post-Reform China*, Mary Gallagher & Margaret Woo(eds.), Cambridge University Press (2011).

[4] Bernardina de Pinho, HumbertoDalla, The Role of the Department of Public Prosecutions in Protecting the Environment Under Brazilian Law: The Case of

"Favelas" in the City of Rio De Janeiro, 24 *Georgia State University Law Review* (2007).

[5] Bryant Garth, Ilene Nagel & S. Jay Plater, The Institution of the Private Attorney General: Perspectives from an Empirical Study of Class Action Litigation, 61 *S. Cal. L. Rev.* (1987—1988).

[6] C. H. van Rhee, Alan Uzelac(eds.), *Truth and Efficiency in Civil Litigation: Fundamental Aspects of Fact-Finding and Evidence-Taking in a Comparative Context*, Intersentia Ltd. (2012).

[7] Carlos W. H. Lo & Gerald Fryxell, Enforcement Styles Among Environmental Protection Officials in China, 23 *J. Pub. Pol'y*(2003).

[8] Christopher C. Osakwe, The Public Interest and the Role of the Procurator in Soviet Civil Litigation: A Critical Analysis, 18 *Tex. Int'l L. J.* 37(1983).

[9] Christopher C. Osakwe, The Theories and Realities of Modern Soviet Constitutional Law: An Analysis of the 1977 USSR Constitution, 127 *University of Pennsylvania Law Review*(1979).

[10] Colin Crawford, Defending Public Prosecutors and Defining Brazil's Environmental "Public Interest": A Review of Lesley McAllister's Making Law Matter: Environmental Protection and Legal Institutions in Brazil, 40 *Geo. Wash. Int'l L. Rev.* (2009).

[11] David Trubek, Public Advocacy: Administrative Government and the Representation of Diffuse Interests, in *Access to Justice: Volume III*, Mauro Cappelletti & Bryant Garth(eds.), 1979.

[12] David W. Winder, The Powers of State Attorneys General: A Quantitative Assessment, 19 *Se. Pol. Rev.* (1991).

[13] Druscilla L. Scribner, TheJudicialization of Politics: Lessons from Chile, *Journal of Politics in Latin America* (2010).

[14] Erik Luna and Marianne Wade(eds.), *The Prosecutor in Transnational Perspective*, Oxford University Press Inc. (2012).

[15] Geraint Howells and Rhoda James, Litigation in the Consumer Interest, *ILSA Journal of International and Comparative Law*(2002).

[16] Glenn G. Morgan, The Soviet Procuracy's 'General Supervision' Function, 11 *Soviet Studies*(1959).

[17] Gordon B. Smith, Citizens and the State: the Debate over the Procuracy, in *Reforming the Russian Legal System*, Cambridge University Press (1996).

[18] Gordon B. Smith, *The Soviet Procuracy and the Supervision of Administration*, Sijthoff & Noordhoff(1978).

[19] GwladysGillieron, *Public Prosecutors in the United States and Europe: A Comparative Analysis with Special Focus on Switzerland, France, and Germany*, Springer International Publishing AG (2014).

[20] Hazard, The Role of the Ministere Public in Civil Proceedings, in *Law in the United States of America in Social and Technological Revolution*, J. Hazard & W. Wagner(eds.), 1974.

[21] Henry J. Abraham & Robert R. Benedetti, The State Attorney General: A Friend of the Court, 117 U. *Pa. L. Rev.* (1969).

[22] Henry S. Cohn, The Office of the Attorney General of the State of Connecticut and Its Evolution and Duties, 59 *CONN. B. J.* (1985).

[23] Jacqueline Hodgson, *French Criminal Justice: A Comparative Account of the Investigation and Prosecution of Crime in France*, Hart Publishing (2005).

[24] Jacqueline S. Hodgson, The French Prosecutor in Question, 67 *Wash. & Lee L. Rev.* (2010).

[25] Jason Lynch, Federalism, Separation of Powers, and the Role of State Attorneys General in Multistate Litigation, *Columbia Law Review*, Vol. 101, No. 8 (Dec., 2001).

[26] Jason Lynch, Federalism, Separation of Powers, and the Role of State Attorneys General in Multistate Litigation, 101 *Colum. L. Rev.* 1998 (2001).

[27] Joanna Shapland, Justice, *Community and Civil Society: A Contested Terrain*, Willan Publishing (2008).

[28] JonaRazzaque, *Public Interest Environmental Litigation in India, Pakistan and Bangladesh*, Kluwer Law and Taxation Publishers (2004).

[29] Justin Davids, State Attorneys General and the Client-Attorney Relationship: Establishing the Power to Sue State Officers, 38 *Colum. J. L. & Soc. Probs.* 365 (2005).

[30] Kathryn Hochstetler & Margaret E. Keck, *Greening Brazil: Environmental Activism in State and Society*, Duke University Press (2007).

[31] L. Huston, History of the Office of the Attorney General, in L. Huston, A. Miller, S. Krislov& R. Dixon, *Roles of the Attorney General in the United States*(1968).

[32] Lambert M Surhone and Mariam T Tennoe(eds.), *National Association of*

Attorneys General, Betascript Publishing(2011).

[33] Lesley K. McAllister, Chapter 9 Public Prosecutors and Environmental Protection in Brazil, in *Environmental Issues in Latin America and the Caribbean*, A. Romero and S. E. West (eds.), Springer(2005).

[34] Lesley K. McAllister, Making Law Matter, *Environmental Protection and Legal Institutions in Brazil*, Stanford University Press (2008).

[35] Lesley K. Mcallister, On Environmental Enforcement and Compliance: A Reply to Professor Crawford's Review of Making Law Matter: Environmental Protection and Legal Institutions in Brazil, 40 *The Geo. Wash. Int'l L. Rev.*(2009).

[36] M Damaska, *The Faces of Justice and State Authority: A Comparative Approach to the Legal Process*, New Haven(1986).

[37] Maria TerezaSadek&Rosangela Batista Cavalcanti, The New Brazilian Public Prosecution: An Agent of Accountability, in *Democratic Accountability in Latin America*, Scott Mainwaring & Christopher Velna(eds.), 2003.

[38] Mauro Cappelletti, Governmental and Private Advocates for the Public Interest in Civil Litigation: A Comparative Study, *Michigan Law Review*, Vol. 73, No. 5 (Apr., 1975).

[39] Michael B. Holmes,The Constitutional Powers of the Governor and Attorney General: Which Officer Properly Controls Litigation Strategy When the Constitutionality of a State Law is Challenged?, 53 *Louisiana Law Review*(1992).

[40] Michele Bertran, Judiciary of Ombudsman: Solving Problems in the Courts, 29 *Fordham Urb. L.J.* (2001—2002).

[41] Morgan, The Protest of the Soviet Procuracy, 9 *Am. J. Comp. L.* 499 (1960).

[42] Neil Andrews, The Marriage of Public and Private Civil Justice, 16 *ZZP Int*(2011).

[43] Neil Andrews, *The Three Paths of Justice: Court Proceedings, Arbitration and Mediation in England*, Springer: Dordrecht, Heidelberg, London, New York(2012).

[44] Nicholas A. Robinson, Why Environmental Legal Developments in Brazil & China Matter: Comparing Environmental Law in Two of Earth's Largest Nations, in Ali-ABA Int'l Envtl. Law Course of Study, PtintedCoursebook (Apr. 21, 2006).

[45] Nóbrega, Flavianne Fernanda Bitencourt, The New Institutional Design of the Procuracy in Brazil: Multiplicity of Veto Players and Institutional Vulnerability,

Latin American and Caribbean Law and Economics Association (ALACDE) Annual Papers, Berkeley Program in Law and Economics, UC Berkeley.

[46] Oscar G. Chase and Helen Hershkoff(eds.), *Civil Litigation in Comparative Context*, Thomson West(2007).

[47] Oscar G. Chase, *Law, Culture, and Ritual: Disputing Systems in Cross-Cultural Context*, NYU Press (2005).

[48] Rachel Sieder, Line Schjolden, and Alan Angell (eds.), *The Judicialization of Politics in Latin America*, Palgrave MacMillan (2005).

[49] Roger C. Cramton, On the Steadfastness and Courage of Government Lawyers, 23 *John Marshall L. Rev.* (1990).

[50] Russian Federation Federal Law "On the Procuracy of the Russian Federation," January 17, 1992, No. 2202-1, Translated by Stephen D. Shenfield.

[51] Sadek MT, Cavalcanti RB, The New Brazilian Public Prosecution: An Agent of Accountability, in *Democratic Accountability in Latin America*, Mainwaring S and Welna C(eds.),Oxford University Press(2002).

[52] Sadek, Maria Tereza et al., The New Brazilian Public Prosecution, in *Democratic Accountability in Latin America*, Oxford University Press(2003).

[53] Scott M. Matheson, Jr. n, Constitutional Status and Role of the State Attorney General, 6 *U. Fla. J.L. & Pub. Pol'y* 1(1993).

[54] The Role of the Michigan Attorney General in Consumer and Environmental Protection,Michigan Law Review, Vol. 72, No. 5 (Apr., 1974).

[55] Thomas R. Morris, State Attorneys General as Interpreters of State Constitutions, 17 *Publius*(1987).

[56] Timothy Meyer, Federalism and Accountability: State Attorneys General, Regulatory Litigation, and the New Federalism, 95 *Cal. L. Rev.* 885 (2007).

[57] Vera Langer, Public Interest in Civil Law, Socialist Law, and Common Law Systems: The Role of the Public Prosecutor, 36 *Am. J. Comp. L.* (1988).

[58] William Burnham, Gennadiĭ Mikhaĭlovich Danilenko, Peter B. Maggs, *Law and Legal System of the Russian Federation*, Juris Publishing, Inc. (2009).

[59] William N. Thompson et al., Conflicts of Interest and the State Attorneys General, 15 *Washburn L. J.* (1976).

[60] Yishai Blank, Federalism, Subsidiarity, and the Role of Local Governments in An Age of Global Multilevel Governance, 37 *Fordham Urban Law Journal* (2010).